RISCOS

E CATÁSTROFES

I
IMPRENSA DA UNIVERSIDADE DE COIMBRA
COIMBRA UNIVERSITY PRESS
U

LUCIANO LOURENÇO
(COORDS.)

IMPRENSA DA
UNIVERSIDADE
DE COIMBRA
COIMBRA
UNIVERSITY
PRESS

GEOGRAFIA, CULTURA E RISCOS

LIVRO DE HOMENAGEM AO PROF. DOUTOR ANTÓNIO PEDROSA

EDIÇÃO

Imprensa da Universidade de Coimbra
Email: imprensa@uc.pt
URL: http//www.uc.pt/imprensa_uc
Vendas online: http://livrariadaimprensa.uc.pt

COORDENAÇÃO EDITORIAL

Imprensa da Universidade de Coimbra

CONCEÇÃO GRÁFICA

António Barros

PRÉ-IMPRESSÃO

Fernando Felix

INFOGRAFIA DA CAPA

Mickael Silva

PRINT BY

CreateSpace

ISBN

978-989-26-1236-2

ISBN DIGITAL

978-989-26-1237-9

DOI

http://dx.doi.org/10.14195/978-989-26-1237-9

DEPÓSITO LEGAL

413704/16

RISCOS - ASSOCIAÇÃO PORTUGUESA DE RISCOS, PREVENÇÃO E SEGURANÇA
TEL.: +351 239 992 251; FAX: +351 239 836 733
E-MAIL: RISCOS@UC.PT

SUMÁRIO

SUMÁRIO

PREFÁCIO

Como tivemos o ensejo de referir no Prefácio ao anterior volume do Livro de homenagem ao António Pedrosa, sobre *Geografia, paisagem e riscos*, a quantidade de contributos recebidos levou a que tivéssemos optado por desdobrar o livro em dois tomos, para ser mais fácil de manusear.

Assim, ambos volumes integram textos relacionados com Geografia Física, a área de especialidade escolhida por António Pedrosa para realizar a sua dissertação de doutoramento.

Depois, também ambos volumes tratam de um tema muito atual e a que o António Pedrosa também dedicou particular atenção, os Riscos, e em que é revelado um texto inédito, de sua autoria, sobre inundações fluviais no Brasil. Além desse texto inédito, da autoria do homenageado, foram dados à estampa outros contributos sobre a diversificada temática dos riscos. Deste modo, no primeiro volume foram abordados aspetos mais teóricos e manifestações de génese antrópica, enquanto que, neste segundo volume, foram privilegiados os riscos naturais e algumas das suas manifestações. Sobre estas matérias, em ambos volumes é possível encontrar outros contributos do António Pedrosa, em trabalhos enviados pelos seus doutorandos e doutorandas, que assim quiseram render-lhe o preito da sua admiração e homageá-lo, incluindo-o como coautor desses trabalhos que foram iniciados sob a sua sábia orientação.

Por outro lado, enquanto que no primeiro volume se apresentam quatro trabalhos relacionados com paisagem, um deles também em coautoria com António Pedrosa, no segundo volume privilegiaram-se os textos dedicados a aspetos culturais, um deles também em coautoria com António Pedrosa, e com o primeiro a refletir uma grande amizade ao António Pedrosa, o qual contribui para melhor caracterizar a sua fascinante personagem, sobretudo junto daqueles que não tiveram o privilégio de com ele privar.

Deste modo, através da reunião dos contributos dos vários autores que se quiseram associar e da publicação desta obra, a RISCOS presta homenagem a um brilhante sócio-fundador e a um inconformado vice-presidente, sempre com ânsia de chegar mais além!

Os homens passam, mas a obra fica! António de Sousa Pedrosa, ceifado prematuramente ao nosso convívio, tocou de forma indelével muitas gerações de jovens estudantes e deixou um importante acervo bibliográfico, que perdurará no tempo e, assim, através dele, continuará a contribuir para a difusão do conhecimento científico, designadamente em termos geomorfológicos e cindínicos.

Coimbra, 3 de fevereiro de 2016

Luciano Lourenço

GEOGRAFIA

O DIDATISMO DA GEOMORFOLOGIA FLUVIAL
DO VALE DO BAIXO ALVOCO
THE DIDACTICISM OF FLUVIAL GEOMORPHOLOGY
OF THE LOWER ALVOCO VALLEY

Luciano Lourenço
Departamento de Geografia e Turismo
Centro de Estudos de Geografia e Ordenamento do Território
Faculdade de Letras da Universidade de Coimbra
luciano@uc.pt

Sumário: A bacia hidrográfica do rio Alvoco, apesar da sua reduzida dimensão, com pouco mais de 190 km^2 de extensão, dispõe de uma diversidade de formas que lhe conferem um espaço privilegiado no contexto da geomorfologia fluvial, em resultado da atuação de uma dinâmica fluvio-glaciar. Por esta razão, a morfologia dominante nas cabeceiras preserva as marcas deixadas pela atuação de processos glaciares, enquanto que, na parte vestibular, os traços mais marcantes estão associados à atuação de processos relacionados tanto com o encaixe da rede fluvial, como com a posterior alternância de períodos mais frios e húmidos, com episódios de frio mais seco, que desorganizaram a drenagem e permitiram a acumulação de importantes quantidades de material que, nestas condições, se deslocou para a base das vertentes, constituindo depósitos que fossilizaram as antigas linhas de água. Ainda que uma parte de muitos deles se encontre substancialmente conservada, muitos outros foram alvo de intensa exploração antrópica, que lhes retirou a fração fina, deixando enigmáticos amontoados de calhaus rolados. Deste

DOI: http://dx.doi.org/10.14195/978-989-26-1237-9_1

modo, o Baixo Alvoco é fértil quer em termos de património natural, quer em termos de atividade humana, materializada em atuação sobre esse património, que bem merece ser mais estudada, para se poder vir a preservar todo este valioso património, tanto geomorfológico, como histórico.

Palavras-chave: Geomorfologia fluvial, meandro abandonado, modelado periglaciar, depósito de terraço, coluvião.

Abstract: The catchment area of the Alvoco River, despite its small size, with just over 190 km^2, offers a variety of ways that give it a special area in the context of fluvial geomorphology, as a result of the performance of a fluvial-glacier dynamics. For this reason, the dominant morphology headwaters preserves the marks left by the action of glacial processes, while the vestibular part, the most striking features are associated with the performance of related processes with both the fitting river network, as with the subsequent switching more cold and wet periods, with episodes of drier cold, which disrupted drainage and allowed the accumulation of large amounts of material in these conditions moved to the base of the slopes, forming deposits fossilized ancient watercourses. Although a part of many of them is substantially preserved, many others have been the subject of intense human exploitation that stole them the fine fraction, leaving enigmatic piles of pebble. Thus, the Lower Alvoco is rich in whether in terms of natural heritage, and in terms of human activity embodied in acting on this heritage that deserves to be studied, in order to be able to preserve all this valuable heritage, both geomorphological, and historic.

Keywords: Fluvial geomorphology, abandoned meander, modelled periglaciar, terrace deposit, colluvium.

Introdução

Toda a bacia hidrográfica do rio Alvoco é muito rica, do ponto de vista geomorfológico, pois conserva formas muito variadas, quer devido à diferente constituição geológica entre as áreas de cabeceiras, moldadas no granito, e as partes vestibulares, constituídas por formações metassedimentares, cuja transição é feita por uma importante auréola metamórfica de contacto, quer devido a diferentes atuações dos processos morfogenéticos num passado recente, predominantemente de caraterísticas fluvioglaciares nas cabeceiras, situadas a maior altitude, em regra acima de 1800 metros, e, marcadamente fluvioperiglaciares no resto da bacia.

Assim, além da diferenciação litológica, existe também uma importante diferença altitudinal entre as áreas de cabeceiras, que arrancam dos Covões de Alva e Estrela[1], situados pelos 1900 m, no topo da serra, a SW da Torre, e a generalidade das vertentes, que se desenvolvem a cotas bem mais baixas, cujas bases oscilam, no Baixo Alvoco, entre 300m, na Vide, e 220 m, na Ponte das Três Entradas (fig. 1).

---

[1] Estas denominações podem induzir em erro, uma vez que tanto o Covão de Alva como a Lagoa do Covão de Alva drenam diretamente para a ribeira de Alvoco, ainda que as designações pareçam associar uma drenagem direta para o Alva, o que, eventualmente, poderá ter acontecido no passado. De facto, a linha de água que se desenvolve a sul do Poio da Estrela parece ter-se dirigido diretamente para o Covão de Alva e, posteriormente, ter sido alvo de captura recente por parte do Covão das Quelhas. Trata-se de uma área a carecer de estudo mais pormenorizado antes de se para poder concluir algo de mais concreto e definitivo sobre a provável luta de cabeiras que a toponímia destes locais parece indiciar.

Com efeito, o próprio Covão da Estrela, prolonga-se para o Covão das Barreiras que, por sua vez, evolui para a ribeira do Meio, todos eles alinhados NE-SW, antes de se transformarem, após a confluência com a ribeira do Levantejo, na ribeira de Alvoco, quando o nome do Covão sugere uma evolução mais lógica para a ribeira da Estrela, que se desenvolve a Sul, com orientação N-S, e conflui na ribeira do Alfôrfa, após o que emana as suas águas para o rio Zêzere, afluente do Tejo, através das ribeiras de Unhais da Serra e do Paúl.

Deste modo, entre o Covão da Estrela e a Ribeira da Estrela, à revelia da ligação que a toponímia estabelece, desenvolveu-se uma importante divisória de águas entre os rios Mondego e Tejo que, por isso e aparentemente, não se coaduna com os nomes de Covão da Estrela e Ribeira da Estrela, devido à proximidade existente entre ambos, a qual sugere uma certa continuidade. Trata-se, sem sombra de dúvidas, de uma área interessante para desenvolver um estudo de pormenor, o qual se deverá estender às cabeceiras da ribeira de Loriga, situada a Norte, para ajudar a perceber a evolução recente que, no pormenor, a rede de drenagem foi desenvolvendo no chamado "Planalto da Torre".

Esta importante diferença de altitude, em distâncias horizontais relativamente curtas, permitiu que, durante o último período frio, se tivessem formado línguas glaciares na parte culminante da serra (H. Lautensach, 1932; S. Daveau, 1971) e, nas áreas situadas a cotas mais baixas, se tivessem desenvolvido processos periglaciares e, posteriormente, em ambos contextos, tivessem passado a dominar os processos fluviais.

Apesar do interesse da morfologia glaciar e proglaciar, tanto do vale do Alvoco, nos já mencionados Covões de Alva e Estrela, cujas línguas terminariam à volta da cota de 1350 m, como da ribeira de Loriga, sua afluente, cuja língua desceria até cerca de 800 m (S. Daveau, 1971, p. 18) foi a geomorfologia periglaciar e fluvial do Baixo Alvoco que, por ser menos conhecida, mais despertou a nossa atenção e, por conseguinte, será a essa que dedicaremos este estudo, tanto mais que o periglaciar foi um tema que também interessou ao Doutor António Pedrosa, com quem debatemos vários aspetos deste tipo de morfologia.

Começaremos por apresentar algumas formas associadas à geomorfologia fluvial, quer associadas à condicionante estrutural, quer resultantes do progressivo encaixe da rede hidrográfica, passando depois aos depósitos formados em ambiente periglaciar, quer anterior quer posteriormente a esse encaixe, os quais se encontram relativamente bem conservados ao longo de quase todo o Baixo Alvoco.

Não se trata de um trabalho completamente inédito, dado que retoma alguns aspetos já antes apresentados (L. Lourenço, 1986 e 1996), mas não quisemos perder esta oportunidade para retomar o assunto, na expectativa de não só vir a despertar a curiosidade de algum estudante de mestrado ou doutoramento, animando-o e incentivando-o a aprofundar o conhecimento deste vale, onde ainda há muito para esmiuçar, mas também pela facilidade de observação de muitas destas formas, o que torna este vale de um grande didatismo, pelo que importa a sua divulgação, sobretudo junto dos professores, a fim de que o possam dar a conhecer aos seus alunos, o que também poderá ajudar a contribuir para a preservação das mais belas destas formas, dado que algumas delas, por mero desconhecimento da sua importância, estão seriamente ameaçadas e podem ser irremediavelmente destruídas.

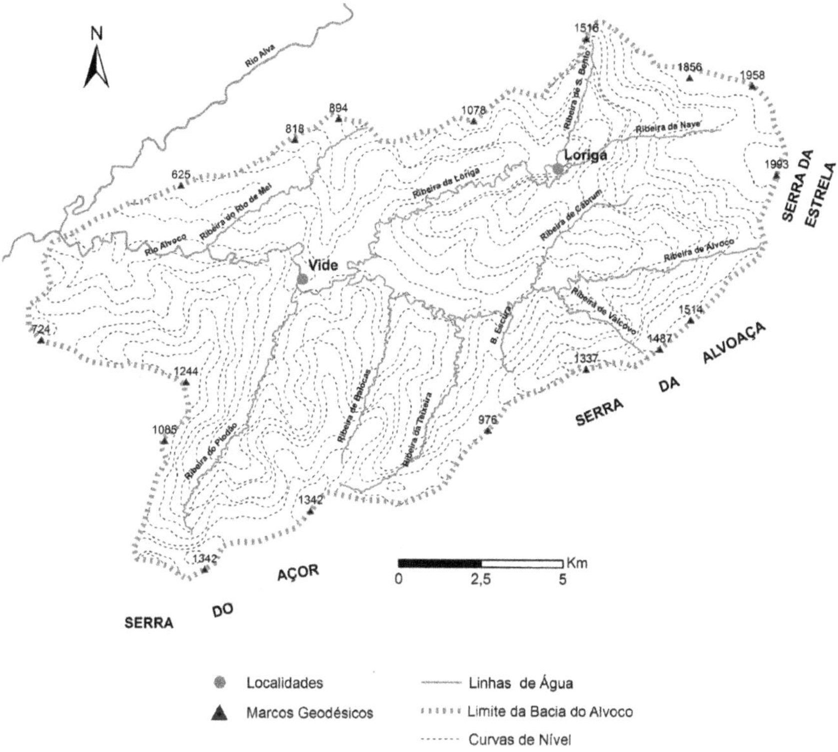

Fig. 1 - Esboço hipsométrico e de localização da bacia hidrográfica do rio Alvoco, com indicação dos principais tributários.

Fig. 1 - Hypsometric outline and location of the catchment area of the Alvoco River, indicating the main tributaries.

A bacia hidrográfica do rio Alvoco

O rio Alvoco desenvolve-se por uma bacia hidrográfica com cerca de 192 km² de superfície, que se estende desde a Torre (1993m) até à Ponte das Três Entradas, onde conflui com o rio Alva, a uma cota de sensivelmente 220 m, o que lhe confere uma altura de 1773m, num percurso aproximado de 33 km (L. Lourenço, 1989), o que daria um declive médio de cerca de 5%, mas que não ocorre, dado que, como é lógico, nas áreas de cabeceiras é muito superior ao da parte vestibular, onde é bastante inferior.

A rede hidrográfica

A rede hidrográfica do rio Alvoco inicia-se no Covão Estrela, a SW da Torre (1993 m), numa área relativamente aplanada, cujo perfil longitudinal apresenta declives à volta de 10%, mas que, depois, quando passa ao Covão da Barreira, desce vertiginosamente, com declives extremamente acentuados, da ordem de 35%, até por volta dos 750 m.

A jusante do mencionado Covão da Barreira recebe, pela margem direita, as afluências provenientes do Covão de Alva, também ele situado na área aplanada, e de outras pequenas barrocas, oriundas da área mais declivosa, originando a ribeira do Meio que, pela margem esquerda recebe os contributos das ribeiras do Levantejo, também conhecida por ribeira de São Jorge, e dos Picotinhos, enquanto da margem direita, pelos 750 m, imediatamente a montante de Alvoco da Serra, recebe as afluências da ribeira das Forjas, que se organiza da confluência de diversas pequenas barrocas e ribeiras.

Esta área de cabeceiras, pela sua diferente constituição geológica, onde predominam granitos, pelos seus acentuados declives e, também, por nela predominar a morfologia glaciar e proglacial, corresponde a um sector diferente dos seguintes e que pode ser designado por Alto Alvoco.

A jusante de Alvoco da Serra o vale alarga um pouco e diminui o declive do talvegue, como que se "abre" um pouco, afastando as vertentes, que continuam declivosas, a partir de agora talhadas em xisto, e onde correm diversas barrocas e ribeiras, cuja importância aumenta para jusante, à medida que a bacia hidrográfica se vai alargando. De entre elas destacamos, pela margem esquerda, as da Bregada, Valcôvo, Escura, Teixeira, Balocas e Piódão que, de entre todas estas é a mais importante, ao ponto de só após a sua confluência a ribeira de Alvoco receber a outorga de rio Alvoco. Por sua vez, pela margem direita, recebe as do Rebôlo, Casa da Bouqueira, Cabrum, Safra, Galega, Vale da Água, Fontão, Gavião e Loriga, a mais importante de todas elas.

Aliás, a ribeira de Loriga, porque também arranca da superfície culminante da serra da Estrela, a W e NW da Torre, tem muitas semelhanças com a ribeira de Alvoco, a montante da confluência de ambas. Inicia-se no Poio da Estrela, passando pelo Covão das Quelhas, que também recebe afluências do Covão de Loriga e, depois, segue juntamente com a drenagem das Lagoas Serrano e da Francelha, para o Covão do Meio, que também recebe afluências do Covão do Boieiro, que segue o mesmo alinhamento dos situados a jusante, Covão da Nave (que dá o nome à ribeira) e da Areia, a partir do qual a ribeira da Nave inicia uma descida vertiginosa até Loriga. Depois, a jusante desta vila e na margem direita, por volta dos 600 m, recebe as afluências da ribeira de São Bento, rigidamente alinhada por uma importante fratura NNE-SSW, as quais, no conjunto, definem o Alto Vale da bacia hidrográfica da ribeira de Loriga, ainda que a outorga do nome "ribeira de Loriga" só ocorra a partir desta confluência.

Depois, tanto a jusante de Loriga, como a jusante de Alvoco da Serra, quer a ribeira de Loriga, quer a ribeira de Alvoco, desenvolvem, respetivamente, caprichosos meandros até à sua confluência, alguns dos quais serão objeto de referência mais adiante e que correspondem ao que podemos designar por sector médio de ambas ribeiras e que, no caso da ribeira de Alvoco, se prologa um pouco mais para jusante, até à confluência com a ribeira do Piódão, na Vide, por volta dos 300m, sector que apresenta um declive médio da ordem de 3,5%, ou seja dez vezes menos do que o registado no sector superior.

A partir da confluência com a ribeira do Piódão, pelos 300 m, a ribeira de Alvoco passa a denominar-se rio Alvoco até à sua confluência com o rio Alva, na Ponte das Três Entradas, sensivelmente pelos 220 m, apresentando um declive médio de 0,6%, o que permite considerar esta parte da bacia hidrográfica como sendo o Baixo Alvoco.

Do ponto de vista hidrográfico recebe a contribuição de algumas barrocas e de três ribeiras, sendo duas destas pela margem esquerda, as do Avelar e de Aldeia, e a terceira, pela margem direita, a do Rio de Mel.

Será pois ao sector terminal do Alvoco, que designámos por Baixo Alvoco, aquele a que daremos particular destaque, designadamente em termos de formações e de formas associadas ao fundo do vale. Todavia, porque, por vezes, se estendem ao médio Alvoco, haverá também, pontualmente, algumas referências a este sector.

As formações superficiais

As formações superficiais mais frequentes na bacia hidrográfica do rio Alvoco correspondem, basicamente, a três tipos diferentes:

- Moreias e derrames proglaciares, localizados nas cabeceiras das ribeiras de Loriga e de Alvoco;
- Depósitos de vertente, que podem ser curvifluxivos, normalmente situados a cotas mais elevadas, e coluvionares, preferencialmente localizados a cotas mais baixas;
- Depósitos de terraço fluvial, desenvolvendo-se a uma altura aproximada de 40m acima do leito atual.

Como o trabalho diz respeito ao Baixo Alvoco, daremos especial ênfase aos depósitos de vertente, por serem os mais abundantes. O depósito de terraço fluvial também será mencionado, pois constitui um marco cronológico importante, embora, por ter sido muito destruído, não tenha sido possível caraterizá-lo com o detalhe desejado e que merece, abrindo-se aqui mais uma oportunidade para outra posterior investigação de pormenor.

A evolução geomorfológica recente

Quando observamos as vertentes, um dos traços que domina a morfologia do vale é o encaixe da rede hidrográfica, apesar de localmente poder estar bem dissimulado, como sucede nas imediações de Alvoco das Várzeas.

Com efeito, este alargamento local deve-se, sobretudo, a razões de natureza geológica. Por um lado, decorrem da diferenciação litológica existente a jusante, uma vez que, após um longo percurso sobre xistos, na parte vestibular o rio vai encontrar uma soleira de rocha dura, formada por uma dupla auréola metamórfica de contacto, resultante tanto da implantação do grande batólito das Beiras, como, mais tarde, da formação do plutonito de Avô, situado imediatamente a jusante da confluência com o rio Alva (fig. 2) e, por outra parte, resultam também de influência tectónica.

Aliás, a influência metamórfica as, do grande batólito das Beiras também se manifesta na área das cabeceiras, a qual, de certo modo, corresponde à área de maiores declives, que assegura a transição entre as superfícies culminantes do Planalto da Torre, situadas a maior altitude, acima de 1800 m, e os vales situados a cotas mais baixas, abaixo de 700 m, quando recebem as designações de ribeira de Loriga e de ribeira de Alvoco, respetivamente a jusante das vilas de Loriga e de Alvoco da Serra.

Todavia, na parte vestibular da bacia de drenagem do Alvoco, por ser aquela que nos interessa de modo particular, a dupla auréola metamórfica, do batólito e do plutonito, comporta-se como uma soleira de rocha dura e, por conseguinte, concorre para o alargamento do vale em Alvoco de Várzeas, que também beneficia de um importante contributo de natureza tectónica, com basculamentos para montante e prováveis abatimentos locais, facilitados pelo cruzamento de uma série de fraturas que, tendo fragilizado toda esta área, facilitaram o trabalho de alargamento do vale e, muito provavelmente terão sido as principais responsáveis pela manutenção de muitos dos depósitos vermelhos.

À parte deste alargamento local, em Alvoco das Várzeas, a forma generalizada dos vales caracteriza-se por apresentar uma parte superior relativamente aberta, sensivelmente até quase à base da vertente, para, depois, passar a vales estreitos, em forma de V e, por vezes, quase em garganta, a testemunhar um encaixe muito rápido e recente.

De facto, as várias fases de levantamento das serras envolventes foram transmitindo maiores declives aos perfis longitudinais dos rios, aumentando-lhes, em consequência, o seu poder erosivo, principalmente nos períodos interglaciares, favorecendo-lhes o encaixe, já de si facilitado pela exploração das áreas mais fragilizadas pela rede de fraturas, que frequentemente foram aproveitadas para a instalação da rede hidrográfica, que lhes está muito adaptada.

Após esse vigoroso encaixe terá havido um novo período de frio intenso, com a desorganização da drenagem e formação de depósitos morénicos nas cabeceiras da ribeira de Loriga, enquanto que os valeiros e fundos de vale terão sido colmatados por depósitos coluvionares.

Hipsometria Formas de relevo

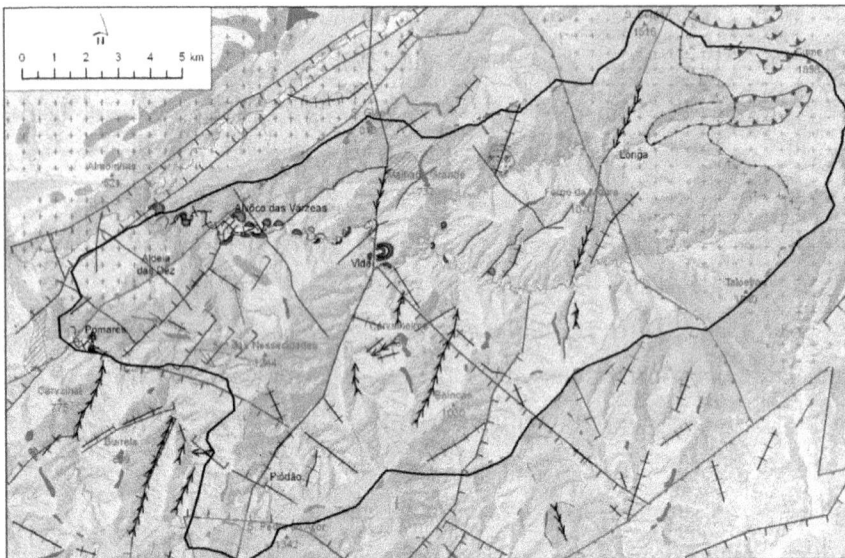

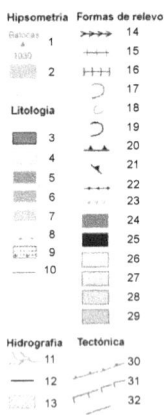

Fig. 2 - Esboço geomorfológico da bacia hidrográfica do rio Alvoco.
1 - altitude em metros; 2 - altitudes superiores a 1000 metros; 3 - depósitos vermelhos; 4 - xistos e grauvaques do complexo xisto-grauváquico; 5 - rochas metamórficas de contacto (corneanas, xistos mosqueados); 6 - idem, do plutunito de Avô; 7 - migmatitos; 8 - granitos e rochas afins; 9 - granito gnáissico; 10 - filões de rocha básica; 11 - rede hidrográfica principal; 12 - limite da bacia hidrográfica; 13 - bacia ameaçada de captura; 14 - vale de fratura ativo; 15 - vale de fratura rigidamente orientado; 16 - vale de fundo chato; 17- margem de antigo meandro; 18 - meandro abandonado artificialmente, por corte antrópico em trincheira; 19 - frente de exploração de depósito; 20 - antigos vales glaciares embutidos na superfície culminante; 21 - antigos circos e ferrolhos; 22 - depósitos glaciares; 23 - limites da antiga glaciação (entre arcos morénicos); 24 - níveis aplanados inferiores, entre 300 e 450 metros; 25 - idem, por volta dos 600 metros; 26 - classe de declive: 0% - 10%; 27 - idem, 11% - 20%; 28 - ibidem, 21% - 50%; 29 - ibidem, >50%; 30 - falha, falha provável, com significado geomorfológico, bordejando as serras; 31 - idem, local; 32 - fratura importante (Fonte: Adaptado de L. Lourenço, 2006, p. 28).

Fig. 2 - Geomorphological outline of the basin of the river Alvoco.
1 - altitude in meters; 2 - altitude over 1000 meters; 3 - red deposit; 4 - schist and greywacke shale-greywacke complex; 5 - contact metamorphic rocks (corneal, schist mottling); 6 - idem, pluthon from Avô; 7 - migmatites; 8 - granites and related rocks; 9 - gneissic granite; 10 - lodes basic rock; 11 - main river system; 12 - basin limit; 13 - threatened basin capture; 14 - worth of active fracture; 15 - rigidly oriented rift valley; 16 - flat-bottomed valley; 17 - margin oxbow; 18- meander abandoned artificially by cutting anthropic in the trench; 19 - front deposit exploration; 20 - ancient valleys embedded glaciers in the highest surface; 21 - old circuses and bars; 22 - glacier deposits; 23 - limits of ancient glaciation (between moraine arches); 24 - flattened low levels between 300 and 450 m; 25 - idem, around 600 meters; 26 - slope class 0% - 10%; 27 - idem, 11% - 20%; 28 - ibid, 21% - 50%; 29 - ibid,> 50%; 30 - failure, probable failure with geomorphological significance, bordering the mountains; 31 - idem, location; 32 - important fracture (Source: Adapted from L. Lourenço, 2006, p. 28).

Posteriormente, em função do aumento da temperatura, a rede de drenagem reorganizou-se sobre esses depósitos, erosionando-os. Todavia, alguns retalhos foram preservados e encontram-se conservados, sobretudo em antigos meandros abandonados, os quais muito contribuem para ajudar a perceber a provável evolução geomorfológica da bacia hidrográfica do rio Alvoco e da região envolvente.

Depósitos de terraço fluvial

De acordo com L. Lourenço (1996), ter-se-á desenvolvido um importante terraço fluvial, sensivelmente 40 metros acima do leito atual, embora apenas se encontre conservado localmente. Alguns dos locais onde pode ser observado com maior facilidade, por se situarem na berma da Estrada n.º 230, são as barreiras situadas aos Km.s 141,5 (fot. 1) e 143,5, esta em frente ao lugar do Parente, dado que qualquer destes locais é de muito fácil acesso e, em ambos, o depósito ainda se encontra bem conservado.

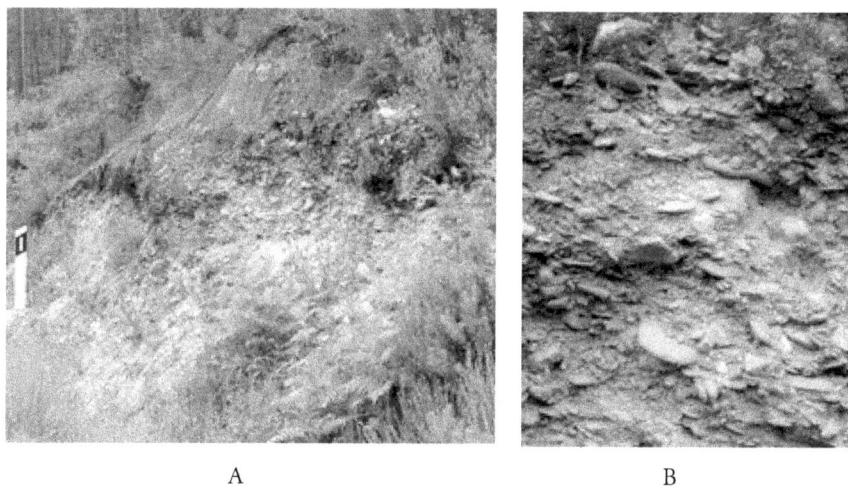

A   B

Fot. 1 - Vista geral (A) e pormenor (B) do terraço fluvial, visível na berma da estrada n.º 230, ao Km 141,5 (Fotografia de L. Lourenço).

Photo 1 - Overview (A) in detail (B) of the river terrace, visible on the side of the road number 230, at 141.5 Km (Photography of L. Lourenço).

Há outros locais onde o terraço também se encontra bem conservado, embora sejam de mais difícil acesso, como é o caso das Levadas. Aqui o material constituinte do depósito também se comporta como um conglomerado sub-compacto a compacto, com matriz arcósico-arenosa, localmente de tonalidade vermelho-acastanhada ou acinzentada e atinge uma espessura da ordem de 1,7 metros.

A análise laboratorial deste material mostrou que ele é essencialmente constituído por xisto (85%), granitóides (10%) e quartzo (5%). Na areia foram também encontrados vestígios de feldspato alterado. Os calhaus apresentam um elevado grau de rolamento, sendo muito rolados (10%), rolados (70%), subrolados (15%) e subangulosos (5%). Quanto ao seu tamanho, observámos a seguinte distribuição: 1 a 2 cm — 5%, 2 a 4 cm — 20%, 4 a 8 cm — 50%, 8 a 16 cm — 12%, 16 a 32 cm — 10% e 32 a 64 cm — 3%.

Como se verifica, predominam os calhaus com dimensões situadas entre 4 e 8 cm, mas a sua distribuição não é homogénea no interior do depósito, pois, da base para o topo regista-se uma progressiva diminuição da granulometria, a qual é acompanhada por um aumento de percentagem de matriz. Com efeito, a cerca de 1/3 da altura do depósito, mais concretamente a 50 cm de distância da base, a percentagem de matriz é da ordem de 15% e a maior dimensão dos calhaus ronda 25 cm. Aproximadamente a 2/3 da altura, isto é, um metro acima da base, a percentagem de matriz duplica, aumentando para cerca de 30%, enquanto que a maior dimensão dos calhaus se reduz para 10 cm. No topo, a cerca de 1,7 m de altura, a percentagem de matriz volta a duplicar, passando para 60% e o tamanho dos calhaus sofre ligeira diminuição, ficando-se pelos 8 cm.

Deste modo, este depósito testemunha uma acentuada perda de capacidade de transporte por parte do rio Alvoco, durante o período a que correspondeu a deposição, provavelmente devido a uma paulatina e progressiva redução do seu caudal.

No entanto, a maior parte dos locais, apenas conserva restos deste depósito, não tendo sido encontrado nenhum local em que a forma estivesse bem conservada. De facto, ela poderá estar ainda devidamente conservada debaixo de material sobrejacente, mas não é visível. Por outro lado, a verticalidade apresentada pelas barreiras deste material sobrejacente, onde é possível observar bons cortes, sugerem uma intensa ação antrópica de exploração conjunta destes dois depósitos, pelo que os materiais que restam do terraço parecem não estar *in situ*.

Como resultado, é hoje possível observar enigmáticos amontoados de calhaus e blocos arredondados, constituídos por granitóides, quartzo, quartzito e xisto, desde os boleados aos muito redondos, completamente desprovidos de matriz e sem a caraterística forma aplanada, prova de que o depósito de terraço foi muito remexido e que, genericamente, são designados por conheiras.

O amontoado mais extenso que observámos localiza-se na margem convexa do meandro da Várzea, em frente ao Carpido, a jusante da Vide (fot. 2), mas é possível observar outros, sobretudo na margem esquerda do rio Alvoco, na Cova, Candam, Braçal e Alvoco das Várzeas.

Fot. 2 - Pormenor de conheira, resultante do remeximento do terraço fluvial, com a frente de exploração visível ao fundo, no depósito coluvionar de tonalidade avermelhada (Fotografia de L. Lourenço).

Photo 2 - Detail of the conheira (heap of pebbles) resulting from disruption of river terrace, with the front holding visible in the background, the colluvium deposits of reddish hue (Photography of L. Lourenço).

Contudo, a motivação para a execução de tão árdua tarefa não parece muito clara. Estamos em crer que, dada a sua relativa proximidade a outras enormes frentes de exploração, existentes não só ao longo do rio Alva, sobretudo a jusante de Vila Cova do Alva, mas também na ribeira de Pomares, sua afluente, e, ainda, nos vales dos rios Ceira e Zêzere, para apenas referir algumas das mais próximas, elas deverão ser resultado do trabalho de muitos escravos ao serviço dos romanos, para obtenção de ouro aluvionar, resultante da lavagem das aluviões, conforme relatado na província de León, em Espanha (Domergue e Herail, 1978) e no Baixo Alva (Almeida *et al.*, 1980).

Depósitos de vertente

As formações superficiais que aparecem com mais frequência no fundo dos vales e valeiros, fossilizando anteriores topografias, correspondem a depósitos de vertente. De entre eles é possível distinguir dois tipos dominantes, ambos constituídos essencialmente por pequenos gelifractos com matriz argilosa. O primeiro que designámos de colúvião vermelho, foi formado muito provavelmente a expensas de soliflúxões capazes de deslocar grandes quantidades deste material e, o segundo, ter-se-á formado num clima em que haveria alternância de períodos mais frios e secos com situações mais amenas e húmidas, como se deduz da existência de leitos constituídos essencialmente por patelas e que alternam com outros, em que a fracção argilo-arenosa é relativamente abundante, depósitos a que chamámos curvifluxivos.

Depósitos vermelhos

A distribuição geográfica dos depósitos vermelhos fica praticamente confinada ao Baixo Alvoco, abaixo dos 350 metros, ainda que, pontualmente, se encontrem também no Médio Alvoco, localizando-se, preferencialmente, a cotas baixas, ou seja, a altitudes inferiores a 400/450 metros. O depósito encontrado à cota mais elevada (450 m) corresponde ao localizado mais a montante, como é lógico, e situa-se à entrada do lugar do Aguincho.

Estes depósitos desenvolvem-se sobre superfícies aplanadas, normalmente associadas a rechãs e a terraços fluviais. Por vezes, preenchem antigos barrancos ou entulham meandros abandonados, encontrando-se sempre em situação de abrigo, pelo menos relativo.

Nas situações mais frequentes, situam-se 25 a 40 metros acima do leito atual das ribeiras, embora no caso de meandros abandonados, possam alcançar desníveis de 50 (Barreosa) ou mesmo de 60 metros (Campo de Futebol de Alvoco das Várzeas). Por vezes, é possível encontrá-los também abaixo daqueles valores, nomeadamente na bacia de Alvoco, onde chegam a situar-se a menos de 10 metros acima do leito fluvial.

Os mais importantes, em termos de espessura, situam-se na margem Sul, como não podia deixar de ser, se tivermos em linha de conta tanto a orientação do vale, como a própria distribuição e altitude dos relevos envolventes. De entre estes cabe assinalar os da Cova, da Azenha da Volta e do Campo de Futebol.

A análise pormenorizada de alguns destes depósitos, cujas características diferem de acordo com as condições que presidiram à respectiva deposição e que determinaram a evolução a que estiveram e estão sujeitos, contribuiu para ajudar a esclarecer algumas dúvidas sobre as condições da sua formação. No entanto, como só em duas circunstâncias foi possível observar parte da estrutura interna do depósito, torna-se difícil esclarecer, apenas através de observações frontais, algumas das dúvidas referentes à sua génese. Apesar destes contratempos, vamos comparar as observações efectuadas naqueles dois cortes com as observações frontais realizadas noutros depósitos e, dessa análise comparativa, tentaremos extrair as ilações possíveis.

Ora, do ponto de vista científico, os depósitos do vale do Alvoco terão sido observados pela primeira vez, em 1963, por Carminda Cavaco e Isabel Marques, quando procediam ao estudo do vale de Alvoco (S. Daveau, 1973, p. 18).

Todavia, no trabalho que as autoras dedicaram ao assunto — Os vales de Loriga e de Alvoco na Serra da Estrela —, publicado em 1966, não encontrámos qualquer referência a estes depósitos, pelo que terão comentado a sua existência, mas não os terão analisado.

De entre os diversos depósitos existentes ao longo do vale do Alvoco merecem destaque, pela sua possança e porque se encontram bem conservados, aqueles que restam do total preenchimento dos antigos meandros do rio e dos quais salientamos os que se desenvolvem junto às localidades da Barreosa e da Vide.

Dos restantes, porque as suas características são mais ou menos similares, faremos referência a alguns deles que, por esta ou aquela razão, mereçam ser destacados, pelo que a descrição será assim feita de montante para jusante, iniciando-se no da Barreosa.

Depósito da Barreosa

O material do depósito que preenchia o interior do meandro abandonado da Barreosa foi quase completamente desmantelado, tendo-se conservado apenas em pequenas franjas marginais.

É com base nas observações efectuadas em barreiras pertencentes a estas franjas, conservadas numa e na outra margem do meandro e distanciadas entre si cerca de trinta metros, que se procedeu a uma tentativa de reconstituição do depósito e das eventuais condições de deposição do material (fig. 3).

Desde logo, é possível distinguir dois episódios completamente diferentes. Assim, na base observa-se um conglomerado compacto (A), heterométrico, acinzentado, por vezes esbranquiçado ou amarelado, formado por patelas de xisto, com as de maior dimensão a rondarem 5 cm. A espessura deste conglomerado é de cerca de 8 metros na barreira situada a SW e de cerca de 6 metros na localizada a NE.

Sobre ele assenta um conglomerado também heterométrico (B), mas de tonalidade vermelha, imaturo, formado por calhaus de xisto (80%) e de quartzo (20%), e com uma percentagem de matriz variável entre 30 a 60%.

A análise de uma amostra deste depósito apresentou cerca de 10% de material grosseiro, superior a 4mm, 30% de areia e 60% de material silto-argiloso. Na mesma amostra foram identificados dois minerais de argila: ilite e caulinite. Enquanto a primeira se mostra abundante, a segunda apresenta-se rara.

Os calhaus raramente se apresentam rolados e os de maior dimensão rondam 30 cm.

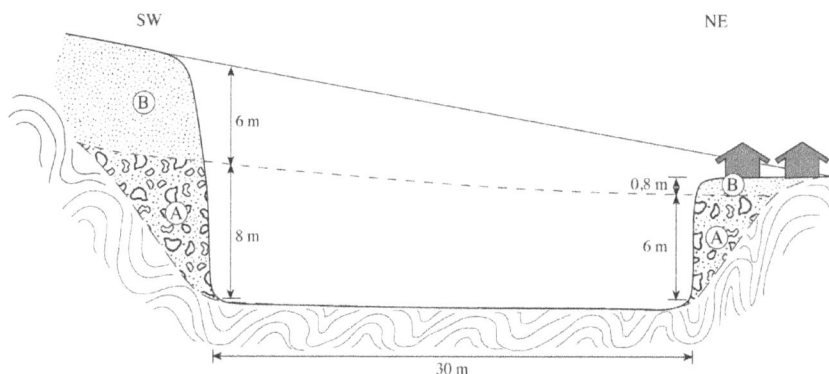

Fig. 3 - Corte esquemático do depósito do antigo Meandro da Barreosa.
A - conglomerados compacto, acinzentado ou amarelado; B - conglomerado vermelho
(Fonte: L. Lourenço, 1996, p. 193).

Fig. 3 - *Schematic Court of deposit of ancient meander of Barreosa.*
A - compact conglomerates, greyish or yellowish; B - red conglomerate
(Source: L. Lourenço, 1996, p 193.).

A espessura do depósito na barreira SW é da ordem de 6 metros, enquanto que na de NE, onde o topo do depósito foi destruído, varia entre 50 e 80 cm.

Nestas circunstâncias, a reconstituição do depósito aponta para uma movimentação geral do material de SW para NE, embora no pormenor pudesse ter rumado para outros sentidos, nomeadamente para SE, como a imbricação dos calhaus, num dos locais observados, parece indicar.

Depósito das Abelheiras

Situa-se a jusante do Muro, na área de confluência da ribeira de Loriga com o rio Alvoco, preenchendo parte da margem côncava de uma antiga sinuosidade do rio.

O depósito inicia-se por um pelito arenoso, avermelhado e manchado de amarelo, com uma espessura variável entre 1,5 e 2 metros.

Sobre ele dispõe-se um conglomerado vermelho, imaturo, mal calibrado, constituído por calhaus angulosos e muito angulosos de xisto (85%) e de quartzo

(15%), com matriz sub-arcósica a arcósica, média a grosseira, variando normalmente entre 25 e 30%, embora localmente tanto possa ser superior a 70%, como inferior a 10%. O tamanho mais frequente dos calhaus varia entre 1 e 8 cm, sendo a sua distribuição a seguinte: 1 a 2 cm — 15%, 2 a 4 cm — 20%, 4 a 8 cm — 45%, 8 a 16 cm — 12% e 16 a 32 cm — 8%.

Uma amostra recolhida neste depósito, onde a matriz é mais abundante, apresentou menos de 5% de material grosseiro, cerca de 20% de fracção arenosa e mais de 75% de componente silto-argilosa .

A ilite apresentou-se como sendo o mineral de argila dominante, apesar de também se ter observado caulinite, embora rara.

Depósito das Levadas

Sobre o depósito de terraço anteriormente mencionado e descrito, repousa um conglomerado de xisto, de características heterométricas, vermelho ou avermelhado, com 1,6 m de espessura. Na sua base a matriz ronda 20% e o tamanho dos calhaus de maior dimensão alcança 20 cm, enquanto que no topo a percentagem de matriz alcança 60% e apenas é possível observar seixos finos a muito finos, de xisto.

Dispersos no seio da massa encontram-se alguns calhaus rolados (5%), embora se verifique uma maior concentração na base, onde, localmente, podem alcançar 20%. Esta particularidade leva-nos a pensar que o depósito vermelho terá retomado material remexido de gerações anteriores.

Outro aspecto observado tem a ver com a imbricação dos calhaus, a qual é completamente diferente nos dois depósitos. Enquanto que no depósito de terraço os calhaus estão imbricados para N20°W, o que o relaciona diretamente com a dinâmica do leito fluvial, no depósito vermelho estão orientados para S30°W, num sentido oposto, o que deixa antever a sua origem na vertente que lhe fica situada a Norte. Deste modo, o carácter fluvial do episódio da base parece inquestionável, ao mesmo tempo que, cada vez mais, se desenha o carácter solifluxivo do depósito vermelho.

Depósito da Vide (antigo meandro)

Como na Barreosa, também aqui o depósito terá entulhado quase completamente o meandro abandonado pelo rio. No entanto, existem diferenças importantes em termos de exposição, dado que, na Barreosa, o meandro está voltado a NE, com as vertentes em posição umbria (avesseira), enquanto que o da Vide, evoluiu numa vertente virada a SW, logo numa vertente mais soalheira. Mesmo assim, à parte da exposição, as condições de deposição não deverão ter sido muito diferentes nos dois casos, pelo que, macroscopicamente, as semelhanças entre os depósitos são grandes.

Todavia, afortunadamente, um feliz acaso, constituído pela abertura de umas fundações para a construção de um edifício no material do depósito da Vide, veio proporcionar-nos a oportunidade de não só podermos observar um corte fresco da base do depósito, mas também e sobretudo a possibilidade de penetrar no interior do conglomerado da base, o qual, apenas no local deste corte, se apresenta com características diferentes das observadas nos restantes cortes, provavelmente porque foi possível ter acesso à parte mais interna do depósito.

Com efeito, as patelas não só apresentam um menor grau de compacidade, mas também são de menor dimensão e de coloração diferente. No entanto, atendendo a que o depósito evolui para o topo, será que corresponde à base do conglomerado? Dado que só se observou neste local, fruto daquela feliz eventualidade, e tendo em conta que o topo se encontra erosionado, não nos foi possível retirar nenhuma conclusão segura. No entanto, como nas suas proximidades, identificámos um conglomerado semelhante ao conglomerado compacto observado na Barreosa (A), esse facto leva-nos a admitir terem existido pelo menos duas fases distintas de deposição do conglomerado de base do depósito.

Assim, o corte realizado no depósito da Vide permitiu-nos observar um conglomerado monotípico em xisto (A), com pouca matriz pelítica (<10%), de tonalidade cinzento-esverdeada, sendo regularmente calibrado. Embora o xisto seja largamente predominante (90%), também se observou algum quartzo residual (10%). As dimensões dominantes dos materiais mais grosseiros variam entre 1 e 2 cm — 40% ou entre 2 e 4 cm — 47%. As restantes medidas estão compreendidas entre 4 e 8 cm — 10% e, sobretudo para o tecto, entre 8 e 18 cm (3%), onde se apresenta mais rico em patelas de maior dimensão. A espessura máxima observável neste conglomerado é de cerca de 8 metros.

Sobre este leito, separado através de uma descontinuidade muito nítida (fot. 3), assenta um conglomerado heterométrico avermelhado (B), imaturo e grosseiro, com os calhaus de maior dimensão a alcançarem entre 30 e 50 cm.

Por cima deste leito dispõe-se um pelito conglomerático (C), vermelho, com manchas amareladas (fig. 4).

Fot. 3 - Pormenor do depósito do antigo meandro da Vide, assinalando a descontinuidade entre os conglomerados acinzentado e avermelhado (Fonte: L. Lourenço, 1996, p. 197).

Photo 3 - *Oxbow depositing detail of Vide, marking the discontinuity between grey and reddish conglomerates (Source: L. Lourenço, 1996, p 197).*

Depósito da Vide (Km 126,9)

A importância deste depósito e a sua principal contribuição para este estudo resulta do facto de, anteriormente, termos observado o depósito vermelho a desenvolver-se sobre um ou outro de dois depósitos, mas sem ser possível

Fig. 4 - Corte esquemático elucidativo do depósito do antigo meandro da Vide.
A - conglomerado monotípico, em xisto, acinzentado; B - conglomerado vermelho;
C - pelito conglomerático vermelho, com manchas amarelada;
(Fonte: L. Lourenço, 1996, p. 199).

Fig. 4 - Schematic Cut plain depositing oxbow of Vide.
A - Monotypic conglomerate, shale, grey; B - red conglomerate;
C - Red conglomeratic pelite with yellow spots,
(Source: L. Lourenço, 1996, p 199).

estabelecer a relação cronológica existente entre eles, a qual se poderá retirar da observação dos materiais presentes na barreira da estrada da Vide situada pelo Km 126,9.

Com efeito, como vimos, são possíveis duas situações. Assim, o depósito vermelho está sobre um conglomerado monotípico em xisto, imaturo, de tonalidade cinzento-esverdeada, por vezes amarelada, denotando acentuadas características periglaciares, ou, então, em alternativa, repousa sobre um conglomerado heterométrico, submaturo, com calhaus redondos a muito redondos, usualmente designado por depósito de terraço fluvial.

A base do depósito, agora em apreço, desenvolve-se por volta de 320 metros de altitude, cerca de 25 metros acima do leito actual do Alvoco, numa extensão de 300 metros junto à estrada, com ligeiras interrupções e variações laterais, e com uma espessura média da ordem de 4 a 5 metros.

O principal interesse deste depósito reside na sua extremidade SW, a mais próxima de Vide, pois é aí que podemos observar a relação entre os três depósitos que temos vindo a descrever (fig. 5).

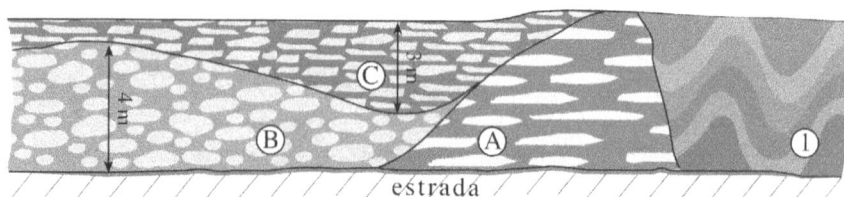

Fig. 5 - Corte esquemático do depósito da Vide, Km. 126,9. 1 - xisto; A - conglomerado imaturo, subcompacto, acastanhado; B - conglomerado submaturo, polimíctico, acinzentado; C - pelito conglomerático, imaturo, avermelhado (Fonte: L. Lourenço, 1996, p. 199).

Fig. 5 - Schematic cut the deposit of Vide, Km 126.9. 1 - Schist; A - immature conglomerate, subcompact, brownish; B - submature conglomerate polymictic, greyish; C - pelite conglomeratic, immature red (Source: L. Lourenço, 1996, p 199).

Com efeito, sobre o xisto conserva-se um resto de conglomerado imaturo, subcompacto, acastanhado, com manchas amareladas e calhaus angulosos (A). Sobre a sua extremidade basal desenvolve-se, para NE, um conglomerado submaturo, polimíctico, heterométrico, com matriz arcósico-arenítica e arenítica grosseira a muito grosseira, acinzentada (B). Neste conglomerado predominam os calhaus arredondados, sendo de xisto (87%), de quartzo (8%) e de granito (5%).

A matriz é variável (10-40%) e a dimensão dos materiais mais grosseiros varia do seguinte modo: 1 a 2 cm — 15%, 2 a 4 cm — 20%, 4 a 8 cm — 40%, 8 a 16 cm — 15%, 16 a 32 cm — 10% e 32 a 64 cm — <1%. Intercaladas no seio do conjunto observam-se, por vezes, lentículas arenosas.

O topo destes dois episódios encontra-se ravinado em forma de ventre largo, a qual está preenchida por um pelito conglomerático, imaturo, avermelhado, com manchas amareladas (C).

O facto do conglomerado imaturo se encontrar por baixo do conglomerado submaturo, transforma este depósito numa peça chave, dando um contributo fundamental para o esclarecimento da ordem natural de sobreposição dos três episódios de sedimentação.

Na extremidade NE deste depósito, junto ao Carpido, onde o episódio vermelho se apresenta mais espesso, recolhemos e analisámos quatro amostras. Os resultados obtidos confirmam o carácter heterogéneo do depósito, denunciando a eventual remobilização de material de depósitos anteriores.

Com efeito, os valores da fracção grosseira, superior a 4mm, das quatro amostras variaram entre 9 e 43%, com dois deles a posicionarem-se junto de 20%. Do mesmo modo, também a fracção fina apresentou grande variabilidade de valores (11, 21, 37 e 53%). Aqueles que, apesar de tudo, se mantiveram mais constantes, referem-se à fracção arenosa, com os extremos a variarem entre 38 e 58% e os outros dois a situarem-se próximo de 45%.

No que respeita aos minerais de argila, em todas as amostras foi identificada ilite, sempre muito abundante, bem como rara vermiculite e, ainda, clorite e caulinite, ambas vestigiais.

Depósitos de Alvoco das Várzeas

Estes depósitos foram objecto de uma primeira breve nota, em particular o da Azenha da Volta (L. Lourenço, 1986), quando foram descritos os resultados das análises efetuadas em amostras do depósito vermelho e do conglomerado imaturo de xisto, acinzentado e subjacente (fot. 4).

Da análise comparativa destes dois tipos de depósito, ressaltou a existência de uma maior percentagem de material silto-argiloso no depósito vermelho (49%) do que no depósito de patelas (32 e 37%) e uma maior diversidade nos valores das fracções grosseira e arenosa.

Com efeito, numa das amostras analisadas, o depósito de patelas apresentou a fracção arenosa com um valor superior à do depósito vermelho,

29% e 21%, respectivamente, enquanto que na outra amostra, aquele valor foi inferior (11%). Do mesmo modo, os valores da fracção grosseira do depósito de patelas foram ligeiramente inferiores (33%) aos do depósito vermelho (34%) numa das amostras, enquanto que na outra foram muito superiores (56%).

Fot. 4 - À esquerda, vista geral do depósito da Azenha da Volta e da frente de exploração que o separou em dois. Em primeiro plano, a tonalidade mais escura deixa adivinhar o leito ordinário do Alvoco, que contorna o depósito, passando para segundo plano, onde se identifica pela ponte em arco, acima da qual se desenvolve uma rechã, correspondente ao Campo de Futebol, onde também existe depósito vermelho (Fotografias de L. Lourenço).

Photo 4 - *Left, general view of the deposit of Azenha da Volta and the front of exploitation that split it in two. In the foreground, the darkest shade leaves guess the ordinary riverbed of the Alvoco, which circumvents the deposit, moving to the background, which is identified by the arch bridge, above which it develops a recha, corresponding to the football field, where also there is red deposit (Photography of L. Lourenço).*

No que concerne aos minerais de argila, observou-se que nas três amostras a ilite se apresentou sempre muito abundante e, em contrapartida, a caulinite foi sempre rara. A clorite comportou-se de modo diferente nos dois depósitos, sendo rara no vermelho e abundante no de patelas.

O tratamento laboratorial de outras duas amostras, colhidas no depósito do Campo de Futebol confirmaram a predominância da fracção fina, silto-argilosa (79 e 65%) e o reduzido valor da fracção arenosa (14 e 6%).

No que respeita aos minerais de argila, continuou a encontrar-se ilite, muito abundante, e caulinite, abundante na amostra A e rara na amostra B.

Pela facilidade de observação, dado situar-se na berma da estrada n.º 230, ao Km 141,5 e por ter subjacente o depósito de terraço fluvial antes referido (fot. 1) merece também referência o depósito vermelho que se lhe sobrepõe (fot. 5).

Fot. 5 - Aspeto do depósito vermelho da barreira da estrada n.º 230, ao Km 141,5, assente sobre o depósito de terraço fluvial. (Fotografia de L. Lourenço).

Photo 5 - *Appearance of the red tank on the No. 230 road barrier, at Km 141.5, based on the deposit of river terrace (Photography of L. Lourenço).*

Depósito da Ponte das Três Entradas

O depósito situado mais a jusante, preenche o antigo meandro da Ponte das Três Entradas e situa-se pelos 290 metros (50-60 m acima do leito atual) apresentando, no local observado, uma espessura de 3,5 metros. É formado por um pelito conglomerático, imaturo, de tonalidade avermelhada, com manchas acastanhadas e uma estrutura interna porosa.

Macroscopicamente, a percentagem de matriz parece variar entre 70 e 90% do total, enquanto que a de calhaus se situa por 10 a 30%. Os calhaus são constituídos essencialmente por xisto (60%) e por quartzo (40%). Predominam os calhaus angulosos (60%) e sub-angulosos (30%), sendo os restantes muito angulosos (10%). A distribuição do material grosseiro é a seguinte: 1 a 2 cm — 15%, 2 a 4 cm — 30%, 4 a 8 cm — 40%, 8 a 16 cm — 10%, 16 a 32 cm — 5% e 32 a 64 cm — vestigial.

Para o topo encontra-se mais descorado e, em horizontes bem definidos, apresenta-se amarelado. Observam-se ainda níveis de pedolização truncados.

A análise granulométrica de uma amostra recolhida neste depósito permitiu precisar os valores da distribuição percentual anterior, baseados em observações diretas, tendo-se registado 53% de fracção fina, 36% de arenosa e 11% de grosseira.

As argilas detetadas foram, como no depósito do Campo de Futebol de Alvoco, a ilite, muito abundante, e a caulinite, abundante.

Pelo exposto, deduz-se a importância destes depósitos como contributo para a explicação da evolução geomorfológica do Baixo Alvoco que, em síntese, será apresentada na conclusão.

Depósitos curvifluxivos

Este tipo de depósito distingue-se bem do anterior, porque é formado por leitos alternantes de patelas de xisto com material fino e em que essa alternância, entre leitos mais finos e mais grosseiros, é muito nítida. Com efeito, os leitos grosseiros são constituídos por patelas de xisto, normalmente de tendência homométrica, mas por vezes a incluírem calhaus de maior dimensão, constituídos por xisto, grauvaque e quartzo, enquanto que os leitos mais finos são predominante arcósico-argilosos, embora possam conter pequenas patelas de xisto.

Esta alternância de níveis mais cascalhentos com níveis mais argilosos dever-se-á, provavelmente, às condições de deposição, por sua vez dependentes de variações significativas na quantidade, espessura e periodicidade da neve e dos períodos de gelo/degelo. No entanto, é difícil tentar estabelecer uma relação direta entre as características do depósito e as condições ambientais no momento da deposição.

Por outro lado, normalmente, a estratificação não é tão regular como no tipo anterior, pois, muitas vezes, ao longo de um mesmo leito, individualizam-se bolsadas mais espessas ou surgem estiramentos que o adelgaçam, conferindo--lhe um certo grau de irregularidade.

Com efeito, esta particularidade, que se observa muito bem neste tipo de depósitos, é mais difícil de encontrar nos do tipo anterior. Deve-se à existência de estruturas arqueadas (curvifluxões), quer em grande, afectando a generalidade do leito, quer no pormenor, dando-lhe pequenos retoques, as quais serão de atribuir à água que pode circular e, até, congelar no interior do depósito.

Deste modo, nas zonas de fluência da água, ou seja, nos lóbulos mais cascalhentos onde predominam as patelas de xisto, quando congela, a água aumenta de volume e, como consequência, incha a estrutura, levando à formação de involuções em roseta no seu interior, ao mesmo tempo que conduz ao arqueamento dos níveis superiores, mais finos.

A congelação da água no interior do depósito, embora seja um fenómeno raro na atualidade, ainda pode ser observada em situações de maior altitude, quando se verifica a permanência por alguns dias consecutivos de determinados tipos de tempo, como tivemos oportunidade de observar no alto de S. Pedro do Açor.

Os depósitos curvifluxivos são mais frequentes nas altitudes mais elevadas, localizando-se, de modo geral, acima de 750/800 metros. Esta é, pois, outra particularidade que os distingue dos outros depósitos de patelas antes descritos, os quais se encontram a altitudes bem mais baixas.

De entre os depósitos curvifluxivos indicamos aquele que pode ser observado mais facilmente e que, pelas suas características, constitui um bom exemplo deste tipo de depósitos.

Está situado nas proximidades das Pedras Lavradas, a cerca de 800 metros de altitude, voltado a Norte, numa barreira da Estrada Nacional N.º 230, pelo Km 164,4 (fot. 6). Nele observa-se muito bem, quer a alternância de leitos, quer a estrutura arqueada dos níveis mais finos.

Fot. 6 - Aspecto geral do depósito curvifluxivo do Km 164,4, da Estrada Vide-Pedras Lavradas. (Fonte: L. Lourenço, 1996, p. 238-9).
Fot. 6 - General view of archflowing deposit Km 164.4, road Vide-Pedras Lavradas (Source: L. Lourenço, 1996: 238-9).

Formas de erosão fluvial

De modo geral, as formas de relevo associadas à erosão fluvial estão condicionadas estruturalmente e não é apenas nas grandes falhas e nos alinhamentos gerais que se observa uma adaptação da rede hidrográfica à estrutura. Por vezes, até é mais fácil identificar situações de pormenor, onde é possível observar tramos fluviais rigidamente alinhados ao longo de fracturas.

Dos numerosos exemplos observados no campo, escolhemos a área de confluência da ribeira de Loriga com o rio Alvoco, por apresentar uma meandrização muito característica, com braços quase paralelos (fot. 7), perfeitamente comandados pela estrutura. A presença das falhas é aqui de tal modo evidente que, mesmo tratando--se de xistos, é possível seguir algumas delas no campo e até observar um pequeno espelho de falha, embora em mau estado de conservação.

De entre estas forma de erosão fluvial ressalta a que corresponde aos meandros, a maior parte dos quais se mantém ainda ativa, mas existem alguns que foram abandonados, quer natural quer artificialmente, e que merecem uma breve referência.

Meandros encaixados: ativos e abandonados

Como, geralmente, a rede hidrográfica se encontra muito adaptada à apertada malha de fraturas, não admira que ela se tenha organizado, preferencialmente,

40

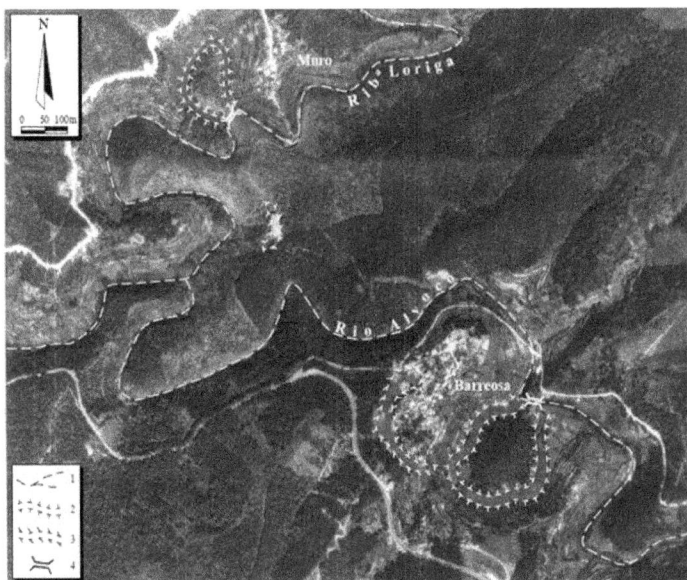

Fot. 7 - Vista aérea da confluência da ribeira de Loriga com o rio Alvoco. Notar a intensa meandrização das principais linhas de água (1), aqui e além interrompida pelo homem, através de cortes em trincheira (4), indicando-se os limites dos antigos meandros (2). A cota mais elevada conservam-se, ainda, vestígios de uma anterior meandrização (3) (Fonte: L. Lourenço, 1996, p. 127).

Photo 7 *- Aerial view of the confluence of Loriga creek with the Alvoco River with the river. Note the intense meanders of the main water lines (1), here and there interrupted by Man through trench cuts (4) indicating the limits of the old meanders (2). The highest dimension is conserved, although traces of a previous meanders (3) (Source: L. Lourenço, 1996, p. 127).*

através de curtos tramos rectilíneos, explorando fraturas, que, depois, brusca-mente, infletem de direção, obrigando o rio a meandrizar. Embora com uma evolução de certo modo confinada à rede de fraturas, em certos tramos ele encaixou-se profundamente, através de um entalhe progressivo, sendo possível apontar diversos exemplos desse encaixe.

Contudo, como a nossa análise não se prendeu com o estudo da geometria pormenorizada dos meandros, não sabemos se as suas formas serão de atribuir mais à condicionante tectónica do que à componente estrutural. No entanto, houve um aspeto que nos despertou particular curiosidade e mereceu a nossa atenção, talvez por também corresponder a um dos aspectos menos conhecidos da evolução recente da rede de drenagem, que foi o dos lóbulos abandonados, sobretudo quando o processo foi antrópico, sendo, por esse motivo, artificial.

Assim, apesar da maior parte dos meandros permanecer ativa, entendemos destacar sobretudo aqueles que foram abandonados, natural ou artificialmente.

Meandros abandonados naturalmente

Como já foi referido, o episódio de encaixe protagonizado durante o interglaciar Riss-Würm, está bem marcado no Baixo Alvoco por um nível de meandros abandonados naturalmente (fig. 2), que devem testemunhar o início do encaixe e, por conseguinte, poderão marcar o início do período interglaciar.

Por manterem a forma mais conservada, merecem destaque os da Barreosa (fot. 7) e o da Vide (fot. 8), apesar da intensa intervenção antrópica de que foram alvo.

De facto, a intensa exploração de que foi alvo o depósito vermelho acumulado nestes meandros abandonados, à parte de aplicações pontuais da argila em trabalhos de construção civil (o barro era o cimento de antanho), estará relacionada com a exploração do ouro aluvionar, porquanto não encontramos outra explicação plausível para a movimentação e remoção manual de vários milhares de toneladas do material que constituía esses depósitos.

Meandros abandonados por intervenção antrópica

O processo usado para, manualmente, o homem concretizar o corte dos pedúnculos de meandro na bacia hidrográfica do rio Alvoco foi o de trincheira, que consiste no escavamento, a céu aberto, do pedúnculo existente entre dois tramos do rio, relativamente próximos, pois exige a remoção de volumes de terra muito significativos, cuja extração e transporte foi feita apenas à custa da força e do esforço do ser humano, o que transforma estas trincheiras em impressionantes obras de hidráulica e de engenharia agrícola.

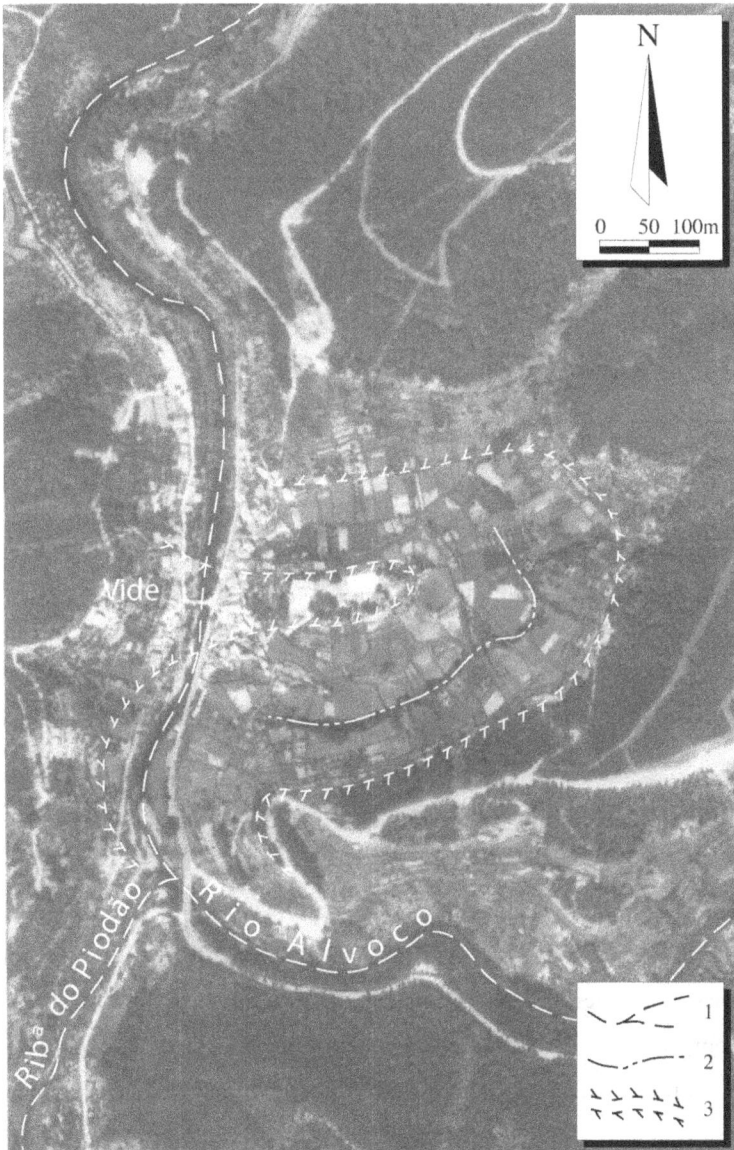

Fot. 8 - Vista aérea do meandro abandonado de Vide, no rio Alvoco. A antiga frente de exploração conserva ainda grande rigidez, especialmente a SE. 1 - Cursos de água; 2 - Frente de exploração do depósito; 3 - Limites do antigo meandro (Fonte: L. Lourenço, 1996, p. 141).

Photo 8 - Aerial view of the abandoned meander of Vide in the Alvoco River. The old front of exploitation still retains high rigidity, especially to the SE. 1 - Water courses; 2 - Deposit exploitation front; 3 - Limits of oxbow; (Source: L. Lourenço, 1996, p 141).

Todavia, não é facilmente perceptível a finalidade da abertura destas trincheiras construídas para o desvio do rio Alvoco, executadas tanto na Barreosa (fot.s 7 e 9), como a montante, nas Frádigas e no Coistorno (fig. 2), ou no Muro, já na ribeira de Loriga (fot. 7).

É óbvio que a área abandonada teve como resultado o seu aproveitamento agrícola. Mas terá sido este, desde logo, o objetivo inicial?

Se a importância relativa destas parcelas agrícolas conquistadas aos rios, comparativamente com a das outras, feitas em socalcos, for considerada em termos do trabalho que a construção de umas e de outras terá dado, e, se, simultaneamente, observarmos os respectivos resultados, não deverão restar muitas dúvidas quanto à finalidade destas trincheiras que, assim, permitiam a conquista de um plaino, onde a ribeira era forçada a depositar as aluviões, as quais depois de profusamente estrumadas e irrigadas se transformavam em solos de elevada fertilidade, particularmente importantes em lugares onde eram tão escassos.

Por outro lado, permitia ainda ganhar um declive abrupto que possibilitava a fácil instalação de pilões e de moinhos de água.

Rupturas de declive nos perfis longitudinais dos cursos de água

Além das roturas acabadas de mencionar, criadas por intervenção antrópica, como a da bela cascata Poço da Broca, na Barreosa (fot. 9) que, embora de pequenas dimensões, fascina pela beleza e tranquilidade do local, bem como de várias outras existentes tanto no tio como em diversas ribeiras afluentes ao Alvoco, vamos abordar aquela que, quanto a nós, é não só a mais bela, mas também uma das menos conhecidas quedas de água naturais da bacia do Alvoco, designada por "Cabouqueiras da Forja" (fot. 9) e localizada na Barroca do Carvalhinho, pertencente às cabeceiras da ribeira de Balocas, afluente do rio Alvoco.

As Cabouqueiras da Forja eram, até há alguns anos atrás, de difícil acessibilidade, quer pelo abrupto da vertente, quer pela densidade da vegetação arbustiva, que não só dificultava a obtenção de fotografias panorâmicas, mas também obrigava a um grande esforço físico para se alcançar a queda de água.

Fot. 9 - Vista da aprazível cascata do Poço da Broca, na Barreosa, resultante do corte
artificial do pedúnculo do meandro do rio Alvoco
(Fonte: http://www.guiacentro.pt/index.php/descobrir/item/372-poco-da-broca).

*Photo 9 - View of the gentle cascade Poço da Broca, in Barreosa, resulting from the
artificial cut of the Alvoco River meander peduncle
(Source: http://www.guiacentro.pt/index.php/descobrir/item/372-poco-da-broca).*

Entretanto, foi aberto um caminho que facilita o acesso, pelo que o esforço
da subida é amplamente recompensado pela inusitada beleza do conjunto
morfológico em que se insere.

Trata-se de uma queda dupla, em cascata, para cuja existência concorrem
diversos factores, que se enumeram de forma arbitrária, não respeitando qualquer
critério sequencial ou hierárquico, tendo apenas em conta que esta geoforma
resultará do concurso dos seguintes fatores:

1. Estratificação subvertical das camadas xistosas, transversal ao traçado
   da Barroca do Carvalhinho, a qual, de certo modo, é favorável à manutenção da forma abrupta, por sucessivos recuos paralelos;

2. Diferente grau de dureza dos xistos, conforme se situam imediatamente a jusante ou a montante da ruptura inferior, eventualmente motivado por um contacto anormal, devido a falha;

3. Provável diferenciação litológica, impossível de confirmar durante a visita efetuada, dadas as dificuldades de observação devidas quer à abundância de vegetação quer ao elevado caudal escoado, traduzida por xistos mais resistentes na base e xistos mais friáveis no topo da cascata, facilitando a erosão da sua parte superior e possibilitando aí um recuo do perfil mais rápido. Esta possível diferenciação litológica poderá estar associada a fracturação subhorizontal, tão frequente nos xistos, mas que, pelas razões expostas não foi possível confirmar;

4. Fratura transversal à direção das camadas, à qual a barroca se adaptou, facilitando-lhe a incisão vertical.

Estas circunstâncias conjugam-se favoravelmente para dar à cascata uma forma particular, uma vez que a queda inferior apresenta características análogas às de muitas outras cascatas, mas, em contrapartida, o progressivo recuo da queda de água superior abriu nos xistos um "canhão" muito estreito, suficientemente profundo e relativamente comprido (fot. 10), que não deixa de lhe conferir uma grande originalidade.

Conclusão

A evolução recente da rede hidrográfica do rio Alvoco sendo bastante harmoniosa, terá sido facilitada, pelo menos em parte, por se desenvolver sobre rochas xisto-grauvacóides bastante friáveis.

Mesmo sem remontar muito no tempo, o encaixe da rede hidrográfica aparece como um dos traços dominantes desta morfologia recente, algo dissimulado nas imediações de Alvoco das Várzeas, sobretudo por razões de natureza geológica, tanto litológicas como tectónicas.

À parte deste alargamento local, a forma generalizada dos vales caracteriza-se por apresentar uma parte superior relativamente aberta, sensivelmente

Fot. 10 - Cabouqueiras da Forja, na Barroca do Carvalhinho, ribeira de Balocas (Fonte: L. Lourenço, 1996, p. 163).

Photo 10 - *Cabouqueiras da Forja, in Barroca do Carvalhinho, Balocas creek (Source: L. Lourenço, 1996, p. 163).*

até quase à base da vertente, para, depois, passar a vales estreitos, em forma de V, sendo por vezes quase em garganta, a testemunhar um encaixe muito rápido e recente.

Com efeito, as várias fases de levantamento das serras foram transmitindo maiores declives aos perfis longitudinais, aumentando, em consequência, o poder erosivo das linhas de água, principalmente nos períodos interglaciares.

No entanto, as marcas deixadas na paisagem não são suficientes para remontar muito no tempo. De facto, como referimos anteriormente (L. Lourenço, 1996) apenas nos foi possível recuar até ao *Riss*, durante o qual se deverá ter verificado uma fase de certa estabilidade da drenagem, com predomínio da atuação dos processos morfogenéticos sobre as vertentes que, num clima frio e seco (gelifractos pequenos e médios), teriam permitido a formação dos depósitos de patelas que considerámos como sendo os mais antigos da área estudada e que localizámos a Este da Vide.

Depois, admitimos como hipótese muito provável que, durante o interglaciar *Riss-Würm*, a rede hidrográfica tenha evoluído em função de uma importante recidiva de erosão, responsável por essa rotura de declive antes mencionada nas vertentes.

Com efeito, esse episódio de encaixe protagonizado durante o interglaciar *Riss-Würm*, está bem marcado no Baixo Alvoco, quer por um nível de meandros abandonados naturalmente, que devem testemunhar o início desse encaixe, quer por um nível de terraço, muito frequente, situado por volta dos 40 metros, que corresponderá ao início do interglaciar.

Entretanto, nas vertentes, o progressivo aumento de temperatura terá levado a uma generalizada alteração pedogenética, testemunhada pelos pelitos argilosos e solos mosqueados, por vezes sobrepostos ao referido depósito de terraço.

Depois, já no *Würm*, ter-se-ão seguido duas fases importantes de gelifração, identificadas por S. Daveau (1973, p. 20), as quais apresentam características distintas. A primeira delas, que pensamos ser de atribuir ao Pleniglaciar inferior e médio, por se apresentar com características de interestádio (J. Mateus e P. Queiroz, 1993, p. 123), permite atribuir-lhe episódios quentes e húmidos, num clima temperado frio e húmido (F. Diniz, 1992), o qual possibilitaria a formação de pequenos gelifractos com matriz argilosa e soliflúxões capazes de deslocar grandes quantidades de material, entretanto produzido ou, então, herdado de fases anteriores, para a base das vertentes onde, localmente, se conservaram, constituindo o depósito que designámos de coluvião vermelho.

Este depósito, de caraterísticas conglomeráticas, apresenta frequentemente duas sequências (B1 e B2), separadas por uma descontinuidade, correspondente ao interestádio *Würm I/Würm II* e aparece preferencialmente nas cotas mais baixas, em antigos meandros abandonados ou no fundo dos vales mais largos, correspondentes a pequenas bacias tectónicas, basculadas para montante.

No final da sua deposição, as características de interestádio deverão ter-se acentuado de novo e levado ao profundo ravinamento do topo do depósito, marcando a transição para o Pleniglaciar superior, durante o qual terá predominado um clima frio e seco, que *"seria o mais frio e seco"* (F. Rebelo, 1986, p. 135) dos referidos, *"um clima mais rigoroso [do que o do Pleniglaciar médio] com subfases de intensidade variável de frio e aridez"* (J. Mateus e P. Queiroz, 1993, p. 124), com condições que terão permitido a formação da maior parte dos depósitos hoje conservados a altitudes superiores a 700 m, fossilizando paleotopografias, muitas vezes correspondentes a pequenos valeiros.

Os depósitos de patelas terminam por uma descontinuidade, a qual será de atribuir à transição entre o Plenigaciar superior e o Tardiglaciar inicial, na medida em que se terão criado condições que permitiram a erosão da parte superior do depósito, atendendo a que o clima terá registado um rápido aquecimento (A. R. Cordeiro, 1990, p. 58) e maiores quantitativos de precipitação (A. Pedrosa, 1993, p. 425), os quais passaram a favorecer a escorrência e o escoamento fluvial em prejuízo dos processos relacionados com o gelo.

Diversos autores (H. Nonn, 1966; Y. Guillien *et al.*, 1978, M. Garmendia, 1989) citados por A. Pedrosa (1993, p. 425), sugerem nova crise climática pelos 11 000 BP, a qual poderá ter sido responsável pela formação dos depósitos curvifluxivos. Com efeito, estes apenas se localizam nas maiores altitudes, preferencialmente em vertentes voltadas a Norte, denotando alternância de condições climáticas, traduzidas em períodos mais frios e secos e situações mais amenas e húmidas, devido à existência de leitos constituídos essencialmente por patelas e outros com fração argilo-arenosa relativamente abundante.

Esta alternância sugere-nos a existência de um clima em que períodos mais frios e secos alternariam com outros em que a queda de neve desempenharia um papel importante para a atuação dos processos morfogenéticos, sobretudo quando da sua fusão.

Nestas circunstâncias, a fluência hídrica no interior dos depósitos que fossilizaram antigas linhas de água, poderia, em situações de frio mais intenso, congelar no interior dos depósitos, fazendo inchar a estrutura e arquear os níveis mais finos.

As condições climáticas do início do Tardiglaciar parecem, pois, favoráveis ao desenvolvimento do depósito curvifluxivo. Segue-se-lhes um período mais propício à ocorrência de solifluxões, embora delas não tenhamos encontrado registos dignos de realce.

Depois, uma modificação significativa das condições climáticas, bem como uma, cada vez maior, ação interventora do homem sobre a natureza, vieram alterar profundamente este quadro de evolução natural das formas de relevo no Baixo Alvoco, que merece ser estudado com mais pormenor, de modo a permitir preservar as formas mais significativas e os depósitos mais emblemáticas.

Referências bibliográficas

Almeida, G., Ferreira, C., Coelho e Daveau, S. (1980). Indícios de Exploração Mineira Antiga nos Terraços do Baixo Alva. Comunicação apresentada ao *Congresso de Arqueologia*, Faro, 14 p. (inédito).

Cavaco, C. e Marques, I. (1966). Os vales de Loriga e de Alvoco na Serra de Estrela - Estudo de Geografia Humana. *Finisterra*, Lisboa, I, 2, p. 188-239.

Cordeiro, A. M. Rochette (1990). O depósito de Varzielas (serra do Caramulo) - Contribuição para o estudo do Tardiglaciar Würmiano em Portugal. *Cadernos de Geografia*, Coimbra, 9, p. 49-60.

Daveau, S. (1969). Structure et relief de la Serra da Estrela. *Finisterra*, Lisboa, IV, 7 e 8, p. 31-63 e 159-167.

Daveau, S. (1971). La glaciation de la Serra da Estrela. *Finisterra*, Lisboa, VI, 11, p. 5-40.

Daveau, S. (1973). Quelques exemples d'évolution quaternaire des versants au Portugal. *Finisterra*, Lisboa, VIII, 15, p. 5-47.

Daveau, S. (1977). L'évolution géomorphologique quaternaire au Portugal. Principaux aspects et problèmes posés par son étude. Recherches Françaises sur le Quaternaire, *INQUA, Supplément au Bulletin AFEQ*, 1977-1, 50, p. 11-21.

Daveau, S. (1985). Critères géomorphologiques de déformations tectoniques récents dans les montagnes de schistes de la Cordilheira Central (Portugal). *Bulletin de l'Association Française pour l'étude du Quaternaire*, 4, p. 229-238.

Daveau, S., Birot, P. e Ribeiro, O. (1985/6). Les bassins de Lousã et d'Arganil. Recherches géomorphologiques et sédimentologiques sur le massif ancien et sa couverture à l'Est de Coimbra. *Memórias*, Centro de Estudos Geográficos, Lisboa, n°. 8, 2 vol., 450 p.:

vol. I - Le bassin sédimentaire (1985);

vol. II - L'évolution du relief (1986).

Diniz, F. (1992). Pollen-analyses of Pleistocene sediments from the western coast of Portugal. Program and Abstracts, *VIII International Palynological Congress*, Aix-en-Provence.

Domergue, C. e Herail, G. (1978). *Mines d'or romaines d'Espagne. Le district de la Valduerna (León)*. Publications de l'Université de Toulouse-Le Mirail, Série B, Tome IV, 305 p.

Garmendia, M. C. P. (1989). *Dynamique de végétation tardiglaciaire et hólócene du Centre-Nord de l'Espagne d'après l'analyse polinique* (Thèse en Sciences "spéc. Paleoécologie"). Université d'Aix, Marseille III.

Guillien, Y. et Laplace, G. (1978). Les climats et les hommes en Europe et en Afrique septentrional de28 000 BP à 10 000 BP. *Bulletin de l'Association Française pour l'étude du Quaternaire*, 15, 4, p. 187-193.

Lautensach, H. (1932). Estudo dos glaciares da serra da Estrela. *Memórias e Notícias*, Publicações do Museu e Laboratório Mineralógico e Geológico da Universidade de Coimbra, Coimbra, VI, 60 p.

Lourenço, L. (1986). A propósito de alguns depósitos periglaciares no Baixo Alvoco. *Cadernos de Geografia*, Coimbra, 5, p. 151-9.

Lourenço, L. (1989). *O Rio Alva. Hidrogeologia, Geomorfologia, Climatologia e Hidrologia*. Instituto de Estudos Geográficos, Coimbra, 162 p.

Lourenço, L. (1996). *Serras de Xisto do Centro de Portugal. Contribuição para o conhecimento geomorfológico e geo-ecológico do sector ocidental da Cordilheira Central* (Dissertação de Doutoramento em Geografia Física). Faculdade de Letras da Universidade de Coimbra Coimbra, 757 p.

Lourenço, L. (Coord.) (2006). Paisagens de socalcos e Riscos Naturais em vales do rio Alva. *Colectâneas Cindínicas* VI, Projeto Interreg III B/Sudoe-Terrisc, Núcleo de Investigação Científica de Incêndios Florestais da Faculdade de Letras da Universidade de Coimbra, Coimbra, 192 p.

Mateus, J. E. e Queiroz, P. F. (1993). Os estudos da vegetação quaternária em Portugal; Contextos, Balanço de resultados, Perspectivas, in *O Quaternário em Portugal, Balanço e Perspectivas*, Colibri, Lisboa, p. 105-131.

Nonn, H. (1966). *Les regions côtières de la Galice (Espagne). Étude geomorphologique* (Thése Lettres). Fac. Lettres Univ. Strasbourg.

Pedrosa, A. Sousa (1993). *Serra do Marão. Estudo de Geomorfologia* (Dissertação de Doutoramento). Universidade do Porto, 478 p. +119 p. de Anexos +Mapas. (inédito)

Rebelo, F. (1986). Modelado periglaciar de baixa altitude em Portugal. *Cadernos de Geografia*, Coimbra, 5, p. 127-137.

EXPLORAÇÃO MINEIRA E IMPACTES AMBIENTAIS
O CASO DAS MINAS DA PANASQUEIRA
MINING OPERATION AND ENVIRONMENTAL IMPACTS
THE CASE OF PANASQUEIRA MINES

Anselmo Gonçalves
CEGOT - Centro de Estudos de Geografia e Ordenamento do Território
anselgoncalves@gmail.com

Sumário: Através deste trabalho pretende-se dar a conhecer o estado de contaminação das águas na envolvente das Minas da Panasqueira, no troço entre a Barroca Grande e o Cabeço do Pião, bem como os potenciais efeitos da dispersão dos contaminantes para áreas limítrofes, no caso o rio Zêzere, e as consequências associadas.

Palavras-chave: DAM, contaminantes escombreiras, escorrência, metais pesados.

Abstract: Through this work, it is intended to present the state of contamination of the waters in the surroundings of the Panasqueira mines, in the section between the Barroca Grande and Cabeço do Pião, as well as the potential effects of dispersal of contaminants to neighbouring areas, in this case the Zêzere River, and the associated consequences.

Keywords: AMD, contaminants, heaps, seepage, heavy metals.

DOI: http://dx.doi.org/10.14195/978-989-26-1237-9_2

Introdução

As minas da Panasqueira são uma das mais importantes minas da Europa onde se extrai volfrâmio, cobre e estanho. São, o exemplo acabado de uma exploração que ao longo dos últimos 117 anos de laboração contribuiu decisivamente para um passivo ambiental pesado em termos locais.

A acumulação de resíduos provenientes das minas, neste espaço temporal, teve e tem como consequência a formação de escombreiras de grande dimensão a céu aberto. Estas apresentam um risco potencial de poluição ambiental, afetando a qualidade de vida das populações locais. O depósito direto no solo destes resíduos causa impactos ambientais negativos, uma vez que estes incluem poluentes prejudiciais, em particular metais pesados.

Por outro lado, a formação de grandes escombreiras contribui para desconfigurar a paisagem natural, através da remoção da vegetação e desflorestação, libertação de gases de efeito de estufa, perda de biodiversidade, perda do valor estético da paisagem local, perda de produtividade do solo, instabilidade de vertentes e, consequentemente, aumento do risco de erosão dos solos sob a ação do vento e de águas da chuva (Kabas *et al.*, 2011).

A queda de precipitação pode acelerar o efeito erosivo das águas de escorrência e estas transportam os poluentes existentes nos resíduos das escombreiras, para o solo e águas subterrâneas e superficiais que, por sua vez, podem acumular-se em terrenos agrícolas e, em consequência, causar risco para a saúde pública, criando condições para a alteração da qualidade do ar, destruição da fauna e flora e dos ecossistemas fluviais, sabendo-se presentemente de forma mais exata as reais dimensões sobre a saúde humana. Recentes estudos efetuados junto da população da Aldeia de S. Francisco de Assis apontam para resultados que indicam um elevado risco de contaminação ambiental humana resultante da atividade mineira e que, segundo P. Coelho (2013), acarreta consequentes efeitos na saúde das populações residentes na envolvência. Adicionalmente a atividade mineira continua a ser uma das profissões mais perigosas do mundo, sendo os principais efeitos na saúde dos trabalhadores as doenças oncológicas e respiratórias como a silicose e pneumoconiose. Na mesma linha Coelho *et al.* (2011), Candeias *et al.* (2013; 2014) enfatizam a necessidade de implementar medidas de prevenção, correção e planos de reabilitação que conduzam indubitavelmente a uma redução no risco de cancro, apontando a necessidade de atuação imediata das autoridades competentes nesta área e a implementação de estratégias que visem a proteção das populações expostas e de todo o ecossistema.

Enquadramento Geográfico

O Couto Mineiro da Panasqueira localiza-se no distrito de Castelo Branco, mais propriamente nos limites dos concelhos da Covilhã, Fundão e Pampilhosa da Serra (fig. 1), com uma área total de 21 Km^2, associa 42 concessões mineiras, a Panasqueira e o Cabeço do Pião as primeiras, a que se juntaram, posteriormente, as explorações do Vale da Ermida, Vale das Freiras e Barroca Grande. Fica situado em pleno Maciço Hespérico, na vertente sul da serra da Estrela, mais precisamente no maciço da serra do Açor, a poente da depressão tectónica bem conhecida pela designação de "Cova da Beira".

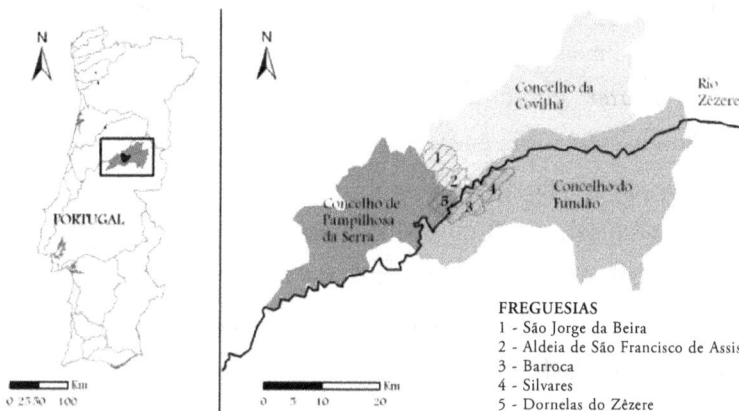

Fig. 1 - Enquadramento geográfico do Couto Mineiro da Panasqueira (Fonte: Adaptado de Valente, 2008. A sul destas minas passa, no sentido Nascente – Poente, o rio Zêzere, principal recetor de linhas de água da região e de onde se retirava toda a água fundamental ao tratamento mecânico do minério extraído).

Fig. 1 - Geographical location of the Mineral Reserve of the Panasqueira Mines (Adapted from Valente, 2008. South of these mines flows the River Zêzere in an east-west direction. It is the main receiver of water courses where all the fundamental water for the mechanical treatment of the extracted ore was removed).

O centro mineiro criado pela *Beralt Tin & Wolfram* situa-se na povoação da Barroca Grande, onde hoje se concentra toda a atividade mineira. Dista cerca de 30 Km da vila do Fundão, 40 Km da vila de Pampilhosa da Serra, 120 km de Coimbra, 300 km de Lisboa e 200 km do Porto.

Enquadramento Geológico

As Minas da Panasqueira localizam-se na Zona Centro Ibérica do Maciço Hespérico e integram uma das províncias metalogénicas estano-volframíticas mais importantes da Europa. Esta província forma o denominado Arco do Estanho.

Do ponto de vista geológico, a área em que se insere o Couto Mineiro da Panasqueira situa-se no Maciço Hespérico, mais concretamente em terrenos pertencentes à ZCI - Zona Centro-Ibérica, nas Serras de Xisto do Centro de Portugal (fig. 1 e 2).

De uma maneira geral, as Minas da Panasqueira insere-se naquilo que se denomina regionalmente como o "Grupo das Beiras", que corresponde a uma formação de natureza turbidítica e cuja idade é atribuída ao Pré-câmbrico superior (B. Sousa, 1985). Para poente, os turbiditos intercalam-se com unidades conglomeráticas, passando novamente a turbiditos.

Na zona mais próxima do Couto Mineiro da Panasqueira, D. Thadeu (1951) refere-se à existência de algumas *"diferenciações litológicas"* que caracterizam as formações xistentas (fig. 2 e 3). Assim, distingue duas variedades, nomeadamente, xistos argilo-gresosos (cor cinzenta), que passa frequentemente a um quartzito xistóide (cor mais clara) e xistos argilosos finos (cor negra). De acordo com C. Bloot *et al.* (1953) *in* L. J. Ribeiro *et al.* (2013), estas litologias variam entre arenitos lutíticos e arenitos. Apresentam-se numa sequência, por vezes, constituindo lentículas alternantes ("xistos listrados").

Estes terrenos correspondem a formações metassedimentares, designadas por xistos argilosos das Beiras, que integram o Complexo Xisto Grauváquico denominado CXG, da ZCI, de idade Paleozóico inferior (B. Sousa, 1985).

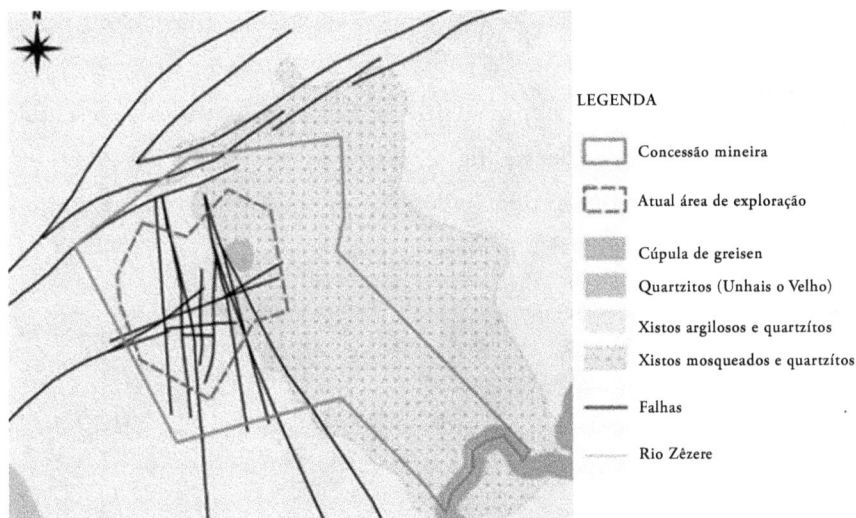

LEGENDA

☐ Concessão mineira

⌐¬ Atual área de exploração

▨ Cúpula de greisen

▨ Quartzitos (Unhais o Velho)

▨ Xistos argilosos e quartzítos

▨ Xistos mosqueados e quartzítos

— Falhas

··· Rio Zêzere

Fig. 2 - Localização e carta geológica simplificada do couto mineiro da Panasqueira
(Fonte: A. Franco *et al.*, 2014 e R. Vieira, 2012).

***Fig. 2** - Location and simplified geological map of the Mineral Reserve of the Panasqueira
Mines (A. Franco et al., 2014 e R. Vieira, 2012).*

Regista-se na ZCI a ocorrência de importantes mineralizações de W (volfrâmio) e Sn (estanho), normalmente associadas ao contacto entre os granitos e os metassedimentos.

Segundo D. Thadeu (1951) existem nesta área numerosas manifestações eruptivas (básicas e ácidas), tendo sido posto a descoberto em profundidade uma rocha granítica de duas micas[1] (fig. 3A) que, de acordo com N. Ferreira *et al.* (1987), se insere no grupo dos granitos pós-tectónicos. A sua idade obtida através de K-Ar indica 289-293 ± 10 Ma (A. Clark, 1970, *in* L. Ribeiro *et al.*, 2013).

A presença de granitos no subsolo é resultado da proximidade com o Complexo Granítico Hercínico do Norte de Portugal, constituindo a Serra da Estrela a principal massa granítica, e esta, está relacionada com a instala-

---

[1] Greisen - *"Termo anglo-saxónico com raiz no germânico Greisstein (pedra de cinza colorida) que indica uma rocha granular hololeucocrática essencialmente formada por quartzo e mica branca (moscovite), desprovida de feldspato. Pode conter topázio, fluorite, apatite, cassiterite, volframite, minerais de lítio, etc. É interpretado com um granito pneumatolizado, descrito por V. Leonhard, em 1823."* (Carvalho, 2002, *in*: Ribeiro, *et al.*, 2013).

ção dos filões mineralizados na área mineira da Panasqueira (Correia de Sá *et al.*, 1999) (fig. 3).

A região é atravessada por uma série de falhas quase verticais no sentido Norte-Sul e Nordeste-Sudoeste (fig. 2). Pensa-se que estas falhas foram iniciadas com movimentos do tipo "*strike-slip*" durante o episódio Hercínico e reativadas durante a orogenia Alpina.

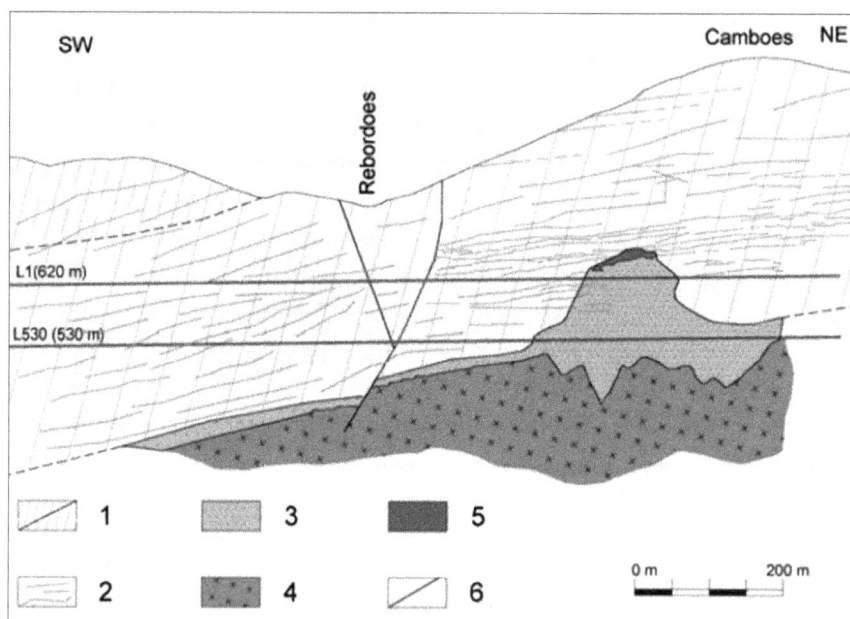

(1) Complexo xisto grauváquico; (2) Veios de quartzo; (3) Greisen;
(4) Granito de duas micas;   (5) Capa silicificada; (6) Falhas.

Fig. 3 - Perfil geológico esquemático dos sectores de Panasqueira – Barroca Grande - (Couto Mineiro da Panasqueira) (Fonte: Adaptado de Tadeu (1973) in: A. Franco *et al.*, 2014 http://www.itia.info/assets/files/newsletters/Newsletter_2014_06.pdf).

Fig. 3 - A scheme of the geographical profile of the Panasqueira – Barroca Grande sectors - (Mineral Reserve of the Panasqueira Mines) (Source: Adapted from Tadeu (1973) in: A. Franco et al., 2014 http://www.itia.info/assets/files/newsletters/Newsletter_2014_06.pdf).

A disposição sub-horizontal dos filões mineralizados permitiu o desenvolvimento de um tipo particular de lavra mineira, usualmente designada por *pilar and room* (D. Gama, 2005).

Atividade Mineira e Impactes no Rio Zêzere

Sabemos que a atividade mineira exerce uma influência significativa sobre o ambiente natural, pelo que se reveste de particular interesse, do ponto de vista de proteção ambiental, estudar as interferências e influências da atividade mineira.

A água de mina, evacuada pelo sistema de esgoto, pode causar impactes no ecossistema aquático envolvente devido ao seu baixo pH, o qual, por sua vez, aumenta o poder de dissolução de elementos químicos tóxicos, transportando-os, por vezes, até distâncias consideráveis da origem, podendo em caso de ingestão por via dos sistemas de fornecimento público de água, ou de rega, criar mesmo situações graves de saúde no ser humano.

Devemos referir que, antes da chegada à barragem do Cabril, nas aldeias próximas do Cabeço do Pião (Barroca do Zêzere, Dornelas do Zêzere, Portorvalho, 2002, ógico, a área em de Vacas, Esteiro, Janeiro de Cima, Janeiro de Baixo, Cambas), muita da água do Rio Zêzere, e dos seus afluentes é usada para regas na agricultura, entre outros fins, não sendo esta alvo de análises à qualidade para consumo humano, nem tão pouco se pode garantir que, ocorra uma atenuação natural dos teores em metais pesados, ou ainda que, por alguma razão, as condições químicas não se alterem de modo a que o arsénio continue precipitado. Portanto, e dada a natureza tóxica e agressiva do arsénio e outros metais pesados em presença na paragénese da Panasqueira (arsénio, cobre, manganês, ferro, zinco, chumbo) seria importante analisar a água do Rio Zêzere ao longo do seu curso em vários locais a jusante da Escombreira do Cabeço do Pião.

Preocupa-nos também o atual estado de abandono a que chegou a escombreira do Cabeço do Pião, junto ao rio Zêzere. Recentemente ocorreu um fluxo de detritos da escombreira (fig. 4), inviabilizando o acompanhamento e recolha de amostras de água nesse local (conhecido por Resteva Norte e Resteva Sul) por parte da SBTWP, de forma a acompanhar a qualidade de água no Zêzere ao longo da referida escombreira. É igualmente preocupante o abandono desta área por parte da autarquia do Fundão, atual detentora da área do Cabeço do

Pião[2], pois a água do rio Zêzere a partir daqui encontra aldeias ribeirinhas onde os seus habitantes utilizam as suas águas para regar os terrenos agrícolas. No mínimo isto é preocupante, atendendo a que desde o despacho exarado já em 2006 pelo senhor Ministro do Ambiente, do Ordenamento do Território e do Desenvolvimento Regional Francisco Nunes Correia em que instava a Câmara Municipal do Fundão e a Beralt Tin & Wolfram a cumprirem três medidas fundamentais:

- Instar a Beralt Tin & Wolfram, S.A. e a Câmara Municipal do Fundão a verificar a drenagem de toda a área de modo a projetar e instalar, com carácter de urgência, um sistema de drenagem, enquanto não forem tomadas medidas definitivas;

- Instar a Beralt Tin & Wolfram, S.A. e a Câmara Municipal do Fundão a desenvolver, com a maior brevidade possível, um sistema que assegure a recolha e o tratamento dos efluentes da área contaminada;

- Instar a Beralt Tin & Wolfram, S.A. a estabelecer um plano de intervenção que vise minimizar as repercussões negativas associadas a uma eventual ruptura das escombreiras e barragem de lamas.

Para que não se esqueça, este despacho foi exarado há nove anos.

Os fluxos de detritos inviabilizam a recolha de DAM (Drenagem Ácida Mineira) produzidas pela escorrência na escombreira, que eram encaminhadas por bomba para uma ETAR no Cabeço do Pião, e que, escorrem agora, diretamente para o rio, sem qualquer acompanhamento.

O problema reside no facto de nem todas as drenagens ácidas serem efetivamente recolhidas pela conduta superficial. Apesar de na secção sul

---

[2] Por despacho de 15/09/2005, do Secretário de Estado Adjunto da Indústria e Inovação, António José de Castro Guerra, foi autorizada a desafetação de anexos mineiros com redução da área afeta à concessão da Beralt Tin & Wolfram (Portugal) S.A. – Minas da Panasqueira, neles se incluindo a zona do Cabeço do Pião, na condição de a Câmara Municipal do Fundão assumir a execução de todos os trabalhos de manutenção na área desafetada, no espaço urbano, na escombreira, na barragem de lamas e nas respetivas valas de drenagem da base e do coroamento da barragem, e na estação de tratamento de águas provenientes das escorrências, bem como, de a Câmara Municipal do Fundão e a Beralt Tin & Wolfram, S.A. partilharem responsabilidades relativamente ao controlo de estabilidade da escombreira e da barragem de lamas, nomeadamente em termos geotécnicos e outros, atuando sempre que necessário;

da escombreira existir uma conduta que recolhe estas drenagens ácidas, esta encontra-se em mau estado de conservação (fruto do desleixo e abandono) estando na maior parte das vezes entupida (fig. 4) pelos materiais originados pelos deslizamentos.

Fig. 4 - Localização do local onde ocorreram os deslizamentos (Google Earth). Deslizamento recente e que tapa a conduta de águas (vista em ângulos diferentes, à esquerda sentido montante e à direita sentido jusante).

Fig. 4 - Location of the area where the landslides occurred (Google Earth). A recent landslide which covers the water pipes (viewed in different angles, on the left in an upstream direction and on the right in a downstream direction).

Os taludes neste local apresentam-se bastante instáveis (fig. 5) e por isso, os fluxos de detritos da escombreira para o nível de base local (margem do Zêzere), onde se encontra a conduta, são frequentes.

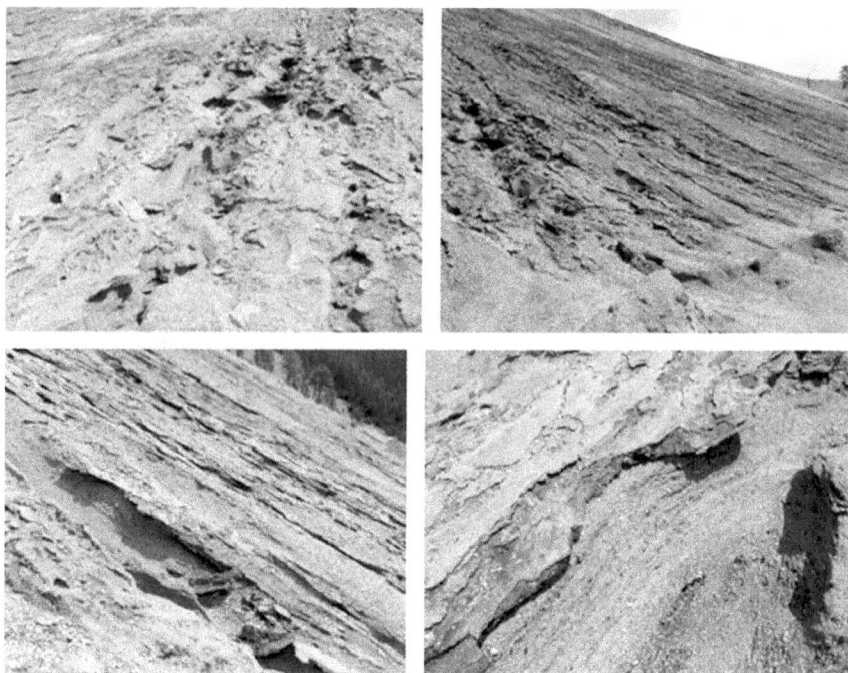

Fig. 5 - Estado em que se encontra a escombreira do Cabeço do Pião. Evidencia claramente ausência de manutenção e concomitantemente contribui para o aumento da instabilidade da escombreira.

Fig. 5 - Current state of the Cabeço do Pião heap. It clearly shows the absence of maintenance and simultaneously contributes to the increase of the heap's instability.

O material resultante desses fluxos recobre-a, entupindo-a, e se não for removido impede a recolha das águas e a chegada destas à Estação de Bombagem. Como a conduta está partida em alguns locais, parte das drenagens ácidas seguem diretamente para o Rio Zêzere, diminuindo o caudal que entra no ciclo de tratamento e aumentando assim, a quantidade de DAM encaminhadas para o rio, contribuem para uma maior mobilização e dispersão de contaminantes que entram diretamente nas águas do rio Zêzere (fig. 6a).

A origem das águas ácidas, em minas, obedece a uma série de mecanismos complexos. De certa forma a sua reação é acelerada pela presença de bactérias que, de uma forma muito simples, produzem a oxidação dos sulfuretos, libertando ácido sulfúrico e metais em solução (Pagés Valcarlos, 1993; V. González, 1990). A forma de oxidação da pirite é a mais conhecida e desenvolve-se em várias etapas. No decorrer, destas etapas, o pH vai-se tornando, cada vez, mais ácido. Na primeira e segunda etapa desenvolve-se o sulfato ferroso que, ao ser oxidado, se transforma em sulfato férrico. Este, ao reagir com a água, origina o ácido sulfúrico provocando a típica coloração alaranjada, das margens, e do fundo de rios e ribeiros, caso do rio Zêzere no Cabeço do Pião (fig. 6d).

A parte mais a norte da escombreira não possui nenhum mecanismo de recolha/transporte das drenagens e permite que se formem poças com esta composição ácida no terraço inferior da Escombreira, de que é exemplo a fig. 6b, 6c e 6d.

Fig. 6 - Canal de recolha de drenagens ácidas ao lado do rio Zêzere (a). Vista do terraço inferior na parte norte da base da escombreira. O círculo e a seta a vermelho destacam as drenagens ácidas e a sua acumulação (b) (foto S. Antunes, 2010). Descarga direta no rio Zêzere em que e existência de algas do tipo "*Microspora Tumidula Hazen*", confirmam a elevada acumulação de arsénio (c) (Gonçalves, 2011/12). Acumulação de águas ácidas no canal de recolha de DAM (d).

Fig. 6 - Acid mine drainage treatment next to the Zêzere River (a). View from the inferior terrace of the northern part of the heap's base. The circle and the red arrow highlight the acid mine drainage and its accumulation (b) (photo S. Antunes, 2010). Direct discharge into the Zêzere River where the existence of the "Microspora Tumidula Hazen" algae confirm the high accumulation of arsenic (c) (Gonçalves, 2011/12). Accumulation of acid water in the acid mine drainage (AMD) treatment (d).

Tanto na parte norte como sul da Escombreira do Cabeço do Pião existem DAM (Drenagens Ácidas Mineiras) que têm efetivamente como destino o rio Zêzere. É de fundamental importância levar em linha de conta o impacte ambiental destas drenagens ácidas, uma vez que podem alterar substancialmente as características físico-químicas que determinam a qualidade de uma água superficial. Perante estes factos deveriam ser efetuadas urgentemente análises ao longo da Escombreira, assim como a jusante desta para avaliar eficazmente o impacte destas DAM no rio Zêzere.

Conclusão

Segundo P. Ávila *et al.* (2007), os derrames nas escombreiras, e em particular no Cabeço do Pião, promovidos pela erosão mecânica influenciam a redistribuição dos elementos no meio geoquímico secundário. Verifica-se que o transporte de material sólido, devido à dinâmica torrencial das águas superficiais do rio Zêzere favorece a mobilização de minerais primários portadores de metais que incorporam os sedimentos do rio nomeadamente arsénio, cádmio, cobre, zinco, estanho e volfrâmio. Refere ainda que nesta mina os processos de exploração e de beneficiação são responsáveis pelos teores elevados de arsénio nos sedimentos de corrente, referindo que a barragem de lamas e a escombreira do Cabeço do Pião podem não estar corretamente impermeabilizadas já que é evidente a presença de elevadas concentrações de cobre, zinco e cádmio nos sedimentos do rio Zêzere.

É de referir que a empresa Sojitz Beralt Tin&Wolfram, proprietária da concessão da Panasqueira, tem feito um esforço no sentido de mitigar os efeitos de parte dessas DAM pelo que colocou recentemente em funcionamento uma nova Estação de Tratamento de Águas Residuais, a jusante da velha ETAR da Salgueira, no entanto, o passivo ambiental provocado anteriormente continuará presente por muitas e muitas décadas, e o Homem será sempre o recetor final de todo esse passivo, com todas as consequências inerentes.

Referências bibliográficas

Antunes, Sílvia (2010). *Levantamento do Estado de Contaminação da Barragem de Lamas e Escombreira da Mina da Panasqueira* (Dissertação de Mestrado). Apresentada à Faculdade de Engenharia da Universidade do Porto.

Ávila, P., Silva, E., Farinha, J. (2007). Distribuição de metais pesados em sedimentos de corrente e aluviões na vizinhança da mina da Panasqueira. *Atas da XV Semana de Geoquímica-VI Congresso Ibérico de Geoquímica*, 290-293.

Candeias, Carla, Melo, Rita, Ávila, Paula, Silva, Eduardo, Salgueiro, Ana, Teixeira, João. (2014). Heavy metal in mine-soil-plant system in S. Francisco de Assis – Panasqueira Mine (Portugal). *Applied Geochemistry*, 44: 12–26

Candeias, Carla, Ávila, Paula, Silva, Eduardo, Ferreira, Adelaide, Melo, Ana, Teixeira, João. (2013). Acid mine drainage from the Panasqueira mine and influence on Zêzere river (Central Portugal). *Journal of African Earth Sciences*, XXX-XXX: 1–8.

Coelho, Patrícia C., Garcia-Leston, J., Silva, Susana P., Costa, Carla S. T. da, Costa, Solange C. B. da, Coelho, Marta I. C., Lage, Blanca Laffon, Mendez, Eduardo P., Teixeira, João P. F. (2011). Geno - and immunotoxic effects on populations living near a mine: a case study of Panasqueira mine in Portugal. *J Toxicol Environ* Health A. 2011; 74 (15-16): 1076-86.

Coelho, Patrícia Clara dos Santos (2013). *BIomonitoring of environmental contamination resulting from mining activities on exposed populations* (Dissertação de Doutoramento em Ciências Biomédicas). Instituto de Ciências Biomédicas Abel Salazar, Universidade do Porto.

Coelho, Patrícia, Costa, Solange, Costa, Carlos, Silva, Susana, Teixeira, J. P. (2013). Biomonitorização de Populações Residentes em Áreas de Exploração Mineira: O Caso da Envolvente da Mina da Panasqueira. *Boletim Epidemiológico*, INSA, Vol. 2 (4): 9-11.

Franco, Alfredo, Vieira, Romeu (2014). The Panasqueira Mine at a Glance. *ITIA, Newsletter, june*: 1-12. Disponível em: http://www.itia.info/assets/files/newsletters/Newsletter_2014_06.pdf acedido em 10 de janeiro de 2015

Gama, C.D.; Torres, V. F. (2005). *Engenharia Ambiental Subterrânea e Aplicações*. CETEM / CYTED, Rio de Janeiro, 550 p.

Gonçalves, Anselmo C. R. (2015). *Alterações Ambientais e Riscos Associados à Exploração Mineira no médio curso do rio Zêzere. O Caso das Minas da Panasqueira* (Tese de Doutoramento em Geografia, ramo de Geografia Física). Apresentada ao Departamento de Geografia da Faculdade de Letras da Universidade de Coimbra, 461 p.

Gonçalves, Anselmo C. R. (2011/12). Riscos associados à exploração mineira. O caso das minas da Panasqueira. *Cadernos de Geografia*, 30/31, Coimbra, FLUC: 131 – 142.

Gonzalez, Victor (1990). A Indústria Extractiva e o Ambiente. *Boletim de Minas*, 27 (3), Jul/Set, Lisboa: 11-323.

I LIKE THIS – (2014). Uma Viagem às Minas da Panasqueira. Revista Trimestral. nov. dez. jan. 7ª Edição, Santo Tirso: 12-19.

Kabas, S., Acosta J., Zornoza R., Faz-CAno A., Carmona D., MArtinez-Martinez S., (2011). Integration of landscape reclamation and design in a mine tailing in Cartagena-La Unión, SE Spain. *Int. J. of Energy and Env.* 5(2), 301-308.

Kelly, W. C., Rye, R. O. (1979). Geologic, fluid inclusion and stable isotope studies of the tin-tungsten deposits of Panasqueira, Portugal. *Economic Geology*, 74, (8): 1721-1822.

Pagés Valcarlos, J. L. (1993). Las Alteracciones ambientales en sistemas naturales provocadas por la minería metálica. *Cuaderno Lab.Xeolóxico de Laxe*, Vol. 18: 289–306.

Ribeiro, Luís Jaques, Gonçalves, Anselmo C. R. (2013). Contributo para o Conhecimento Geológico e Geomorfológico da Área Envolvente do couto Mineiro da Panasqueira. *Revista GOT – Geografia e Ordenamento do Território*, 3: 93-116. Disponível em: http://cegot.org/ojs/index.php/GOT/article/view/70/35

Sá, Corrêa de, Naique, R.A, Nobre, Edmundo (1999). Minas da Panasqueira: 100 Anos de História Mineira. *Boletim de Minas*, 36, (1), Jan. / Mar: 3–22.

Sousa, Bernardo. (1985). Perspectiva sobre os conhecimentos actuais do Complexo Xisto-Grauváquico de Portugal. *Mem. Not. Mus. Lab. Min. Geol. Univ. Coimbra*, 100: 1-16.

Thadeu, Décio (1951). Geologia do Couto Mineiro da Panasqueira, *Comunicações dos Serviços Geológicos de Portugal*, Tomo XXXII, 1ª Parte, Lisboa.

Valente, Sandra (2008). Feridas abertas na terra: da degradação dos sítios mineiros à sua recriação patrimonial – o caso das Minas da Panasqueira. Disponível em: http://www.sper.pt/actas7cier/PFD/Tema%20II/2_19.pdf

Vieira, Romeu (2012). O Couto Mineiro da Panasqueira. A Geologia e a Mina. PPT apresentado em Pampilhosa da Serra no âmbito do *I Colóquio. As Rotas do Volfrâmio*, SBTWP (inédito).

O CONTRIBUTO DO ESTUDO DOS DEPÓSITOS DE VERTENTE NO NORTE DE PORTUGAL PARA O CONHECIMENTO DA EVOLUÇÃO QUATERNÁRIA RECENTE

CONTRIBUTION OF THE STUDY ON SLOPE DEPOSITS IN NORTHERN PORTUGAL FOR THE KNOWLEDGE ON EARLY QUATERNARY EVOLUTIONE

Bruno Martins

Departamento de Geografia e Turismo, CEGOT, Universidade de Coimbra
bruno.martins@uc.pt

Sumário: O frio e os processos que lhes estão associados ao longo do Quaternário foram muito importantes no que respeita aos processos morfogenéticos que atuaram sobre as vertentes, sendo um dos fatores que mais influência exerceu sobre a evolução do relevo. A ele estão ainda associado a génese de conjunto vasto de depósitos de vertentes, alguns dos quais, perduram até à atualidade. Neste trabalho pretende-se fazer uma síntese dos principais aspectos da evolução das vertentes, relacionados com o frio, através da análise de depósitos de vertente encontrados fundamentalmente no Norte de Portugal.

Palavras-chave: Depósitos de vertente, depósitos periglaciares, dinâmica de vertentes, Norte de Portugal.

DOI: http://dx.doi.org/10.14195/978-989-26-1237-9_3

Abstract: The cold in the Quaternary and the associated processes were very important in the morphogenetic slope processes. It was also a major factor on the evolution of the relief. It is still associated to the genesis of a vast set of slope deposits, some of which persist to the present day. The goal of this article is to make a synthesis of the slope dynamics, related to cold, through the deposits' analysis, mainly found in northern Portugal.

Keywords: Slope deposits, periglacial deposits, slope dynamic, Northern Portugal.

Introdução

Se atentarmos um pouco aos estudos recentes, acerca dos factores que tiveram maior influência na evolução do relevo no decurso do Quaternário, é incontestável que o frio, e os processos que lhe estão associados, contribuíram de forma muito significativa na modelação das formas do relevo (Daveau, 1973, 1978, Rebelo, 1975, 1986; Rebelo, 1993, Cordeiro 1990, 2004, Pedrosa, 1989a, 1989b, 1993, 1994, Pedrosa *et al.*, 2007, Vieira, 2008). Em termos de efeitos espaciais e evolução geomorfológica, os fenómenos periglaciares deixaram marcas profundas nas montanhas portuguesas, podendo mesmo afirmar-se que é à dinâmica crionival que se deve o essencial da fisionomia das vertentes atuais (Ferreira *et al.*, 1992).

Os processos ocorridos durante a última grande glaciação foram responsáveis pela génese de um vasto conjunto de depósitos, que ainda hoje regularizam muitas das vertentes no Norte e Centro do País (Cunha, 1988; Lourenço, 1996; Pedrosa, 1993, 1994, 2001; Pedrosa *et al.*, 2001; Martins, 2010).

Neste artigo, pretende-se reconstituir as condições paleoclimáticas e paleogeográficas a partir do estudo de um conjunto de depósitos encontrados, fundamentalmente nas serra do Norte de Portugal.

Enquadramento litológico da região norte de Portugal

O Maciço Hespérico (também designado por Maciço Antigo, Maciço Ibérico ou Soco Hercínico) constitui o suporte morfo-estrutural da Região Norte de Portugal, integrando a Zona-Centro-Ibérica (ZCI) e, com menor significado, alguns terrenos alóctones e parautóctones.

O Maciço Hespérico é constituído por rochas ígneas e metamórficas ante--mesozóicas, consolidadas sobretudo aquando dos movimentos hercínicos, responsáveis por um metamorfismo regional importante e por um magma-tismo sinorogénico.

O Norte de Portugal encontra-se quase exclusivamente enquadrado na ZCI. Do ponto de vista estratigráfico, esta caracteriza-se pela discordância do quartzito armonicano sobre uma sequência do tipo *Flysch* (Câmbrico e Pré-câmbrico superior), denominada *"Complexo Xisto-Grauváquico"* (Ribeiro, 2013).

Uma das características da ZCI é a quase total ausência de Pré-câmbrico. Assim, a nível geológico, salientase o complexo xistograuváquico ante Ordovícico; os quartzitos do Ordovícico e ainda, os diferentes tipos de granitóides hercínicos (sobretudo, os granitóides da série alcalina e calco-alcalina) que afloram em manchas muito extensas nesta região. As rochas básicas têm pouca expressão estrutural, com a exceção de uma parte do território transmontano (fig. 1).

No âmbito desta apresentação sumária das características geológicas, é ainda importante realçar a grande diversidade de rochas existentes a uma escala de pormenor.

O estudo dos depósitos de vertente

A análise dos depósitos de vertente pode ser efetuada de várias formas. Entendemos efetuá-la seguindo a sequência da sua deposição, começando pelos que se depositaram há mais tempo.

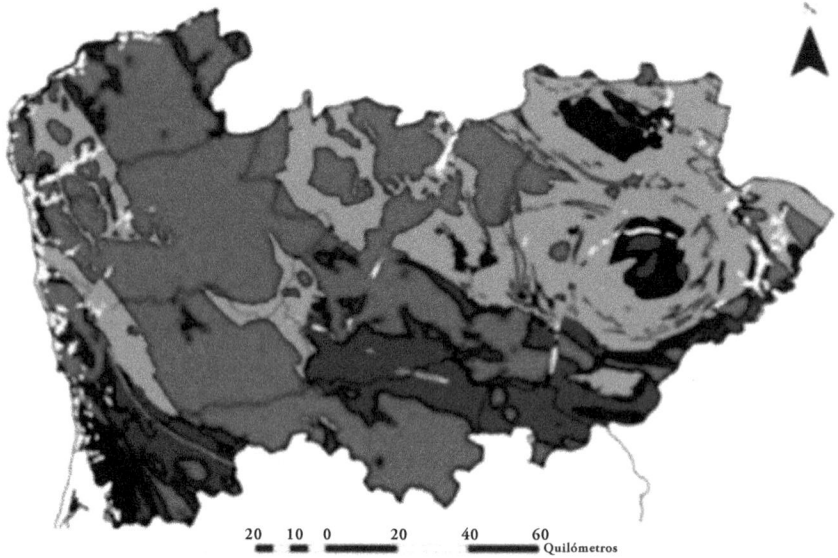

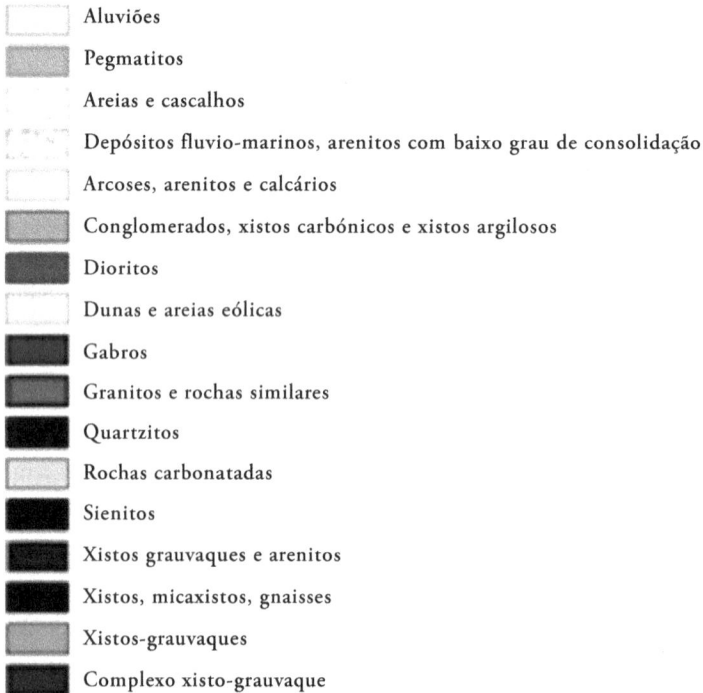

Aluviões

Pegmatitos

Areias e cascalhos

Depósitos fluvio-marinos, arenitos com baixo grau de consolidação

Arcoses, arenitos e calcários

Conglomerados, xistos carbónicos e xistos argilosos

Dioritos

Dunas e areias eólicas

Gabros

Granitos e rochas similares

Quartzitos

Rochas carbonatadas

Sienitos

Xistos grauvaques e arenitos

Xistos, micaxistos, gnaisses

Xistos-grauvaques

Complexo xisto-grauvaque

Fig. 1 - Mapa litológico da região Norte (simplificado)
(Fonte: Pedrosa e Martins, 2011).

*Fig. 1 - Lithology of the North region map (simplified)
(Source: Pedrosa and Martins, 2011).*

Os depósitos mais antigos

Os depósitos mais antigos são, na maioria das vezes, heterométricos, onde é frequente a presença de blocos de grande dimensão, imbuídos, geralmente, numa matriz de natureza arenosa. Encontraram-se preferencialmente em fundos de vale e a sua génese atribuiu-se a movimentos em massa. Terão implicado a existência simultânea de ciclos de gelo/degelo, que facilitariam a fracturação das rochas, e ainda, condições climáticas que permitissem o transporte dos materiais através de diversos tipo de movimentos, tais como deslizamentos, *debris flow* e solifluxões mais ou menos generalizadas, mais atuantes quando a subida da temperatura permitiria a fusão das neves, disponibilizando superiores quantidades de água no solo, o que facilitaria a mobilização dos materiais (Pedrosa, 2004).

O paleossolo mais antigo encontrado na serra do Marão foi datado de 28 ky BP (mil anos antes do presente), e regulariza um conjunto de depósitos cuja a génese parece estar relacionada com o frio anterior ao Wurm IV (Pedrosa, 1993; 1994) (fot. 1). A presença do paleossolo sugere condições de maior biostasia.

Fot. 1 - Depósito estratificado de vertente da serra do Marão
(Fonte: Pedrosa *et al.*, 2007).

Photo 1 - *Slope stratified deposit of Marão Mountain
(Source: Pedrosa et al., 2007).*

O período entre 28 e 21 ky BP (Oscilação de Paudorf) foi marcado por períodos de frio relativamente seco, permitindo vários ciclos gelo/degelo (Daveau, 1973, 1978, Rebelo, 1986, Cordeiro, 1986, 1988, Lourenço, 1996, 2008), potenciando a gelifração das rochas e o transporte por gelifluxão dos materiais ao longo das vertentes, facto corroborado pela presença de "*coiffes*" (Valadas, 1984) em alguns depósitos encontrados na serra do Marão (Pedrosa, 1993, 1994b).

Os vestígios de significativas flutuações climáticas são também observáveis nas áreas mais próximas do litoral do noroeste português. No litoral minhoto foram identificados pelo menos cinco níveis marinhos transgressivos e várias gerações de coluviões associados a períodos mais frios (Texier e Meireles, 1987, Carvalho *et al.*, 2006).

Alguns estudos realizados na Europa Central e Sul, com base em análises polínicas, sugerem que a grande maioria das vertentes estaria coberta de vegetação arbórea no final do Pleistocénico (Marine Isotope Stage 22, por volta dos 0,87 Ma) (Capraro *et al.*, 2005, Muttoni *et al.*, 2007, Ravazzi *et al.*, 2009, Joannin *et al.*, 2008, Magri, 2009).

As oscilações da temperatura e precipitação ulteriores terão justificado mudanças significativas no que respeita à biodiversidade e densidade do coberto vegetal. Nos períodos mais quentes terão predominado espécies como *Quercus, Eucomnia, Corylusm Carpinus,* nos de maior precipitação a *Carya, Pterocarya, Juglans,* e nos mais frios, as coníferas: *Picea, Tsuga, Cedrus, Abies* (Subally *et al.*, 1999, Capraro *et al.*, 2005, Magri, 2009).

O arranque do Tardiglaciar ter-se-á verificado por volta de 15,5 Ky BP (Cordeiro, 1990), acompanhado por uma subida muito significativa dos valores da temperaturas, facto que terá perdurado até próximo de 12 Ky BP, altura em que terá ocorrido uma nova crise climática, por volta de 11 Ky BP (Cordeiro, 1990, Y. Guillien *et al.,* 1978, Nonn, 1966, Vlirt-Lanöe, 1988, Garmendia, 1988).

Esta poderá estar relacionado com a deslocação para sul da frente polar, anteriormente localizada a latitudes um pouco superiores a 50°N (Ruddiman e Mcintyre, 1981).

Os depósitos do Tardiglaciar

O Tardiglaciar teve implicações importantes na evolução das vertentes, tendo sido responsável pelo movimento de muito material que havia sido resultado de processos morfogenéticos anteriores. Parte dele foi evacuado através da dinâmica fluvial. O restante terá sido depositado em fundos de vale e regularizado uma boa parte das vertentes (Rebelo, 1975, Pedrosa, 1989a, 1989b, 1993, Cordeiro, 1990) (fot. 2 e 3). Deste modo, terá promovido a fixação da vegetação e evitado alguns processos erosivos. Terá contribuído ainda para desenvolvimento de solos, ainda que, pelos vestígios encontrados, seriam pouco desenvolvidos. O frio continuaria por esta altura a ser um fator determinante na dinâmica das vertentes (Rebelo e Cordeiro, 1997, Martins, 2010), mesmo em áreas de baixa altitude, próximas do litoral (Carvalho, 1964, S. Daveau, 1973, Carvalho et al., 2006). Por esta altura a frente polar encontrar-se-ia a latitudes muito próximas do Sul da Galiza e Norte de Portugal (Ruddiman e Mcintyre, 1981).

Fot. 2 - Depósito Tardiglaciar a regularizar uma vertente na serra do Marão
(Fonte: Pedrosa *et al.*, 2007).

Photo 2 - *Tardiglacial slope deposit to regularize a slope in the Marão Mountain
(Soure: Pedrosa et al., 2007).*

Fot. 3 - Depósito a regularizar grande parte da vertente norte da serra do Alvão, com características semelhantes ao depósito Tardiglaciar da fotografia anterior (Fonte: Martins, 2010).

Photo 3 - *Deposit regulating much of the north slope of the Alvão mountain with similar characteristics to the Tardiglacial slope deposit on the previous photo (Source: Martins, 2010).*

Uma das características mais marcantes na paisagem atual é a forma plana do fundo dos vales em áreas próximas do litoral (fot. 4). Bem vincados, profundos e, em regra geral, com vertentes convexas e de declives elevados, onde o rio quase sempre meandriza. A ação do Homem na preparação dos terrenos, para facilitar a prática agrícola, terá contribuído, naturalmente, para o aplanar dos fundos dos vales. No entanto, esta da característica morfologia, estará muito relacionada com o processo paulatino de enchimento dos vales e pequenos valeiros coadunado com a dinâmica quaternária. Efetivamente, num ambiente de tipo periglaciar, onde a precipitação é pouco abundante, a dinâmica fluvial teria dificuldade no transporte dos materiais que, por isso, se iam depositando nos fundos dos vales. Deste modo, estariam consolidadas as condições para o entulhamento lento e progressivo dos mesmos (Pedrosa, 1989a, 1989b).

Fot. 4 - Vale de fundo plano preenchido fundamentalmente por depósitos de vertente, próximo de Valongo.
Photo 4 - Flat-bottomed valley filled primarily by slope deposits, near Valongo.

Holocénico

O Holocénico surge por volta de 10 Ky BP acompanhado por uma subida das temperaturas (Schulz e Paul, 2002). É frequente encontrar paleossolos contemporâneos deste período refletindo condições de maior biostasia, então existentes.

Entretanto, o impacte antrópico passou a ser maior sobre o território. As queimadas e o inicio da atividade agrícola arrogam-se como fatores importantes no acelerar da erosão (Chaline, 1985, Rebelo, 1985, 1986, 2007, Cordeiro, 1990).

O avanço tecnológico do Homem no Neolítico contribuiu para um significativo aumento demográfico e melhoria generalizada das condições de vida, a que o sedentarismo não é alheio (Vilaça, 1988). Por volta de 5 Ky BP iniciou-se o período sub-Boreal (Goudie, 1979). O aumento significativo de pólen de carvalho *(Quercus),* presente em algumas serras no Norte e Centro de Portugal, parece designar um aumento generalizado dos valores de precipitação (Cordeiro, 1992), descontinuado por períodos mais frios e secos, responsáveis pelo súbito aumento das gramíneas e urzes (Cordeiro, 2004).

Por volta de 2,9 Ky BP (período sub-Atlântico), o aumento dos valores de precipitação e de temperatura terão contribuído para um aumento significativo das espécies arbóreas, em especial, do vidoeiro (Daveau, 1988, Cordeiro, 1990).

Agudiza-se o impacto antrópico sobre o meio, fundamentalmente devido às queimadas e à prática agrícola, em especial, após a Reconquista Cristã (Cordeiro, 1990), onde passam a ser relativamente comuns a presença de pseudo-turfeiras com pólen de cereais, oliveira, vinha, bem como, de plantagináceas (Geel, 1978, Chaline, 1985, Rebelo, 1985, 1986, 2007, Cordeiro, 1990).

Depósitos recentes

São frequentes as denominadas escombreiras de gravidade, cuja génese parece estar relacionada com a *Pequena Idade do Gelo (PIG)*, onde o processo de gelifração das rochas, em especial nas vertentes mais sombrias e de maior altitude, terá sido muito intenso (Pedrosa, 1994). Trata-se de um período que se terá iniciado por volta do século XIV (Holzhauser e Zumbhul, 1999) ou século XVI (Grove, 1998, Pfister e Brazdil, 1999), prolongando-se até meados do século XIX. Por esta altura, as temperaturas seriam significativamente mais baixas do que as atuais, haveria uma maior variabilidade interanual das precipitações e os verões seriam frescos e chuvosos (Alcoforado, 1999).

Conclusão

A análise de um conjunto significativo de depósitos de vertentes permitiu fazer uma reconstrução paleoclimática e paleogeográfica que sugere mudanças climáticas muito significativas ocorridas no final do Quaternário. Os depósitos mais antigos correspondem aos depósitos estratificados de vertente, atribuídos à última fase do Würm, característicos dum clima periglaciar frio e seco.

O arranque do Tardiglaciar ter-se-á verificado por volta de 15,5 Ky BP, acompanhado de uma rápida subida das temperaturas, facto que terá perdurado até próximo de 12 Ky BP, altura em que se verificou uma nova descida nos valores de temperatura e precipitação. A presença de inúmeros depósitos tardiglaciares assevera a importância deste período na evolução das vertentes nas montanhas do Norte e Centro de Portugal.

O Holocénico surge por volta de 10 Ky BP. A presença de um número muito significativo de paleossolos contemporâneos a este período sugere condições de maior biostasia. O impacte antrópico tornara-se mais intenso sobre o meio, por ação das queimadas e da atividade agrícola.

A posição estratigráfica das inúmeras escombreiras presentes ao longo das vertentes, sugere resultarem de processos mais recentes, cuja génese parece estar relacionada com o frio que caracterizou a PIG.

Bibliografia

Alcoforado, Maria (1999). Variações climáticas do passado: chave para o entendimento do presente? *Territorium*, 6, Minerva, Coimbra: p.19-30. Disponível em: http://www.uc.pt/fluc/nicif/riscos/Documentacao/Territorium/T06_artg/T06_artg03.pdf.

Capraro, L., Asioll, A., Backman, J., Bertoldi, R., Channell, J., Massari, F., Rio, D. (2005). Climatic patterns revealed by pollen and oxygen isotope records across the Matuyama–Brunhes Boundary in the central Mediterranean (southern Italy). *In*: M. J. Head and P. L. Gibbard (Editors), *Early–Middle Pleistocene transitions: the land–ocean evidence: Geological Society of London*, Special Publication 247, pp. 159–182.

Carvalho, Galopim (1983). Consequências do frio durante o Quaternário na faixa litoral do Minho (Portugal), *Cuad. Lab. Xeol. de Laxe*, 5, p. 365-380.

Carvalho, G., Granja, H., Loureiro E., Henriques R. (2006). Late Pleistocene and Holocene environmental changes in the coastal zone of northwestern Portugal. *Journal of Quaternary Science*, 21 (8), p. 859-877.

Chaline, J. (1985). *Histoire de l'homme et des climats au Quaternaire*, Paris, Doin, p.366.

Cordeiro, A. R. (1986). Nota preliminar sobre as formas e formações periglaciares na Serra da Freita, *Cadernos de Geografia*, 5, Coimbra, p. 161-172. Disponível em: http://www.uc.pt/fluc/depgeotur/publicacoes/Cadernos_Geografia/Numeros_publicados/CadGeo5/artigo8.

Cordeiro, A. R. (1988). Evolução das vertentes da Serra da Freita no Quaternário recente, *Cadernos de Geografia*, 7, Coimbra, p. 87-133. Disponível em: http://www.uc.pt/fluc/depgeotur/publicacoes/Cadernos_Geografia/Numeros_publicados/CadGeo7/artigo2.

Cordeiro, A. R. (1990a). O depósito de Varzielas (Serra do Caramulo): contribuição para o estudo do Tardiglaciar Würmiano em Portugal, *Cadernos de Geografia*, 9, Coimbra, p. 49-60. Disponível em: http://www.uc.pt/fluc/depgeotur/publicacoes/Cadernos_Geografia/Numeros_publicados/CadGeo9/artigo3.

Cordeiro, A. R. (1990b). Paleo-ambientes holócénicos e erosão: interface clima, vegetação, homem. O exemplo do centro-litoral português, *Cadernos de Geografia*, 9, Coimbra, p. 61-79. Disponível em: http://www.uc.pt/fluc/depgeotur/publicacoes/Cadernos_Geografia/Numeros_publicados/CadGeo9/artigo4.

Cordeiro, A. R. (2004). *Dinâmicas de vertentes em Montanhas Ocidentais do Portugal Central* (Dissertação de Doutoramento). Faculdade de Letras da Universidade de Coimbra, Coimbra, 562 p.

Cunha, L. (1988). *As serras calcárias de Sicó-Condeixa-Alvaiázere. Estudo de Geomorfologia* (Dissertação de Doutoramento). Faculdade de Letras da Universidade de Coimbra, Coimbra.

Daveau, S. (1973). Quelques exemples d'évolution quaternaire des versants au Portugal, *Finisterra*, 15 (VIII), C.E.G., Lisboa p. 5-47.

Daveau, S. (1978). Le périglaciaire d'altitude au Portugal, *Colloque sur le périglaciaire d'altitude du domaine méditerranéen et abords*, Association Géographoque d'Álsace, Strasbourg, p.63-78.

Daveau, S. (1988). Progressos recentes no conhecimento da evolução holocénica da cobertura vegetal, em Portugal e nas regiões vizinhas, *Finisterra*, 45 (XXIII), Lisboa, p. 101-115.

Ferreira, A., Vidal-romani, J., Vilaplana, J., Rodrigues, M., Zêzere, J., Monge, C. (1992). Formas e depósitos glaciários e periglaciários da Serra do Gerês-Xurés (Portugal; Galiza). Levantamento cartográfico, *Cuad. Lab. Xeol. de Laxe*, 17, p. 121- 135.

Garmendia, M. (1988). *Dynamique de vegetation tardiglaciaire et holocene du Centre-Nord de l'Espagne d'après l'analyse pollinique*, Thése en Sciences, spéc. Paleoécologie, de l'Université d'Aix-Marseille III.

Goudie, A. (1979). *Environmental Change*. Clarendon Press, Oxford, 244p.

Grove, J. (2001). The onset of the little ice age, in: history and climate: memories of the future?, edited by: Jones, P. D., Ogilvie, A. E. J., Davies, T. D., and Briffa, K. R., *Kluwer academic/plenum publishers*, New York, Boston, Dordrecht, London, Moscow, 153–185.

Guillen, Y. Laplace, G. (1978). Les climats et les hommes en Europe et en Afrique septentrional de 28 000 BP à 10 000 BP, *Bull. Assoc. Fr. Etud. Quatern.*, 4 (15), p. 187-193.

Holzhauser, H. e Zumbuhl, H. J. (1999). Glacier fluctuations in the Western Swiss and French Alps in the 16th century. *Climatic Change*, 43, p.223-37.

Joannin, S.;, Ciaranfi, N., Stefanelli, S. (2008). Vegetation changes during the late early Pleistocene at montalbano jonico (province of Matera, southern Italy) based on pollen analysis, *Palaeogeography, Palaeoclimatology, Palaeoecology*, Elsevier, 270, 92–101.

Lourenço, Luciano (1996). *Serras de xisto do centro de Portugal. Contribuição para o conhecimento geomorfológico e geo-ecolócio* (Dissertação de Doutoramento em Geografia Física). Faculdade de Letras da Univeridade de Coimbra, Coimbra, 757p.

Lourenço, Luciano (2008). Depósitos de vertente das serras de xisto da cordilheira central (Portugal). Um contributo para o seu conhecimento, in *A Terra, Conflitos e Ordem. Homenagem ao Professor Ferreira Soares*, MMGUC, Coimbra, p. 111-127;

Magri, Donatella (2009). Persistence of tree taxa in Europe and Quaternary climate changes, Quaternary International, *Elsevier*, p.1–7.

Martins, Bruno (2010). *Conhecimento geomorfológico entre as bacias de Chaves e Telões: contributo para a definição de áreas de risco geomorfológico* (Dissertação de doutoramento em Geografia Física). Faculdade de Letras de Coimbra, Coimbra.

Muttoni, G., Ravazzi, C., Breda, M., Pini, R., Laj, C., Kissel, C., Mazaud, A., Garzanti, E. (2007). Magnetostratigraphic dating of an intensification of glacial activity in the southern Italian Alps during marine isotope stage 22, *Quaternary Research* 67, 161–173.

Nonn, H. (1966). *Les regions côtières de la Galice (Espagne): Étude geomorphologique*, Thése Lettres, Pub. Fac. Lettres, Unv. Strasbourg, Strasbourg, p.591.

Pedrosa, A., Marques, B., Martins, B., Sousa, J. (2007). Quaternary evolution of the Serra do Marão and its consequences in the present dynamics, *Territorium, Revista da Associação Portuguesa de Riscos, Prevenção e Segurança*, n°14, p. 33-43. Disponível em: http://www.uc.pt/fluc/nicif/riscos/Documentacao/Territorium/T14_artg/T14art05.pdf.

Pedrosa, António e Martins, Bruno (2011). As formações superficiais no Norte de Portugal e as suas implicações nos processos erosivos actuais, *Geografia Ensino e Pesquisa*, v. 15, n.3, set./dez.

Pedrosa, António (1989a). As vertentes na área de S. Miguel-o-Anjo. Contributo para o estudo da sua evolução, *Revista da Faculdade de Letras-Geografia*, I série, vol. V, Porto, p. 83 - 170.

Pedrosa, António (1989b). A Importância do Frio na Evolução das Vertentes na área de S. Miguel-o-Anjo, *Cadernos de Geografia*, n° 8, IEG, Coimbra, 1989 p. 199-207. Disponível em: http://www.uc.pt/fluc/depgeotur/publicacoes/Cadernos_Geografia/Numeros_publicados/CadGeo8/artigo12.

Pedrosa, António (1993). *Serra do Marão: Estudo de geomorfologia* (Dissertação de Doutoramento). Faculdade de Letras da Universidade. do Porto, Porto.

Pedrosa, António (1994). O Periglaciar no Norte de Portugal: O estado actual dos conhecimentos, *Periglaciarismo en la Península Ibérica, Canaria y Baleares*, Granada, p. 55 - 73.

Pedrosa, António (2001). Movimentos em massa e ordenamento do território In: *Actas do II Seminário sobre Recursos Naturais, Ambiente e Ordenamento do Território*. Vila Real: Universidade de Trás-os-Montes, 2001. v.1. p.7-11.

Pfister, C. e R. Brazdil, R. (2006). Social vulnerability to climate in the "Little Ice Age": an example from Central Europe in the early 1770s, *Clim. Past*, 2, 115–129.

Ravazzi, C., Pini, R., Breda, M. (2009). Reconstructing the palaeoenvironments of the early Pleistocene mammal faunas from the pollen preserved on fossil bones. *Quaternary Science Reviews* 28, 2940–2954.

Rebelo, F. e Pedrosa, A. (1993). Novas observações sobre depósitos relacionados com o frio na área de Valongo - S. Miguel-o-Anjo, *El Cuaternario en Espana y Portugal*, volume II, Madrid, p. 501-504.

Rebelo, F. e Cordeiro, A. (1997). A geomorfologia e a datação das gravuras de Foz Côa – Metodologia e desenvolvimento de um caso de investigação científica, *Finisterra Revista portuguesa de Geografia* XXXII, Lisboa, 63 p.95-105.

Rebelo, Fernando (1975). Observações em ambientes glaciares e periglaciares actuais como lição para o estudo de heranças do Quaternário em Portugal". *Estudos do Quaternário. Revista da Associação Portuguesa para o Estudo do Quaternário*, 3, p. 105-109.

Rebelo, Fernando (1986). Modelado periglaciar de baixa altitude em Portugal, *Cadernos de Geografia*, 5, Coimbra, p. 127-137. Dispinível em: http://www.uc.pt/fluc/depgeotur/publicacoes/Cadernos_Geografia/Numeros_publicados/CadGeo5/artigo5.

Rebelo, Fernando (2007). O risco de sedimentação na laguna de Aveiro: leitura actual de um texto de Amorim Girão (1922), *Territorium, Revista da Associação Portuguesa de Riscos, Prevenção e Segurança*, n.º 14, p.63-69. Disponível em: http://www.uc.pt/fluc/nicif/riscos/Documentacao/Territorium/T14_artg/T14art07.pdf.

Ribeiro, António (2013). A Evolução Geodinâmica de Portugal: uma introdução" In *Geologia de Portugal*, Vol 1, edited by Rui Dias, Alexandre Araújo, Pedro Terrinha and José Carlos Kellberg. Lisboa: Escolar Editora.

Ruddiman, W. e Mcintyre, A. (1981). The North Atlantic Ocean during the last deglaciation. *Paleogeography Paleoclimatology Paleoecology*, 35, p. 145–21.

Schulz, M. e Paul, A. (2002). Holocene Climate Variability on Centennial-to-Millennial Time Scales: 1. Climate Records from the North-Atlantic Realm, In: Wefer, G., Berger, W. H., Behre, K.-E. and Jansen, E. (eds.), *Climate development and history of the North Atlantic Realm.* Springer Verlag, Berlin, 41-54.

Subally, D., Bilodeau, G., Tamrat, E., Ferry, S., Debard, E., Hillaire-Marcel, C. (1999). Cyclic climatic records during the Olduvai subchron (Uppermost Pliocene) on Zakynthos island (Ionian sea). *Geobios* 32 (6), 793–803.

Teixeira, J. e Meireles, J. (1987). As formações Quaternárias do litoral do Minho (Portugal): propostas para uma nova abordagem climato-cronológica e dinâmica, *Cadernos de Arqueologia*, Série II, 4, p. 9-33.

Valadas, Bernard (1984). *Les hautes terres du massif Central Fançais. Contribution à l'étude des morphodynamiques récentes sur versants cristallins et volcaniques*, Vol. I, II, Université de Paris I, Paris.

Vieira, A. (2008). *Serra de Montemuro: dinâmicas geomorfológicas, evolução da paisagem e património natural* (Dissertação Doutoramento). Faculdade de Letras da Univeridade de Coimbra, Coimbra, p.689.

Vliet–Lanöe, B. (1988). *Le role de la glace de ségrégation dans les formations superficielles de l'Europe de l'Ouest. Processus et héritages* (Thèses de Doctorat d'Etat Mens. Géographie). Univ. Paris I, tome 1 et 2, Caen, p.854.

CULTURA

POR BIDAO, EM TIMOR-LESTE, COM O ANTÓNIO PEDROSA OU COMO UMA CERTA HISTÓRIA DA EXPANSÃO PORTUGUESA SE TRANSFORMA EM MITO COMUNITÁRIO

THROUGHOUT BIDAO, IN EAST TIMOR, WITH ANTONIO PEDROSA OR HOW A CERTAIN HISTORY OF PORTUGUESE EXPANSION SHIFTS INTO A COMUNITY MYTH

Ivo Carneiro de Sousa
Professor Catedrático, City University of Macau, Macao SAR, China
ivocarneiro@cityu.edu.mo

Sumário: Este texto recorda uma visita feita em 2001 com o António Pedrosa à antiga vila dos pescadores de Bidao, hoje parte da capital de Timor-Leste, Díli. O então presidente da confraria de Nossa Senhora de Bidao ofereceu-nos a narrativa da história daquela que foi apresentada como a única verdadeira comunidade de origem portuguesa de Timor-Leste, fundada pelos sobrevivente de um naufrágio, em 1512. É esta narrativa entre fragmentos de história e mito comunitário que se recorda, se investiga e se procura interpretar.

Palavras-chave: Bidao, Timor-Leste, história da expansão, mito, eterno retorno.

DOI: http://dx.doi.org/10.14195/978-989-26-1237-9_4

Abstract: This article recalls a field visit made with António Pedrosa back in 2001 to the former fishermen village of Bidao, now part of East-Timor capital, Dili. Received then by the head of Our Lady of Bidao Catholic brotherhood, from him we learnt a narrative stressing that the community was the only with a true Portuguese origin since it had been founded by the survivors of a shipwreck in 1512. It is precisely this narrative between historical fragments and communitarian myth that this paper remembers, researches and tries to explain.

Keywords: Bidao, East-Timor, history of maritime expansion, myth, eternal return.

Introdução

Tive o fraterno privilégio de viajar por Timor-Leste com o nosso António em 2001 e 2002. Dessa última visita em trabalho de campo, mais demorada, viria a sair um vídeo sobre a geografia, antropologia e história do território que é ainda hoje um dos mais sérios documentários sobre terras, gentes e culturas locais. Apesar de exibido na inevitável RTP2, perdi-lhe completamente o rasto. Viajar com o António era, de facto, mais do que um privilégio, sobretudo quando se percorrem geografias físicas e humanas que se situam nos antípodas das nossas. Verdadeiro homem do terreno, nada escapava à sua observação, aqui um relevo, ali uma ribeira criada na estação das chuvas, além uma singular formação geológica. Cruzando esta invejável prática de campo em geografia física a uma muito sólida formação teórica, o António tinha esse sentido raro da ciência aplicada, pelo que não se coibia de saltar frequentemente do *jeep* para explicar a um grupo de trabalhadores locais como se podia recuperar uma estrada completamente sumida pelas chuvas, como levantar corretamente um velho poste de eletricidade caído ou esclarecer pacientemente como é que uma brisa ou súbita ventania vindas das altas montanhas ou do mar poderiam indicar alterações no clima com evidentes impactos consequenciais no trabalho agrícola, na gestão do território ou mesmo na ordem sanitária. Destas experiências e cumplicidades muitas com o António pelos trilhos desse oriental Timor, segue-se uma memória que se quer também científica sugerida por uma visita à antiga aldeia de pescadores de Bidao, hoje definitivamente parte da capital timorense, Díli, organizando uma espécie de freguesia, "suco", agora sob a designação de *Bidau Lecidere* (wikipedia.org/wiki/Bidau_Lecidere).

O texto que aqui se propõe também em homenagem ao António – e à sua amizade nunca esquecida – apresenta-se talvez como um estudo singular, casando em oportunas e felizes núpcias essa passagem por Bidao, nos idos de Abril de 2001, a um livro que se tornou num dos meus mais perenes guias científicos. Publicado em inglês pela primeira vez em 1954, o livro saía de prestigiados prelos nova-iorquinos com este estranho título: *Cosmos and History: The Myth of the Eternal Return* (Eliade, 1954). Especialistas de diversos domínios, da história às muitas antropologias, foram reconhecendo nesta obra uma sorte de "pai" fundador da história das religiões enquanto campo científico autónomo, tendo as 100.000 cópias vendidas nos EUA até 1959 assegurado a enorme reputação académica do seu autor, para além de conveniente lugar na Universidade de Chicago: o emigrante romeno Mircea Eliade (1907-1986). Alguns investigadores portugueses – provavelmente poucos – sabem também que Eliade viveu feliz, seguro e ativo no Portugal neutral de Salazar durante a II Guerra Mundial, entre 1941 e 1944, como adido cultural e de imprensa da embaixada da Roménia em Lisboa. É ainda conveniente rememorar que o nosso sábio manteve um diário da sua lusa estada e publicou em romeno por Bucareste, em 1942, um livro intitulado "Salazar e a Revolução Portuguesa", elogiando com entusiasmo a ditadura do Estado Novo para concluir sem hesitações: *"O Estado salazarista, um estado cristão e totalitário, é baseado antes de mais e de tudo no amor"* (Eliade, 2010: 252). Azar: mais tarde, no final da sua vida, nas décadas de 1970 e 1980, vários estudiosos que criticaram a pouco conhecida, e ainda mais ocultada, militância juvenil de Eliade nas milícias fascistas da *Guarda de Ferro* romena agitaram precisamente o seu livro em salazarista paixão para denunciar obscuros projetos totalitários na sua obra científica (Fisher, 2010). Sejam quais forem os seus muitos ou poucos erros de juventude, devo com anterioridade esclarecer que, para mim, autores e obras científicas clássicos têm um valor intrínseco independentemente do seu uso, abuso, manipulações ideológicas ou humanos pecados. Feita esta ressalva, viaje-se no tempo e no espaço com o António até chegarmos a Timor-Leste e encontrar nos subúrbios da belíssima baía de Díli essa povoação à beira-mar que se chamava apenas Bidao.

Bidao, em 2001: Mito e História

Nos inícios de Abril de 2001, viajámos para Timor-Leste convidados por um antigo estudante timorense de doutoramento, bom amigo e membro de uma conhecida família de resistentes nacionalistas. Vamos chamar-lhe simplesmente J. como prudentemente mandam os velhos manuais de etnografia de campo. Nessa altura, meses antes das eleições para a primeira Assembleia Constituinte da nova República Democrática de Timor-Leste que deram uma significativa vitória à FRETILIN, o nosso influente J. alimentava grandiloquentes planos de erguer um grande centro nacional de investigação e de abrir cursos de antropologia e outras ciências sociais na única Universidade pública, em Díli. À semelhança de todos os outros timorenses – muito poucos – com um diploma de doutoramento, o nosso amigo rapidamente se entregou a uma ascendente carreira política. Guiados por ele, percorremos diferentes espaços de Timor-Leste apenas para testemunhar com muito incômodo a carnificina e destruição provocadas pelas forças militares e integracionistas indonésias após o referendo promovido pelas Nações Unidas que, em 1999, deu esmagadora vitória ao caminho da restauração da independência. Regressamos, por isso, entre indignação e revolta a Díli, logo decidindo que o dia seguinte haveria de ser um pouco mais reconfortante. Consciente das nossas carregadas emoções, decidiu logo J. convidar-nos para, no dia seguinte ao nosso retorno à capital, visitarmos o seu primo – mais do que longínquo, mas em Timor-Leste quase todos são primos uns dos outros... – apresentado como proeminente líder da única comunidade do país descendente de "verdadeiros" portugueses: a nossa comunidade de Bidao, perto da famosa praia da Areia Branca por onde então se banhavam os muitos funcionários principescamente pagos das muitas agências das

Nações Unidas e afins. Homem de poucos mais de cansados e muito enrugados 70 anos, G. – como por aqui será designado – era personagem mais do que fascinante, falando um desenvolto português e contando pitorescas histórias da escola primária feita nesse regime educacional do salazarismo, logo enumerando com orgulho e sem falhas todas as linhas ferroviárias do *Portugal metropolitano* mais todos os grandes rios da pluricontinental nação, Angola e Moçambique incluídos. Em rigor, G. não era dirigente de nenhuma comunidade que objetivamente se visse, mas cumpria as funções que julgava superiores de presidente há várias décadas da confraria de Nossa Senhora de Bidao, fundamentalmente encarregada todos os primeiros de Outubro de organizar vistosa e mais do que concorrida procissão religiosa, naturalmente de piedosa mariana consagração.

Descrita sobretudo por remotos candidatos a etnógrafos que, nas primeiras décadas do século XX, eram na realidade governadores coloniais (Castro, 1943: 56), a antiga comunidade dos pescadores de Bidao notabilizava-se pelo uso peculiar de um crioulo português, praticamente extinto pelos princípios de 1960 quando a povoação ribeirinha foi progressivamente engolida pelo crescimento de Díli (Meneses, 1968: 367-371). Não ouvimos em 2001 por Bidao uma única alma falante recordar o seu antigo crioulo, tendo G. explicado que se tratava de um *"português muito corrompido"* de que apenas se lembrava da palavra – imagine-se o desaforo... – *mujer* para a nossa castiça mulher, como, explicou, fosse "espanhol" (palavra, na verdade, registada como "muyer" em Baxter, 1990: 1-38). Seja como for, os mais do que remotos fragmentos dessa antiga comunidade não eram em 2001 mais do que uma rede de uma vintena de famílias partilhando laços de parentesco, para além de dominarem totalmente os 12 lugares de mesários da confraria de Nossa Senhora de Bidao. Naquela altura, o que se viria a transformar no *suco* de Bidao Licedere era espaço caótico de refugiados, albergando talvez mais de 10.000 pessoas, incluindo muita gente fugida do leste, a maior parte falando Makassae, a que se somavam várias famílias mistas de mulheres timorenses com maridos indonésios, estes oriundos do abundante pequeno comércio fluindo a partir de Kupang e das ilhas fronteiras de Timor, especialmente Alor, Wetare e Flores. Quase todas estas mulheres estavam então obrigadas a cumprir duros processos públicos de arrependimento e reintegração social, já que eram sistematicamente acusadas de cúmplice colaboração com a forte repressão das forças de ocupação indonésias. Multiplicavam-se, por isso, as cerimónias de *barlak* que também se diz barlaki, barlake ou, em local português, uma mais arranjado barlaque para sempre querer dizer "tomar mulher". Trata-se de um poderoso sistema tradicional de dádiva e dote, tendo-nos sido garantido que, para além da tradicional matança do búfalo – cerimónia horrenda para a nossa polida sensibilidade ocidental, já que se furam os "bofes" ao animal que, depois, se debate em agoniante assobio até morrer... –, muitas destas famílias timorense-indonésias pagavam o seu arrependimento com ofertas de motorizadas, *hi-fi*, colchões e os mais variados artigos comerciais quase sempre vindos precisamente nas camionetas diárias oriundas de Kupang, capital a dez complicadas horas de distância do Timor indonésio.

Quando perguntei ao nosso bom G. pormenores sobre a história de Bidao em sede de deformação profissional, respondeu-me que seria completamente desvendada nesse Sábado à tarde, depois do almoço que generosamente nos oferecia. Depois da refeição, simples e modesta, rumamos para a igreja de Nossa Senhora de Bidao que não era então mais do que uma capela arruinada. Subiu G. com solenidade as quatro ou cinco escadas do altar para parar junto a uma imagem da Virgem que nos pareceu bem moderna, garridamente policromada, pelo menos. Tínhamos sido seguidos por dezenas de pessoas, sobretudo muitas crianças, pelo que o presidente da confraria de Nossa Senhora de Bidao achou que tinha chegado o seu momento de alguma glória. Falando e misturando português e tetum, o nosso guia começou por afirmar orgulhoso que ele e os antigos habitantes de Bidao eram descendentes de portugueses, "verdadeiros portugueses de Portugal". Discursando lentamente, mas com a dita "objetividade" de um historiador profissional, assim equilibrando nomes de antanho e datas precisas, G. desvendou aos ouvintes que, em 1512, uma grande nau portuguesa havia naufragado a umas dezenas de quilómetros das costas timorenses, nesse *Taci-fetu,* ou "mar-mulher", mas por vezes rebelde e, na sua sabedoria, sempre traiçoeiro como o "sexo feminino". Mais do que miraculosamente, porém, um padre e três marinheiros conseguiram salvar-se nadando várias horas até arribarem às costas de Bidao. Segundo a precisa narrativa de G., o sacerdote era um dominicano que, chamado António Serrão, tinha conseguido bravamente salvar numa das suas mãos uma bonita estátua da Virgem enquanto nadava apenas com a outra mão livre. Trata-se da imagem ainda hoje na igreja de Nossa Senhora de Bidao, sublinhou o presidente da sua confraria. Quanto aos outros três portugueses, rapidamente se encantaram com a beleza das mulheres timorenses, logo casando, constituindo amplas famílias e ensinando os timorenses a pescar e a navegar nos mares do Sul. O corajoso frade dominicano ergueu a primeira igreja cristã em Timor, naturalmente em Bidao, depois espalhando os evangelhos por toda ilha, sempre carregando a mariana imagem, mas que não deixava de devolver sempre à capela original. O entusiasmado discurso do nosso G. fechou-se com militante declaração de apoio às exigências do bispo D. Carlos Ximenes Belo que, por essa altura, defendia a obrigação de colocar uma cruz na futura bandeira do Timor-Leste independente, visto que havia sido (segundo ele...) a missionação multissecular da igreja católica a gerar a identidade singular do país.

Concluído o belo discurso histórico em parenética forma, os presentes ergueram-se em vivas a Bidao e a *Timor Lorosae* no meio de gritos e aplausos. Sabendo bem que eu era um historiador que escrevia regularmente sobre Timor-Leste, G. teve a deferência de me perguntar "se estava certo". Contendo-me, respondi polida que não sinceramente estar completamente *surpreendido* com a história de Bidao, congratulando a sagez do orador. Na verdade, encontrei-me depois várias vezes com G. até ao seu falecimento nos finais de 2005, nunca tendo ousado embaraçar a sua crónica da história de Bidao e de Timor Leste, conquanto ele sempre tivesse desconfiado que eu tinha as minhas dúvidas e perplexidades. Pensei na altura – e ainda penso agora – que qualquer académica filiação aos princípios da "verdade histórica" não era motivo suficiente para embaraçar aquela deslumbrante confusão de eventos históricos devidamente subsumidos em belíssimo e orgulhoso mito local. Em rigor, as trapalhadas e transferências de acontecimentos históricos na versão da história de Bidao recordada por G. eram muito fáceis de identificar. Existiu documentadamente um naufrágio entre as três embarcações da primeira expedição enviada de Malaca às Molucas, em 1512, comandada por Francisco Serrão e António Abreu, nomes deliciosamente misturados e até sagrados na narrativa do nosso antigo confrade. O navio de Serrão realmente naufragou, mas parece que nove portugueses e nove malaios entre a tripulação conseguiram chegar a Hitu, no norte de Amboina ou, em indonésio, *Ambon* (Barbosa, 1989). Não existe qualquer remota notícia da participação de sacerdotes ou qualquer frade dominicano nessa expedição. Como bem se sabe documentadamente, missionários dominicanos estabeleceram-se primeiro na pequena ilha de Solor em meados do século XVI, daí partindo as experiências de evangelização da ilha de Timor. Mais ainda, a miraculosa salvação daquele Serrão dominicano da história de G. recorda sem disfarces aquele mito maior do naufrágio de Camões na foz do Mekong, depois resgatando o manuscrito de *Os Lusíadas* numa mão e nadando com a outra, acabando por arribar a Macau – terá mesmo sido a nado? – onde teria terminado o seu grande poema numa gruta local, deliciosamente debruçada sobre o que viria a ser a baía da Praia Grande (Teixeira, 1977). Mesmo a história dos três outros marinheiros portugueses que se salvaram para começarem a construir Bidao recorda claramente a narrativa da visita a Timor de António Pigafetta, cronista da grande viagem de Magalhães, entre 1519 e 1522. De acordo com a prosa do viajante italiano, era costume negociar-se por terras litorâneas de Timor os tratos de sândalo com "reis" (liurais) locais que começavam por presentear os forasteiros através de mulheres que subiam a bordo das embarcações mercantis. Seguindo Pigafetta, os contactos sexuais eram tão frequentes que doenças venéreas espalharam-se rápido por estes espaços insulares, sendo mesmo conhecidas por "mal português". Seguindo a crónica do muito bom observador e aventureiro italiano: *"A doença de S. Job encontrava-se em todas as ilhas por onde passámos neste arquipélago, mas mais nesta terra [Timor] do que nas outras. Chama-se for franchi, o que quer dizer mal português"* (Pigafetta, 2007: 118 -193).

Resta ainda esclarecer que a fixação em Bidao de populações eurasianas, seus descendentes, criados e escravos, expressando-se num "crioulo" português, se encontra rigorosamente documentada: eram parte dos cerca de 1200 habitantes da fortaleza portuguesa de Lifao, no enclave de Oecussi, obrigados após meses de cerco holandês a refugiarem-se em 1769 na área de Díli, região na altura especialmente pantanosa. Nesse pouco mais de um milhar de pessoas, incluindo apenas cinco ou seis portugueses, a maioria havia já antes encontrado refúgio em Lifao contra os ataques holandeses a Larantuka, nas Flores. Por isso, eram conhecidos como *larantuqueiros* e identificados pelos holandeses como *topassen* ou, mais racisticamente, "Portugueses pretos" (Boxter, 1947). Devem ter sido pelos finais do século XVIII os antepassados de G. e das outras escassas famílias que por Bidao ainda recordavam com orgulho uma remota portuguesa origem. A transformação destes acontecimentos históricos em mito local, também comunitário, é parte de um processo identitário tão social quanto simbólico mobilizando instrumentos culturais da memória que nada tem a ver com a nossa solene história académica. Comunidades, espaços sociais locais e regionais tanto como estados-nações precisam de mitos, logo espalhados através de coletivos lugares da memória vazados em estátuas públicas, nomes de ruas, bandeiras, hinos, canções, artesanatos, comemorações cívicas e toda a sorte de festivais que continuamos a frequentar. Moral desta primeira parte da história: nunca contradisse ou questionei a apelativa narrativa mítica da história de Bidao enquanto G. estava vivo e mais do que orgulhoso da sua descendência de "verdadeiros portugueses de Portugal".

"Portugal é no Céu"

Apesar das confusões evidentes desde a primeira vez que G. nos contou a sua história de Bidao e de Timor, ficámos de tal forma fascinados com aquele primeiro encontro de Sábado que decidimos convidá-lo e aos seus demais colegas de confraria para almoço dominical às nossas custas. Nesse dia, quando chegamos perto da capela de Bidao por onde ficava o sítio que, com muita generosidade, se apresentava como restaurante, em vez das doze a quinze pessoas que esperávamos encontrar contavam-se mais de cinquenta. Face ao ajuntamento de convidados, novamente acompanhados de muitas crianças, o nosso primeiro reflexo foi o de contar as notas que ainda nos restavam entre dólares norte-americanos e rúpias indonésias. Sossegaram-nos que o almoço haveria de ser farto e barato. Assim foi, tão magnífico como agradável. Começamos por nos banquetear com esses grandes camarões timorenses, conhecidos por "*singa*", seguindo-se carne de porco, "*midar*", acompanhada de incompreensíveis vegetais, "*cacun filan*", tudo arrematado com generosos nacos em espetada de carne-que-não-se-pergunta, o comum bodo de "*sassete*". Veio depois sobremesa especial de doçaria que era uma espécie de criativa versão timorense da indiana "*bebinca*", ainda mais doce se tal é possível. O almoço foi regado com abundante vinho tinto pró-baratucho, por isso também sem maior elegância, oriundo, disseram-nos, da Austrália, coisa que não se via nas garrafas sem rótulo e certamente habituadas a encher-se dos mais variados licores. No final, bebeu-se café timorense, muito mal tostado e cheio de resíduos, valendo o acompanhamento da muito forte aguardente local, "*tua sabu*", feita a partir de uma palmeira muito comum, a "*arenga pinnata*".

Após talvez duas horas de comida abundante e de ainda muito mais bebida, estávamos todos mais do que alegres para falar curto e com alguma decência. Passou-se então a discutir o futuro de Timor-Leste como país finalmente independentemente na maior desordem e agitação. Cálice – na verdade, um copo plástico – de *tua sabu* atrás de cálice, muitos vivas e brindes, uma discussão mais do que sonora levantou-se para dividir freneticamente os presentes entre os apoiantes das posições da FRETILIN e os que as criticavam com virulência. Decidi então acalmar os ânimos, convidando os timorenses presentes a recordar o seu passado no chamado "Timor Português" e as suas aventuras muitas durante a resistência à ocupação indonésia: os dois temas que, nesses idos, os timorenses com mais de quarenta anos mais apreciavam relembrar.

Tínhamos sido colocados na cabeceira de um conjunto prolongado de mesas de plástico, simpaticamente rodeados de timorenses mais idosos que, pelos sessenta e setenta e tais, se expressavam mais do que razoavelmente em portugukatuas "*ividos -- os heirosa*" indonçente em portuguidosos, pelos sessenta e setenta e tais, m relembrar. ativa da visita a Timor ês, pese embora os abundantes tropeções em *tetum* e mesmo "*bahasa*" indonésio. Estes nossos companheiros muito vividos – os respeitados "*katuas*", a palavra local para ancião – trataram imediatamente de convocar as mais hilariantes histórias dos tempos da escola primária, alguns mesmo de seminário, outros poucos voltando ainda às memórias dos seus empregos menores de amanuenses da administração colonial. As histórias entre aventura e ficção sobre as peripécias durante os tempos de chumbo da repressão militar indonésia ticas anteriores remontaram o impacto da revoluçores sos, pelos sessenta e setenta e tais, m relembrar. ativa da visita a Timor eram ainda mais fantásticas, ensinando a fintar chefes de polícia e poderosos generais. Quando nos interessamos por saber mais sobre os últimos anos de administração portuguesa, especialmente o impacto da revolução do 25 de Abril, as dissensões políticas anteriores remontaram: alguns defendiam a ideia de que Portugal nunca tinha sido em Timor-Leste um poder colonial, muito menos apegado a ideologias colonialistas; outros acusavam a administração portuguesa de todos os pecados conhecidos de qualquer colonialismo europeu. No intuito de voltar a temperar a acalorada discussão, entendi passar a fazer uma série de perguntas quase elementares sobre Portugal. Indaguei, assim, se algum dos nossos convidados mais próximos tinha alguma vez visitado o nosso país. Nenhum deles havia alguma vez pisado terras continentais portuguesas, demonstrando mesmo um conhecimento mais do que vago sobre a terra e a sociedade, vindo de ecos pueris de memórias de escola, no exército ou nos afazeres de um funcionalismo pouco ocupado. As memórias desta gente idosa, mas que tinha estudado como nós nas carteiras da salazarista instrução primária, tornaram-se progressivamente tão confusas que perguntei quase a brincar se realmente sabiam onde ficava Portugal. Um dos nossos companheiros, homem de mais de setenta anos, antigo funcionário da alfândega de Díli, respondeu prontamente com desenvoltura que "toda a gente sabe que Portugal fica em África entre Moçambique e Angola!". Uma acirrada discussão estalou de imediato, alguns sendo capazes de situar Portugal na Europa, outros concordando com a tese africana, dois ou três ainda arriscando que o país ficava na Ásia. Chamando a sua autoridade indisputada de líder da comunidade – na verdade, já o sabemos, da confraria de Nossa Senhora de Bidao – G. resolveu encerrar a discussão, sublinhando solene: *"não importa; Portugal fica no Céu!"*.

Percebi naquele preciso momento e comprovei-o nos anos seguintes que estas ditas lusas comunidades do Sudeste Asiático – de Bidao a Tugu, nos arrabaldes de Jakarta, dos *kristang* de Malaca a muita gente que pelo Camboja,

Myanmar ou Sri Lanka ainda exibe um aportuguesado apelido – não apenas foram construindo as suas identidades eurasianas repetindo e recriando arcanos mitos, como também possuem completamente uma ideia mítica de Portugal. Não sabem realmente quase nada do nosso país, mas preservam uma ideia vaga e mítica de uma entidade vetusta, paternal e benigna que chamam com cândido orgulho Portugal.

À guisa de conclusão: O mito do Eterno Retorno

Normalmente, os historiadores não gostam de mitos. Não estudam geralmente temas míticos visto que a história académica que se queria ciência foi-se construindo desde a segunda metade do século XIX por personalidades como Leopold van Ranke, acreditando na produção de um conhecimento positivo e objectivo sobre o passado escorado na crítica minuciosa de documentos "verdadeiros", esmagadoramente de produção oficial e ocidental. A historiografia portuguesa raramente estudou mitos – nacionalista paixão pelo sebastianismo descontada –, incluindo a constelação de mitos sobre a milagrosa fundação de Portugal e acabando nos mitos recorrentes do republicanismo entre eruditas invenções camoneanas e a estranha exornação de D. João II ou do Marquês de Pombal. Paradoxalmente, a fascinante constelação de mitos que foi acompanhando a chamada expansão portuguesa nunca se investigou seriamente, preferindo-se elogiar coisas como a "ciência" portuguesa epocal que, em rigor, nunca existiu longe desses suspeitosos cristãos-novos como Garcia de Orta, um "perigoso" sefardista. A história cultural dessa expansão é pobre, esgotando-se em temas estafados sobre o universalismo único dos portugueses ou versões alinhadas do velho credo luso-tropicalista. Por isso, ninguém se admira ou se interroga quando se trata de batizar longa ponte a atravessar o Tejo para Lisboa porque só se poderia mesmo chamar "obviamente" Vasco da Gama. A originalidade é para os outros.

Sem a ajuda das competências dos historiadores, volto novamente a pedir auxílio a Mircea Elliade e a esse livro fascinante que continua a ser *Cosmos and history: the myth of the eternal return.* Apesar de enredadamente complexo e profundamente estribado em eruditas discussões que hoje nos escapam, a tese fundamental de Eliade não se mostra difícil de captar. Na verdade, grande parte das teorias fundamentais em história e ciências sociais são geralmente simples, compreensíveis, o que explica a sua perenidade. Sumariando o denso estudo de Eliade, o livro explica que o "eterno retorno" é uma crença, sobretudo cultural e religiosa, na habilidade social para regressar e, logo, presentificar a idade mítica de uma comunidade, território ou sociedade, assim se passando a ser contemporâneo dos eventos descritos nos seus mitos fundacionais (Eliade, 1954: XI). O académico romeno concluía, em seguida, que o poder das coisas memoriais importantes reside principalmente na sua origem (Eliade, 1954: 141). Eliade explicitava também nas páginas iniciais da sua obra as sugestões encontradas no estudo de Maurice Halbwachs sobre *"memória histórica e memória coletiva"*, um trabalho editado em 1950. Este livro de um discípulo direto de Émile Durkheim sublinhava este princípio: *"a história interessa-se primordialmente pelas diferenças e descura as semelhanças sem as quais não existiria memória, visto que os únicos eventos recordados são os que têm o traço comum de pertencerem à mesma consciência"* (Halbwachs: 1992: 2). Mais tarde, construindo teoria a partir das sugestões de Eliade, Claude Lévi-Strauss concluiu que o objetivo do mito é sempre o de mediar contradições sociais e culturais, assim resolvendo tensões básicas ou disfunções encontradas na vida social e cultural (Lévi-Strauss, 2001: 5-11). A verdade é que a história em mito de Bidao contada pelo nosso G. tinha precisamente essa função calmante, ilusória e unificante da memória singular do lugar e das suas gentes únicas.

Acontece que, para o nosso propósito, a teoria de Eliade é também especialmente operatória ao convocar essa categoria rara de *retorno,* um conceito habitualmente estranho aos historiadores muito mais em busca da evolução histórica do passado para o presente. Mais do que geralmente, a historiografia da expansão marítima portuguesa e, depois, do império colonial esqueceu-se de estudar o retorno que é mesmo um tema de investigação fundamental para se apreender a circulação lusa na Ásia. Nessa viagem fundamental de 1498-99 em direção aos "fumos" lucrativos da pimenta e outras especiarias da Índia, o regresso da frota de Vasco da Gama é muito mais importante do que a sua chegada perto de Calecute, guiado por prisioneiros cristãos e pilotos muçulmanos resgatados em Melinde e bons conhecedores das rotas comerciais do Índico. O retorno foi feito navegando contra a monção, demorou 132 longos dias a voltar a Melinde, pelo que dos 170 membros da tripulação apenas 55 regressaram a Lisboa (Velho, 1999). O retorno pode ser também o final sem glória do primeiro vice-rei da Índia, Francisco de Almeida, chacinado em Março de 1510 perto do que é hoje a cidade do Cabo, na África do Sul, atacado por camponeses locais Khoikhoi a quem a sua tripulação havia roubado gado. Uma morte, entre tantas outras, sem retorno recordando essa outra, ainda mais célebre, de Fernão de Magalhães – o popular *Magellan* dos filipinos – morto na ilha de Mactan, perto de Cebu, em Abril 1521, armado como um cavaleiro medieval e convencido da completa superioridade da sua pequena milícia face a centenas de guerreiros locais chefiados pelo famoso Lapu-Lapu: um evento que o cronista italiano da grande aventura da circum-navegação do globo, Antonio Pigafetta, interpretou como um martírio semelhante ao de S. Sebastião, enquanto a historiografia filipina contemporânea esclarece tratar-se da primeira vitória indígena, senão mesmo *"pré-nacionalista"*, sobre o colonialismo ocidental (Sousa, 2006: 54-66).

Cientes destas e de muitas outras aventuras fatais sem retorno, receosos de enfrentarem os perigos muitos do demorado regresso marítimo à Europa e, mais do que tudo, mobilizados pelos enormes lucros do comércio intra-asiático, soldados, mercadores, mercenários e aventureiros portugueses realizaram desde as décadas iniciais do século XVI que poderiam ficar muito ricos sem voltarem de tão longe a Portugal, nesse período um país pobre, rural e feudal, reunindo pouco mais de 1,5 milhões de habitantes. Assim, dos estimados 60.000 portugueses em circulação pelos enclaves lusos asiáticosasiáticos entre princípios do século XVI e as décadas iniciais do século XVII, menos de 10% retornou ao reino (Godinho, 1981, I: 30-35). As deslumbradas lusas heranças históricas e culturais pela Ásia até Timor não se podem reconstruir sem recuperar aventuras, memórias e mitos desses portugueses e dos seus descendentes, clientelas, aliados, criados, escravos e muitas mulheres locais que geraram um verdadeiro império-sombra escorado na superioridade naval de embarcações mais rápidas, poderosas e baratas do que as tradicionais concorrências marítimas "orientais". E se alguém tiver dúvidas sobre a agitação desse outro império de eurasianas gentes misturadas, um exemplo maior é bastante. Na verdade, a circulação dos aventureiros e mercadores deste império-sombra multiplicando as riquezas oferecidas pelos lucrativos tratos asiáticos pode reconstruir-se exatamente a 3 de Dezembro de 1552 quando o mais famoso dos missionários jesuítas pelo Oriente, S. Francisco Xavier, morreu em Sanchoão (Sangchuang), perto da foz do delta do rio das Pérolas. Apesar da ilha se encontrar ocupada por centenas de mercadores portugueses, mais os seus eurasianos filhos, criados e escravos abundantes, desenvolvendo lucrativos contrabandos com negociantes chineses de Cantão, nenhum assistiu ao enterro do missionário da Companhia de Jesus. O seu corpo sem vida permaneceu mesmo vários dias por sepultar até ao domingo seguinte à sua morte. A sua pobre procissão fúnebre em direção a sepultura ocasional reuniu apenas o seu criado e escravo António, de origem chinesa, o piloto Francisco de Aguiar, mais os dois mulatos que transportaram o caixão (Sousa, 2006: 65-66).

Em rigor, o plano xaveriano de conversão da China mais a sua dura pregação contra os desregrados comportamentos dos ricos mercadores portugueses na Ásia tinham-se tornado um embaraço para os lucrativos tratos com comerciantes e contrabandistas chineses. Estes mesmo comerciantes que, em Dezembro de 1552, esqueceram Xavier são aritmeticamente os mesmos que fundaram Macau, cinco ou seis anos depois. Sem surpresa, o primeiro bispo instalado em Macau – mas não ainda bispo formal do enclave –, o ilustrado jesuíta D. Belchior Carneiro escreveu frequentemente com pessimismo sobre este confronto constante entre a moral cristã e a vida de pecado destes abonados mercadores portugueses que dominavam a nova cidade. Em tratado manuscrito quase desconhecido sobre o casamento cristão, escrito em cuidado latim, o prelado desvenda a situação pecaminosa de muitos comerciantes portugueses privados ativos na década de 1570 pelas rotas do Japão e do Sudeste Asiático. Muitos deles, sobretudo os muito ricos, casavam--se com várias mulheres por Macau, pelo Japão, pela Indochina, pelo que é hoje a Indonésia, mantendo dispersas famílias, casas e larga prole. Num caso extremo analisado no erudito estudo manuscrito, o bispo jesuíta debruça-se criticamente sobre a situação imoral de um velho rico mercador português de Macau, originário do centro do Alentejo, casado ao mesmo tempo com oito diferentes mulheres. Um processo foi aberto contra ele em Macau, cruzando jurisdição civil e canónica, mas o influente mercador apoiado em advogado privado acabaria por se safar invocando uma fantástica justificação sob o argumento – quase atual – de diversidade cultural. Explicou para o processo que, para desenvolver os seus orientais negócios marítimos, era obrigado a fazer alianças com grandes mercadores asiáticos que, várias vezes, o obrigavam a selar os tratos através de casamento com as suas filhas, uma outra versão do timorense *barlak*. Mais adianta o mercador vindo das profundezas miseráveis do Alentejo para enriquecer pelo Extremo-Oriente não haver cometido qualquer pecado, já que era casado pela igreja católica apenas com uma mulher, em Macau, enquanto com as outras consortes se tinha limitado a seguir as tradições culturais locais (Sousa, 2009). Cada vez mais longe da Europa, produzindo descendências eurasianas que desconheciam completamente o longínquo reino lusitano, Portugal transformou-se entre estas gentes numa ilusão, uma legenda, um mito de remotas origens. Os eurasianos filhos de outros eurasianos descendentes destes aventureiros e mercadores portugueses casados ou a viver com chinesas, malaias, vietnamitas e o que mais desse, transformaram em duas ou três gerações a sua origem em mitos fundamentais na produção de uma identidade diferente da das populações asiáticas locais.

As "lusas" comunidades espalhadas pelo Sudeste Asiático até Timor só podem perceber-se voltando mesmo a investigar estas outras gentes: mercadores investindo, comerciando e contrabandeando lucrativamente no Extremo-Oriente longe do controlo da igreja e dos poderes oficiais do chamado "Estado da Índia"; aventureiros, ex-soldados, mercenários, artífices, pilotos, marinheiros que nunca mais voltaram a ver terras de Portugal produzindo famílias extensas espalhadas, tantas vezes abandonadas, pelos muitos enclaves portuários asiáticos; grupos de eurasianos que eram já filhos de eurasianos, por sua vez descendentes de outros eurasianos; depois comunidades que, como a de Bidao, pelos finais do século XVIII e princípios do século XIX foram recriando e mitificando uma vaga ideia de Portugal para reproduzirem com orgulho uma identidade cultural singular. Em final consequência, estas comunidades não podem ser investigadas através do arsenal tradicional de crónicas e documentos portugueses oficiais. Não se encontram por aí, mas existem realmente debaixo dessa mítica ideia de que "Portugal fica no céu". Não sei – nunca perguntei nem disso algumas vezes falamos... – se o António acreditava nessas piedosas ideias de salvações, paraísos e vida além da morte. Mas se o Céu realmente existir – o que a minha racionalidade científica se obstina em duvidar – estou certo de que o Pedrosa estará a dar lições a anjos e querubins maravilhados sobre nuvens e estrelas, mais os mistérios muitos da geografia física e humana do mundo sublunar. *Requiescat in pace,* António. Até sempre.

Referências bibliográficas

Barbosa, Duarte (1989). *The book of Duarte Barbosa: an account of the countries bordering on the Indian Ocean and their inhabitants.* New Delhi: Asian Educational Services.

Baxter, Alan N. (1990). Notes on the Creole Portuguese of Bidau, East Timor, in: *Journal of Pidgin and Creole Languages,* vol. 5: 1, pp. 1-38.

Boxer, Charles R. (1947). *The Topasses of Timor.* Amsterdam : Indisch Instituut.

Castro, Alfredo Osório (1943). *A Ilha Verde e Vermelha de Timor.* Lisboa: Agência Geral das Colónias, p. 56.

Elliade, Mircea (1954). *Cosmos and History: The Myth of the Eternal Return.* New York: Pantheon Books.

Elliade, Mircea (2010). *The Portugal Journal.* New York: State University of New York, p. 252.

Fisher, Elaine (2010). Fascist Scholars, Fascist Scholarship: The Quest for Ur-Fascism and the Study of Religion, *in*: *Hermeneutics, Politics, and the History of Religions,* pub. online May 2010. Disponível em: http://dx.doi.org/10.1093/acprof:oso/9780195394337.003.0012.

Halbwachs, Maurice (1992). *On Collective Memory* (transl. Lewis A. Coser). Chicago: University of Chicago Press, p. 2.

Lévi-Strauss, Claude (2001). *Myth and Meaning.* London-New York: Routledge, pp. 5-11.

Meneses, Francisco Xavier Aleixo Santa de (1968). *Contactos de culturas no Timor Português. Contribuição para o seu estudo.* Lisboa: Instituto Superior de Ciências Sociais e Política Ultramarina, pp. 367-371.

Pigafetta, Antonio. *The First Voyage around the world (1519-1522).* Toronto: University of Toronto Press, 2007.

Sousa, Ivo Carneiro de. Sousa (2006). Peregrinatio,Pecado, Sexualidade e Mentalidade Mercantil. Discutindo o Livro de Antonio Pigafetta sobre a Grande Viagem de Fernão de Magalhães, *in*: *Revista de Cultura* (Edição Internacional), 17, pp. 54-66.

Teixeira, Manuel (1977). *A Gruta de Camões em Macau.* Macau: Imprensa Nacional.

Velho, Álvaro (1999). *Roteiro da primeira viagem de Vasco da Gama à Índia.* Porto: Faculdade de Letras da Universidade do Porto.

Wikipedia: https://en.wikipedia.org/wiki/Bidau_Lecidere.

DE UBERABA A BRASÍLIA: COMUNIDADES VULNERÁVEIS E "TERRITÓRIOS EM RECONVERSÃO" NO ROTEIRO DA MISSÃO CRULS

FROM UBERABA TO BRASILIA: VULNERABLE COMMUNITIES AND "TERRITORIES IN CONVERSION" ON THE MAP OF CRULS'S MISSION ROUTE

Rita de Cassia Martins de Souza
Instituto de Geografia, Universidade Federal de Uberlândia
ritacmsou@gmail.com
†**António de Sousa Pedrosa**
Instituto de Geografia, Universidade Federal de Uberlândia – UFU CEGOT

Sumário: A área oeste do território brasileiro chama atenção pelas suas particularidades diante do processo de formação do país. A instalação da capital brasileira no centro do grande território determinou uma área específica dentro desse grande interior aqui denominada de Roteiro da Missão Cruls. Da inauguração de Brasília, em 1960, até hoje, a área sofreu imensas transformações, principalmente no que se refere à acessibilidade, exploração, usos e funções. Ao longo do século XX, surgiram, em vista do processo de ocupação e modernização, vários problemas ambientais e sociais nomeadamente os relacionados à mineração, à instalação de hidrelétricas; ao desenvolvimento do agronegócio e da pecuária; e, à urbanização acelerada. A recuperação do processo histórico em que se deu a ocupação dessa área constitui-se no eixo central deste trabalho bem como o apontamento dos prin-

DOI: http://dx.doi.org/10.14195/978-989-26-1237-9_5

cipais problemas que exigem soluções alternativas, tendo em vista a sustentabilidade das comunidades vulneráveis em meio ao processo de reconversão desses territórios.

Palavras-chave: Roteiro da Missão Cruls, paisagem cultural, comunidades vulneráveis, sustentabilidade.

Abstract: The western area of Brazil receives attention for its peculiarities before the country's formation. The installation of the Brazilian capital in the centre of a large territory determined a specific area within that large interior here called Cruls' Mission Route. From the inauguration of Brasilia in 1960, untill today, the area has undergone huge changes, especially with regard to accesses, exploitation, uses and functions. Throughout the twentieth century, it arose of the occupation and modernization process, many environmental and social problems including those related to mining, hydropower installation; the development of agribusiness and livestock; and the process of the acceleration from to urbanization. The recovery of the historical process, in which the occupation of that area took place, constitutes the central axis of this work and the appointment of the main problems that require alternative solutions, with a view to sustainability of vulnerable communities amid the conversion of these territories process.

Keywords: Cruls' Mission Route, cultural landscape, vulnerable communities, sustainability.

Introdução

A compreensão do processo de ocupação do interior brasileiro desperta atenção de muitos estudiosos da formação territorial brasileira e, em particular, as características que ligam a dimensão natural à social e cultural. O país é marcado por sua imensidão territorial e seus variados domínios biogeográficos que forma paisagens culturais muito diversificadas. A compreensão da dinâmica que subjaz à interligação entre recortes tão diferentes presentes nesse espaço nos leva, enquanto geógrafos, a nos preocuparmos com essa dinâmica e seus reflexos diretos sobre a organização espacial.

O conceito de paisagem cultural aqui nos parece interessante para o conjunto dessas reflexões. Segundo A.S. Pedrosa e R.C.M. Souza (2014):

"A paisagem como produto do trabalho humano não significa a eliminação dos traços da natureza, os quais se encontram sempre ali presentes, embora, algumas vezes, imperceptíveis. Traz, assim, a marca das diferentes temporalidades desta relação sociedade-natureza, aparecendo, como produto de uma construção que é social e histórica e que se dá a partir de um suporte material, a natureza. A natureza é matéria prima a partir da qual as sociedades produzem a sua realidade imediata, através de acréscimos e transformações a essa base material. Assim, as paisagens traduzem a evolução das sociedades humanas e da ocupação e apropriação do meio físico ao longo dos tempos, sob a influência de condicionantes e/ ou oportunidades estabelecidas pelo ambiente natural e pelas sucessivas forças sociais, económicas e culturais, de ordem interna ou externa. Não cremos, no entanto, que a paisagem corresponde a uma herança cultural estática, cuja evolução foi interrompida num dado momento, ou período histórico, mas, ao contrário, a entendermos como realidade dinâmica em transformação contínua, ou seja, uma paisagem viva, cuja continuidade só poderá ser garantida através da manutenção do seu papel social, associado à preservação e evolução sustentável dos modos de vida e processos produtivos" (A.S. Pedrosa e R.C.M. Souza, 2014, p. 3).

Há de se ressaltar que, acompanhando esta concepção ampla, o Instituto do Patrimônio Histórico e Artístico Nacional – IPHAN vem, desde 2009, fazendo um esforço no sentido de demarcar áreas com características específicas que permitam a preservação ou conservação de *"paisagens culturais brasileiras"*. O conceito nesse caso é bastante mais restrito e se refere, segundo a Portaria 127/09, a *"uma porção peculiar do território nacional, representativa do processo de interação do homem com o meio natural, à qual a vida e a ciência humana imprimiram marcas ou atribuíram valores"*. Desta forma, ainda que contempladas algumas premissas do conceito geográfico aqui apresentado, a paisagem cultural no caso dessa legislação brasileira, comporta apenas casos específicos para o fim de preservação de patrimônio natural, social e cultural. A ideia e necessidade surgiram justamente da *"constatação de que 'os fenômenos de expansão urbana, globalização e massificação das paisagens urbanas e rurais colocam em risco contextos de vida e tradições locais em todo o planeta"* (IPHAN, 2011, p.3).

A concepção mais ampla de Paisagem Cultural aqui esposada vai além desses casos peculiares e procura traçar um panorama sobre uma dinâmica sócio-política e econômica que nos permita compreender a região central do Brasil. O Roteiro da Missão Cruls, correspondente a essa região central brasileira, é para nós uma região com características bastante específicas em termos de seu desenvolvimento histórico e econômico, marcado por dinâmicas espaciais que geram paisagens culturais em permanente processo de remodelação. Políticas de desenvolvimento econômico e projetos estatais de ordenamento do território foram decisivos no sentido de amoldar a área aos interesses da modernização e geraram vários impactos sobre a natureza e a sociedade presente nessa área. A massificação das paisagens urbanas e rurais, conforme apontado, de fato vem alterando profundamente a vida das comunidades presentes na região e exigem reconhecimento das dinâmicas que a engendram.

Portanto, a paisagem tem de ser entendida como um sistema dinâmico e complexo que resulta da interação de múltiplos fatores que passam pela compreensão da dinâmica física do território e também pela ação que o homem possui ao longo da sua história de ocupação territorial (A.S. Pedrosa, 2012, 2013, 2014).

O Roteiro da Missão Cruls

A área oeste do território brasileiro chama atenção pelas suas particularidades diante do processo de formação do país. É um dos temas mais debatidos entre os estudiosos da formação territorial e nacional brasileira desde que se foram instituindo por aqui as chamadas ciências humanas. Antes que nas ciências, a dimensão da imensidão de terras conquistadas pelos portugueses em associação com os locais sempre foi um desafio para o Estado que se via às voltas com as dificuldades da ocupação e a necessidade de garantir para si as terras conquistadas.

Para A.C.R. Moraes (2000) esse processo sempre acompanhou a história territorial brasileira e ainda em nossos dias continua impactando as decisões e as políticas para o território pensadas a partir do Estado. A origem da questão está na conquista de terras bem além do Tratado de Tordesilhas e, portanto, dos direitos garantidos a Portugal quando do período das grandes navegações. O estímulo às bandeiras e às entradas, na busca de pedras preciosas, ouro e mão de obra escrava índia permitiram aos bandeirantes paulistas traçar caminhos e espalhar povoações, ainda que esparsas, pela área. Uma das estratégias mais conhecidas a fim de efetivar a ocupação das terras a oeste foi a instalação da capital do país no centro do grande território, discussão empreendida desde a Inconfidência Mineira, em 1789, quando os inconfidentes liderados pelo assim conhecido "Tiradentes", reivindicavam à Corte de Lisboa a fixação da capital no interior.

Desde 1813, a discussão foi ganhando corpo chegando até o período pós independência quando José Bonifácio da Silva inclui nas "instruções aos deputados paulistas" a sugestão da centralização da Corte em latitude aproximada aos 15°S. O próprio José Bonifácio, em 1823, sugere a cidade de Paracatu (17°13'20"S e 46°52'30"O) como sede da nova capital que deveria ser chamada de Brasília ou Petrópolis. Interessante constatar que Brasília, capital atual do Brasil, está a 15°47'S e 47°55'O, próximo, portanto, ao indicado logo após a independência do país, ainda no período imperial.

Entre os historiadores defensores da centralização da capital está Adolfo Varnhagen que escreveu vários textos acerca do assunto entre 1834 e 1877. Finalmente em 1891, já sob o regime republicano, o senador Virgílio Damásio e o deputado Lauro Müller, propõem uma emenda à Constituição nesse mesmo ano aprovada, reservando uma área de 14 400 Km^2 para sediar a futura capital. A partir dessa decisão, foi nomeada uma comissão de eminentes "cientistas" liderados pelo presidente do Observatório Nacional, Luis Cruls, a fim de explorar e demarcar a área da nova capital do Brasil. Foram necessários dois anos para os trabalhos da Comissão de Exploração do Planalto Central serem concluídos até chegarem ao "Retângulo Cruls", uma área com aproximadamente 17.870 Km^2.

Em 1934, Getúlio Vargas, promulgou a Constituição da Nova República que incluía a transferência da capital em seu texto. Foram empreendidos vários esforços nessa direção no âmbito do governo de Vargas e assim se seguiu até que o Presidente Eurico Gaspar Dutra nomeou o General Polli Coelho para chefiar uma missão de estudos que, conforme determinado pela Constituição de 1946, determinasse o local para a instalação da capital no interior. A comissão de estudos liderada por Polli Coelho confirmou, em 1948, o local sugerido pela Missão Cruls. Finalmente, em 1956, o presidente Juscelino Kubitschek deu início aos trabalhos da construção da capital Brasília na área demarcada por Cruls e sua Comissão. Da inauguração de Brasília em 1960, até hoje, a área correspondente aos estudos da Missão Cruls sofreu uma imensa transformação que nos chama atenção em vista das suas potencialidades e dos desafios perante a ocupação que ainda se processa.

O Roteiro da Missão da Cruls, enquanto área desta pesquisa, foi demarcado a partir das rotas iniciais traçadas pela Comissão Exploradora do Planalto Central, no final do século XIX, mais especificamente, entre 1892 e 1893. O Roteiro compreende as rotas percorridas pela Comissão desde Uberaba até, aproximadamente, o limite com o atual estado de Tocantins e respeita a divisão administrativa por municípios, dos respectivos estados envolvidos (fig. 1).

O Roteiro da Missão Cruls constituiu-se em área marginal aos centros produtivos predominantes no Brasil desde a crise da mineração do ouro e pedras preciosas no final do século XVIII, até, no mínimo, o início do século XX. A partir, sobretudo, das políticas territoriais implementadas durante o governo de Vargas, das quais se deve destacar a "Marcha para o Oeste" como grande norteadora das mesmas, passa a ocorrer uma ocupação sistemática da área no sentido de sua integração à lógica dominante do "litoral". Nesse sentido, cabe lembrar que, à época, o grande território nacional brasileiro era sempre entendido como dividido em duas regiões principais: o sertão e o litoral. No litoral, grande faixa que acompanhava o Oceano Atlântico era onde se concentravam as atividades econômicas mais dinâmicas e, essencialmente, ligadas ao modo de produção capitalista, ainda que mercantil, pelo menos até que se desencadeou

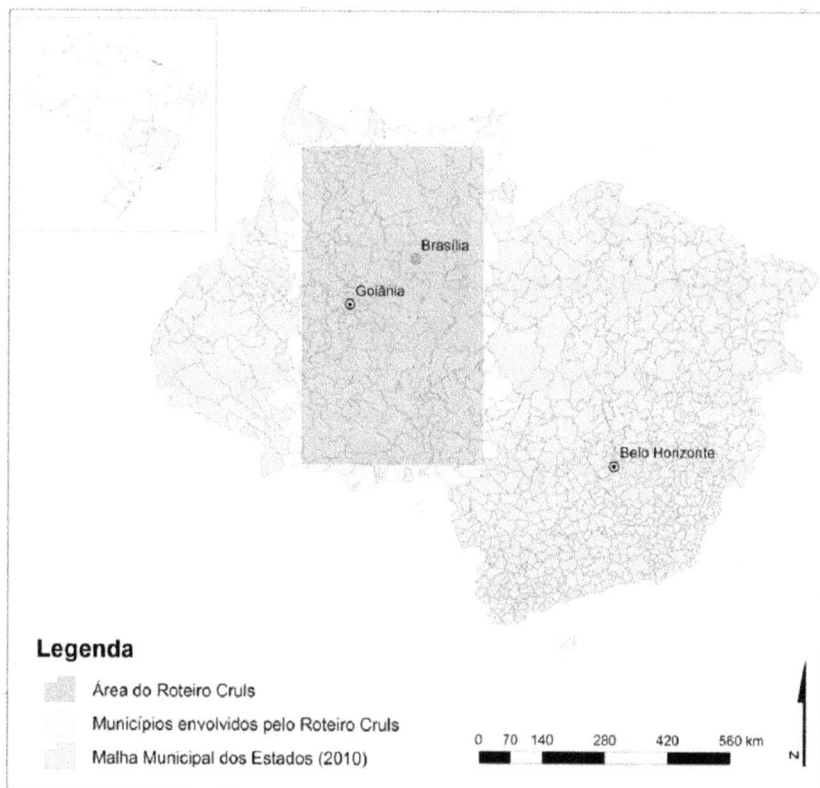

Fig. 1 - Mapa da Missão Cruls. Org. A.S. Pedrosa, R.C.M. Souza, 2015
(Fonte: IBGE, 2010).

*Fig. 1 - Cruls' Mission Map. Org. A.S. Pedrosa, R.C.M. Souza, 2015
(Source: IBGE, 2010).*

a industrialização. No sertão concentravam-se as atividades descoladas daquelas litorâneas e predominavam modos de vida ligados às sociedades indígenas e aos processos mais lentos de inserção à economia instalada desde o início da colonização (com exceção do período ligado ao ciclo do ouro, durante o século XVIII). Prevalecia a visão dos "dois Brasis", como colocaria o sociólogo francês Jaques Lambert para quem: *"Não há qualquer obstáculo, além do econômico, à transição de uma sociedade para outra, o que não impede que o Brasil precise urgentemente difundir por todo o país os níveis e métodos de vida das regiões evoluídas"* (J. Lambert, 1973, p. 107). O Roteiro constitui-se, em nosso entendimento, como uma área extremamente importante para a compreensão da formação territorial do Brasil sendo sempre e renovadamente "zona de fronteira" no longo e ainda presente processo de ocupação de nosso território. Além disso, apresenta particularidades bastante especiais em termos de seu desenvolvimento econômico, político e social.

A mineração foi um dos primeiros e mais importantes vetores para a fixação de população nesta área e para o crescimento de muitos povoados. Esta atividade sofreu diversas transformações ao longo dos anos por diversas razões como o esgotamento dos minerais em certas áreas, as mudanças tecnológicas, a exploração de novos recursos para outros fins etc. As atividades ligadas à mineração trazem múltiplos riscos e impactos que tornam importante a sua análise de modo a discutir estratégias que controlem os fatores de suscetibilidade e que permitam a resiliência às vulnerabilidades que esta atividade gera, principalmente, para as populações do entorno das minas.

A instalação de usinas hidroelétricas é um dos outros inúmeros fatores que tiveram impactos importantes não apenas na dinâmica dos cursos de água e das bacias hidrográficas em si mesmas, mas também na modificação das paisagens já que implicaram na destruição de matas ciliares de importância vital para a biodiversidade e, ainda, trouxeram impactos sociais de diversas ordens, nomeadamente em comunidades ribeirinhas, cujas atividades se relacionavam com o rio. Outras preocupações também importantes relacionam-se com questões do microclima geradas pelos lagos, de eventuais rupturas que possam ocorrer e, ainda, da retenção de sedimentos nos seus reservatórios, diminuindo a vida útil das usinas.

Os problemas relacionados ao agronegócio referem-se às implicações ambientais que este tipo de agricultura altamente tecnológica e especializada traz, nomeadamente ao nível das transformações do bioma cerrado e consequente perda de biodiversidade e da degradação dos solos. Preocupam-nos igualmente os problemas sociais que são gerados por esta agricultura, pois o uso de maquinaria dispensa mão de obra humana "desalojando" as populações, cujo trabalho relacionava-se com a agricultura de subsistência ou a pequena produção, dando origem a um forte êxodo dessas populações em direção às periferias das cidades.

Sobretudo na área desta pesquisa, o processo de urbanização mescla-se aos problemas decorrentes da modernização da agricultura que, em verdade, é um processo geral de instalação de uma lógica perversa. A falta de condições adequadas de sobrevivência tem gerado inúmeras mazelas e forçado movimentos de reação a essa situação, entre os quais podem ser mencionados os movimentos pela terra que reivindicam reforma agrária ampla, nunca realizada no país.

A área exige avaliação específica em vista da diversidade predominante e que, somente agora, com a ocupação intensiva instalada desde a instalação de Brasília em 1960 e, finalmente, a chegada do agronegócio a partir da década de 1970, aparece definitivamente como um problema a ser cuidado em vista do contato e da dizimação de culturas que se formaram no longo processo histórico da ocupação da área. São inúmeras as "comunidades" que vão sendo "incorporadas" à nova lógica que se instala na área. Muitas foram violentamente dizimadas, outras foram lentamente sendo tragadas, outras permanecem resistindo e tentando manter-se em sua tênue integridade. Entre estas últimas cabe destacar as denominadas, desde a Constituição de 1988, Comunidades Remanescentes de Quilombos, das quais ainda não se tem um mapeamento suficiente e que dependem, pela legislação, do autoreconhecimento para obter o direito de suas terras como Territórios Remanescentes de Quilombos – TRQs.

A situação das comunidades tradicionais é bastante delicada em virtude de sua "fragilidade" perante um sistema de produção que avança sobre os "territórios" constituídos ao longo de centenas de anos de modo completamente alheio ao modo de produção hegemônico e por isso devem ser entendidas como "comunidades vulneráveis". Vulneráveis, mediante o processo avassalador da entrada desse sistema produtivo na região que, até pelo menos a década de 50-60 do século passado, era marginal às formas produtivas predominantes no "litoral". Esta vulnerabilidade está relacionada diretamente à rapidez do processo de instalação da modernidade técnica que leva a uma "reconversão do território" em detrimento das comunidades já instaladas e de sua dinâmica própria. São vulneráveis as comunidades da área perante o processo de desarticulação de suas características sócio culturais tanto no que tange às suas práticas cotidianas em torno da produção econômica própria delas mesmas, mas também dada a "brutalidade" com que o ambiente é alterado em função das novas técnicas implementadas. Essa alteração vem causando o deslocamento populacional principalmente em direção às cidades, mas também em direção a outros "lugares" em que o antigo modo de existência não pode ser reproduzido.

Há algumas dinâmicas particulares e mais invasivas desse processo que aqui se denomina como reconversão que necessitam de ser minimamente apresentadas: a mineração; as usinas hidrelétricas, o agronegócio; e, a urbanização.

A mineração enquanto uma atividade geradora de riscos

As áreas de exploração mineira pelas suas características intrínsecas apresentam múltiplos riscos que muitas vezes constituem o legado de um passado nem sempre bem conhecido, bem como, de escolhas políticas ou econômicas, que só podem ser compreendidas apenas num determinado contexto. Na verdade a procura do minério e da sua eventual utilização remonta aos primórdios da existência humana, tendo desempenhado desde essa altura um papel essencial na sua sobrevivência e no seu desenvolvimento. É do conhecimento geral que a atividade mineira, norteou-se sempre, quase que exclusivamente pelo aproveitamento econômico das jazidas, sem grandes preocupações de cariz ambiental, o que causou e, causa ainda hoje, sérios problemas ambientais e de saúde associados tanto à exploração descontrolada quanto ao encerramento de minas que criaram um agravamento do passivo ambiental.

Quanto aos riscos associados à exploração mineira, eles apresentam uma génese antrópica e uma forte componente tecnológica, podendo ser apontados os seguintes:

- Riscos diretamente associados à exploração ativa de que destacamos os relacionados com a extração propriamente dita, ou seja, com o desmonte e tratamento do minério. Assim podemos salientar:
    - i. Riscos relacionados diretamente com a extração (subsidência de minas, explosões, inalações de produtos tóxicos...);
    - ii. Riscos associados à descarga de águas ácidas e contaminantes (metais pesados, compostos orgânicos originados nas reações químicas usadas no processo de separação dos metais, como por exemplo, cianetos (ouro), e amônia);

iii. Riscos geomorfológicos e ambientais relacionados com resíduos da extração (escombros);

iv. Riscos de erosão, assoreamento de lagos e linhas de água;

vi. Riscos de expansão de poeiras contaminadas e riscos de ruído.

- Riscos associados às explorações inativas que se relacionam ao abandono e não recuperação dos espaços de exploração:

    i) Riscos associados à não-gestão dos resíduos pós-operação;

    ii) Subsidências não controladas das antigas minas com aberturas de fossos à superfície não sinalizados;

    iii) Formação de lagos artificiais sem qualquer controle de acesso e de qualidade das águas;

    iv) Descarga de contaminantes em águas e em solos (metais pesados quando exista uma escorrência natural de meios ácidos...)

Pode-se, assim inferir que muitos dos riscos associados à exploração mineira se situam no âmbito da saúde ambiental relacionados como o uso excessivo de determinados elementos que acabam por ser incorporados no ambiente próximo da exploração mineira e que podem comprometer a saúde pública, já que quando se encontram em excesso podem se tornar tóxicos para o homem.

Resumidamente, os focos de maior contaminação são:

- As áreas de depósitos de escombros, principalmente as mais recentes, pela existência de materiais sujeitos a deslizamentos, arrastamento de material particulado e lixiviado pelas águas de precipitação provocando a contaminação de solos, águas subterrâneas e superficiais;

- As barragens (semi-impermeabilizadas) para as quais são levadas as lamas de tratamento das Estações de Tratamento de Água – ETA, sujeitas à eventual percolação em profundidade. As águas vindas do interior das minas, das barragens, etc. que estando sujeitas a tratamento deficiente, podem ser fonte de dispersão/mobilização de contaminantes para as águas superficiais e contaminação de solos adjacentes.

O caso da mineração no Roteiro da Missão Cruls

Não obstante os problemas referidos, a exploração mineira contribuiu decisivamente para o desenvolvimento econômico e social do Brasil. Normalmente, a região de mineração mais conhecida é a que foi inicialmente demarcada pelos exploradores paulistas no início do século XVIII, qual seja a região da Zona da Mata mineira. Esta região configurou-se, no início da ocupação, numa extensa área à margem do processo de exploração econômica principal da Colônia centrada na produção na cana de açúcar e nas atividades extrativas vegetais na zona litorânea. As minas de pedras preciosas e ouro, a partir do momento que se tornaram atrativas do ponto de vista da exploração pela Coroa – o que não se deu de imediato – pouco a pouco vieram a se tornar a principal atividade econômica da Colônia na primeira metade do século XVIII, o que deixou marcas até hoje na configuração territorial do Brasil.

Desenvolveu-se também, a oeste dessas minas, um processo de exploração de pedras preciosas e ouro após 1750, quando as minas da região central da Província de Minas Gerais entraram "em decadência". O esgotamento das possibilidades de extração, no entanto, não significou a decadência total da área já que a mineração resultou num processo de urbanização significativo, além de tornar a área em uma zona de abastecimento de produtos animais e vegetais ao Rio de Janeiro, sobretudo.

Justamente esse período após 1750 vai experimentar um redirecionamento dos fluxos populacionais em direção ao oeste, ultrapassando as montanhas e alcançando o Vale do Rio São Francisco e a região dos cerrados do Brasil Central. Iam aos poucos estendendo as práticas agrícolas e pecuárias desenvolvidas na região central em direção oeste. A ocupação se deu tanto de forma "espraiada", ou seja, que foi se dando de maneira contínua pelo território, gerada, sobretudo, pela pecuária de tipo extensiva, como de forma "pontual", ou seja, com a criação de vilas e arraiais distantes uns dos outros, gerada, sobretudo, das explorações de ouro e de pedras preciosas.

É importante destacar que o processo de ocupação só pode se desenvolver mais intensamente, após a eliminação de vários "quilombos" (refúgios de escravos fugitivos), bem como de aldeias indígenas existentes na área, e a descoberta de importantes reservatórios de água salgada (salitrosa). A partir de 1770, o afluxo de migrantes foi muito intenso deslocando-se a área de ocupação em direção à Província de Goiás. Assim passaram a crescer vilarejos como os de Araxá e o de Patrocínio. Cabe destacar as picadas (caminhos abertos em meio à vegetação natural) de Goiás e de Desemboque que cumpriram papel de extrema importância na comunicação e comércio dessa área com o Rio de Janeiro, então capital da Colônia.

Desde a crise da exploração do ouro e das pedras preciosas entre o final do século XVIII e o início do XIX estabeleceu-se um período de ocupação lenta até a década de 1930, quando Getúlio Vargas desencadeou a "Marcha para o Oeste" e efetivamente alcançou construir as bases definitivas da unidade territorial. A opção pela industrialização, nesse período, trouxe uma série de consequências, entre elas, a aceleração do processo de urbanização que, nessa área, foi iniciado pela mineração. Os primeiros arraiais e vilas na área estiveram sempre ligados ou à pecuária extensiva ou a alguma fonte de exploração mineral. Foi no período Vargas (1930-1945) também que se deu ensejo às discussões em torno da construção da capital federal no interior do território brasileiro, tendo vingado, entretanto, somente após a Segunda Guerra sob o comando do presidente Juscelino Kubistchek (1956-1960). A partir de então o desenvolvimento da região foi extremamente acelerado com um forte impacto urbanizador sobre a área.

A mineração também mudou seu foco principal agora atendendo a demanda da construção civil. Há uma série de impactos altamente danosos ligados à exploração mineira no Roteiro da Missão Cruls resultantes de todo esse longo período de exploração que precisa ser revisitada. Seja para demarcar claramente qual foi o processo em que esteve envolvida esta forma de exploração e as conduções daí resultantes bem como diagnosticar com maior precisão onde estão as áreas de maior impacto ou risco no sentido de apresentar propostas aos problemas encontrados e que exigem soluções de urgência e a médio e longo prazos.

As grandes barragens para a geração de energia elétrica e seus efeitos perversos

A chegada à presidência do Brasil, em 1930, por Getúlio Vargas desencadeou a implementação de várias políticas territoriais visando alcançar a unificação definitiva do território sob o comando da criação do mercado consumidor interno para a industrialização. Entre as iniciativas da "Marcha para o Oeste" de Vargas estavam incluídas várias discussões a fim de se estabelecerem as políticas territoriais mencionadas. Assim, devem ser lembrados os seguintes debates promovidos na sociedade brasileira entre os anos de 1930 e 40: o deslocamento da capital federal para o Planalto Central; a criação de um Plano Viário que contemplasse todo o território e sua integração; uma regionalização que quebrasse com os sentimentos de autonomia local (E.A. Penha, 1993; R.C.M. Anselmo, 2000).

A criação de duas agências especiais cumpriu um papel fundamental para dar sustentação a esses propósitos: o Conselho Nacional de Geografia e o Instituto Brasileiro de Estatística, em 1937. As duas agências foram logo, em 1938, unificadas numa única instituição, o IBGE – Instituto Brasileiro de Geografia e Estatística, que alimentado pelos novos profissionais formados pelas recentes universidades criadas e por antigos profissionais, sustentou o debate e as políticas do Estado do período Vargas (1930-45) até o período militar (1964-85).

Para além da unificação do mercado interno tão importante para os propósitos da industrialização e para os interesses da fração de classe burguesa industrial que se estabelecia definitivamente no comando do Estado brasileiro, há de se levar em conta, ainda, as articulações em torno dos interesses geoestratégicos e ou geopolíticos que sustentaram as políticas implementadas sobre todo o território nacional. Não podem, portanto, serem postas de lado as proposições dos geopolíticos militares como Mário Travassos ou Meira Mattos, ou mesmo Golbery do Couto e Silva, que advogavam pela posição que o Brasil deveria ocupar no cenário sul americano e mais amplamente mundial e as estratégias de ocupação que segundo eles permitiria alcançar tais propósitos. Ao pensamento das classes dominantes nacionais e aos interesses dos novos grupos instalados no poder aos quais era imprescindível a modernização do país, estavam alinhados os discursos geopolíticos de tornar o Brasil uma potência econômica e militar na América.

A instalação de Brasília no interior do território e todos os eixos viários que tiveram que ser implementados a partir daí desencadearam os esforços de integrar todo o grande interior à área central ou *core* do sistema brasileiro (São Paulo e Rio de Janeiro). Não cabe aqui aprofundar cada uma das políticas adotadas, mas apontar, mesmo que brevemente, algumas das mais importantes a fim de compreender o grande cenário que, em nossa opinião, deu origem à instalação de muitos grandes projetos ou grandes empreendimentos que cumpriram um papel essencial no sentido de viabilizar, por um lado a ocupação efetiva do território, e por outro, promover a modernização necessária à lógica capitalista instalada pelos centros hegemônicos do país.

Esses grandes projetos não só modificam o espaço como causam grandes impactos sociais e ambientais começando pela tomada compulsória do lugar e pelo remanejamento das famílias e, a posteriori, pela alteração profunda dos costumes. Para J.S. Martins (1993), os grandes projetos econômicos tais como hidrelétricas, rodovias e planos de colonização algumas vezes têm como pressuposto *"inconfessado"* e *"inconfessável"*, *"[...] o próprio aniquilamento das populações que passam a representar algum estorvo para a implantação dos grandes projetos governamentais"*.

> *"Não se trata de introduzir nada na vida dessas populações, mas de tirar-lhes o que têm de vital para a sua sobrevivência, não só econômica: terras e territórios, meios e condições de existência material, social, cultural e política. É como se elas não existissem ou, existindo, não tivessem direito ao reconhecimento de sua humanidade [...] aqui se trata de projetos econômicos de envergadura, como hidrelétricas, rodovias, planos de colonização, de grande impacto social e ambiental, mas que não têm por destinatárias as populações locais"* (J.S. Martins, 1993, pp.62-63).

Por fim, o autor revela o caráter econômico desses empreendimentos planejados pelo Estado com o intuito de preparar o território a uma expansão capitalista de produção e "alongamento" das fronteiras econômicas nos espaços. Grandes empreendimentos tratados aqui são investigados por outros autores como Grandes Projetos de Investimentos (GPI). Para Vainer; Araújo (1992), estes *"mobilizam em grande intensidade elementos como capital, força de trabalho, recursos naturais, energia e território"*, e, sendo assim, são reflexos das políticas públicas, assumindo um caráter político no sentido de modernizar o território e promovendo a produtividade de um determinado lugar que é pensado para um todo – garantia primeira de novos investimentos empresariais e fluxo de capital ao território nacional. Segundo E. Laurelli (1987), grandes projetos são também:

> *"[...] grandes unidades produtivas, a maioria das quais para o desen-volvimento das atividades básicas, como arranque ou início de possíveis cadeias produtivas, para a produção de aço, cobre, alumínio, outras para extração de petróleo, gás e carvão, dedicados à sua exploração em bruto e/ou transformação e refinarias ou centrais termelétricas [...] grandes re-presas e obras de infraestrutura associadas ou não aos exemplos anteriores [...] complexos industriais portuários, e, em outra escala, usinas nucleares, geotérmicas, etc."* (E. Laurelli, 1987, p. 133).

Assegurar a construção desses grandes empreendimentos significa mais do que simplesmente oferecer a necessária infraestrutura para um processo econômico que vai se instalando nas áreas mais a oeste do território e vai se configurando como uma necessidade de projeção de um desejo de modernidade técnica sobre o espaço. As barragens constituem-se essencialmente em infraestruturas que impõe ritmos novos ao território e determinam em grande parte seus rumos.

Para M. Santos (2008), o mundo global sugere territórios de acumulação *"frenética"* em qualquer parte do mundo, sendo que para isso é decisivo o papel dos *"fluxos"* e dos *"sistemas de engenharias"*. Os primeiros, também de-terminados pela quantidade e qualidade dos *"fixos"* no espaço, representam o *"movimento, a circulação e o consumo"*. Os *"fixos"* enquanto objetos técnicos e sociais formam os *"sistemas de engenharias"* entendidos como sistemas de domínio da natureza, "conjunto de instrumentos de trabalho agregado à natureza e de outros instrumentos que se localizam sobre estes, uma ordem criada para o trabalho e por ele".

"Passamos também de fluxos que são curtos no espaço, e que se exercem em áreas limitadas, a fluxos que abrangem frações do território cada vez maiores. Hoje, aliás, o mundo todo é o campo de ação dos fluxos que se expandem com o suporte dos novos sistemas de engenharias" (M. Santos, 2008, p.84).

O ordenamento territorial através, sobretudo das políticas públicas, é que vai garantir a organização planejada dos espaços sob domínio legítimo do Estado e das corporações tendo em vista tanto a relação com o território quanto a acumulação do capital.

Para F.R. Silva,

"O ordenamento territorial é uma forma singular de uso do território que apresenta um arranjo de objetos sociais, naturais e culturais historicamente estabelecido [...] não é apenas condição social de reprodução da ordem capitalista. É também reflexo de sua significação funcional e simbólica na totalidade social capitalista [...] resulta do avanço do processo de homogeneização (globalização) extensiva do capitalismo e de fragmentação (diferenciação) de parcelas do espaço geográfico em arranjos de objetos e ações articulados em rede [...] mais que uma organização espacial, uma "forma" [...] sistemas dinâmicos formados de objetos e de ações articulados em rede [...] uma trama de relações conflitantes e complementares que integra o lugar, a formação socioespacial e o mundo [...] anuncia a sociedade capitalista global e as significações própria do uso do território" (F.R. Silva, 2007, p. 298).

O território nesse aspecto também se configura enquanto resultado do contrato histórico entre diferentes classes sociais (grupos), configura-se não só pelas lutas sociais, mas também pelas instituições públicas e privadas.

"Seja qual for o país e o estágio do seu desenvolvimento, há sempre nele uma configuração territorial formada pela constelação de recursos naturais, lagos, rios, planícies, montanhas e florestas e também de recursos criados: estradas de ferro e de rodagem, condutos de toda ordem, barragens, açudes, cidades, o que for. É esse conjunto de todas as coisas, arranjadas em sistema, que forma a configuração territorial cuja realidade e extensão se confunde com o próprio território de um país" (M. Santos, 2008, p.84) .

A modernização de parte de um determinado território implica na materialização de políticas científicas e tecnológicas específicas que irão garantir a competitividade dos lugares, pois ao contar com a estrutura necessária (energia, universidades, conjuntos habitacionais, centros de pesquisa, serviços tecnológicos, etc.), oferecerão dentro da lógica capitalista, os estímulos necessários à produção e reprodução do capital. Além disso,

"no Brasil, ao Estado Desenvolvimentista correspondem, da mesma forma, os investimentos de vulto, a infra-estrutura estratégica (portos, aeroportos, estradas, eletricidade, telecomunicações) e zonas industriais. As novas tendências de planejamento, que rompem com os antigos métodos que requerem investimentos de vulto, direcionam-se para novos fatores: treinamento geral da população, qualificação profissional, dinamismo das empresas regionais, qualidade e quantidade dos serviços prestados às empresas, presença de centros de pesquisa, universidades, etc." (A.A. Rückert, 2007, p.10).

Podemos concluir assim que o espaço territorial brasileiro não se fez apenas por elementos do presente, mas da sua histórica transformação.

O caso das barragens no Roteiro da Missão Cruls

As usinas hidrelétricas são instrumentos de primeira necessidade à cadeia produtiva do sistema econômico brasileiro atual, pois produzem parte da energia necessária não só para a população como para as máquinas do campo, as indústrias dos setores urbanos e constituem-se na objetivação material dos projetos estatais e privados.

O fim suposto é a própria modernização e capacitação do território com vistas a um papel cada vez mais ativo e atraente aos empreendedores capitalistas nacionais e estrangeiros. Alguns equipamentos para determinadas regiões são pensados antes mesmo de suas necessidades reais.

O Ministério de Minas e Energia divulgou que, na administração atual, foram inauguradas as usinas hidrelétricas da Serra do Facão (Catalão e Davinópolis), Barra dos Coqueiros (Cachoeira Alta e Caçu), Caçu (Cachoeira Alta e Caçu), Foz do Rio Claro (São Simão e Caçu), Salto (Itarumã e Caçu), Salto do Rio Verdinho (Itarumã e Caçu), no estado de Goiás. Juntas terão ao todo, 645 MW de potência instalada e de 445,6 MW médios de energia assegurada ao sistema elétrico. Esses projetos somaram investimentos de aproximadamente R$ 2,9 bilhões financiados pelo Banco Nacional de Desenvolvimento Econômico e Social (BNDES) e com recursos financeiros próprios dos acionistas.

No Brasil, no ano de 2010, segundo o Ministério de Minas e Energia, foram acrescentados 4.200 MW de potência instalada em todo o país. Desse total, 922,2 MW (21,9%) são relativos a usinas hidrelétricas; desses, 610,8 MW foram instalados no estado de Goiás. Essas usinas estão montadas de forma a atender tanto essas necessidades de desenvolvimento local quanto para atender a demanda nacional de energia elétrica uma vez que a produção é distribuída em rede para todo o território.

A mesorregião do Triângulo Mineiro/Alto Paranaíba – MG compreende uma área com 66 municípios e ocupa posição estratégica no território brasileiro em vista de estar na transição entre o Centro Oeste (na qual se inclui o estado de Goiás) e o Sul do País. Entre esses municípios destaca-se Uberlândia.

"A cidade de Uberlândia está inserida em uma região produtora de energia elétrica. O Triângulo Mineiro/Alto Paranaíba, em decorrência da formação geológica, possui um grande potencial hidrelétrico, capaz de suprir o consumo regional e desempenhar importante papel junto ao sistema elétrico nacional, composto de dois subsistemas: Norte/Nordeste e Sul/Sudeste/

Centro Oeste. Esse sistema nacional em decorrência da renovação da base técnica torna-se cada vez mais integrado" (K.C.F.O. Bessa, 2001, p. 150).

A Bacia Hidrográfica do Rio Araguari compreende a área de 22.091Km^2, abrangendo vinte municípios. Esta bacia está localizada a oeste do Estado de Minas Gerais, entre as coordenadas 18° 20' e 20° 10' de latitude sul e 46° 00' e 48° 50' de longitude oeste. A sua maior porção territorial insere-se na mesorregião geográfica do Triângulo Mineiro, além disso, faz divisa com as Bacias: do Rio Tijuco a oeste sudeste; do Rio Grande ao sul; do São Francisco a leste; a norte e noroeste com a Bacia do Rio Dourados e também ao norte com as nascentes do Rio Paranaíba.

O Araguari é um dos rios mais importantes no Roteiro da Missão Cruls. Nasce no Parque Nacional da Serra da Canastra, no município de São Roque de Minas e percorre 475 km até a sua foz no Rio Paranaíba, sendo um dos afluentes do Rio Grande, que integra a Bacia Transnacional do Rio Paraná (ver fig. 2).

Estão instalados ao longo do Rio Araguari cinco grandes projetos hidrelétricos: Nova Ponte (1994) - Volume útil do reservatório 10.375hm^3 ; Miranda

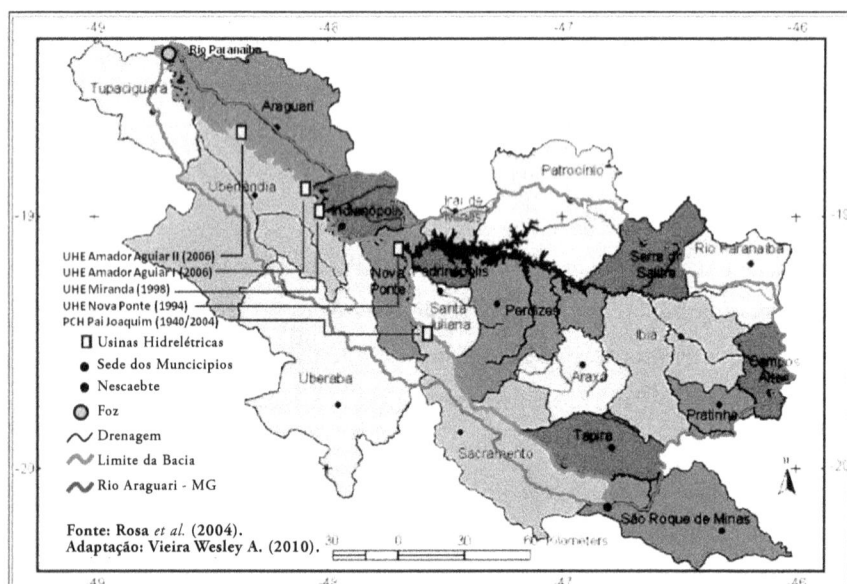

Fig. 2 - Grandes Projetos no Rio Araguari - Minas Gerais - 2010 (Fonte: Vieira; Anselmo, 2010).
Fig. 2 - Large projects in Rio Araguari - Minas Gerais - 2010 (Source: Vieira; Anselmo, 2010).

(1998) - Volume útil do reservatório: 145,60 hm^3 ; PCH Pai Joaquim (1940) - Volume útil do reservatório: Usina a fio d'água; Amador Aguiar I (2006) - Volume útil do reservatório: 872830 milhões (m^3); Amador Aguiar II (2006) - Volume útil do reservatório: 241,13 hm^3 .

Se por um lado não podemos ignorar os ganhos produtivos que as usinas hidrelétricas trazem para a área do Roteiro da Missão Cruls, nas diversas escalas, também não podemos deixar de mencionar os efeitos perversos advindos dessas instalações. Assim precisamos destacar os danos ambientais bem como os danos de ordem social que vêm sendo sistematicamente levantados por pesquisadores das mais diversas disciplinas científicas. O deslocamento das populações ribeirinhas ainda não obteve o devido levantamento científico que comprove se os ganhos superam as perdas tanto a curto como em longo prazo.

O fato é que essas populações não foram consultadas acerca de seu desejo ou de suas intenções reais quanto a esses projetos antes de sua instalação. O Estado, enquanto legítimo representante das classes dominantes tomou a iniciativa de moldar o espaço segundo o que entende como a melhor saída, ou seja, o desenvolvimento econômico a qualquer custo.

O desenvolvimento da agricultura e da pecuária modernas, o agronegócio e seus impactos

Segundo Castillo, a fronteira agrícola moderna pode ser definida, grosso modo, pelas:

> "[...] áreas ocupadas por atividades agrícolas com alto conteúdo tecnológico e organizacional (em termos de uso de insumos e maquinário, formas de crédito e comercialização, armazenamento, beneficiamento e transporte) em substituição à pecuária extensiva, a formas tradicionais de cultura (particularmente a pequena produção familiar de origem ancestral ou de frentes de ocupação) e / ou à cobertura vegetal original"
> (R. Castillo, 2007, p. 38).

A definição proposta nos parece perfeitamente coerente com o que se entende neste projeto como a grande problemática a ser perscrutada, avaliada e desvendada. A sobreposição de uma ordem nova (a "fronteira") sobrepõe-se sobre outras ordens, outros formas de exploração dos lugares, ou outros modos de produção que não se enquadram perfeitamente aos desejos e aos imperativos do novo.

Justamente esse desencontro é o que tem causado os conflitos, os atritos, os descompassos entre a "gente do lugar" e o "forasteiro". No jogo de forças, evidentemente, estão incluídos os "do lugar" cujos desejos e interesses coincidem com a nova lógica. Nesse contexto vão aparecendo, tanto no ambiente corporativo próprio das empresas quanto nas mídias televisiva, eletrônica e impressa, expressões como: "gargalos logísticos" e "apagão logístico". Certamente essas expressões refletem a percepção imediata dos conflitos de interesses aqui sinalizados. Ainda segundo Castillo, o que está em jogo é a *competitividade da produção brasileira frente aos mercados internacionais, ameaçada por razões logísticas*". R. Castillo (2007, p.34).

O papel do Estado, enquanto agente regulador da economia nacional é de fundamental importância no sentido de permitir a execução das tarefas necessárias e a instalação das infra-estruturas para o desempenho ótimo das empresas cujos interesses maiores encontram-se fora do próprio território nacional. No caso brasileiro, as áreas do Cerrado do Centro oeste, Norte e Nordeste, conforme detectado pelos estudos de Castillo constituem-se em regiões competitivas ou "regiões funcionais", ou seja, áreas do território caracterizadas pela especialização produtiva, voltadas ao atendimento de parâmetros externos ou internacionais de qualidade e custos.

> *"Essa situação se traduz em políticas públicas de transporte e logística a partir da expansão e consolidação de fronteiras agrícolas em áreas de Cerrado do Centro Oeste, Norte e Nordeste, com intuito de viabilizar circuitos espaciais produtivos de algumas culturas de grande importância nos mercados internacionais. Nos últimos trinta anos, pode-se constatar um exponencial aumento dos fluxos materiais provenientes dessas porções*

do território brasileiro, marcadas pela emergência de regiões competitivas agrícolas, pela distância em relação aos principais centros consumidores do país e aos portos exportadores e pela baixa densidade em infra-estruturas logísticas" (R. Castillo 2007, p.34).

A literatura científica especializada já reconheceu o período entre os anos de 1960 e 1970 como os anos da instalação dos complexos agroindustriais no Brasil. Estes basicamente são constituídos pela associação entre a agricultura e a indústria calcada fortemente nos subsídios a alguns produtos e a algumas categorias de produtores, incentivos à biotecnologia, indústrias de bens de capital e de produção agrícolas, além das de promoção à ocupação das fronteiras agrícolas e ao uso de linhas de crédito especiais. As políticas estatais ocuparam papel central nas articulações necessárias ao pleno desenvolvimento e instalação desses complexos (G. Muller, 1989).

O período contemporâneo que se desdobra desde as duas últimas décadas do século XX é marcado pela consolidação desses complexos agroindustriais em que a produção de *commodities* continua desempenhando papel de primeira ordem. Embora o Estado brasileiro não disponha neste período da mesma força que dispunha antes, continua funcionando essencialmente como o grande articulador que agora permite que as empresas na forma de grandes complexos empresariais assumam o comando da economia.

> *"A regulação híbrida que caracteriza o atual uso do território brasileiro é marcada por um campo de forças que define investimentos em logística, envolvendo demandas corporativas e políticas públicas. Nesse sentido, parece cada vez mais importante reconhecer a interação entre três variáveis: 1) a (expansão e consolidação) da fronteira agrícola; 2) a emergência de regiões competitivas nessas áreas de fronteira; e 3) a predominância, no plano das idéias e também das ações, bem como nas políticas públicas e privadas, da logística"* (R. Castillo, 2007, PP.36-37).

A logística conforme definida por R. Castillo envolve:

"[...] variadas formas de prestação de serviços, condições gerais de produção, setor de atividade econômica, ramo de investimentos públicos entre outras. Na tentativa de compreender o termo em sua dimensão geográfica, propomos, por ora, defini-lo como o conjunto de competências infraestruturais (transportes, armazéns, terminais intermodais, portos secos, centros de distribuição etc.), institucionais (normas, contratos de concessão, parcerias públicoprivadas, agências reguladoras setoriais, tributação etc.) e estratégicas (conhecimento especializado detido por prestadores de serviços ou operadores logísticos) que, reunidas num subespaço, podem conferir fluidez e competitividade aos agentes econômicos e aos circuitos espaciais produtivos. Trata-se da versão atual da circulação corporativa" (R. Castillo, 2007, PP.37).

Há uma intensa modernização do território, implementada a partir dos equipamentos instalados e das ações que vão se estabelecendo nos lugares segundo os interesses hegemônicos, ou seja, a partir, sobretudo dos interesses dos grandes conglomerados de empresas essencialmente movidos de fora do território nacional. São esses interesses que determinam, inclusive, quais serão os espaços privilegiados dessas ações e os centros urbanos coordenadores dos mesmos, fortalecendo o processo de desigualdade (Elias, 2006).

Cargill, Bunge, ADM, Maggi, Coinbra, Caramuru podem ser mencionadas como empresas do agronegócio que funcionam em parceria direta com ALL, CVRD, Hermasa entre outras, estas, empresas ligadas ao setor de logística. O complexo, assim como na primeira fase de implantação (1960-70), nada seria sem a atuação do Estado, agente primordial do processo, através de políticas de caráter claramente territoriais.

Todas as fases desse processo passam a ser controladas de dentro do Complexo Agroindustrial moderno:

"Essas grandes empresas do agronegócio dominam, cada vez mais, o beneficiamento (classificação, limpeza, secagem), a assistência técnica,

o processamento agroindustrial, o mercado de fertilizantes, o mercado de sementes, o armazenamento, o financiamento da produção, a comercialização e a exportação. Essas grandes empresas detém [sic] indústrias processadoras, armazéns e silos, empresas de colonização, empresas de comercialização de produtos agrícolas e seus derivados; atuam no transporte rodoviário, ferroviário, fluvial e marítimo, possuem terminais em portos fluviais e marítimos, centros de distribuição, escritórios exportadores, postos avançados de compra de grãos; fornecem crédito de custeio e investimento, prestam assessoria técnica a produtores conveniados, estabelecem parcerias com empresas de logística entre outras ações que variam segundo as especificidades do circuito de cada produto (soja, algodão, laranja, café, cacau, cana-de-açúcar estão entre os mais importantes)" (R. Castillo, 2007, PP.39).

Cabe destacar o caráter totalmente dependente que, a despeito de todo o processo de independência tecnológica buscado desde os anos do período militar, ainda prevalece no Brasil.

O agronegócio e seus impactos no Roteiro da Missão Cruls

A área correspondente ao Roteiro da Missão Cruls encontra-se inteiramente dentro do chamado grande oeste brasileiro. A esta área, desde a segunda divisão regional promovida em 1968, ainda no período militar, estava reservada a função de "celeiro do país". Há de se falar um pouco sobre as estratégias territoriais do Estado brasileiro nesse período para esclarecer que as ditas regiões funcionais (Santos, 1994) anteriormente definidas têm, em verdade, a sua definição naqueles anos. Os investimentos sobre a transformação dos solos do cerrado em terras agricultáveis só foi possível a partir de altos investimentos tecnológicos e de políticas territoriais como, por exemplo, o Polocentro (1975).

Nos anos de 1960-70, os investimentos diretos do Estado ocorreram e deram o suporte imprescindível para que essa área se transformasse numa área especial com os atrativos necessários para atrair grandes investimentos empresariais. No período contemporâneo que se estabelece a partir do final dos anos de 1980 no Brasil, os grandes complexos empresariais assumiram força e importância que antes não detinham. Ainda que o Estado permaneça como agente fundamental, neste período as empresas determinam abertamente a lógica da produção e do funcionamento do sistema.

Segundo V.S. Pessôa (2007), na região do Triângulo Mineiro e Alto Paranaíba, além do PoloCentro podem ainda ser sinalizados como projetos ou programas primordiais no "desenvolvimento" da área, o Programa de Crédito Integrado e Incorporação dos Cerrados – PCI, o Programa de Assentamento Dirigido e Incorporação dos Cerrados – PADAP e o Programa de Cooperação Nipo-brasileira de desenvolvimento agrícola da Região dos Cerrados – PRODECER.

Em termos de produtos agrícolas primordiais ao Complexo Agroindustrial Moderno no Roteiro da Missão Cruls podem ser destacados a soja, o milho e, mais recentemente, a cana-de-açúcar. São essencialmente produzidos na forma de monoculturas com todas as suas mazelas sociais, ambientais e vêm sistematicamente desarticulando as culturas de subsistência e os *modus vivendi* tradicionais. Deve-se ressaltar que o agronegócio faz parte de um processo de modernização que não se restringe ao mundo rural e à agricultura, mas, ao contrário, vem acompanhado de todo um processo de urbanização acelerada e de uma série de equipamentos que se instalam sobre o território em geral na forma de grandes empreendimentos, como as usinas hidrelétricas.

É primordial que se compreenda que as populações são envolvidas nesse processo modernizante numa velocidade em que as mesmas não têm controle nem sobre si mesmas, uma vez que se descaracterizam rapidamente, perdendo sua identidade em termos de hábitos religiosos e mundanos e se embrenhando numa realidade totalmente diferente da original. São lançadas às periferias das cidades que não as absorve plenamente e as mantêm como reféns de um mundo em intensa transformação. O desenvolvimento de uma real cidadania não ocorre e o acesso à informação, embora "disponível", não as alcança. São cada vez mais intensos e numerosos os grupos que se envolvem nos movimentos pela terra. As "invasões de terras" – conforme são entendidas pelos grandes proprietários e por grande parte da população leiga –, são frequentes com todas as mazelas que decorrem de uma situação instável como essa.

Os problemas de ordem ambiental alastram-se descontroladamente, num sistema completamente fechado em que a urbanidade exige produção em massa para atendê-la. As sementes melhoradas exigem o tratamento químico que somente as indústrias químicas podem lhes dar e de igual maneira os agrotóxicos seguem sendo utilizados em larga escala, contaminando rios e lençóis freáticos. Os problemas dessa ordem vêm sendo sinalizados intensamente pelos estudiosos, no entanto, a lógica do Estado associada à lógica dos grupos hegemônicos da sociedade brasileira os ignora sistematicamente em nome do desenvolvimento econômico. Um desenvolvimento que não contempla a sustentabilidade da vida em seu amplo sentido.

O sistema, tal qual se instala sobre a área, não garante sequer a incorporação mínima da população num processo de clara exclusão e alienação.

"Intenso em técnica e capital, tal processo acaba por empregar uma mão-de-obra não muito numerosa, envolvendo trabalho temporário e terceirizado o que não garante facilmente muitas oportunidades de renda para a maioria dos empregados no setor. A Cargill, por exemplo, que emprega cerca de 700 funcionários em sua planta industrial em Uberlândia (a maior unidade do grupo no Brasil e também a maior fora dos EUA), ampliou no ano de 2010, o setor de fabricação de amidos e adoçantes, aumentando em 70% sua capacidade produtiva. Foram investidos cerca de R$ 112 milhões na ampliação da fábrica e gerados cerca de 70 novos empregos diretos (CARGIL, 2010), ou seja, a criação de um novo posto de trabalho pelo grupo resulta de um investimento, em média, da ordem de R$ 1,6 milhão" (M.F.V. Pereira, 2012, PP.100).

Sem dúvida, é explícita a necessidade de se pensar sobre a funcionalidade da região, conforme propôs M. Santos (2008). O desvendamento dos interesses em jogo pode fornecer subsídios primordiais para a proposição de alternativas que compreendam as populações que acabam se transformando em comunidades vulneráveis e exigem a nossa atenção.

Urbanização acelerada: o preço da modernidade

Numa pesquisa realizada por pesquisadores do Laboratório de Processamento de Imagens e Geoprocessamento – LAPIG da Universidade Federal de Goiás - UFG/IESA, pode-se atestar o crescimento do número de cidades em alguns estados do Brasil entre 1992 e 2009, marcadas essencialmente pelo bioma cerrado. O estudo foi realizado a partir da incidência de luzes registrada pelo sensor DMSP-OLS. Os três estados que apresentam maior incidência de luzes, sinalizando a existência de cidades na área são os estados de São Paulo, Minas Gerais e Goiás.

O processo de urbanização nos estados de Goiás e Minas Gerais refletem o processo de modernização e os investimentos sucessivos do Estado brasileiro através de políticas territoriais que vêm sendo sistematicamente implementadas para a área pelo menos, desde os anos de 1930. Como se há de depreender pelo já exposto neste trabalho, a iniciativa da ocupação da área é muito anterior a esse período, porém a opção pela industrialização nos anos de 1930 foi decisiva no sentido de urbanizar a área num movimento que vem se dando de maneira contínua e acelerada desde então.

Um dos momentos mais importantes desse processo, sem dúvida, foram os anos de 1960-70 quando das iniciativas dos militares durante a Ditadura Militar (1964-1985) com vários projetos de modernização dos cerrados e a implementação de uma política territorial claramente focada no agronegócio e na instalação dos grandes complexos agroindustriais – CAIs (Muller, 1989). O foco da atenção do Estado estava voltado para a função que a área deveria desempenhar no todo do território a partir da regionalização posta em prática desde 1968, com a nova Divisão Regional do Instituto Brasileiro de Geografia e Estatística - IBGE, qual seja a de ser o "grande celeiro" do Brasil. Para a área estava reservada a tarefa de produtora *par excellence* de grãos para exportação, assegurando os dividendos necessários ao processo de industrialização centrado no eixo São Paulo-Rio-Belo Horizonte.

Segundo A.F. Oliveira, E. F. Chaveiro e U.F. Oliveira (2009):

"Ao longo do tempo, Goiás passou por transformações significativas no que se refere a sua estrutura social. Contudo, em nenhum momento de sua história, desde o inicio da mineração no século XVIII, as mudanças foram tão intensas quanto nas três últimas décadas do século passado e neste começo de milênio. Neste período o estado se tornou urbano e alcançou os primeiros lugares nos índices de urbanização do país. E em consequência disso surgiram diversos problemas sociais e ambientais" (A.F. Oliveira, E. F. Chaveiro e U.F. Oliveira, 2009, p.228).

A urbanização acelerada da área responde a um planejamento advindo do Estado brasileiro que não mediu esforços no sentido de ocupar definitivamente a região acompanhando estratégias geopolíticas bem traçadas no sentido de que a integridade do território só estaria verdadeiramente efetivada quando o desenvolvimento econômico a tivesse atingido. Foi nesse sentido que se pensou a construção de Brasília, sem dúvida, o pólo de desenvolvimento urbano da região. Goiânia também como cidade planejada, cumpre hoje um papel de extrema importância concentrando as riquezas e as pobrezas da área.

"O acelerado processo de industrialização da agricultura somado ao, também acelerado, processo de urbanização e migração campo/cidade e cidade/cidade, contribuiu com a formação dos centros metropolitanos de Goiânia e Brasília, com os complexos industriais da soja do Sudoeste Goiano, com a industrialização de Catalão no Sudeste Goiano, Anápolis no Centro e Aparecida de Goiânia na Região Metropolitana de Goiânia, bem como com a explosão dos setores terciários em Goiânia e Anápolis" (A.F. Oliveira, E. F. Chaveiro e U.F. Oliveira, 2009, p.232).

No contexto contemporâneo, diante das redes globais formadas: Goiás moderno tem as mãos na modernidade e os pés na tradição. As empresas se instalam fisicamente no território goiano, porém, sua gestão está inserida num sistema de rede internacional que movimenta o fluxo de capital que a alimenta, ao mesmo tempo em que é alimentado por ela. (A.F. Oliveira, E. F. Chaveiro e U.F. Oliveira, 2009, p.232)

O contexto de formação da rede urbana ao sul do Roteiro da Missão Cruls está diretamente relacionado com o desenvolvimento de algumas cidades, principalmente Uberaba e Uberlândia. Na primeira metade do século XIX, Uberaba se firma como o principal núcleo urbano de ligação entre o litoral de São Paulo e Rio de Janeiro e as províncias de Goiás e Mato Grosso. Dada sua localização privilegiada, a cidade se torna um nó de articulação e um dos pontos principais de parada dos viajantes com destino as essas regiões. Segundo L. A. B. Lourenço:

> *"Uberaba beneficiou-se de sua localização-chave, na intersecção entre esses dois eixos, um disposto no sentido leste-oeste (Minas – sertão) e outro no sentido norte-sul (Goiás – São Paulo). Na primeira metade do século XIX, formou-se uma rede de estradas inter-regionais e interprovinciais sobre o Sertão da Farinha Podre, tendo Uberaba como nó central"* (L. A. B. Lourenço, 2007, p.322.

Essa primazia representada por Uberaba devia-se ao seu nível de centralidade em relação aos demais núcleos urbanos, pelo fato da região não contar com outros núcleos de maiores proporção e polarização nas suas proximidades. Em Uberaba concentravam-se os comércios e profissionais como juristas, médicos, farmacêuticos e cirurgiões, professores, comerciantes e guarda-livros, funcionários públicos, etc.; o que favoreceu o crescimento urbano e o desenvolvimento econômico da cidade nesse período.

Nessa direção, L. A. B. Lourenço afirma que:

> *"[...] Uberaba era o nó de um sistema radial de estradas, os entrepostos obrigatórios de todos os fluxos mercantis de norte e oeste, dos territórios de Goiás e Mato Grosso. Nesta situação, os negociantes ali radicados estavam em posição favorável para extrair grande parte do excedente gerado pela economia situada a montante, por meio de manipulação das condições de mercado. Uberaba também centraliza atividades como atendimento médico, educação, acesso à justiça e administração pública"* (L. A. B. Lourenço, 2007, p.87).

Ao longo do século XX a área foi marcada por um processo de diversificação produtiva, com desenvolvimento de atividades agropecuárias, agroindústria moderna, atividade comercial e industrial e também de atividades modernas de serviços. Tais transformações alteram a dinâmica de cidades de porte médio, como Uberlândia e Uberaba. A partir dos anos 1960-70 altera-se a dinâmica de ocupação da com entrada do agronegócio e do processo de urbanização, ocorrendo uma refuncionalização da rede urbana o que coloca Uberlândia como um centro regional. O que se deve destacar, enfim, é que esse processo acelerado de urbanização carrega consigo vários problemas ligados todos a uma mesma lógica.

O turismo cultural como proposta de reconversão dos territórios

Nos últimos anos, o turismo tem assumido o papel de maior atividade civil do planeta, sobretudo, em termos de geração de renda e de emprego. Segundo dados da Organização Mundial do Turismo (OMT[1]), a atividade foi responsável no ano de 2005 por cerca de 12% do PIB e 10% dos empregos mundiais, constituindo-se como uma das maiores atividades económicas da atualidade (Silva, 2007). Em 2011, os valores gerados por esta atividade económica ultrapassou o milhar de milhão de dólares dos EUA (1 bilião de dólares EUA). Silva e Pereira (2009, p. 277) reforçam esta ideia, afirmando que *"o turismo é uma mais-valia para qualquer região [...] e a rentabilização dos vastos recursos ambientais e patrimoniais contemplando a vertente turística é [...] um dos eixos de intervenção para a promoção do desenvolvimento local"*. O espaço geográfico correspondente á área do Roteiro da Missão Cruls, apresenta pela sua história diversas possibilidades que poderão permitir o desenvolvimento do turismo. De facto uma das estratégias possíveis para motivar sustentabilidade dos territórios e fomentar o desenvolvimento endógeno dos territórios é o turismo, nomeadamente, o turismo interpretativo e cultural.

---

[1] http://media.unwto.org/es/press-release/2012-05-14/los-ingresos-por-turismo-internacional-sobrepasan-el-billon-de-dolares-en-2.

O turismo interpretativo deve ser entendido como um processo ativo e participado de análise e compreensão do território e da paisagem nas suas múltiplas dimensões: ambiental, biogeofísica, histórica e produtiva. Neste caso a definição percursos de observação é, fundamental para o estímulo e orientação do olhar interpretativo, fomentando o contato com realidades em interação que no seu conjunto moldam a identidade dos lugares e das regiões (Alcântara, 2007; Pereira & Pedrosa, 2010). Quanto ao turismo cultural entendido como complementar do primeiro, deve promover a experiência concreta de ambientes culturais específicos de determinadas regiões ou comunidades, através da aproximação aos seus valores, tradições e estilos de vida, do conhecimento do seu património e das suas artes visuais e decorativas ou até mesmo da participação lúdica nas suas atividades quotidianas da esfera produtiva, lúdica e religiosa (Pedrosa & Pereira 2008; Pérez, 2009). Associado a estes dois tipos de turismo começa desenvolver-se o turismo sensorial, que se situa numa esfera da vivência pessoal, e relaciona-se com o processo de descoberta novos espaços, aprendendo o território através dos sentidos onde se pode propor percursos de exploração de territórios musicais, de novos olhares sobre paisagens evolutivas ou de rotas de sabores gastronómicos regionais. (Pedrosa & Pereira, 2008)

É nesta perspectiva inovadora dos territórios enquanto produto turístico e uma visão de turismo como eixo de mobilização de atores locais e dinâmicas de desenvolvimento endógeno que se torna necessário aprofundar o conhecimento histórico-cultural dos "lugares".

Patrimônio na área do Roteiro da Missão Cruls

A noção de patrimônio corresponde, na sua essência, à atribuição de significado e valor a algo, enquadrada num determinado contexto histórico, econômico e sociocultural. O conceito de patrimônio é indissociável do ato de reconhecimento, quase sempre coletivo e de uma lógica de transmissão inter-geracional, ancorada na ideia de herança ou legado, termos com grande proximidade semântica ao primeiro (Pereira 2012).

A evolução do conceito de patrimônio imbui-o de conotações cada vez mais complexas (Vecco, 2007) foi assimilado pelos processos de definição e afirmação identitários, associou-se à preservação da memória, transformou-se em pertença do povo e da nação. A sua proteção passa a ser competência dos órgãos de governo e administração, desde a escala internacional à escala local. Desvincula-se da ideia de propriedade. Hoje, o discurso sobre o patrimônio não está centrado na noção de posse. Pelo contrário, imperam as referências aos conceitos de gestão, proteção, preservação, classificação, divulgação, valorização. Nesse contexto, o patrimônio adquire o estatuto de recurso econômico, frequentemente sob a égide do desenvolvimento endógeno e sustentável, muitas vezes não se encontrando claramente balizado o direito da sua exploração.

Se concebermos como Patrimônio Cultural todos os bens que se apresentam como testemunhos, ou seja, entendidos como portadores de valores civilizacionais ou de ordem cultural considerados de interesse sociocultural relevante, então, devem ser objeto de especial proteção e valorização. Consideramos, assim, como bens de interesse cultural relevante aqueles que refletem valores de memória, antiguidade, autenticidade, originalidade, raridade, singularidade ou exemplaridade, bem como outros bens imateriais que constituam parcelas estruturantes da identidade e da memória coletiva de um povo ou de uma região (Bérard & Marchenay, 2004; V. Jorge, 2005).

Baseado na Conferência Geral da UNESCO de 16 de Novembro de 1972, é possível tornar "valores" naturais em patrimônio, em que se considera patrimônio natural: *"os monumentos naturais constituídos por formações físicas e biológicas ou por grupos de tais formações com valor universal excepcional do ponto de vista estético ou científico"*, bem como *"as formações geológicas e fisiográficas [...] com valor universal excepcional do ponto de vista da ciência ou da conservação"* (UNESCO, 1972). Esta indubitável referência ao valor patrimonial dos elementos geológicos e geomorfológicos, testemunhos da história natural da Terra e dos processos evolutivos atuais, ao nível da geodinâmica interna e externa, complementa-se com o reconhecimento da importância dos exemplos notáveis ou paradigmáticos da *"interação humana com o meio ambiente"* e *"da criação de paisagens"* (UNESCO, 1972).

É a percepção humana que confere às geoformas e aos processos morfogenéticos subjacentes, valor científico, histórico, cultural, estético ou socioeconômico. (Panizza, Piacente, 1993, 2008; Panizza, 2001; Reynard, 2005, 2008; Pereira 2012; Pedrosa, 2012).

No Roteiro da Missão Cruls existem vários parques e áreas de conservação que têm o status de patrimônio natural e vários outros que podem vir a ser classificados como tal.

Merece destaque o Parque Nacional da Chapada dos Veadeiros, visitada pelos pesquisadores da Missão Cruls, em 1892. Dada sua biodiversidade, poderíamos acrescentar sua geodiversidade, foi classificado, em 2001, como patrimônio da Unesco com o nome oficial de "Áreas Protegidas do Cerrado: Parques Nacionais da Chapada dos Veadeiros e das Emas". Entre as espécies da fauna que habitam o parque, cerca de cinquenta são classificadas como raras, endêmicas ou sob risco de extinção na área. No tocante à flora, já foram identificadas 1476 (um mil quatrocentas e setenta e seis) espécies de plantas no parque, das 6429 (seis mil quatrocentas e vinte e nove) que existem no bioma do cerrado. Para além da relevância ambiental que possui, apresenta também um forte sentido místico não apenas pelas suas exuberantes paisagens e abundantes aflorações de quartzo, mas também pelo facto da Chapada ser cortada pelo Paralelo 14, o mesmo de Machu Picchu.

Para além do patrimônio natural temos de considerar todo o patrimônio construído, entendido como o conjunto de sítios arqueológicos ao qual podemos associar todos os edifícios que pela sua história, arquitetura, monumentalidade, quer sejam de ordem militar, civil ou religiosa, mostrem-se importantes para a compreensão e definição da identidade do território e do povo que nele habita (Criado Boado, 1999). Eles podem contar a evolução da ocupação do espaço em que se inserem e os contextos sociais, civilizacionais, culturais e econômicos em que foram construídos. Para se usar um conceito de Milton Santos, que aqui poderia ser aplicado, poderíamos falar nas rugosidades, enquanto um fenômeno que expressa bem esse efeito da paisagem enquanto um reflexo bem marcado da história humana.

O inventário detalhado de uma área com importância histórica numa base de dados georeferenciada permite o desenvolvimento de uma infinidade de pesquisas por diferentes especialistas de forma a que se produza informação para posterior divulgação. Paralelamente, para além desse efeito direto e mais pragmático, digamos assim, é possível ainda criar as condições necessárias para atitudes conservacionistas e de valorização. É a história e a identidade de um povo e de um território que estamos a valorar.

Na área Roteiro da Missão Cruls existe um diversificado patrimônio histórico cultural tombado por diversos organismos. Podemos salientar a cidade de Goiás, classificada como patrimônio mundial da UNESCO, em 2001. Goiás, em verdade, é o último exemplo de ocupação do interior do Brasil conforme praticado nos séculos XVIII e XIX. Exemplo tanto mais admirável na medida em que a paisagem que a rodeia permaneceu praticamente inalterada. (Dossiê, 1999, p. 5-6). A cidade testemunha a maneira como os exploradores de territórios e fundadores de cidades, portugueses e brasileiros isolados da mãe pátria e do litoral brasileiro, adaptaram à realidade difícil de uma região tropical os modelos urbanos e arquitetônicos portugueses e tomaram de empréstimo aos índios, diversas formas de utilização dos materiais locais.

Mas, para além, da cidade de Goiás existe outro tipo de património construído também tombado por diferentes organismos brasileiros. Na cidade de Pirenópolis – um dos pontos fulcrais da Missão Cruls para a delimitação do Quadrilátero Cruls – para além de ter sido tombada como conjunto arquitetônico, urbanístico, paisagístico e histórico pelo IPHAN – Instituto do Patrimônio Histórico e Artístico Nacional, em 1989, apresenta vários exemplos de edifícios religiosos e civis edificados no século XVIII que constituem um importante valor patrimonial.

A Ponte Pênsil Affonso Penna, em Itumbiara – GO é fruto do traçado da antiga Companhia Mogiana de Estrada de Ferro (CMEF) e foi classificada como Patrimônio Cultural Brasileiro, devido ao fato de ser *testemunho vivo* (IPHAN, 2012) da participação mais significativa do estado de Goiás na vida socioeconômica do Brasil em meados do século XIX. Foi considerada como o

"[...] primeiro artefato da modernidade a chegar ao estado de Goiás, levando o progresso e a inclusão na vida socioeconômica do país. Ela significa ainda a integração centro-sul na era da Revolução Industrial e, ainda hoje, é considerada como um dos símbolos mais importantes da cidade de Itumbiara e do estado de Goiás" (IPHAN, 2012*).*

Para além do valor histórico e cultural que transcendem os limites do lugar, um patrimônio dessa ordem apresenta ainda um valor especial ligado à sua própria evolução histórica. Nesse sentido, deve-se ter em conta e existência de bens culturais que terão de ser entendidos nos respectivos contextos, já que pelo seu valor testemunhal, possuem uma relação interpretativa e informativa apenas entendível na conjuntura em que se desenvolveram. Nesses casos estão inseridos os valores das culturas tradicionais inerentes a cada região, de modo a que se assegure a transmissão de uma herança, cuja continuidade e constante enriquecimento contribuíram e contribuem para unir as gerações. O patrimônio imaterial, como vem sendo chamado esse tipo de patrimônio, permite promover e dignificar a pessoa humana, possibilitando a democratização da cultura, entendida como esteio da identidade cultural de um povo ou de povos (Rodríguez Becerra, 1997; Stoffle, 2000; Pereiró, 2006; Vecco, 2007).

A cidade de Goyaz apesar de ter sido classificada em função do seu patrimônio arquitetônico e urbanístico, apresenta também diversas manifestações culturais de forte impacto e que resultam das *"nobres tradições de Goiás"* (Cora Coralina, 1980) e resgatam as memórias dos vilaboenses (Delgado. 2005). A procissão do Fogaréu que se realiza nas celebrações da Semana Santa é citada por Fonseca (2003) como exemplo de patrimônio imaterial e que deveria ser tombado pelo Iphan. É dos eventos que atrai mais turistas à cidade de Goiás (Carneiro, 2005; Delgado, 2005) e se fosse classificado como patrimônio imaterial ou intangível, conforme Fonseca (2003) propõe, contribuiria para a efetivação do projeto da identidade ou memória coletiva da cidade (Delgado, 2005). A Procissão do Fogaréu circula entre os pontos turísticos do centro da cidade, desde o ponto de partida – que é o mesmo da chegada – e todos os pontos de passagem e parada no transcorrer da caminhada são *"lugares sim-*

bolicamente definidos". Isso faz valorizar os *"seus principais templos religiosos, contribuindo ainda para valorizar determinadas especializações arquitetônicas das habitações"* (Sousa, 1992).

Outros exemplos de patrimônio imaterial ou intangível presentes na área do Roteiro podem ser mencionados como as chamadas populações tradicionais – hoje em situação bastante crítica perante o processo de modernização técnica experimentado na área o que permite colocá-las enquanto comunidades vulneráveis. Essas populações ou comunidades tradicionais relacionam-se a uma vasta diversidade sociocultural, constituída nos vários séculos da história da ocupação do interior do território brasileiro e à qual corresponde uma organização muito própria da estrutura econômica, cultural e social.

As comunidades indígenas e os remanescentes de quilombos formam os núcleos com maior visibilidade que se expressam nas chamadas "terras de índio" e "terras de preto". Essa visibilidade se deve em parte ao esforço pela demarcação de seus territórios, sobretudo a partir da Constituição de 1988 nos marcos da democratização do país. Existem, todavia, outras formas fundiárias distintas vivenciadas por comunidades inseridas nos mais diferentes biomas, como as de açorianos, babaçueiros, caiçaras, jangadeiros, caboclos, etc.(Lowën Shar, 2005)

Interessa-nos, no quadro deste trabalho, discutir não só o patrimônio imóvel (sítios arqueológicos e construções de cariz e monumentalidade diversa), mas também o móvel (objetos de diversa ordem que pode ir de obras de arte a objetos de uso comum, utilizados pelas diferentes sociedades) e o imaterial (memórias, tradições, usos e costumes, maneiras de ser, estar e fazer...).

O patrimônio ou patrimônios não devem ser encarados numa perspectiva isolada, mas devem ser entendidos como parte de um espaço e a sua compreensão e valorização só se torna possível quando enquadrados na evolução histórico cultural das sociedades e dos territórios que lhes pertencem. Uma das formas de se conseguir fazer os seu estudo integrado é a sua inserção na paisagem já que apesar de exprimir um conceito polissémico possui um domínio de significância extremamente vasto, integrando o léxico de diversas ciências e possuindo múltiplas dimensões (Pedrosa & Pereira, 2013)

O estudo da paisagem, quando entendida na sua acepção mais vasta, permite uma abordagem integradora da realidade física e humana, potenciando a convergência e interligação dos vários domínios do saber que contribuem para a sua compreensão plena. O conceito de paisagem evoluiu associado à epistemologia das ciências e, em particular, da geografia, mas em síntese pode-se afirmar que *"foi evoluindo desde uma posição muito próxima da geografia física, até revelar maiores preocupações com os processos económicos e culturais, procurando abarcar a totalidade de fenómenos no espaço estudado"* (Salgueiro, 2001). Pode-se, então, considerar que se verificou uma integração progressiva dos fatores antrópicos, enquanto forças de construção, transformação e modelação da paisagem. É desta evolução que surge o conceito de paisagem cultural entendida como *"uma obra conjugada do homem e da natureza"* (UNESCO, 1972).

Deste modo as paisagens culturais traduzem a evolução das sociedades humanas e da ocupação e apropriação do meio físico ao longo dos tempos, sob a influência de condicionantes e/ou oportunidades estabelecidas pelo ambiente natural e pelas sucessivas forças sociais, económicas e culturais, de ordem interna ou externa. O termo paisagem cultural engloba, deste modo, um conjunto diversificado de manifestações resultantes da interação entre o Homem e o meio ambiente (Pedrosa, 2012, 2013).

Para além das paisagens culturais já classificadas na área do Roteiro da Missão Cruls é necessário inventariar e propor a criação de outras, nomeadamente nos territórios que refletem a aplicação secular de técnicas sustentáveis de uso do solo, adaptadas às suas características naturais e que servem de suporte às comunidades humanas e às suas atividades. Esta ideia não significa que defendemos um modelo conservacionista obsoleto e desajustado de uma visão dinâmica dos sistemas ambientais e antrópicos, mas pelo contrário que estas paisagens são construções sócio-ambientais e culturais resultantes de determinados contextos de tempo e de espaço e, como tal, estão em contínua mudança e evolução. Deste modo, pensamos que é importante definir e equacionar estratégias e modelos de conservação da paisagem construída, que não impliquem manter inalterados estilos de vida, usos do solo e processos produtivos arcaicos. Pelo contrário, deve-se procurar potenciar a evolução sustentável a longo prazo destes territórios, harmonizando valores paisagísticos, ambientais, patrimoniais e socioeconómicos.

Estes espaços mantiveram uma relação multissecular entre os processos naturais e as atividades antrópicas que possibilitou o desenvolvimento de um equilíbrio dinâmico, assente numa estrutura de interdependência e complementaridade de funções. Por isso, esta paisagem cultural pode ser considerada uma paisagem viva, cuja continuidade só poderá ser garantida através da manutenção do seu papel social, associado à preservação e evolução sustentável dos modos de vida e processos produtivos tradicionais, mas procurando novas funcionalidades de modo a garantir a sua sustentabilidade em moldes mais atuais.

Estratégias para a implementação da proposta de turismo cultural no Roteiro da Missão Cruls

Uma das estratégias possíveis para implementar o turismo cultural pode passar pelo desenvolvimento do turismo interpretativo, sensorial e cultural. Para a sua implementação de forma sustentável é necessário a infra estruturação do território e a promoção de diversas atividades relacionadas com o turismo cultural.

A infra estruturação dos espaços tem como objetivo facilitar o acesso do turista, assim como, a sua satisfação em termos de atendimento. Para além das vias de comunicação que poderão ser melhoradas ou implementadas é necessário o aparecimento de hóteis, unidades de turismo rural e agroturismo. Assim deve ser pensada uma rede de hotelaria organizada e que possa servir diversos vetores do turismo. Os hotéis existentes são poucos e necessitam de um forte investimento para atingir os padrões de qualidade necessários para servir os diferentes tipos de turista. Uma ideia importante seria a recuperação dos casarões antigos, muitos deles em estado de degradação avançada, e transformá-los em restaurantes, em casas de turismo rural, de agroturismo e/ou hotéis rurais, que seria uma forma de se recuperar o investimento que é necessário fazer para a sua recuperação. Para certa classe de turistas, a ideia de usufruir de prédios históricos possibilita a exploração desta via turística, criando condições de permanência na região de um maior número de turistas potencializando o aparecimento de outro tipo de serviços e permitindo um desenvolvimento com forte sustentabilidade.

Uma outra ideia passa pela recuperação da gastronomia local tradicional associada a uma diversificação do tipo de restaurantes com atendimento mais personalizado. É importante que o atendimento ao público nos serviços de restaurantes deve sofrer uma profissionalização, daí a necessidade de criação de cursos profissionais vocacionados para esta área de trabalho, que pode beneficiar as populações tradicionais.

Uma outra estratégia poderá passar pela criação de museus, ecomuseus ou parques urbanos, parques arqueológicos e geoparques. A proposta deve ter em consideração os museus já existentes na área, mas o interessante será a criação de uma rede ou redes de modo que existe uma interconexão entre todos que permita uma boa gestão nomeadamente no que se refere aos temas que possam abordar.

Os museus no sentido tradicional do termo podem ter uma formação pedagógica importante no sentido da sensibilização das comunidades locais e população em geral para a compreensão do seu próprio processo cultural e podem promover a interconectividade com outros vários aspetos locais, regionais, nacionais ou internacionais que possuam relevância patrimonial, econômica ou social. A ideia é pensar em espaços museológicos onde as novas tecnologias e a interatividade estejam presentes, tendo particular atenção às possibilidades pedagógico-didáticas e turísticas deste espaço.

No Roteiro da Missão Cruls não existe qualquer tipo de ecomuseus, mas pode ser uma ideia importante a sua implantação nesta área. Esta proposta deve-se ao fato deste novo conceito de patrimonialização se caracterizar por ser um espaço aberto, um espaço de povoação, de representatividade da identidade da população e, mesmo de ordenamento do território com intenção de definir uma estratégia de desenvolvimento dinâmico da região em que se insere, tendo em atenção os valores culturais do presente, mas preservando os do passado, como forma de pensar o futuro nas suas diversas formas de sustentabilidade (Teixeira, 2005). Este modo de pensar os ecomuseus leva a que um dos principais objetivos seja a valoração dos seus valores patrimoniais - sejam naturais, arqueológicos, construídos ou culturais - que foram arquitetando ao longo de sua história um espaço profundamente cultural que possui reflexos visíveis na paisagem, entendido como uma paisagem cultural (Gastal, 2010).

Neste sentido, o conceito de ecomuseu deve procurar manter os níveis de sustentabilidade e cooperar para o desenvolvimento de modo a contribuir para a revitalização do território que abarca, já que se inserem, quase sempre, em espaços territoriais deprimidos. Esta ideia só pode ser alcançada se a comunidade se sentir envolvida no projeto, que terá de ter como prioridade, o aproveitamento e valorização do patrimônio e identidade cultural, mas obrigatoriamente, terá de incentivar e promover a diversificação de outras atividades no seu espaço, nomeadamente associadas ao turismo cultural e/ou outras que propiciem uma melhoria socioeconômica e permita encontrar novos motivos que levem à fixação da população no território com reflexos visíveis na paisagem, entendida como uma paisagem cultural (Pedrosa & Barbosa, 2012).

A construção de parques urbanos, parques arqueológicos, geoparques, pode também corresponder a infraestruturas turísticas importantes apesar de não ser o seu único objetivo. Nesta área já existem alguns implementados, mas é necessário aumentar o seu número e a sua interconectividade assim como a sua gestão temática. O parque urbano possui novos contornos culturais e estéticos, devendo ser encarados nos seus diferentes tempos, funções e usos. As funções que desempenham não se submetem a um padrão: enquanto alguns poderão estar quase que exclusivamente vinculados à proteção ambiental, apresentando uso restrito, outros poderão atrair multidões, pela diversificação dos seus usos. Quanto às formas de tratamento, compreendem desde a linguagem formal até a ambiência naturalista. Com relação aos equipamentos, variam dos que têm seu ponto alto nos equipamentos culturais, desportivos e recreativos aos que possuem como atração principal os caminhos e as áreas de estar sob uma densa arborização. Essa diversidade é reflexa das necessidades do parque, do pensamento e do gosto de um grupo, de uma época.

Os parques arqueológicos poderão ser um meio de preservação do patrimônio histórico e arqueológico assim como permitir o desenvolvimento educacional e cultural em diversas perspectivas: proteção e ordenamento dos vestígios arqueológicos; ampliação das pesquisas históricas e arqueológicas por meio da criação de programas de escavações arqueológicas, possibilitando um conhecimento mais amplo sobre a cultura material e a história de uma determinada região; ampliação dos conhecimentos sobre as diversas atividades das populações e dinâmica social dos primórdios da colonização desta região de Minas Gerais e de Goiás.

A definição de geoparques entendidos como um território de limites bem definidos deve possuir uma área suficientemente grande, de modo, como propõe a UNESCO, a servir de apoio ao desenvolvimento sócio-econômico local e regional. Deve abranger um determinado número de sítios geológicos, de relevo ou, um mosaico de entidades geológicas de especial importância científica, raridade e beleza, que seja representativa de uma região e da sua história geológica. Poderá não possuir exclusivamente significado geológico, mas incorporar também significados ao nível geomorfológico, ecológico, arqueológico, histórico e cultural.

Dentre as atividades que têm como objetivo a promoção dos territórios e das suas populações para turismo cultural destacam-se as ações de Marketing territorial. Se entendermos que o Marketing corresponde a uma orientação de planeamento e gestão, de todo um processo sistemático que se inicia por definições estratégicas, nomeadamente pela clara definição do mercado-alvo e do posicionamento que se pretende atingir neste mercado, face às propostas da concorrência, ele deve refletir um compromisso entre a rentabilidade das organizações e a procura da melhoria da qualidade de vida das pessoas. Neste sentido deve associar um conjunto de técnicas e ferramentas disponíveis para atingir os objetivos a que se propõe na sua estratégia inicial (Kotler, Haider & Rein, 1992; Fonseca, 2006, Benko, 2000, Kastenholz, 2008, Correia, Brito, 2009).

Nesta perspectiva, o Marketing é utilizado no contexto do planejamento e da gestão dos territórios, sejam eles aldeias, cidades, regiões, países ou até continentes.

"Aliás, defende-se que cada território aplique, de forma mais ou menos consciente, sistemática e adequada, ferramentas de marketing, procurando atrair residentes, investidores e visitantes e criar uma "imagem de marca" que resulte, de modo indireto, em mais-valias num conjunto de áreas de atuação, sejam elas económicas, sociais ou culturais" (Kastenholz, 2008). Torna-se, então necessário, definir um

"produto" ou "produtos" que permitam a concepção de marca que reforce a identidade do território, englobando a segmentação do público-alvo e a definição de uma lógica de promoção e posicionamento no mercado" (Cidrais, 1998; Pereira *et al.*, 2008).

É necessário tomar medidas de requalificação e valorização do património, natural, ambiental e construído. Para isso torna-se importante fazer a inventariação dos elementos de arquitetura civil, religiosa e militar que em função do seu valor patrimonial e histórico constituem por si só uma "mais valia" para o desenvolvimento do turismo e são representativos da forte identidade cultural das gentes que habitaram e "marcaram" esta região. Também devem ser considerados os elementos naturais que pelo seu valor cientifico, estético devem ser preservados no sentido da sua valorização cultural e inseridos nos circuitos de turismo cultural e científico.

Conclusão

O grande oeste brasileiro sempre se constituiu em um grande desafio desde o início da colonização. Sua ocupação deu-se de maneira muito lenta no início e praticamente se configurou como uma conquista de terras alheias. Essa área nunca foi despovoada com uma imensidão de povos indígenas que foram em parte eliminados e em parte absorvidos pelos grupos europeus e outros ainda permaneceram em reservas demarcadas pelo Estado brasileiro. Ao longo do processo de ocupação, vários escravos negros fugidos também encontraram na área o seu refúgio e, ainda hoje, apresentam-se na área enquanto remanescentes quilombolas em grande número; alguns demarcados pelo Estado desde 1988, outros que ainda sequer foram registrados.

Sobretudo a partir da segunda metade do século XX, o processo de ocupação acelerou-se e as antigas vilas e aldeias transformaram-se bruscamente em cidades de médio e grande porte. A construção de Brasília, nos anos de 1950, foi fundamental para esse desenvolvimento, tendo sido, em verdade, um projeto geoestratégico do Estado brasileiro no sentido de criar justamente uma dinâmica de ocupação integrada ao centro econômico do país, qual seja São Paulo e Rio de Janeiro.

As dificuldades encontradas quanto aos solos e suas limitações para o desenvolvimento agrícola foram superadas desde a Revolução Verde e suas técnicas de manejo do solo; o grande cerrado pode ser convertido finalmente no "grande celeiro" projetado pelos militares no poder de 1964 a 1985. As políticas de Crédito Rural devem aqui ser lembradas, uma vez que foram fundamentais para a consolidação do grande Complexo Agroindustrial brasileiro. O agronegócio sem dúvida marcou definitivamente a ocupação da área e se sobrepôs às várias populações instaladas anteriormente desde séculos atrás.

É muito claro para nós que a sobreposição de uma nova "cultura" sobre as "culturas" presentes no lugar trouxe descompassos que se refletem ainda hoje, mesmo porque o processo além de muito rápido, ou até por isso mesmo, não absorveu a todos de maneira equânime ou equilibrada. Os descaminhos do subdesenvolvimento acompanharam os passos desse processo de ocupação acelerado e manifestam-se abertamente nas periferias das cidades que crescem avassaladoramente. As populações dos campos são empurradas para as cidades vertiginosamente ainda hoje e, paralelamente, crescem os movimentos em torno da terra para o trabalho. O descompasso engole as populações de modo que as mesmas perdem o seu sentido original e seus costumes e hábitos contaminam-se no processo urbanizante, globalizante num fervor de apelos de consumo cada vez mais distantes das culturas tradicionais. A vulnerabilidade dessas comunidades deve ser tratada de modo específico de modo a assegurar a sua existência.

Os ganhos do processo de instalação da lógica capitalista acelerada que vigora em nossa sociedade não pode ser desmerecido evidentemente, mas ao mesmo tempo há de se fazer um diagnóstico acertado acerca dessas problemáticas instaladas e analisar formas de possibilitar uma distribuição mais equilibrada dos seus ganhos e amenizar as perdas tão perversas que acompanham esse processo. A partir de um diagnóstico sistemático das condições e características locais pode-se apontar alternativas que se dirijam a um desenvolvimento sustentável da região.

Entre os principais problemas de imediato encontrados estão os ligados à mineração e à pecuária extensiva. Com suas peculiaridades, a primeira apresenta uma série de riscos e impactos ambientais inegáveis. Atualmente, há uma enorme quantidade de minas, seja da primeira fase de ocupação, ligadas à exploração de pedras preciosas e diamantes ou das demais fases, conforme já diagnosticamos (segunda fase: exploração de materiais para construção ligada ao processo de urbanização crescente; terceira fase: exploração de recursos não metálicos para as indústrias de fertilizantes e de correção de solos que acompanhou o processo de instalação do agronegócio na área; e exploração de nióbio e titânio uma das mais ricas fontes de exploração mineral). Parte dessas minas encontra-se ativa, outras já estão desativadas, mas os dois tipos apresentam problemas que carecem de diagnóstico acertado e de alternativas interessantes a fim de permitir um uso sustentável para as populações locais.

A pecuária extensiva, praticada desde os primórdios da ocupação pelos bandeirantes que encontraram nela a melhor alternativa para garantir a sua posse, trouxe como maior problema a descaracterização quando não destruição do ecossistema original, qual seja o Cerrado em transição para a Mata Atlântica. O desequilíbrio causado nesses casos tem reflexos que ainda nem sequer foram totalmente diagnosticados como os efeitos sobre as nascentes fundamentais à manutenção da água nessa área; a dinâmica das chuvas e das secas; a erosão dos solos já frágeis pela própria constituição etc. Associado a essas questões de ordem natural deve-se somar a inviabilidade das práticas agrícolas de subsistência em meio a uma avassaladora tomada de terras próprias ao agronegócio.

Outro sério problema já diagnosticado na área é a instalação de uma grande quantidade de usinas hidrelétricas e de lagos represados. É de conhecimento geral que os represamentos das águas têm atingido uma imensa quantidade de pessoas que precisam ser deslocadas de seus espaços originais e se readequarem às novas condições que lhe são impostas. Não se trata de negar a importância e a necessidade da energia elétrica para o funcionamento das sociedades cada vez mais urbanizadas na área. No entanto, há de se diagnosticar mais adequadamente as condições de vida dessas populações ou se se quiser aqui, dessas comunidades, no sentido de apresentar alternativas mais sustentáveis de sobrevivência em meio a uma situação de claro "desacerto" diante do impacto causado pela nova situação. Os grandes empreendimentos de maneira geral vêm sendo alvo de sérias críticas por parte da comunidade científica que assinala os prejuízos ambientais e sociais que os mesmos têm trazido.

O agronegócio característico desde os anos de 1980 quando começaram a ser aplicadas as técnicas de correção de solo, aplicação de fertilizantes, uso de maquinário agrícola e uso de agrotóxicos eficientes no combate às pragas, também acabou se constituindo como um problema marcante na área. A contaminação dos lençóis freáticos e, consequentemente dos rios da região, não precisa de maiores esclarecimentos para se perceber a gravidade do assunto. Aqui também aparece a necessidade de agregar tudo que já foi diagnosticado nas pesquisas já realizadas a alternativas mais sustentáveis. Além disso, a importância maior relativa a esse diagnóstico diz respeito ao reconhecimento da capacidade da população local e das comunidades presentes no sentido de apresentar formas de reação sustentadas na legislação que impeçam o uso inadequado e suas sérias consequências a si mesmas.

Outro aspecto bastante importante é a necessidade de demarcação ou mapeamento de comunidades tradicionais que pela própria história da ocupação ainda hoje se apresentam (ou mais acertadamente seria dizer não se apresentam) como desconhecidas ou "isoladas". Aqui podem ser apresentadas as comunidades dos remanescentes quilombolas, indígenas e ribeirinhos, sobretudo. Estas populações que foram "engolidas" pelo processo de capitalização avassalador que se instalou sobre a área carecem de um diagnóstico apropriado. Isto envolve o (re)conhecimento de seus *modus vivendi* particulares, com as suas expressões culturais e sua sociabilidade. Vários trabalhos de pesquisa já vêm sendo desenvolvidos para esses casos, porém, ainda há muito a se fazer nesse sentido. Acreditamos que essas comunidades tradicionais são as mais vulneráveis na área no sentido de estarem perdendo cotidianamente as suas características originais não por desejo, mas por falta de opção.

Levantar e analisar as alternativas que possibilitem a existência de nichos conservados e/ou preservados nessas áreas é de fundamental importância não somente no sentido ambiental, mas, sobretudo no sentido social e cultural garantindo a sobrevivência com qualidade de populações que se encontram na marginalidade desse sistema de exploração e que dependem das condições naturais originais para tanto.

Se concebermos como Património cultural, todos os bens que se representam como testemunhos, ou seja, entendidos como portadores de valores civiliza-cionais ou de ordem cultural considerados de interesse sociocultural relevante, então, devem ser objeto de especial proteção e valorização. Consideramos, assim, como bens de interesse cultural relevante aqueles que refletem valores de memória, antiguidade, autenticidade, originalidade, raridade, singularidade ou exemplaridade, bem como outros bens imateriais que constituam parcelas estruturantes da identidade e da memória coletiva de um povo ou de uma região (Bérard & Marchenay, 2004; Jorge, 2005).

Deve ser também desenvolvido a promoção ao estímulo da recuperação e incremento de diversos tipos de atividades tradicionais. Estas atividades devem ter como objetivo a valorização dos produtos tradicionais e sua autenticida-de de forma que apresentem certo retorno financeiro para as comunidades. No que se refere ao artesanato, para além de se poder manter as formas tradicionais de trabalho pode incentivar-se o aparecimento de novos modos de tratamento dos materiais e, como tal, o surgimento de novas formas de artes plásticas.

Ainda nas questões de marketing territorial pode desenvolver-se rotas tu-rísticas que envolvam todos os agentes da região. De fato, rotas, percursos ou trilhos constituem valiosos guias que orientam a descoberta de um território desconhecido. A exploração de um espaço geográfico e a compreensão da sua identidade é um processo que implica uma relação longa e exigente entre o observador e o território. Este processo de conhecimento requer disponibilidade para permanecer, percorrer, ver, cheirar, sentir, interpretar, relacionar elementos, apreender padrões, identificar contrastes. Devido à morosidade e exigência deste processo, a riqueza e diversidade de uma paisagem permanecem frequentemente ocultas face ao olhar do turista. É precisamente este o papel desempenhado por uma rota turística, conduzir e motivar o olhar interpretativo sem, no entanto, condicionar a liberdade de opção e o interesse pessoal do turista. Nesse sentido, uma rota turística não deve restringir-se ao traçar de um dado trajeto, tendo por missão dar visibilidade a todas as dimensões da paisagem e contribuir para a compreensão da interação de fatores que se encontram na sua génese (Pedrosa & Pereira, 2012; Bento, L. *et al.*, 2012).

Referências bibliográficas

Alcantara, L. C. (2007). Trilhas interpretativas da natureza, monografia apresentada ao Centro de Excelência em Turismo – CET, da Universidade de Brasília- UnB, Brasilia.

Anselmo, R. C. M. Souza (2000). *Geografia e Geopolítica na formação nacional brasileira: Everardo Adolpho Backheuser*. Rio Claro, Unesp. (Tese de doutoramento).

Bérard, L., Marchenay, P. (2004). Les produits de terroir - Entre culture et règlements, CNRS Éditions, Paris, 2004, 225 p.

Bento, L. C. M., Martins, T. I. S.,Oliveira, P. C. A., Pedrosa, A. S. (2012). Uma proposta de rota geocultural para o município de Indianópolis-MG. *Geotextos* (Online), v. 8, p. 75-96.

Bessa, K.C.F. Oliveira (2009). *Constituição e expansão do meio técnico-científicoinformacional em Uberlândia: o lugar na era das redes*. 2001. 333 f. (Dissertação de mestrado). Instituto de Geografia da Universidade Federal de Uberlândia, p. 146-162, Uberlândia

Carneiro, K. C. (2005). *Cartografia de Goiás: Patrimônio, festa e memórias* (Dissertação de Mestrado). Apresentada ao curso de Mestrado em História, da Faculdade de Ciências Humanas e Filosofia da Universidade Federal de Goiás, Goiâna, 118p.

Castillo, Ricardo (2007). Agronegócio e Logística em Áreas de Cerrado: expressão da agricultura científica globalizada. *Revista da ANPEGE*, Rio de Janeiro, v. 3, p. 33 - 43.

Coralina, C. (1980). Poemas dos becos de Goiás e estórias mais. Goiânia: Editora da UFG.

Criado Boado, F. (1999). Del Terreno al Espacio: planteamientos y perspectivas para la Arqueología del Paisaje. Santiago de Compostela, Universidade de Santiago de Compostela [CAPA: Cadernos de Arqueoloxía e Patrimonio, 6].

Dossiê (1999). Proposição de inscrição da Cidade de Goiás na lista do Patrimônio da Humanidade. Goiânia: Instituto de Patrimônio Histórico e Artístico Nacional: Fundação Cultural Pedro Ludovico Teixeira, 1 CD-ROM.

Ferreira Delgado, A. (2005). Goiás: a invenção da cidade "Património da humanidade". *Horizontes Antropológicos*, Porto Alegre, ano 11, n. 23, p. 113-143.

Fonseca, M. C. (2003). Para além da pedra e cal: por uma concepção ampla de patrimônio cultural. In: Abreu, Regina; Chagas, Mário (Org.). Memória e patrimônio: ensaios contemporâneos. Rio de Janeiro: DP&A, p. 56-76.

Gastal, S. (2010). Museu e Turismo: A complexa relação com o tempo e a memória. *Revista eletrônica de Turismo Cultural*, V. 04 -- nº. 01, 1º semestre, ISSN 1981 -- 5646, p. 85-103.

IPHAN (s/d). Reflexões sobre a chancela da Paisagem Cultural Brasileira. Brasilia, Coordenação de Paisagem Cultural – IPHAN. Disponível em: http://pib.socioambiental.org/anexos/19930_20110518_093241.pdf.

IPHAN (2012). Ponte entre Goiás e Minas Gerais pode receber título de Patrimônio Cultural Brasileiro. Disponível em: portal.iphan.gov.br/.../Ponte%20Pênsil%20Affonso%20Penna(1).pdf.

Jorge, V. O. (2005). Património, neurose contemporânea? Alguns apontamentos sobre o papel da memória colectiva na Idade da Fragmentação. In: Jorge, Vítor Oliveira (coord.) Preservar para quê? *8ª Mesa Redonda de Primavera*, FLUP. Porto: Centro de Estudos Arqueológicos das Universidades de Coimbra e Porto, FCT, Porto-Coimbra, p.13-25.

Lambert, Jaques (1973). *Os dois brasis*. São Paulo, Companhia Editora Nacional.

Laurelli, Elsa. (1988). Los Grandes Proyectos: las Políticas del Estado y la Respuesta Local em la Transformación del Territorio. Uma Aproximación Metodológica. Montevideo/Buenos Aires, CEUR-CIESEU.

Lourenço, L. A. Bustamañte (2010). *A Oeste das Minas. Escravos, índios e homens livres numa fronteira oitocentista, Triângulo Mineiro (1750-1861)*, Uberlândia, Edufu, 353 p.

Löwen Sahr C. L. (2005). Povos tradicionais e territórios sociais: reflexões acerca dos povos e das terras de faxinal do bioma da mata com araucária. *III Simpósio Nacional de Geografia Agrária – II Simpósio Internacional de Geografia Agrária Jornada Ariovaldo Umbelino de Oliveira.* Presidente Prudente.

Martins, J. Souza (1993). *A Chegada do Estranho*. São Paulo, Editora Hucitec.

Moraes, A.C. Robert (2000). *Bases da formação territorial do Brasil. O longo século XVI.* São Paulo, Hucitec.

Muller, Geraldo (1989). *Complexo agroindustrial e modernização agrária.* São Paulo, Hucitec / Educ.

Oliveira, A. Francisco, Chaveiro, E. Felicio, Oliveira, U. Francisco (2009). Transformação em Goiás: capitalismo, modernização e novas disposições socioespaciais, *Caminhos de Geografia - revista on line*, Uberlândia, Volume 10, Número 32, p.227-234. Disponível em: http://www.ig.ufu.br/revista/caminhos.html

Pacheco, S.R. Lacerda, Souza, R. C. M. Anselmo (2015). As origens do processo de ocupação no Roteiro da Missão Cruls: das Bandeiras aos trabalhos da Comissão Exploradora do planalto Central (*V Encontro de Iniciação Científica e Tecnológica da UFU*), Universidade Federal de Uberlândia, 1-30.

Panizza, M. (2001). Geomorphosites: Concepts, methods and examples of geomorphological survey, Chinese Science Bulletin, 46, p. 4-6.

Panizza, M., Piacente, S. (2008). Geomorphosites and Geotourism, *Rev. Geogr. Acadêmica* v.2 n.1, p. 5-9.

Pedrosa, A. S. Montanha (2012). Um espaço natural historicamente construído: o exemplo das montanhas do Noroeste de Portugal. *Actas 2º Colóquio Ibero-americano de paisagem cultural, património e projeto - Desafios e perspetivas.* Belo Horizonte: UFMG, v.1.

Pedrosa, A. S. (2013). As Montanhas do Noroeste de Portugal: Uma Paisagem Cultural. *Cosmos* (Presidente Prudente), v.6, p.7 – 67.

Pedrosa, A. S. (2014). Os ecomuseus como forma de gestão das paisagens culturais, *Cosmos* (Presidente Prudente), v.7, p.7 - 31.

Pedrosa, A. Sousa (2014). O sistema de informação geográfica e a cartografia das unidades de paisagem: o exemplo do Triângulo Mineiro e Alto Paranaíba (*Anais do XXVI Congresso Brasileiro de Cartografia V Congresso Brasileiro de Geoprocessamento e XXV Exposicarta*), Mapas Conectando o Brasil e a América do Sul, Sociedade Brasileira de Cartografia, Geodésia, Fotogrametria e Sensoriamento Remoto - SBC e Universidade Federal do Rio Grande do Sul – UFRGS, p.1-13.
Disponível em: http://www.cartografia.org.br/cbc/trabalhos/6/159/CT06-10_1404148893.pdf.

Pedrosa, A. S., Pereira, A. (2008). A Geografia e as Novas Estratégias de Desenvolvimento de Territórios Periféricos, in edição especial da revista Geografia. Ensino & Pesquisa (*Anais do V Seminário Latino – Americano e I Ibero-Americano de Geografia Física* – "aproximando experiências para a sustentabilidade de um ambiente globalizado", Eixo 2, 12 (1), ISSN 0103 – 1538, Santa Maria, RS – Brasil, p. 151-178.

Pedrosa, A., Pereira, A. (2012). A Paisagem Cultural como linha de concepção de uma rota turística: o exemplo do Alto Barroso – Norte de Portugal. *Revista Geonorte*, Edição Especial, v. 2, n. 4, p. 46-59.

Pedrosa, A. S., Pereira, A. (2013). A paisagem cultural como ativo de desenvolvimento de espaços rurais tradicionais de baixa densidade. Rodrigues & Merccedes (orgs). Avaliação sócioambiental do domínio dos cerrados e pantanal: métodos e técnicas.1ª ed.Uberlândia :Composer,p. 37-68

Penha, E. Alves (1993). A criação do IBGE no contexto da centralização política do Estado Novo. *Memória Institucional, 4.* Rio de Janeiro, Fundação IBGE.

Pereira, M. F. Vicente (2012). Os agentes do agronegócio e o uso do território no Triângulo Mineiro/Alto Paranaíba: da moderna agricultura de grãos à expansão recente da cana de açúcar. *Revista do Departamento de Geografia – USP*, São Paulo, v. 23, p. 83-104.

Pereira, A. (2012). Será o património geomorfológico uma inusitada âncora do touring cultural e paisagístico?, In *Actas do IX Colóquio Ibérico de Estudos Rurais* (IX CIER) "(I)Mobilidades e (Des)Envolvimentos: o Rural Desafiado", Lisboa. (CD-ROM). Disponível em: http://www.9cier.net/index.php.

Pereiro, X. (2006). Património cultural: o casamento entre património e cultura, in ADRA n.º 2, *Revista dos sócios do Museu do Povo Galego*, p. 23-41.

Pérez, X. P. (2009). Turismo Cultural. Uma visão antropológica, El Sauzal (Tenerife. España): ACA y PASOS, RTPC., 307p.

Pessôa, V. L. Salazar (2007). Meio técnico-científico-informacional e modernização da agricultura: uma reflexão sobre as transformações no cerrado mineiro. In: Marafon, G. José, Rua, João.; Ribeiro, M. Angelo. (org*.) Abordagens teórico-metodológicas em geografia agrária*. Rio de Janeiro, Eduerj, P.255-269.

Reynard, E. (2007). Géomorphosites et paysages. Géomorphologie: relief, processus, environnement, 3, [En ligne], mis en ligne le 01 octobre 2007. Disponível em: http://geomorphologie.revues.org/ index338.html. 2005.

Rodríguez Becerra, S. (1997). Patrimonio cultural, patrimonio antropológico y museos de antropologia, in *Boletín del Instituto Andaluz del Patimonio Histórico*, n.º 21, p. 42-52.

Rückert, A. Arnaldo (2007). A Política Nacional de Ordenamento Territorial, Brasil: uma política territorial contemporânea em construção. *Scripta Nova - Revista Electónica de Geografía y Ciencia Sociales*, Barcelona, v. XI, n. 245 (66). Disponível em: www.ub.edu/geocrit/sn/sn-24566.htm#_edn1.

Salgueiro, Teresa Barata (2001) - Paisagem e Geografia, *Finisterra*, XXXVI, 72, p. 37-53.

Santos, Milton (2008). *A natureza do espaço. Tècnica e ciência. Razão e emoção*. São Paulo: Hucitec, (4ª. edição).

Silva, F. Reis (2007). *A paisagem do quadrilátero ferrífero, MG: Potencial para o uso turístico da sua geologia e geomorfologia*. (Dissertação apresentada ao Programa de Pós-Graduação do Departamento de Geografia da Universidade Federal de Minas Gerais), Belo Horizonte, UFMG, 142p.

Silva, P., Pereira, D. (2009). Relevância e uso do patrimônio geomorfológico: o caso do concelho de Vieira do Minho. In: *Congresso Nacional de Geomorfologia*, 6., 2009, Braga. Anais... Braga: APGEOM, p. 273-278.

Sousa, I. C. (1992). A Procissão de Quinta-Feira Santa da Confraria da Misericórdia do Porto (1646). O Tripeiro. Coisas do Porto. Porto: Faculdade de Letras da Universidade do Porto.

Stoffle, R. (2000). Cultural Heritage and Resources, in Goldman, L. R. (ed.): Social Impact Analysis. An Applied Anthropology Manual. Oxford, Berg, p. 191-132.

Teixeira, D. J. V. (2005). O Ecomuseu de Barroso. A nova museologia ao serviço do desenvolvimento local (Tese de Mestrado). Apresentada á Universidade do Minho, Instituto de Ciências Sociais, 213p.

UNESCO (1972). Convenção Para a Protecção do Património Mundial, Cultural e Natural. Décima sétima sessão da Conferência Geral da Organização das Nações Unidas para a Educação Ciência e Cultura, Paris. Disponível em: http://whc.unesco.org/archive/conventionpt.pdf.

Vainer, C. B., Araújo, F.G. (1992). Grandes Projetos Hidrelétricos e Desenvolvimento Regional. Rio de Janeiro, CEDI.

Vecco, M. (2007). L'evoluzione del concetto di patrimonio culturale, Volume 153 de Economia e management della cultura e delle arti., Documenti e ricerche // ICARE, International center for art economics, FrancoAngeli, 256p.

Vieira, W. Alves, Anselmo, R.C.M. Souza (2010). Grandes barragens do Rio Araguari. Impactos das políticas públicas sobre o Triângulo Mineiro. (Anais do III Encontro latino-americano de Ciências Sociais e barragens), Grupo de Trabalho: Planejamento, processos decisórios e estruturas institucionais, Belém. Disponível em: http://ecsbarragens.ufpa.br/site/index.php.

O TURISMO E O LAZER NA CULTURA DE CONSUMO: IMPACTOS NAS VARIÁVEIS DO TEMPO E NO ESPAÇO

TOURISM AND LEISURE ON CONSUMER CULTURE: IMPACT ON THE VARIABLES OF TIME AND SPACE

Paulo Simões
Departamento de Geografia e Turismo
Faculdade de Letras da Universidade de Coimbra
paulofsimoes@gmail.com

Sumário: A questão do turismo e do lazer está cada vez mais a ganhar terreno no âmbito do universo académico. Com a reconfiguração do sistema produtivo e face ao conjunto das transformações económicas, sociais, políticas, técnicas e culturais esta nova realidade tem uma maior importância nas sociedades contemporâneas. Por outro lado, este processo que tem vindo a alterar significativamente a forma de organização da vida humana no campo do lazer e do turismo e no modo como a cultura do consumo pós-moderno apontam para a (re)organização dos territórios e grupos sociais.

Palavras-chave: Turismo, lazer, cultura e consumo.

Abstract: The issue of tourism and leisure has been increasingly gaining ground in the academic world. With the reconfiguration of the production system and in face of all the economic, social, political, technical and cultural transformations, this new reality has an increasing im-

DOI: http://dx.doi.org/10.14195/978-989-26-1237-9_6

portance in contemporary societies. On the other hand, this same process has been significantly changing the form of organization of human life in the field of leisure and tourism and in the way that cultural of postmodern consumption point to the (re) organization of territories and social groups.

Keywords: Tourism, leisure, cultural and consumption.

Introdução

O turismo e o lazer são uma força de reorganização da sociedade, capaz de fomentar e colaborar na (re) construção de novas normas, valores e condutas no convívio entre os homens. Independentemente da forma que possa assumir, o turismo e o lazer podem conter determinados conteúdos e caraterísticas que o tornam numa expressão da realidade social complexa contemporânea.

Neste contexto o lazer, passa a ser entendido como tempo e espaço, mas também lugar de construção da cidadania e exercício da liberdade. Assim, o conjunto das reflexões contidas neste artigo consiste numa tentativa de apresentar novos elementos que visam identificar e mostrar que os elos entre o turismo o lazer e a cultura do consumo são, de alguma forma, percetíveis na(s) sociedade(s) contemporânea(s) e estão ligados no percurso da História contemporânea ocidental. Por isso procura-se dar relevo a momentos chave deste processo.

Pretende-se também, analisar alguns aspetos da configuração atual e co-mentar quais as tendências para um futuro próximo. De referir que em estudos mais recentes, o turismo e o lazer têm sido abordados como uma importante parte da cultura pós-moderna do consumo é também nessa perspetiva que se enquadra o presente artigo.

Lazer e Espaço: diferentes conceções

Tendo em conta que existem diferentes conceções de lazer não se pretende aqui esgotar o assunto, mas sim contribuir para a reflexão e pensamento de alguns autores que aprofundaram sobre a temática do lazer. Ao examinar al- guns textos, como, por exemplo, J. Dumazedier (1979;1980) ou S. Parker (1975) é possível constatar que o lazer, em geral, era compreendido como uma *"fração de tempo"* contextualizado no chamado *"tempo livre"*.

Portanto, o lazer era entendido como um fenómeno decorrente das conquistas no trabalho, materializado no tempo livre das férias e fins-de-semana remunerados, que ainda hoje, são os períodos de tempo institucionalizados.

Neste contexto, difundiu-se a ideia de que as horas de lazer deveriam ser preenchidas com atividades recreativas consideradas "saudáveis". Esta ideia contribuiu para um alargamento do acesso das camadas populares a diversos conteúdos culturais que antes constituíam o privilégio das classes mais altas.

Nas considerações teóricas apoiadas nas pesquisas empíricas desenvolvidas nas décadas de 1950 e 1960, do século XX por J. Dumazedier, (1979) destacou-se um sistema de caraterísticas específicas do lazer, a saber:

- Caraterística liberatório: o lazer é a libertação de obrigações institucionais (profissionais, familiares e sociais) e resulta de uma livre escolha;
- Caraterística (des)interessado: o lazer não está, submetido a fim algum, seja profissional, ideológico, material, social e político;
- Caraterística hedonista: o lazer é marcado pela procura de um estado de satisfação, um fim em si mesmo. Esta procura pelo prazer e felicidade, alegria ou fruição tem uma natureza hedonista e representa a condição primária do lazer;
- Caraterística pessoal: as funções do lazer (descanso, divertimento e desenvolvimento pessoal) respondem às necessidades do indivíduo, perante as obrigações primárias impostas pela sociedade.

Na sua abordagem concetual, (J. Dumazedier,1979, p.34) destaca o lazer como *"[...] um conjunto de ocupações às quais o indivíduo pode entregar-se de livre vontade, seja para repousar, seja para divertir-se, recrear-se e entreter-se ou ainda para desenvolver a sua formação (des) interessada, participativa, voluntária e criativa, depois das obrigações profissionais, familiares e sociais".*

O autor define deste modo o lazer como uma "oposição" ao conjunto das necessidades e obrigações da vida quotidiana, especialmente do trabalho profissional, interpretação esta passível de análise. O trabalho e o lazer, apesar de terem caraterísticas distintas, integram a mesma dinâmica social. Contudo deve-se ter em conta o dinamismo destes fenómenos, atendendo às inter-relações e contradições que eles representam.

É importante salientar que no quotidiana, nem sempre existe fronteiras absolutas entre o trabalho e o lazer, nem entre o lazer e as obrigações profissionais, familiares, sociais, políticas, religiosas. Afinal, não vivemos numa sociedade composta por dimensões neutras, estanques e (des) conectadas umas das outras, como o conceito de lazer proposto por Dumazedier pode fazer pensar.

O tempo disponível para o lazer implica a libertação de determinadas obrigações, pensamento que se aproxima do "caráter liberatório" proposto por Dumazedier que também critica os determinismos presentes no suposto tempo "livre".

Na fig. 1 podemos ver como as transformações sociais, culturais, vieram mudar o paradigma nas relações não só ao nível do espaço, mas também no uso do tempo. Sugere também como o papel do Estado é transferido para o núcleo dos grandes grupos económicos com estratégicas de marketing que recorrem às novas tecnologias para aceder a um maior número de potenciais consumidores.

A cultura exprime-se na possibilidade de "criar" o lazer numa das suas dimensões, isto é, a "fruição" de diversas manifestações culturais. É por isso que o lazer utilizado no campo da cultura, ultrapassa a mera ideia de um "conjunto de ocupações".

O lazer compreende, desta forma, a vivência de inúmeras práticas culturais, como, o(s) espaço(s) e equipamentos criados o turismo e as formas de arte (pintura, escultura, literatura, teatro, música, cinema), entre várias outras possibilidades (G. Taschner, 2000) . O lazer, é uma dimensão da cultura socialmente construída, a partir de quatro elementos fundamentais:

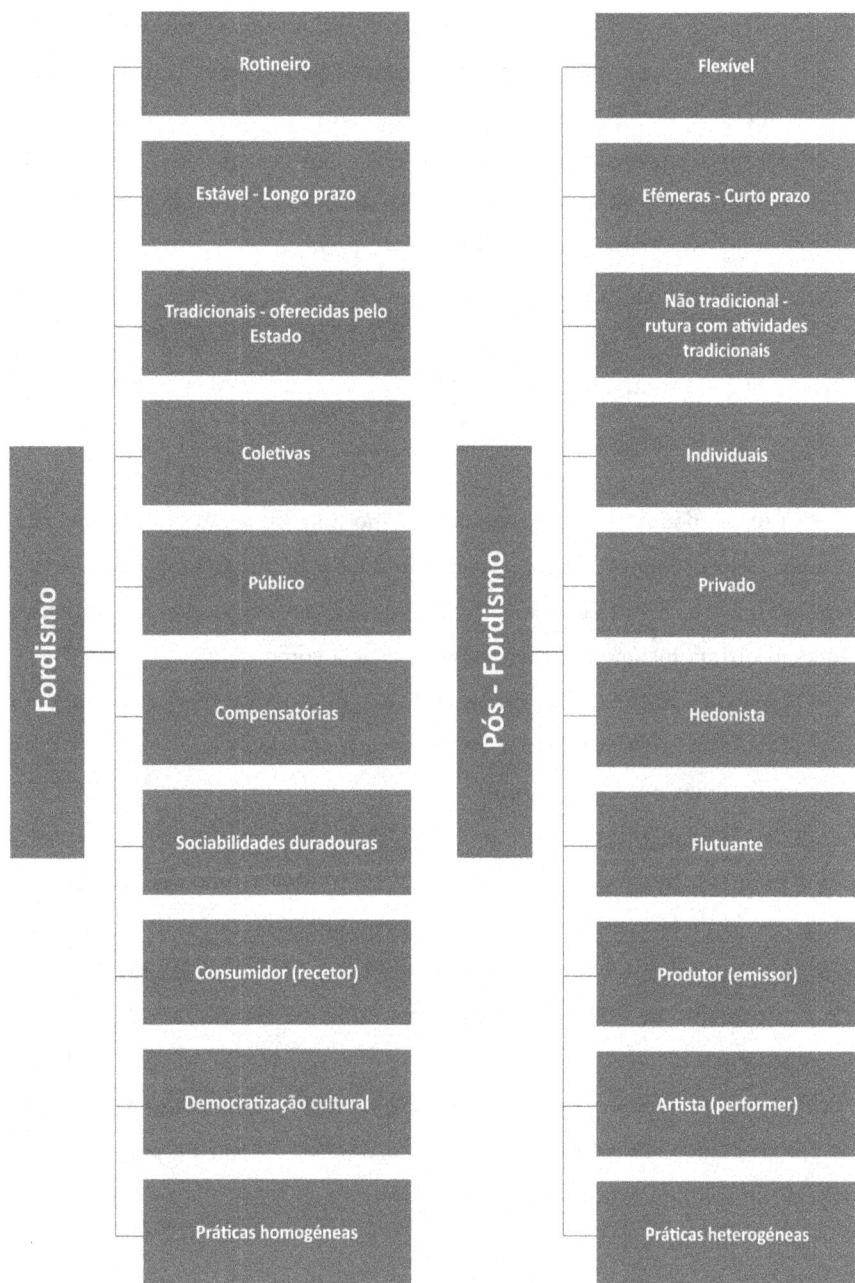

Fordismo
- Rotineiro
- Estável - Longo prazo
- Tradicionais - oferecidas pelo Estado
- Coletivas
- Público
- Compensatórias
- Sociabilidades duradouras
- Consumidor (recetor)
- Democratização cultural
- Práticas homogéneas

Pós - Fordismo
- Flexível
- Efémeras - Curto prazo
- Não tradicional - rutura com atividades tradicionais
- Individuais
- Privado
- Hedonista
- Flutuante
- Produtor (emissor)
- Artista (performer)
- Práticas heterogéneas

Fig. 1 - As transformações sociais do Lazer (Fonte: P. Simões, 2015).
Fig. 1 - Social transformations of recreation (Source: P. Simões, 2015).

- Tempo: que corresponde ao usufruto do momento presente e não se limita aos períodos institucionalizados para o lazer (fim de semana, período de férias, etc.);
- Espaço: que vai além do espaço físico por ser um "local" do qual os sujeitos se apropriam no sentido de transformá-lo em ponto de encontro e de convívio social para o lazer;
- Manifestações culturais: conteúdos vividos como experiência cultural, seja em contexto de diversão, de descanso ou de desenvolvimento;
- Ações (ou atitude): entendido como expressão humana de significados culturais.

Em suma, podemos entender o lazer como uma dimensão da cultura constituída pela experiência de diversas manifestações culturais num determinado tempo/espaço conquistado pelo(s) sujeito(s) ou grupo social, pois é o indivíduo que, em última instância, decide o que vivencia como lazer.

O espaço de lazer é um termo genérico que diz respeito ao(s) espaço(s) onde se desenvolvem ações, atividades, projetos e programas de lazer de modo geral ou para designar um lugar específico.

Pode também estar ligado ao modo como se organizam os diferentes equipamentos numa cidade, como são distribuídos e que tipo de recursos oferecem. Remete, também, para os espaços potenciais (vazios urbanos e áreas verdes, por exemplo), aqueles que podem vir a transformar-se concretamente em equipamento de lazer. Em suma, a expressão diz respeito a toda uma rede de equipamentos.

O espaço de lazer tem importância por se caraterizar num ponto de encontro, de convívio, de (re)descobrir o "novo" e o diferente, lugar de práticas culturais, de criação, de transformação e de vivências diversas, no que diz respeito a valores, conhecimentos e experiências.

O espaço em que se vive hoje, é social, político, económico e cultural uma vez que as relações de poder e de controlo que se estabelecem sobre ele acabam por determinar não apenas a sua forma, mas também o uso que se faz dele.

Estamos nesta matéria de acordo com M. Santos (2002) quando nos diz que cada cidadão possui um *"lugar socioeconómico"*, que lhe dá mais ou menos possibilidades de acesso aos bens e serviços da rede urbana, percebe-se que o espaço de lazer está articulado com as relações de poder, de controlo e de hegemonia. A tensão entre público e privado interfere, necessariamente, no trato com o espaço urbano e consequentemente com o espaço de lazer.

Contudo H. Lefevre (2001) alerta que o domínio de valor de troca e a consequente difusão da mercadoria pela industrialização, trazem em si a tendência de *"moldar"* a cidade e a realidade urbana.

Nas cidades, o processo de (des) territorialização e (re) territorialização da cultura é tão forte que em muitos espaços urbanos os seus significados particulares ficaram "esquecidos". Reconhece-se que o fator económico é importante, contudo é preciso perceber que a cidade tem uma dimensão social e cultural.

Por isso a história cultural da cidade constrói-se a partir de discursos, dos símbolos, das representações e do poder. Quando falamos de discurso e poder é no sentido, como nos indica P. Bourdieu (2001) do mesmo estar inserido num determinado espaço geográfico que agindo com os sujeitos, estabelecem fundamentos para o proveito do território e dos seus valores sociais, económicos e culturais.

O turismo enquanto ciência social está cada vez atento a estes fenómenos dado que precisa de os compreender para promover os destinos, por isso, conhecer os territórios a sua história, a cultural material e imaterial e os seus espaços de lazer são de extrema importância.

Dentro das múltiplas funções do turismo as relações de discurso e dos símbolos são as que vão permitir compreender melhor o território que estuda. Ele vai analisar a importância do discurso na (re) distribuição das sociedades no seu contexto espacial e perceber que a problematização da cidade é constituída pela relevância do simbólico e das representações que traduzem o espaço urbano.

Turismo e Lazer

No quadro da História da Humanidade o turismo é um fenómeno recente onde só no século XVIII se começa a sistematizar com o *Grand Tour*. Contudo, o turismo passa de um fenómeno de elites para as massas, moldando um novo mapa à escala mundial nos meandros do século XX.

Sabe-se que para a construção deste cenário muito contribuíram as conquistas sociais do Pós-Segunda Grande Guerra Mundial trazendo alterações profundas dos quotidianos das pessoas nos ritmos de trabalho, nos tempos livres e de lazer, assumindo novos paradigmas rompendo com os antigos. Hoje há novas procuras logo novas ofertas e experiências ao nível do turismo.

As regiões turísticas alargam-se e emergem novos territórios para as suas práticas que segundo Cravidão (F. Cravidão, 2011, p. 36) *"no inicio do século XX o planeta está exposto direta ou indiretamente, ao fenómeno do turismo"*. E Portugal, como noutros países não escapa a esta nova realidade, consolidando-se como um destino turístico logo após o 25 de Abril de 1974, não tendo parado desde então. Em 2008 entraram em Portugal 12.320 milhões de turistas, onde as receitas crescem a ritmo médio de 4% ao ano, prevendo-se que em 2015 possa vir a atingir 15% do PIB.

Mas o turismo não se resume apenas a receitas e números, que é certo, são importantes, mas não nos mostram a sua verdadeira natureza. O turismo é antes de mais um fenómeno geográfico, social e cultural que precisa de responder às necessidades de turistas mais informados, qualificados e exigentes com uma maior qualidade de vida.

O turismo é um importante fator na criação de novos territórios turísticos e de reconhecimento e fruição de diferentes patrimónios (re)funcionalizando novos espaços de lazer dando-lhes novos usos e significados. Além disso pode estimular novos atores, integrar comunidades de forma diferenciada, colocando desafios aos valores locais, criar redes e hierarquias entre os lugares.

Como uma atividade de coexistência espacial e temporal de atores com níveis diversificados de mobilidade e grau heterogéneo de capital, o turismo detém um papel fundamental na (re)construção do espaço urbano, pois possibilita a territorialização das representações, fazendo uma apropriação simbólica do espaço.

O grande problema da urbanidade de hoje é precisamente a sua representação, o que ela significa, pois, as perceções urbanas são tanto apreensões de elementos concretos da cidade como projeções feitas sobre ela.

É neste contexto que também se tem vindo a destacar um novo tipo de turismo designado de "criativo". Ele oferece aos visitantes a oportunidade de desenvolver o seu potencial de criatividade através de uma participação ativa em apreender as experiências do destino. O turismo é na sua essência a vivência das emoções.

É aqui que se vão construir territórios que vêm ao encontro deste novo paradigma criando uma identidade territorial com os seus bens culturais e espaços de lazer que sendo bem aproveitados são um instrumento eficaz no desenvolvimento local.

Criam-se assim, "novos" territórios turísticos, que para além de serem potencializadores de qualidade de vida, podem trazer a reabilitação de espaços de lazer e a consequente oferta de serviços desde que se tenham em conta os "riscos" que a atividade turística pode trazer. É por isso fundamental respeitar sempre a identidade do lugar.

O turismo deve fazer o elo de ligação material e imaterial do(s) sujeito(s) com o lugar fundamental para reduzir o eventual risco de (des) territorialização que possa ser provocado pela atividade turística. É preciso não esquecer que o turista é um observador singular eficaz no que respeita à livre apropriação e atribuição de sentido que dá à realidade social e cultural dos objetos e espaços que observa.

É Lefevre quem nos leva a perceber o sentido dos núcleos antigos das cidades modernas afirmando que *"as suas qualidades estéticas desempenham um papel fundamental na sua manutenção"* (H. Lefevre, 2001, p.61). Além disso contém também espaços apropriados para as diversas práticas de lazer.

As cidades têm vindo a dar cada vez mais importância à qualidade dos seus espaços de lazer não só públicos, mas também privados, por onde os turistas passam, como os museus, as praças, os edifícios públicos, cafés de rua, exposições concertos e festivais para gostos diversos. A atividade turística utiliza a singularidade e especificidades locais como forças principais de atração dos destinos que promove.

O turismo e o lazer assumem-se como instrumentos preponderantes da regeneração e revitalização de centros urbanos. Houve, por isso a necessidade das cidades com potencial turístico desenvolverem novos produtos e novas estratégias de regeneração e dinamização não só do seu tecido económico e social, mas também na criação de novos territórios e (re) funcionalização dos espaços de lazer.

Consumo e seus Impactos

Se seguirmos uma visão economicista, o consumo é a utilização dos bens materiais para a satisfação das necessidades dos homens, já que a própria economia é vista como a deslocação dos recursos limitados aos desejos ilimitados dos seres humanos.

Contudo, esta visão não explica, na contemporaneidade, o processo de consumo em toda a sua extensão. O facto de adquirir um produto hoje não satisfaz apenas "necessidades objetivas", mas também as subjetivas, entre elas o lazer.

O consumo é um modo ativo de relação no qual e funda boa parte do sistema cultural pós-moderno, pois os objetos já não são comprados pelo seu valor de uso ou pela sua utilidade, mas também pela capacidade de preencher necessidades do ego, potencializados pelas estratégias de ação de marketing.

Num mundo do qual o poder de compra tem orientado as ambições da grande parte da população, os media constroem as suas mensagens no consumo de produtos, serviços e bens, em imagens e signos. Os sujeitos formam a sua subjetividade mais por influência dos meios de comunicação, como a internet, a televisão e o cinema, do que pelas suas interações sociais em instituições tradicionais, como a escola e a família.

A função da convivência, do simples ponto de encontro está a se deslocar dos antigos espaços de lazer públicos, como por exemplo os cafés, as praças e os jardins da cidade, para os centros comerciais, os condomínios fechados tipo "zen" e os grandes parques de diversão.

São estes espaços que espelham a "privatização" da espetacularização das imagens e atividades mediáticas e o desejo pelo seu consumo. Consumir um bem é adquirir os atributos conferidos a ele pela publicidade e o marketing, fazendo com que o consumo pós-moderno seja caraterizado mais pelo quantitativo do que pelo qualitativo.

É por isso, que o mercado não pode manter o mesmo produto por muito tempo. Os sujeitos exigem modificações constantes entrando num ciclo vicioso no qual as suas necessidades de satisfação mudam, assim como aquilo que eles consomem se renova de forma cíclica.

A emoção e a expectativa pelo consumo impulsionam a procura persistente pela novidade, por novas sensações que, ao serem frustradas pelo processo de desgaste ou insatisfação, precisam ser estimuladas com um novo produto ou serviço.

Por este motivo, a ação publicitária e as inúmeras formas de marketing foram os grandes instrumentos para o consumo do século XX e no XXI. Com as imagens variadas e a potencialização de diferentes emoções presentes nos indivíduos, é possível criar expectativas e desejos de satisfação para a continuidade do processo de consumo.

Consumir hoje significa, antes de tudo, uma necessidade por uma identidade e por um referencial encontrados nos objetos e nos serviços, definindo uma procura incansável de satisfação das necessidades emocionais dos sujeitos.

Com o inicio da Revolução Industrial vem a evolução da implementação do tempo laboral e o lazer era visto como descanso, e passar mais tempo com a família. Hoje, descansar não condiz mais com este conceito, pois, os meios de comunicação de social estimulam os cidadãos a trocar o antigo repouso pelo ato do consumo supostamente mais emocionante e estimulante.

É por isso que autores como G. Lipovetsky (2011) e S. Charles (2011), alertam que o mundo pós-moderno emerge quando toda a sociedade se reestrutura pela lógica da sedução, da renovação permanente e da diferenciação quebrando os padrões existentes, porém, exercendo um poder sobre os indivíduos pela escolha e pela espetacularidade onde, *a pós-modernidade não terá sido mais que um estágio de transição, um momento de curta duração* (G. Lipovetsky, 2011).

A Hipermodernidade é caracterizada por uma cultura do excesso, do sempre mais, onde todas as coisas se tornam intensas e urgentes. O movimento é uma constante e as mudanças cíclicas num ritmo quase frenético, determinam um tempo marcado pelo efêmero, no qual a flexibilidade e a fluidez aparecem como tentativas de acompanhar essa velocidade. Revela o paradoxo da sociedade contemporânea, isto é, a cultura do excesso e do imediato onde o turismo também não escapa a este fenómeno.

A democratização em massa do turismo cultural, ameaça o "parque" patrimonial devido ao excesso de fluxos turísticos. A nova valorização do antigo vem alargar as fronteiras do património e da memória, passando do finito ao infinito, do limitado ao generalizado.

A estetização do consumo exprime-se, em grande escala no turismo, onde os lugares sejam eles culturais, naturais transformam-se em espetáculos e em paisagens valorizadas com vista a perceções estéticas. O turista parece-se cada vez mais com o hiperconsumidor que procura e acumula perceções e sensações estéticas sempre renovadas (G. Lipovetsky, 2011).

O consumo parece de facto ter ultrapassado as fronteiras clássicas da economia em que os sujeitos comunicam pela aquisição de bens e serviços. Os indivíduos passam a ser reconhecidos e avaliados pelo que consomem, por aquilo que "possuem". É, antes de tudo, uma aquisição simbólica, uma cidadania apoiada numa economia de signos.

Conclusão

O turismo e o lazer são de facto uma força de reorganização da sociedade, independentemente da forma que possa assumir. Podem conter determinados conteúdos e caraterísticas que o tornam numa expressão da realidade social complexa.

Com a mundialização da cultura, o consumo de signos e o aspecto simbólico dos bens e produtos tornam-se importantes fontes de satisfação pessoal e social e os media são o fator fundamental neste processo de estetização.

Numa sociedade cada vez mais fragmentada e plural o processo de aquisição de produtos e serviços transitam para o campo do simbólico, dos signos onde a Internet se apresenta como uma importante ferramenta da comunicação social, configurando um novo imaginário de relações de consumo.

Vimos como a cultura do consumo abrange todo um conjunto de imagens, signos, valores e atitudes que se iniciou com a Modernidade, e se consubstanciou com a Pós-modernidade, dissolvendo as fronteiras entre os níveis culturais e as diferentes formas de cultura de consumo adaptando-se às constantes flutuações do mercado.

Uma vez que o espaço está intimamente ligado à política, parece oportuno deixar claro que o trato com o espaço de lazer na elaboração e na implementação de uma política pública dependerá necessariamente dos valores com os quais se trabalha e acredita e o turismo e o lazer podem ser uma componente importante de consciencialização e sensibilização para esta nova realidade esta nova realidade.

Referências bibliográficas

Baudrillard, Jean (1995). *A sociedade de consumo*. Lisboa: Edições 70.

Bourdieu, Pierre (2001). *O poder simbólico*. Lisboa, Bertrand.

Cravidão, Fernanda (2011). Turismo, Território e Cultura – uma trilogia (sempre) em construção, *In Espaço e Cultura*, UERJ, nº 29, pp. 35-42. Jan/Jun. de 2011.

Dumazedier, Joffre (1979). *Sociologia empírica do lazer*. São Paulo: Perspectiva.

Dumazedier, Joffre (1980). *Valores e conteúdos culturais ao lazer*. São Paulo: SESC.

Lefevre, Henry (2001.) *O Direito à Cidade*. SP - Centauro.

Lipovetsky, Gilles & Charles, Sébastien (2011). *Os Tempos Hipermodernos*. Edições 70.

Lynch, Kevin (2008). *A Imagem da Cidade*. Edições 70, Lisboa.

Parker, Stanley (1975). The Sociology of Leisure: Progress and Problems. *The British Journal of Sociology*, Vol. 26, No. 1, pp. 91-101.

Taschner, Gisela (2000). Lazer, Cultura e Consumo, *In RAE - Revista de Administração de Empresas*, Out./Dez. 2000, Vol. 40, nº 4, pp. 38-47.

Santos, Norberto & Gama, António (Coord.) (2008). *Lazer: da libertação do tempo à conquista das práticas*. Imprensa da Universidade de Coimbra, 1ª edição. ISBN: 978-989-8074-56-0.

Santos, Milton (2002). *A natureza do espaço: técnica e tempo, razão e emoção*. São Paulo: Editora USP.

Simões, Paulo (2015). *A Paisagem Cultural e o Elétrico na Cidade de Coimbra: Propostas para a sua reintrodução turística* (Tese de Doutoramento). Universidade de Coimbra, Coimbra.

RISCOS

TEMPERATURA DE PONTO DE ORVALHO: UM RISCO OU UMA NECESSIDADE
DEW POINT TEMPERATURE: A RISK OR A NEED

Mário Talaia
Departamento de Física, Universidade de Aveiro
mart@ua.pt
Carla Vigário
Universidade de Aveiro
carla.vigario@ua.pt

Sumário: O ar húmido condiciona a vida na Terra. A água nos seus estados permite estudar fenómenos que afetam o dia-a-dia de uma pessoa. A palavra orvalho está associada à temperatura do ponto de orvalho e esta identifica a quantidade de água presente na Atmosfera. O máximo de vapor de água a uma dada temperatura pode ser determinado através da aplicação de conhecimentos da Termodinâmica. Neste trabalho serão apresentados vários cenários onde é mostrada a importância do valor da temperatura de ponto de orvalho. Também é introduzido um indicador denominado de DPT que depende da temperatura de ponto orvalho e que prevê a sensação de bem-estar de uma pessoa em determinado ambiente, sempre que oportuno. Os resultados mostram a importância da temperatura de ponto de orvalho como uma necessidade e sempre que possível identifica riscos associados.

Palavras-chave: Temperatura de ponto de orvalho, índice DPT, sensação térmica, saturação, vapor de água.

DOI: http://dx.doi.org/10.14195/978-989-26-1237-9_7

Abstract: The moist air influences life on Earth. Water, in its many states, aenables studying phenomena that affect a person's everyday life. The word dew is directly associated with the dew point temperature and identifies the amount of water present in the atmosphere. Thermodynamics concepts can be used to determine the maximum water vapour at a given temperature. In this work, several scenarios will be presented showing the importance of the dew point temperature value. Additionally an indicator called DPT, that depends on the dew point temperature and foresees, when appropriate, the sense of well-being of a person in a particular environment, is introduced. The results reveal the necessary importance of the dew point temperature and when possible identifies the associated risks.

Keywords: Dew point temperature, DPT index, thermal sensation, saturation, water vapour.

Introdução

Na meteorologia assume-se que o "ar" é constituído apenas por dois gases perfeitos ou ideais, ou seja, pelo ar seco e vapor de água, sendo designado por ar húmido. Enquanto o ar seco é uma mistura em proporções fixas de diversos gases (N_2, O_2, Ar, etc.), a existência do vapor de água é considerada variável (J. V. Iribarne e H. R. Cho, 1980).

A equação de estado pode ser aplicada ao ar seco e vapor de água, com constantes particulares diferentes de $287,05 J/(kg^{-1}K^{-1})$ e $461,51 J/(kg^{-1}K^{-1})$, respetivamente (M. L. Salby, 1995; C. D. Ahrens, 2012). A equação de estado aplicada ao vapor de água usa a pressão parcial de saturação do vapor de água à temperatura de ponto de orvalho e a equação de estado aplicada ao ar seco usa a pressão atmosférica devido a pressão parcial de saturação do vapor de água ser desprezada face ao valor da pressão atmosférica.

A temperatura de ponto de orvalho é a temperatura até à qual o ar húmido deve ser arrefecido, a pressão e razão de mistura constantes, para que atinja a saturação em relação à água líquida. O nível de condensação é o nível até ao qual uma parcela de ar húmido pode ascender adiabaticamente antes de atingir a saturação.

Durante a ascensão a razão de mistura atual do ar (definida no nível isobárico, no estado de origem, a uma dada temperatura de ponto de orvalho) e a sua temperatura potencial (definida no nível isobárico, no estado de origem) permanecem constantes, enquanto a razão de mistura de saturação que é função da temperatura e do nível isobárico onde se encontra, diminui com a diminuição da temperatura do ar até se tornar igual a razão de mistura atual no nível de condensação.

A temperatura de ponto de orvalho é um bom indicador da quantidade de água existente numa parcela ou pacote de ar. Conhecida a pressão parcial de saturação de vapor de água a temperatura de ponto de orvalho, por aplicação da equação de estado ao vapor de água é possível conhecer a quantidade de água (vapor de água condensado) por unidade de volume.

A humidade relativa do ar (cociente entre a razão de mistura atual à temperatura de ponto de orvalho e a razão de mistura de saturação à temperatura do ar, a uma dada pressão) permite avaliar se é alta ou baixa a humidade relativa do ar.

Neste trabalho a temperatura de ponto de orvalho estará presente em diferentes aplicações: num ambiente térmico considerado de frio, confortável e quente; na formação do orvalho; na formação de nuvens, neblina e nevoeiro; na formação de uma base de uma nuvem; na desumidificação e desumidificação de um ambiente; no bem-estar de uma pessoa; na taxa de evaporação da sudação de uma pessoa; no eclodir de um incêndio; no agravamento de doenças; no ambiente térmico interior de edifícios públicos, e em tantas outras.

Na prática, pode-se afirmar que se vive com a temperatura de ponto de orvalho do ar que circunda o corpo humano o que indicia que a temperatura de ponto de orvalho pode suscitar uma necessidade ou um risco para a vida.

Teoria e Métodos

Neste trabalho são apresentadas diferentes aplicações onde é mostrada a importância da pressão parcial de saturação de vapor de água à temperatura de ponto de orvalho.

Na definição da humidade relativa do ar aparecem duas razões de mistura, uma que faz referência ao estado atual e esta associada à temperatura de ponto de orvalho e a outra ao estado de saturação que está associada à temperatura do termómetro seco e mede a quantidade de vapor de água que é possível "aceitar" para essa temperatura. Quando as duas temperaturas são iguais o ar está saturado e a humidade relativa é de 100%. O poder secante do ar está assim ligado a uma maior diferença entre as duas temperaturas.

No ar a formação de gotículas de água está associada a núcleos de condensação, onde o vapor de água condensa e faz crescer o tamanho da gotícula de água. Para a formação do orvalho é necessário uma superfície que registe uma temperatura inferior à temperatura de ponto de orvalho do ar circundante.

Uma parcela de ar que ascende através de uma corrente de convecção arrefece em altitude. Os processos na atmosfera são considerados adiabáticos, não saturados e saturados. A base de uma nuvem é identificada quando a temperatura da parcela de ar não saturado que ascende (por exemplo sem se misturar com o exterior) diminui até igualar a razão de mistura atual (no nível isobárico que iniciou a ascensão).

A equação de estado aplicada ao vapor de água é:

$$e_s = \rho_w R_w T$$

em que e_s representa a pressão parcial de saturação do vapor de água à temperatura de ponto de orvalho, ρ_w a massa volúmica do vapor de água, R_w a constante particular do vapor de água e T a temperatura de ponto de orvalho.

A pressão parcial de saturação do vapor de água e a temperatura estão relacionadas através da equação de Clausius Clapeyron (S. Eskinazi, 1975). O calor de transformação ou variação de entalpia ou calor latente de vaporização depende da temperatura. No entanto, para as temperaturas encontradas na Troposfera, o valor aceite para o calor de transformação é de $2,5 \times 10^6 J.kg^{-1}$.

A expressão:

$$Ln(e_s/e_{s0}) = (L/R_w)(1/T_0 - 1/T)$$

não descreve exatamente a dependência de pressão parcial de saturação do vapor de água em relação a temperatura, pois o calor de transformação depende da temperatura. Na expressão, e_s representa a pressão parcial de saturação à temperatura T, e_{s0} a pressão de saturação do vapor de água à temperatura T_0 e L o calor de transformação. Na falta de dados pode-se usar a constante de integração $e_{s0} = 6,106hPa$ determinada experimentalmente para $T_0 = 273,15K$.

O índice EsConTer, desenvolvido por (M. Talaia e H. Simões, 2009) é calculado por aplicação:

$$EsConTer = 0,103(T + T_w)$$

em que T representa a temperatura do ar e T_w a temperatura do termómetro húmido.

O EsConTer determina um valor da escala sétima de sensação térmica e é de fácil cálculo matemático. O valor de EsConTer pertence ao intervalo de -3 (ambiente térmico muito frio) a +3 (ambiente térmico muito quente), e é de fácil interpretação. Tal como a escala sétima de sensação térmica de ASHRAE (ASHRAE 55, 2004), o resultado do índice EsConTer está associado a um intervalo de valores adimensionais de sensação térmica que varia entre -3 e +3, caracterizado nos extremos por *stress* térmico extremo de frio e de calor, respetivamente, associados às cores *"azul-escuro"* e *"vermelho escuro"* (M. Talaia e F. Rodrigues, 2008). Os valores intermédios correspondem a outras sensações térmicas na escala, sendo que o valor 0, correspondente a uma sensação de conforto térmico (condição térmica neutra), que está equidistante a ambos os extremos explicados, como se mostra na fig. 1.

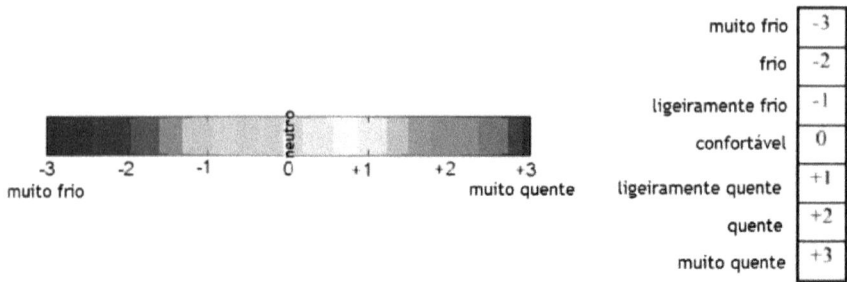

Fig. 1 - Escala se sensação térmica (M. Talaia e F. Rodrigues, 2008) e escala ISO (ISO 7730, 2005).
Fig. 1 - Thermal colour scale (M. Talaia and F. Rodrigues, 2008) and scale ISO (ISO 7730, 2005).

O índice DPT, apresentado pelos autores neste trabalho, é calculado a partir de uma expressão que valoriza a temperatura do ar, T, e a temperatura de ponto de orvalho, Td,

$$DPT = 0{,}116(T + Td)$$

O DPT determina um valor da escala sétima de sensação térmica e é de fácil cálculo matemático, em que o valor está na gama de -3 (ambiente térmico muito frio) a +3 (ambiente térmico muito quente).

A fig. 2 mostra a concordância entre EsConTer e DPT para uma gama alargada de dados experimentais, desde ambiente térmico muito frio a ambiente térmico muito quente. São também indicadas as sensações térmicas sentidas.

A fig. 3 mostra que o índice DPT e o índice EsConTer apresentam um coeficiente de correlação de Pearson de 0,9941 com um declive de 1,009, ou seja com um erro relativo inferior a 1%. Este resultado mostra a excelente concordância entre os dois índices em que o teste de significância sigma de uma extremidade regista uma correlação significativa a 1%.

Neste trabalho foram construídas tabelas e gráficos para diferentes cenários e foram interpretados os resultados.

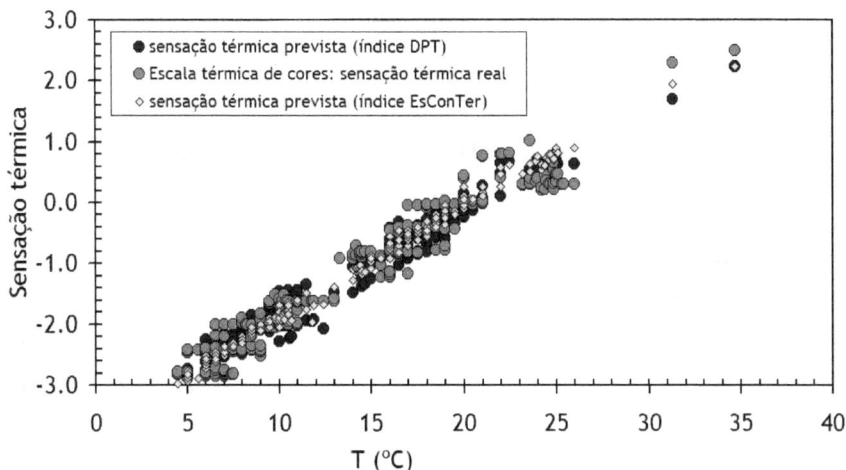

Fig. 2 - EsConTer, DPT e sensação térmica real.
Fig. 2 - EsConTer, DPT and real thermal sensation.

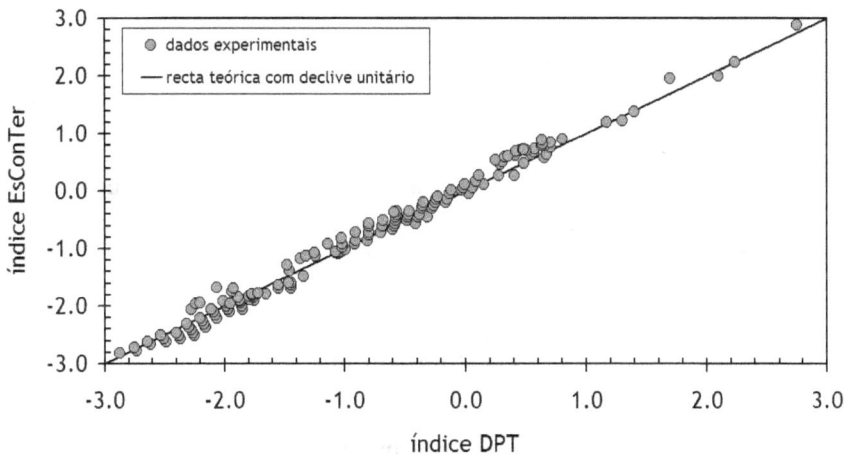

Fig. 3 - Relação entre EsConTer e DPT e seu coeficiente de correlação.
Fig. 3 - Relationship between EsConTer and DPT and correlation coefficient.

Resultados e sua análise

São apresentadas diferentes aplicações onde é mostrada a importância da pressão parcial de saturação de vapor de água à temperatura de ponto de orvalho.

A fig. 4 mostra como a temperatura de ponto de orvalho está associada a massa volúmica ou densidade absoluta do vapor de água através da linha indicada.

Qualquer temperatura e densidade absoluta registadas permitem interpretar se o ar deve ser humidificado ou desumidificado para estar saturado. A interpretação da linha de saturação indica que há um valor de densidade absoluta para cada temperatura que é denominada de ponto de orvalho. A linha de saturação indica o máximo de vapor que está associada a uma temperatura.

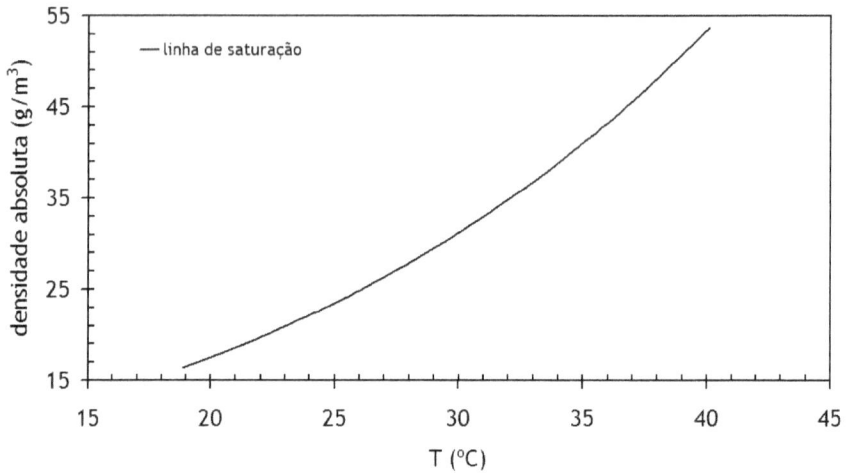

Fig. 4 - Relação entre a temperatura de ponto de orvalho e densidade absoluta.
Fig. 4 - Relationship between dew point temperature and absolute density.

Caso 1: indústria de ambiente térmico quente

De acordo com a ASHRAE (American Society of Heating Refrigeration and Air Conditions) o conforto térmico pode ser definido como *"o estado de espírito em que o indivíduo expressa satisfação em relação ao ambiente térmico"* (ISO 7730, 2005). Mas esta definição implica um certo grau de subjetividade e pressupõe a análise de dois aspetos: aspetos físicos (ambiente térmico) e aspetos subjetivos (estado de espírito do indivíduo). B. Meles (2012), M. Talaia, B. Meles e L. Teixeira (2013) mostraram que *"o stress térmico em ambiente térmico quente ocorre quando os parâmetros ambientais, o tipo de vestuário e o nível de metabolismo interagem e provocam um aumento gradual da temperatura interna corporal, levando a que este ultrapasse um determinado valor"*.

A satisfação de todos os indivíduos, inseridos num ambiente térmico é uma tarefa "quase" impossível, pois um ambiente termicamente confortável para uma pessoa pode ser desconfortável para outra. Logo, o ideal seria a criação de um ambiente térmico que satisfaça o maior número de pessoas. O conforto térmico é obtido quando um indivíduo está numa condição de equilíbrio com o ambiente que o rodeia (temperatura do corpo humano aproximadamente constante, próxima de $(37,0 \pm 0,8)°C$, o que significa que é possível a manutenção da temperatura dos tecidos constituintes do corpo, num domínio de variação estrito, sem que haja esforço adicional. Esta é a situação ideal, que corresponde a um ambiente neutro ou confortável. Fora deste ambiente pode haver alterações fisiológicas no ser humano. É necessário assegurar que as pessoas não se deparam com situações de desconforto térmico, uma vez que daqui resultam riscos desnecessários (E. R. Q. Costa *et al.*, 2011).

Ambientes térmicos quentes, frios ou moderados podem desencadear reações físicas e psicológicas em qualquer ser humano. No entanto, ainda existem muitas contradições e falhas no que se refere a explicações concretas sobre as consequências do desconforto térmico na produtividade, quer laboral quer intelectual. Na verdade, o constante esforço por um ambiente de trabalho saudável e trabalhadores saudáveis é um pré-requisito para a inovação e produtividade numa economia baseada no conhecimento, ganhando cada vez mais espaço nas empresas (A. Dias, 2013).

Para um pavilhão de uma indústria com ambiente térmico quente foram considerados diferentes postos de observação. Para um dado momento, foram registados dados referentes à temperatura do ar e humidade relativa do ar. Em todo os postos de observação e recolha de dados foram utilizados os aparelhos de medida '*Center 317 – temperature humidity meter*' e '*Testo 435-4*' com uma sonda *Testo*. Os dados registados pelos dois instrumentos de medida geraram o mesmo padrão, o que confirmou a sua calibração (M. Morgado *et al.*, 2015).

Para cada posto de observação e a partir dos dados registados foi determinada a temperatura de ponto de orvalho, a massa volúmica do vapor de água (valor real esperado), o índice DPT e o índice EsConTer.

A fig. 5 mostra imagens de padrão construídas num algoritmo em MatLab para diferentes variáveis. Os padrões para a temperatura do ar e humidade relativa do ar mostram uma excelente correlação, ou seja quando a temperatura do ar aumenta a humidade relativa do ar diminui e vice-versa. A observação das imagens para a temperatura de ponto de orvalho e massa volúmica do vapor de água estão em concordância e mostram que é possível conhecer a distribuição da quantidade de água por unidade de volume no pavilhão. Para locais onde se registe uma temperatura alta e uma humidade relativa alta haverá condições para *stress* térmico de um trabalhador. Para atividades que exigem esforço, a sudação do trabalhador é influenciada pela temperatura de ponto de orvalho, ou seja se o ar estiver perto da saturação (equivale a afirmar que a temperatura de ponto de orvalho é muito próxima da temperatura do ar) pode ser suscitada hipertermia no trabalhador devido à dificuldade do arrefecimento da temperatura interna corporal através da evaporação do líquido que molha a pele. Nesta situação haverá risco de saúde para o trabalhador. As imagens dos índices DPT e EsConTer estão concordantes e o padrão DPT mostra que a sensação térmica pode ser prevista usando a temperatura de ponto de orvalho.

Caso 2: indústria de ambiente térmico frio

Os ambientes considerados frios são aqueles caraterizados por condições ambientais que levam à condição de *stress* térmico por frio (I. Holmér *et al.*, 1999). O *stress* térmico por frio pode estar presente de várias maneiras diferentes, afetando o equilíbrio térmico de todo o corpo, assim como o equilíbrio térmico local das extremidades, a pele e os pulmões. A hipotermia, que constitui a patologia geral devido ao frio, por falência da termorregulação, traduz-se, no início, por um arrepio generalizado, uma temperatura interna que baixa e uma pressão arterial que aumenta.

Para um pavilhão de uma indústria de ambiente térmico frio foram considerados diferentes postos de observação e para um dado momento foram registados dados referentes à temperatura do ar e humidade relativa do ar usando o aparelho de medida '*Center 317 – temperature humidity meter*'.

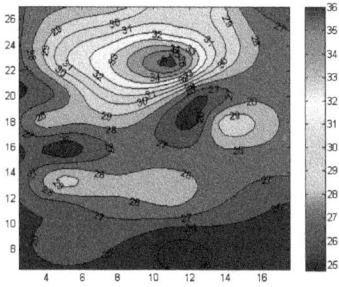

Temperatura; air temperature pattern (°C)

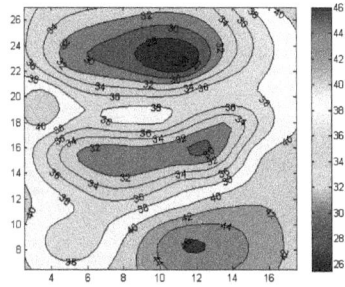

Humidade relativa; air relative humidity pattern (%)

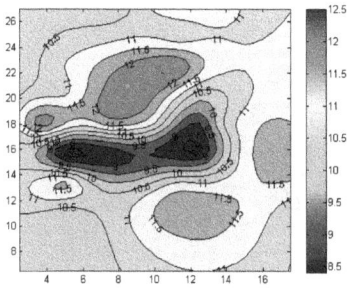

Massa volúmica; water vapor density (g/m³)

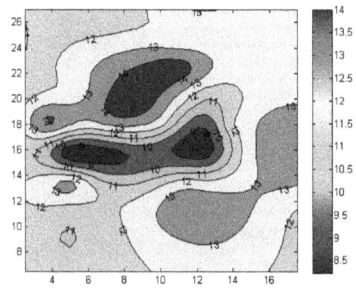

Temp.ª de ponto de orvalho; dew point temperature (°C)

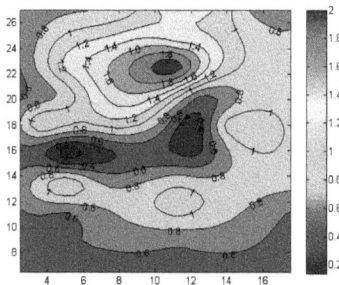

DPT thermal pattern

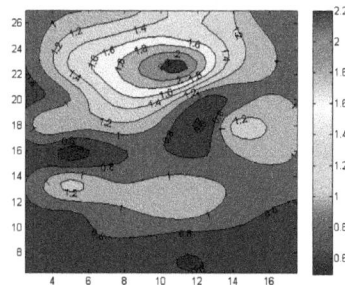

EsConTer thermal pattern

Fig. 5 - Industria de ambiente térmico quente: mapas padrões.
Fig. 5 - Industry of hot thermal environment: standard maps.

A fig. 6 mostra imagens de padrão construídas num algoritmo em MatLab para diferentes variáveis e seguiu-se a metodologia usada para o caso 1.

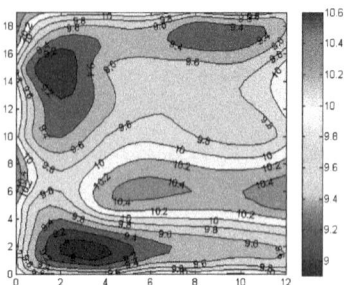

Temperatura; air temperature pattern (°C)

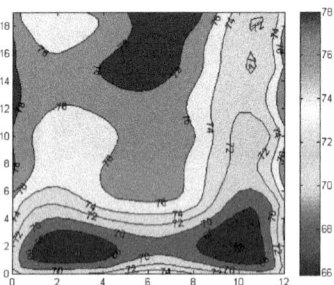

Humidade relativa; air relative humidity pattern (%)

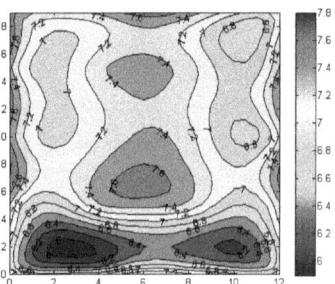

Massa volúmica; water vapor density (g/m³)

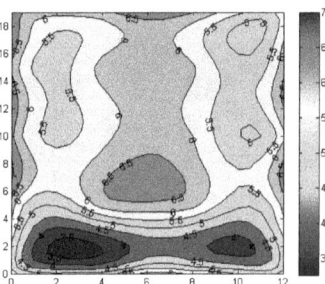

Temp.ª de ponto de orvalho; dew point temperature (°C)

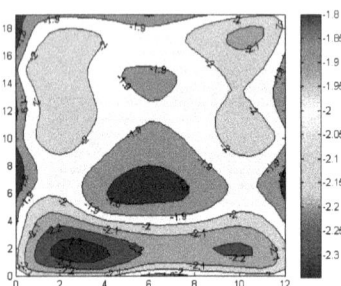

DPT thermal pattern

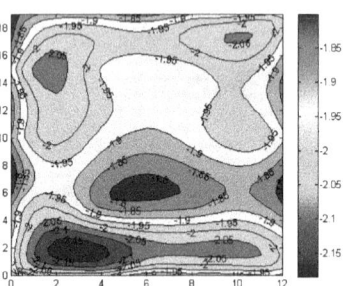

EsConTer thermal pattern

Fig. 6 - Industria de ambiente térmico frio: mapas padrões.
Fig. 6 - Industry of cold thermal environment: standard maps.

A observação das imagens da fig. 6 mostra, como esperado, que há concordância entre os padrões da temperatura e da humidade do ar, de acordo com a teoria (C. D. Ahrens, 2012). Foram gerados padrões para a temperatura de ponto de orvalho, massa volúmica do vapor de água, índices DPT e EsConTer. As imagens dos índices DPT e EsConTer estão concordantes.

Os resultados mostram que é prevista uma sensação térmica de ambiente térmico frio para muito frio, com temperaturas de ponto de orvalho inferiores a 7ºC e uma massa volúmica de vapor de água máxima de 8g/m^3. De acordo com (WMO, 1987) os trabalhadores presentes na nave industrial estão em condições de hipotermia e devem ter um vestuário adequado para sua proteção. Como não é possível aumentar a temperatura do ar, uma solução para melhorar o ambiente térmico é diminuir a temperatura de ponto de orvalho que cria uma diminuição da massa volúmica do vapor de água contido no ar húmido, favorece a diminuição da humidade relativa do ar mas não soluciona o problema da hipotermia. Pode-se afirmar que um ambiente térmico deste tipo gera riscos para a saúde. (T. Kim *et al.*, 2007) referem que trabalhos de manipulação manual de cargas em ambientes severamente frios, durante períodos prolongados, conduzem a uma redução na destreza manual. Assim sendo, é importante referir que a destreza manual reduzida pode diminuir a eficiência do trabalho e a produtividade, aumentando o risco de acidentes nos ambientes de trabalho frios. A opinião dos trabalhadores relativamente ao ambiente térmico em que se encontram normalmente é, hoje em dia, um fator importante e a ter em conta, uma vez que a sua perceção poderá estar relacionada com o seus comportamentos (I. Tavares *et al.*, 2015).

Caso 3: serviços hospitalares

Há pacientes que são admitidos a uma recuperação em enfermaria. Este espaço deve ter um ar húmido com características termohigrométricas adequadas. Foram registados dados *indoor* e *outdoor* num dado momento, usando um aparelho de medida '*Center 317 – temperature humidity meter*'.

Em termos de saúde pública há risco para DPOC (Doença Pulmonar Obstrutiva Crónica), por exemplo, quando o ar tem um grande poder secante, pois estas condições aumentam a viscosidade do "muco" das vias respiratórias, devido ao processo de desidratação. O poder secante do ar está ligado a temperatura de ponto de orvalho que indica a quantidade de água no estado gasoso que está presente no ar húmido. Um paciente que sofre de agudizações de ataques de asma deve estar protegido de ambientes térmicos com baixa humidade relativa do ar (esta favorece a desidratação o que suscita o chamado efeito de "tampão") ou de ambientes térmicos muito frios (estes favorecem a vaso constrição).

A TABELA I mostra valores registados e calculados para uma determinada hora de um dia (M. Talaia e D. Pina, 2015).

TABELA I - Dados registados e calculados para salas e atmosfera.
TABLE I - *Recorded and calculated data for rooms and atmosphere.*

	T (ºC)	HR (%)	EsConTer	DPT	Td (ºC)	r_w (g/m3)
Interior: Sala A	26,3	53,20	1.0	1.2	16,2	13,9
Interior: Sala B	26,1	51,20	1.0	1.1	15,4	13,3
Exterior: Atmosfera	20,6	58,50	0.0	0.1	12,3	10,9

As condições térmicas para as duas salas mostram ser de ambiente térmico ligeiramente quente, com uma necessidade de diminuir a temperatura do ar. A humidade relativa registada é normal para um ambiente térmico de conforto. Nestas circunstâncias a temperatura de ponto de orvalho e a massa volúmica de vapor de água parecem não oferecer risco para a saúde, no entanto é de referir que a diminuição da temperatura do ar faz diminuir a pressão parcial de saturação à temperatura do ar o que favorece o aumento da humidade relativa, o que poderá afastar esta do patamar de conforto.

Neste exemplo o exterior às duas salas apresenta um ambiente tipicamente de conforto térmico.

A literatura da especialidade mostra que para pessoas sem atividades, ou com atividade intelectual, o ambiente térmico deve registar valores de temperaturas do ar de 20ºC a 22ºC e uma humidade relativa de 50% a 60%. Para estas condições, é possível determinar uma massa volúmica de vapor de água entre $9.3g/m^3$ a $10.6g/m^3$.

Caso 4: condições térmicas numa frente de fogo

Numa secção de formação foi considerada a influência da temperatura de ponto de orvalho no ar húmido. Por exemplo, no risco de fogo, um ambiente com uma temperatura de 30ºC e uma humidade relativa de 30% regista uma massa volúmica de vapor de água de $10,0g/m^3$ enquanto que para a mesma temperatura e uma humidade relativa de 60% regista uma massa volúmica de vapor de água de $19,2g/m^3$, o que faz toda diferença no risco de incêndio florestal (M. Talaia e V. Ferreira, 2010).

A TABELA II mostra valores previstos para uma frente de fogo. Os valores indicados mostram como um ambiente térmico é influenciado pela temperatura de ponto de orvalho e massa volúmica de vapor de água.

Quanto mais alta for a temperatura de ponto de orvalho maior quantidade de vapor de água está contido no ar húmido, e se durante a noite as superfícies registarem temperaturas inferiores a temperatura de ponto de orvalho, o excesso de vapor de água condensa e molha a vegetação podendo diminuir o avanço de um incêndio florestal, devida a diferença entre uma cobertura de vegetação seca ou molhada.

TABELA II - Dados previstos para frente de fogo.
***TABLE II** - Theoretical data for fire front.*

HR (%)	T (ºC)	Td (ºC)	DPT	r_w (g/m^3)
40	34,0	18,9	+ 2,4	16,4
70	34,0	27,9	> 3,0	27,8
50	42,0	29,8	> 3,0	30,9
90	42,0	40,1	> 3,0	53,7

Caso 5: condições térmicas de uma atmosfera fria – a céu aberto

Num ambiente térmico frio, o organismo pode acelerar o mecanismo para produzir mais energia sob a forma de calor. O vestuário também ajuda a manter a temperatura corporal. A hipotermia, que constitui a patologia geral devida ao frio acontece por falência da termorregulação. A sensação térmica depende de cada pessoa e é subjetiva, um ambiente pode ser termicamente confortável para uma pessoa e ser frio ou quente para outra (M. Talaia, 2015).

Na história da humanidade há dois episódios que devem ser recordados para ambiente térmico frio a céu aberto, e que foram atribuídos ao chamado "General do Inverno". Napoleão em 1812 deu ordens ao seu poderoso exército para invadir a Rússia e em 22 de Junho de 1941, milhões de soldados nazistas romperam as fronteiras da União Soviética em três ofensivas paralelas. Estes dois episódios mostraram que um ambiente térmico frio a céu aberto pode suscitar *stress* térmico com consequências drásticas se não for usado vestuário com adequado isolamento térmico. No primeiro episódio o Inverno registou temperaturas negativas de cerca de -40°C provocando a morte aos soldados por falta de roupa adequada, cansaço, fome e frio, e os cavalos não tinham ferraduras adaptadas ao gelo, escorregavam e quebravam as patas, no segundo episódio o "General Inverno" chega e as temperaturas diminuem abruptamente, registando-se cerca de -30°C (M. Talaia, 2016).

A Tabela III mostra valores registados e calculados para alguns dias para uma atmosfera fria a céu aberto, a mesma hora, durante uma semana que estava a ser afetada pela presença de uma frente fria. No último dia de registo as condições meteorológicas alteraram passando de uma massa de ar com características polares para condições de tempo de formação de nuvens com precipitação associada.

A observação dos valores indicados na (Tabela III) mostra que durante o episódio estudado, foi usado o mesmo vestuário (camisola, camisa, cueca, meias, calças, sapatos) e a sensação térmica real gerou condições de hipotermia próximas de *stress* ao frio. No entanto as condições registadas são muito mais agradáveis face aos episódios afetados pelo "General Inverno". O último dia suscitou condições de ambiente ligeiramente frio. A contribuição foi alicerçada na mudança do vapor de água contido na atmosfera, ou seja registou-se um aumento de cerca de 100%. Esta situação, como esperado, alterou a temperatura de ponto de orvalho e o arrefecimento em altitude da massa de ar gerou a formação de nuvens e precipitação, com uma subida da temperatura do ar que melhorou substancialmente a sensação térmica sentida. O interessante deste estudo foi manter o mesmo vestuário, em unidades de clo, durante a duração do episódio com presença de frente fria.

Conclui-se que um ambiente térmico com características de muito frio e a céu aberto pode aumentar o risco para a saúde quando estão reunidas condições gravosas de hipotermia.

TABELA III - Dados previstos e calculados de uma atmosfera fria.
TABLE III - Theoretical and calculated data from a cold atmosphere.

HR (%)	T (°C)	Td (°C)	DPT	rw (g/m^3)	Sensação térmica real
51,2	8,2	-1,3	-2,9	4,4	Muito frio no corpo todo
47,1	7,4	-3,3	-3,3	3.9	Muito frio no corpo todo
51,8	8,3	-1.0	-2,9	4.5	Muito frio no corpo todo
73,6	14,3	9.7	-1,0	9.3	Ligeiramente frio em todo o corpo

A fig. 7 mostra como o valor do isolamento térmico do vestuário, em unidades de clo, é influenciado pela dinâmica das estações do ano. Na imagem os círculos de cor azul representam dados para o Inverno, os triângulos de cor azul piscina para os registos neste trabalho e os triângulos de cor verde para valores aceites segundo a norma ISO (ISO 7730, 2005). O valor usado de clo para o estudo (composto por camisola, camisa, cueca, meias, calças de algodão e sapatos) é inferior ao previsto e sugerido pela norma ISO (ISO 7730, 2005) o que sugere *stress* térmico em ambiente térmico frio a céu aberto. Os valores de clo previstos neste estudo e na norma ISO estão concordantes com os valores indicados para o Inverno (J. Liu *et al.*, 2012).

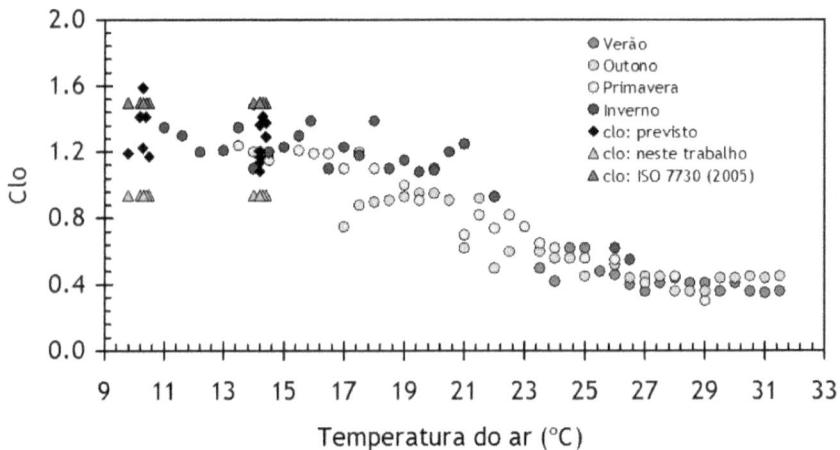

Fig. 7 - Tendência do valor de Clo com a temperatura do ar (Adaptado de Liu *et al.*, 2012).
Fig. 7 - Clothing insulation tendencies with air temperature (Adapted from J. Liu et al., 2012).

A fig. 8 mostra como valor de clo e DPT são influenciados pela temperatura do ar. Os círculos de cor azul representam os valores de clo previstos; os círculos de cor negra os valores previstos pela aplicação do índice DPT; os triângulos de cor azul os valores de clo usados neste trabalho; a linha de ajuste de cor azul a tendência do valor de clo e a linha de ajuste de cor negra a tendência dos valores de sensação térmica, por aplicação do método dos desvios mínimos quadrados.

Inequivocamente os valores indicados na (fig. 8) mostram uma sensação térmica de *stress* térmico quando o ambiente término regista temperaturas inferiores a cerca de 8°C. Nestes casos o isolamento término em unidades de clo deve aumentar para se registar uma proteção adequada do corpo e evitar o risco de falência do organismo.

Caso 6: ambiente térmico de sala de aula – ensino e aprendizagem

Numa grande parte das edificações escolares públicas há espaços que não satisfazem as necessidades básicas de conforto térmico. Certamente estas con-

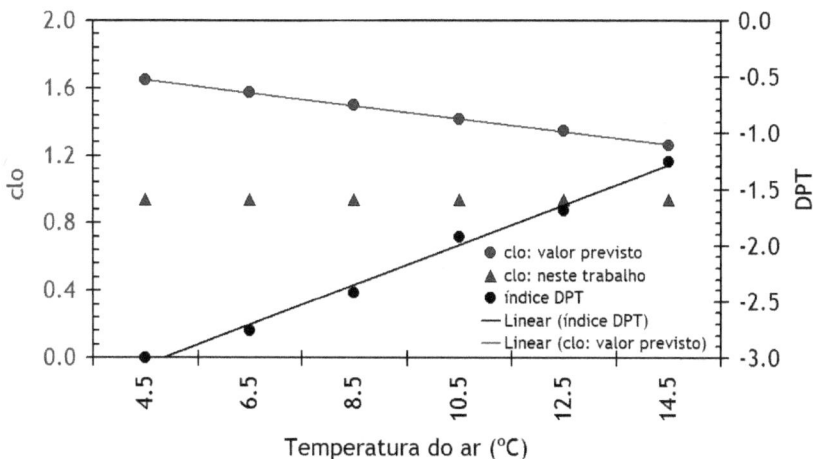

Fig. 8 - Influência da temperatura no clo e na sensação térmica real e prevista.
Fig. 8 - Temperature influence on clo and real and planned thermal sensation.

dições interferem negativamente na motivação, concentração e avaliação dos alunos. Desta forma, é necessário que numa arquitetura escolar se tenha em conta as necessidades de conforto térmico, de forma a proporcionar um ambiente agradável e que favoreça o ensino e aprendizagem (M. C. J. A. Nogueira e J. S. Nogueira, 2003).

O ambiente térmico em salas de aula é um dos fatores que condiciona o processo de aprendizagem em qualquer dos graus de ensino (A. Rebelo *et al.*, 2008). Em salas de aula de duas escolas na Dinamarca um estudo que envolveu cerca de 300 alunos mostrou que o conforto térmico está relacionado com o ensino e aprendizagem (D. Wyon, 2010). Os resultados obtidos mostraram uma diminuição da avaliação de 3,5% dos alunos por cada ºC de aumento de temperatura interior da sala de aula.

Num estudo realizado em Portugal foi possível avaliar as condições térmicas no interior de sala de aula e como essas afetavam a avaliação dos alunos, no processo de aprendizagem (M. Talaia e M. Silva, 2015).

A Tabela IV mostra valores registados e calculados para alguns dias onde foi aplicada a estratégia de avaliar a influência da temperatura de ponto de orvalho na aprendizagem de alunos.

TABELA IV - Dados previstos e calculados de uma sala de aula.
TABLE IV - Theoretical and calculated data of a classroom.

HR (%)	T (ºC)	Td (ºC)	DPT	rw (g/m³)	Sensação térmica prevista
62	21.3	13.8	0.33	12.0	Confortável
50	25.7	14.7	0.94	12.7	Ligeiramente quente
51	26.4	15.7	1.13	13.5	Ligeiramente quente
52	27.0	16.5	1.30	14.1	Ligeiramente quente para quente

A observação dos dados indicados na TABELA IV mostra que, função das condições térmicas exteriores a sala de aula, há diferentes ambientes térmicos que circundam os alunos na sua aprendizagem. Na primeira linha é mostrada uma condição de ambiente térmico confortável, a temperatura e a humidade relativa estão concordantes ao bem-estar. As duas últimas linhas sugerem um agravamento de um ambiente ligeiramente quente para quente.

Os dados indicados na TABELA IV parecem sugerir que a medida que a temperatura de ponto de orvalho aumenta, ou seja a medida que aumenta a massa volúmica de vapor de água presente no ar húmido são criadas condições de desconforto que afetam o processo ensino e aprendizagem.

A fig. 9 mostra duas imagens para dois ambientes térmicos semelhantes, com previsão de sensação térmica de 1,1 e 1,3 quando são realizadas avaliações.

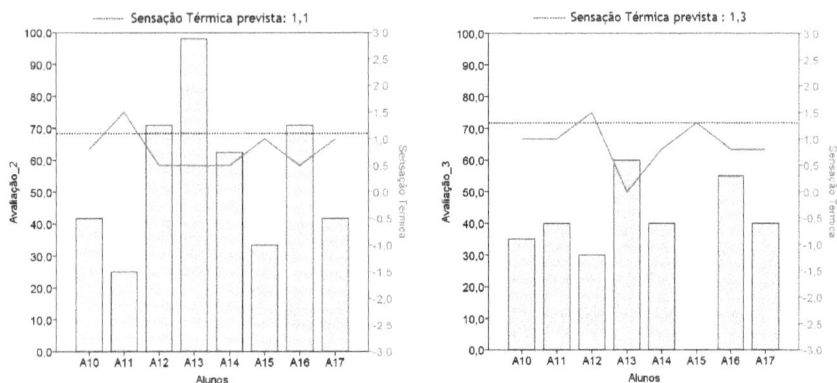

Fig. 9 - Influência da sensação termina na aprendizagem.
Fig. 9 - Influence of thermal sensation in learning.

A fig. 9 mostra que para uma amostra de alunos a sensação térmica sentida afeta o resultado da avaliação. É verdade que o tipo de vestuário também afeta a sensação térmica sentida e deve ser esperado que um ambiente confortável para um aluno não significa uma resposta direta para todos os restantes. Cada indivíduo é caracterizado pelo seu mecanismo termorregulador que controla o seu bem-estar pela presença de vapor de água do ar húmido envolvente.

Caso 7: fenómenos atmosféricos – nuvens, nevoeiro, neblina, orvalho

O ar húmido é constituído por um gás variável – o vapor de água. A literatura da especialidade mostra que em termos simples só se regista condensação de vapor quando a temperatura é inferior a temperatura de ponto de orvalho. Nestas circunstâncias o excesso de vapor água é obrigado a condensar, em virtude de a cada temperatura estar associado um máximo de vapor de água que é interpretado através da pressão parcial de saturação de vapor de água. O que se referiu equivale a afirmar que a temperatura do ar é sempre superior ou igual a temperatura de ponto de orvalho. Se a diferença entre as duas temperaturas aumenta significa maior poder secante do ar húmido que está associado a uma humidade relativa baixa. Quando as duas temperaturas são iguais a situação é de saturação e a humidade relativa é 100%.

Um exemplo para se entender muito bem a importância da temperatura de ponto de orvalho é pensar que se tem uma parcela de ar, não saturada, à superfície. Se a parcela tiver condições para ascender na atmosfera (sem se misturar com o exterior) o processo é muito próximo do adiabático. Nesta perspetiva é introduzido um parâmetro denominado de temperatura potencial que é extremamente útil na termodinâmica da atmosfera (os processos atmosféricos estarem muitas vezes muito próximos dos processos adiabáticos e portanto, a temperatura potencial permanece praticamente constante). A temperatura potencial de uma parcela de ar é a temperatura que resultaria de um processo de compressão ou expansão adiabaticamente reversível da partícula, inicialmente a uma temperatura T e a uma pressão p, até uma temperatura θ e uma pressão padrão p_0.

A parcela de ar inicia a sua ascensão com base nas condições termohigro-métricas registadas no seu estado termodinâmico inicial (temperatura do ar, temperatura de ponto de orvalho, pressão). Podem, também, ser registados outros parâmetros nomeadamente a humidade relativa do ar, a temperatura potencial, a razão de mistura atual e a razão de mistura de saturação – todos estes estão ligados através da aplicação de expressões que derivam da teoria.

Neste caso, a parcela de ar ao ascender não está saturada (humidade relativa inferior a 100%) até a base da nuvem ou até ao nível de condensação. Esta situação é gerada através da ascensão da parcela de ar húmido através de um processo adiabático antes de atingir a saturação. Durante a ascensão da parcela de ar a razão de mistura do ar húmido atual (determinada pela temperatura de ponto de orvalho e pelo nível isobárico no estado inocial) e a sua temperatura potencial (determinada pela temperatura do ar e pelo mesmo isobárico) per-manecem constantes. Como a temperatura do ar diminui em altitude (há casos de inversão) a razão de mistura de saturação (determinada pela temperatura do ar e pelo nível isobárico no estado inicial) diminui até se tornar igual a razão de mistura atual (a do estado inicial) no nível de condensação ou base da nuvem. Assim, o nível de condensação está localizado na intersecção da linha de temperatura potencial que passa pela temperatura e pressão da partícula de ar (p,T) com a linha da razão de mistura atual que passa pela temperatura de ponto de orvalho e pressão (p;Td). A interpretação física para a deteção da base da nuvem ou nível de condensação está ligada a temperatura de ponto de orvalho ou seja a massa volúmica de vapor de água que o ar húmido contém no estado inicial (neste exemplo sem se misturar com o exterior). Pode-se concluir que se a parcela de ar que inicia a sua ascensão registar a mesma temperatura no mesmo nível, o que determina a altitude da base da nuvem ou nível de condensação é a temperatura de ponto de orvalho, ou seja quanto mais próxima for esta da temperatura do ar mais próxima está a base da nuvem da superfície terrestre. Quanto maior diferença se registar entre as duas temperaturas mas alta esta a base da nuvem. Agora, se a parcela de ar já saturada tiver condições de continuar a ascender, passa a ascender por uma nova linha denominada de temperatura potencial equivalente (associada a uma linha adiabática satura que pode suscitar um processo reversível ou irreversível). Nesta linha a temperatura do ar mantém-se em cada nível igual a temperatura de ponto de orvalho. A humidade relativa será sempre 100% e o excesso de vapor de água devido ao arrefecimento da parcela de ar saturada é obrigado a condensar formando agora a nuvem com inúmeras gotículas de água.

A fig. 10 mostra o processo da ascensão da parcela de ar desde o estado inicial. Na imagem a nuvem envolve a linha da temperatura potencial equivalente ou adiabática saturada. É nesta zona ou dentro da nuvem que há condensação de vapor de água.

Fig. 10 - Movimento ascendente de ar na atmosfera
(adaptado de V. Iribarne e H. R. Cho, 1980).
*Fig. 10 - Upward movement of air in the atmosphere
adapted from V. Iribarne e H. R. Cho, 1980).*

O processo de crescimento das gotículas de água, uma vez formadas, é feito por difusão do vapor de água que se encontra à sua volta. Este é, no entanto, um processo de crescimento bastante complexo. Pode-se afirmar que o crescimento espontâneo das gotículas de água depende do número e do tipo de aerossóis presentes (nem todos os aerossóis têm grande afinidade com a água), bem como do raio das próprias gotículas de água. Uma vez iniciada a condensação, a difusão de vapor de água em relação à gotícula de água só continuará, se a pressão de saturação de vapor de água do ar húmido da vizinhança for superior a pressão parcial de vapor de água da gotícula de determinado raio. Caso contrário há condições para a gotícula de água diminuir de tamanho. No entanto, deve-se ressaltar que a pressão de saturação de vapor de água sobre uma gotícula de água depende do seu raio para uma dada temperatura, e que a pressão de vapor de saturação sobre a gotícula de água diminui com o aumento do raio da gotícula. Nestes casos, a tensão superficial na interface líquido/ar da gotícula de água também é importante. Numa nuvem há uma competição entre gotículas para o seu crescimento e este depende do vapor de água disponível. No processo de difusão as gotículas de água podem crescer até atingirem o raio crítico.

As gotículas de água podem também crescer por colisão, coalescência e agregação. Para cada processo há modelos teóricos disponíveis. Quanto maior for a gota de água mais complexo é o processo pois são necessários conhecimentos de cinemática, dinâmica e ventilação ou de captação de uma gotícula de água. A gotícula de água que cresce tenta aumentar o seu tamanho com base na sua eficiência de captação de outras gotículas de água que estão no seu movimento. Uma gota de água só atinge a superfície da Terra se durante o seu movimento encontrar ar húmido com características de manter a sua identidade. Por exemplo, se a pressão parcial de saturação do ar a temperatura do ar que circunda a gota for superior a pressão de saturação da gota há tendência para a gota enfraquecer e não ocorrer precipitação, pois ela pode evaporar totalmente durante o seu movimento de queda.

Se durante a noite uma parcela de ar não saturada arrefecer isobaricamente o processo liga dois conceitos, a pressão parcial de saturação à temperatura do ar húmido que determina a razão de mistura de saturação e a pressão parcial de saturação à temperatura de ponto de orvalho que determina a razão de mistura atual (a quantidade de vapor de água existente no ar húmido por cada quilograma de ar seco). O arrefecimento da parcela de ar obriga a que a razão de mistura de saturação também diminua. Quando esta razão de mistura for igual a razão de mistura atual ou seja quando a temperatura do ar igualar a temperatura de ponto de orvalho a parcela de ar torna-se saturada. Qualquer arrefecimento de uma superfície que atinja valores inferiores a temperatura de ponto de orvalho provoca a condensação de vapor de água, formando eventuais gotas chamadas de gotas de orvalho ou uma película de água sobre essa superfície. Se durante esse arrefecimento se registarem temperaturas negativas dá-se a formação de geada. Normalmente a formação do orvalho sobre uma superfície acontece para noites com uma atmosfera transparente, ausência de vento e quando a temperatura da superfície se torna inferior a temperatura de ponto de orvalho do ar circundante.

A formação de nuvens, nevoeiro e neblina assenta sobre o mesmo processo e está associado a uma humidade relativa alta, ou seja a temperatura de ponto de orvalho associada a pressão parcial de saturação de vapor de água a temperatura de ponto de orvalho está próxima da temperatura do ar que está associada a pressão parcial de saturação de vapor de água a temperatura do ar. Se na atmosfera o arrefecimento do ar húmido for suficiente e for inferior a temperatura de ponto de orvalho, haverá condensação do vapor de água (devido ao excesso de vapor de água) nos aerossóis presentes no ar e formar-se-á nevoeiro ou neblina ou nuvens. Chamar nevoeiro ou neblina ou nuvem é apenas uma questão de referencial ou de ponto de vista. A diferença entre nevoeiro e neblina está na transparência da atmosfera através da visibilidade horizontal. Nevoeiro regista uma concentração de gotículas de água muito superior à neblina. De salientar que nevoeiro, forma-se por diferentes situações.

Apresenta-se um interessante exemplo em que se forma orvalho, durante o verão. Na prática, a formação de orvalho é vista muitas vezes quando se bebe um copo de sumo ou água com gelo. Quando se coloca gelo nos líquidos que estão nos copos, a superfície exterior dos copos arrefece e se a temperatura dessa superfície for inferior a temperatura de ponto de orvalho do ar húmido circundante, o excesso de vapor é obrigado a condensar formando imensas gotas a escorrer na superfície exterior dos copos. Se os líquidos contidos nos copos se mantiverem haverá transferência de energia sobre a forma de calor entre o líquido, a parede exterior dos copos e o ar húmido circundante. Copos e líquidos aumentam a temperatura da superfície da parede exterior dos copos e a água presente nessa parede tende a evaporar e a desaparecer. É um autêntico "jogo" entre a temperatura de uma superfície e a temperatura de ponto de orvalho do ar húmido que envolve os copos.

Conclusão

A contribuição deste trabalho é valorizar a temperatura de ponto de orvalho como um indicador avaliador da quantidade de vapor de água existente num volume de ar húmido.

O trabalho mostrou a importância da temperatura de ponto de orvalho como uma necessidade ou um risco em diferentes cenários. Em cada um deles foi considerada a ligação do vapor de água contido no ar húmido a uma dada temperatura e como afeta o bem-estar de uma pessoa e da vida no planeta Terra. Num estudo publicado por (S. Nogueira e M. Talaia, 2014) foi mostrada para atividade de Aerostep que beber água durante o exercício físico é uma condição necessária mas não suficiente. O estudo mostrou a falência do organismo de participantes pela agressividade do ar húmido circundante por provocar desidratação nos participantes, ou seja, a evaporação da película de água devida a transpiração não era suficiente para termorregular a temperatura interna corporal. A temperatura do ar funcionou como "mata-borrão" para o vapor de água, aumentando ligeiramente a temperatura de ponto de orvalho do ar húmido, no entanto não fez o equilíbrio na termorregulação do balanço energético.

Este trabalho apresentou um indicador de sensação térmica baseado na temperatura do ar e na temperatura de ponto de orvalho. A análise de dados mostrou ser concordante com o índice EsConTer desenvolvido por (M. Talaia e H. Simões, 2009) e que foi introduzido em conferências e revistas. Hoje já aceite pela comunidade científica internacional (M. Morgado *et al.*, 2015).

A contribuição deste trabalho, também, está alicerçada na importância da temperatura de ponto de orvalho que afeta o dia-a-dia de cada ser vivo. Sem temperatura de ponto de orvalho não existe vida na Terra e esta afirmação está associada a definição de ar húmido (o vapor de água controla a sensação térmica e a vida do planeta). As secas estão associadas a falta de vapor de água na atmosfera e ao aquecimento global. O IPCC (painel intergovernamental para as alterações climáticas) apresenta vários cenários para o planeta Terra. Se a temperatura do ar aumentar, como é esperado, a pressão parcial de saturação de vapor de água a temperatura do ar aumenta o que agrava o poder secante do ar húmido. Nesta perspetiva esperam-se alterações nos ecossistemas. A vida está associada a temperatura de ponto de orvalho e o vapor de água contido no ar húmido gera condições de conforto para a existência da vida no planeta. Concluiu-se que a temperatura de ponto de orvalho está associada a vida e que sem ela não há vida pelo que os patamares de tolerância para a vida devem ser respeitados em função da temperatura do ar e da temperatura de ponto de orvalho. Está nas "mãos" da humanidade respeitar a sustentabilidade do planeta, ao se dar atenção a esta problemática está-se a respeitar o ciclo da água na atmosfera. Uma questão fica para resposta futura "como se determina o patamar de tolerância da vida no planeta Terra?". As gerações vindouras interpretarão os resultados, se tiverem esta oportunidade.

Por último, é relevante afirmar que o vapor de água não é observável pela visão humana (infelizmente ainda há inúmeros profissionais do ensino que ensinam os seus alunos informando que o vapor de água se vê) o que pode ser um inconveniente para a humanidade. A verdade é que o vapor de água gera fenómenos atmosféricos que podem causar grande angústia à vida existente no planeta Terra. Uma analogia interessante pode ser introduzida: assim com a corrente elétrica não se vê mas os seus efeitos são observáveis, o vapor de água (através da temperatura de ponto de orvalho) como uma maravilha da vida deve ser respeitado dentro da gama da sustentabilidade e vida do planeta. Nestas circunstâncias, este trabalho é um contributo para reconhecer que a temperatura de ponto de orvalho está no seio da humanidade, e que deve ser valorizada no ensino e aprendizagem, na cidadania, na sustentabilidade do planeta, no desenvolvimento de capacidades e no pensamento crítico.

Referências bibliográficas

Ahrens, C. D. (2012). *Essentials of Meteorology: An Invitation to the Atmosphere*. Sixth Edition Brooks/Cole, Cengage Learning, Belmont, USA.

ASHRAE 55 (2004). *Thermal environmental conditions for human occupancy*. American Society of Heating, Refrigerating and Air-Conditioning Engineers. Atlanta: Ashrae.

Costa, E. R. Q., Baptista, J. S., Diogo, M. T. e Magalhães, A. B. (2011). *Hot thermal environment and its impact in productivity and accidents.* Artigo apresentado em International Symposium on Occupational Safety and Hygiene – SHO 2011.

Dias, A. (2013). *Avaliação da perceção da influência do conforto térmico na produtividade.* (Mestrado em Engenharia Humana), Universidade do Minho, Minho.

Eskinazi, S. (1975). *Fluid Mechanics and Thermodynamics of our environment.* Academic Press Inc, New York.

Holmér, I., Granberg, Per-Ola e Dahlstrom, G. (1999). *Ambientes fríos y trabajo com frío.* Enciclopedia de Seguridad y Salud en el trabajo. OIT. Cap.42, 32-60.

Iribarne, J. V. and Cho, H. R. (1980). *Atmospheric physics.* R. Reidel Publishing Company, Dordrecht.

ISO 7730 (2005). *Ergonomie des ambiances thermiques- Détermination analytique et interprétation du confort thermique par le calcul des indices PMV et PPD et par des critères de confort thermique local.* (International Standardization Organization, Ed.). Geneva, Suisse.

Kim, T., Tochihara, Y., Fujita, M. e Hashiguchi, N. (2007). Physiological responses and performance of loading work in a severely cold environment. *International Journal of Industrial Ergonomics*, 37(9), 725-732.

Liu, J., Yao, R., Wang, J. e Li, B. (2012). Occupants' behavioral adaptation in workplaces with non-central heating and cooling systems. *Applied Thermal Engineering*, 35, 40-54

Meles, B. A. (2012). *Ergonomia Industrial e Conforto Térmico em postos de trabalho.* Dissertação publicada. Universidade de Aveiro.

Morgado, M., Talaia, M. e Teixeira, L. (2015). A new simplified model for evaluating thermal environment and thermal sensation: An approach to avoid occupational disorders, *International Journal of Industrial Ergonomics.* Disponível em: http://dx.doi.org/10.1016/j.ergon.2015.11.001.

Nogueira, M. C. J. A. e Nogueira, J. S. (2003). Educação, meio ambiente e conforto térmico: caminhos que se cruzam. *Revista Electrónica em Educação Ambiental*, 10, 104-108.

Nogueira, S. e Talaia, M. (2014). Influence of hot thermal environment in practice of Aerostep. *Occupational Safety and Hygiene II.* In Arezes P., Baptista, J.S., Barroso, M.P. & Carneiro, B. (Ed.), SHO2014, (pp. 91-96). CRC Press, Taylor & Franchis Group, London.

Rebelo, A. Baptista, J. S e Diogo, M. T. (2008). *Caracterização das condições de conforto térmico na FEUP.* Proceedings CLME'2008 / II CEM. 5º Congresso Luso – Moçambicano Engª – 2º Congresso de Engª de Moçambique. Maputo. Editores Silva Gomes, J.F., António, C.C., Clito F. Afonso, C.F & Matos, A.S., Edições INEGI. Artigo 11A009, 14 páginas.

Salby, M. L. (1995). Fundamentals of atmospheric physics, vol 61 in the *International Geophysics Series*, Edited by Renata Dmowska and James R. Holton, Academic Press, Inc., London.

Talaia, M. (2015). *Riscos para a saúde: o vestuário numa onda de frio.* Livro de resumos do IX Encontro Nacional de Riscos e II Fórum de Riscos e Segurança do ISCIA. Riscos Globais e Sociedade de Risco. 15 de Maio de 2015. Instituto Superior das Ciências da Informação e da Administração, Aveiro, Portugal, 34.

Talaia, M. (2016?). Riscos para a saúde num ambiente térmico frio: o vestuário e uma onda de frio. *Territorium*, (submetido).

Talaia, M. e Ferreira, V. (2010). Stress Térmico na Frente de Fogo no Combate a Incêndio Florestal: Avaliação de Risco. *Territorium*, 17, 85-93.

Talaia, M., Meles, B. e Teixeira, L. (2013). Worker perception in relation to workplace comfort – a study in the metalworking industry. *Occupational Safety and Hygiene*, SHO2013, 411-412.

Talaia, M. e Pina, D. (2015). Circulation weather types and their Influence on the risk of respiratory disease, *Territorium*, 23 (in press).

Talaia, M. e Rodrigues, F. (2008). *Conforto e Stress Térmico: Uma Avaliação em Ambiente Laboral.* Proceedings CLME'2008 / II CEM. 5º Congresso Luso – Moçambicano Engª e 2º Congresso de Engª de Moçambique. Maputo. Editores Silva Gomes, J. F., António, C. C., Clito F. Afonso, C.F & Matos, A. S., Edições INEGI. Artigo 11A020, 15 páginas.

Talaia, M. e M. Silva (2015). Risco da construção do conhecimento de alunos num ambiente térmico quente. *Territorium*, 22:229-238. Disponível em: http://www.uc.pt/fluc/nicif/riscos/Documentacao/Territorium/T22_Artg/T22_Artg17.pdf.

Talaia, M. e Simões, H. (2009). EsConTer: um índice de avaliação de ambiente térmico. In: *V Congresso Cubano de Meteorologia*. Somet-Cuba, Sociedade de Meteorologia de Cuba, 1612-1626.

Tavares, I., Teixeira L. e Talaia, M. (2015). Evaluation of the thermal perception of the workers in an industry with cold thermal environment. In In Arezes, P., Baptista, J.S., Barroso, M. P., Carneiro, P., Cordeiro, P., Costa, N., Melo, R., Miguel, A.S. & Perestrelo, G. (Eds). *SHO2015, SPOSHO - Proceedings of International Symposium on Occupational Safety and Hygiene* (pp. 397-399). Guimarães, Portugal: Campus de Azurém, 12 -13 de Fevereiro.

WORLD METEOROLOGICAL ORGANIZATION (WMO) (1987). *World Climate Programme Applications, Climate and Human Health.*

Wyon, D. (2010). *Thermal and air quality effects on the performance of schoolwork by children.* Disponível em: http://web1.swegon.com/upload/AirAcademy/Seminars/Documentation_2010/Vilnius/David_Wyon.pdf.

CARACTERIZAÇÃO GEOMECÂNICA E ANÁLISE DA ESTABILIDADE DE TALUDES NA PLANIFICAÇÃO DE OBRAS DE ESCAVAÇÃO SUBTERRÂNEA
GEOMECHANICAL CHARACTERIZATION AND SLOPE STABILITY ANALYSIS IN UNDERGROUND EXCAVATION PLANNING

João Paulo Meixedo
Departamento de Engenharia Geotécnica, Instituto Superior de Engenharia do Porto
CERENA, Centro de Investigação em Recursos Naturais e Ambiente
jme@isep.ipp.pt
Ana Cristina Meira Castro
Departamento de Matemática, Instituto Superior de Engenharia do Porto
CERENA, Centro de Investigação em Recursos Naturais e Ambiente
amc@isep.ipp.pt

Sumário: O desenvolvimento das sociedades contemporâneas, e consequente densa ocupação da superfície terrestre, tem levado a uma tendência crescente da procura de espaços suplementares, surgindo o espaço subterrâneo como uma das alternativas disponíveis mais apetecíveis. Nesse sentido, as geo-engenharias, de onde se destaca a engenharia geotécnica, representam um papel de destaque em obras desta natureza, lançando mão de disciplinas como a geologia, a geomecânica aplicada, a resistência dos materiais, e o desmonte e movimentação de rocha. A necessidade de caracterização e de previsão do comportamento do maciço é fundamental para um dimensionamento adequado das estruturas resistentes para a sua sustentação. No presente artigo, os autores debruçam-se sobre o problema da segurança dos

DOI: http://dx.doi.org/10.14195/978-989-26-1237-9_8

maciços rochosos e consequente vital importância da caracterização
da geomecânica para assegurar a estabilidade de um maciço com
vista à escavação e construção de um túnel; apontando as correctas
metodologias de estudo.

Palavras-chave: Escavação subterrânea, maciço rochoso, mecânica das rochas,
geomecânica, descontinuidade.

Abstract: The development of contemporary society and the consequent dense
occupation of the Earth's surface, has led to a growing trend in the
demand for additional spaces. The underground space is one of the
most desirable alternatives available. In this context, Geotechnical
Engineering represents a major role in constructions of this nature,
releasing hand of disciplines such as geology, geomechanics, mechanics
of materials, and rock blasting. The need for characterization and
prediction of the behaviour of the rock mass is essential to a proper
sizing of structures resistant to its support. In this paper, the authors
focus on the problem of safety of rock masses and consequent vital
importance of characterization of geomechanics to ensure its stability
during the excavation and construction of a tunnel; pointing out the
correct study methodologies.

Keywords: Underground excavation, rock mass, rock mechanics, geomechanics,
discontinuity.

Introdução

A escavação de túneis apresenta-se como uma actividade de grande complexidade de execução e sujeita a várias condicionantes. Entre elas destaca-se o
tipo de formação geológica que é necessário atravessar, pelo que um criterioso
conhecimento não só das mais variadas técnicas e processos construtivos, como

também do terreno onde se pretende implantar a estrutura, é de importância fulcral para o sucesso da empreitada. No caso das vias de comunicação rodoviárias e ferroviárias, a necessidade de construção de túneis pode estar aliada à necessidade de vencer limitações topográficas e geomorfológicas, ou mesmo relacionada com constrangimentos de carácter ambiental.

Para o desenvolvimento de um projecto de escavação, a abertura de um túnel seja rodoviário ou ferroviário, o desenvolvimento de uma mina ou outro tipo de construção, surge como prioridade fundamental a rigorosa elaboração de um estudo do maciço, relativamente às suas propriedades geológicas, geotécnicas e geomecânicas (H. I. Chaminé *et al.*, 1995, 2010).

No presente artigo pretende-se analisar a importância da caracterização geológico--geomecânica e zonamento geotécnico do maciço a ser intersectado, por forma a que os projectistas e demais intervenientes possam retirar conclusões válidas e indicadores importantes que auxiliem na procura e definição de soluções de engenharia a adoptar, especialmente tendo em conta a envolvente da obra a executar.

O objectivo último é o de apresentar uma correcta metodologia de avaliação e caracterização geomecânica de maciços rochosos.

Maciços rochosos: caracterização geológica e geomecânica

A caracterização e avaliação geomecânica de maciços rochosos é parte integrante daquilo a que podemos chamar engenharia das geociências, e que compreende disciplinas como a resistência dos materiais, a mecânica dos solos e a mecânica das rochas. Esta "engenharia de maciços rochosos", que envolve parâmetros operacionais relativos a aspectos geométricos, mecânicos, construtivos, de segurança operacional, sem esquecer os relacionados com prazos e custos, é uma área de intervenção que envolve geo-profissionais como engenheiros geotécnicos, engenheiros de minas, engenheiros geólogos, geólogos aplicados ou engenheiros civis. Trata-se de um estudo evolutivo, que acompanha as diferentes fases de um projecto de obras subterrâneas, desde o estudo de viabilidade, até à fase de serviço, passando pelas fases de projecto e construção (J. S. Griffiths, 2002).

Durante o estudo de viabilidade, o estudo geológico-geotécnico incide sobre a recolha de toda a informação disponível, sob os pontos de vista topográficos, geomorfológicos, geológicos e de hidrogeologia geral (M. J. Afonso *et al.*, 2004; J. M. Carvalho *et al.*, 2004). Esta fase inicial compreende igualmente a análise de fotografias aéreas e imagens de satélite, bem como um reconhecimento geo-morfológico e geológico de superfície, incidindo sobre a litologia/estratigrafia e a geologia estrutural. Poderão ser levados a cabo alguns trabalhos expeditos de prospecção geológica e geotécnica. O objectivo último é o da criação de um modelo geológico que permita definir a implantação da obra.

Os estudos levados a cabo na fase de projecto compreendem prospecção geológica, geotécnica e mecânica *in situ*, bem como a realização de ensaios laboratoriais, que permitam a elaboração de um zonamento geotécnico, com base na classificação geomecânica obtida (ATSM, 2001, 2010). Essa informação complementar vai permitir apontar com rigor a localização do emboquilha-mento e a definição dos métodos de escavação, e ainda a selecção do tipo de sustimento primário (IAEG, 1976, 1981a, 1981b).

Na terceira fase – a de construção – os estudos geológico-geotécnicos mantêm-se, permitindo definir com exactidão o tipo de sustimento definitivo, e tendo ainda como missão a detecção de eventuais situações anómalas que levem a adaptações ao projecto. Durante esta fase é necessário levar a cabo trabalhos de prospecção que acompanhem a frente de avanço, ir produzindo cartografia das superfícies de escavação e fazendo o registo de ocorrências. É fundamental observar o comportamento do maciço e realizar ensaios *in situ*.

À medida que a escavação do túnel avança é necessária a adaptação dos métodos construtivos e consequente organização de trabalhos às reais condições deparadas no terreno de forma a:

• Garantir que os métodos de escavação sejam os mais ajustados relativa-mente ao maciço, e a respectiva selecção dos equipamentos seja a mais adequada de forma a responder da melhor forma às dificuldades impostas;

• Garantir que os avanços executados na escavação sejam os mais apro-priados, conseguindo desta forma a estabilidade temporária da frente de escavação;

- Garantir que o suporte utilizado seja o mais ajustado e adaptado às reais condições de maciço, garantindo a segurança da escavação, evitando o colapso do túnel, e gastos desnecessários em suporte caso este se encontre sobredimensionado;
- Prever a ocorrência de cunhas, devido à intersecção das descontinuidades do maciço que possam deslizar na calote e hasteias do terreno, e estabilizar eventuais possíveis situações de risco o melhor e mais rapidamente possível;
- Prever e caracterizar a ocorrência de outras entidades geológicas e de outro tipo, que sejam de importância para a obra e sua evolução, como sejam a existência de falhas, poços, minas ou cavernas.

Por último, na fase de serviço, é necessário continuar a avaliar o comportamento da obra, por meio de observação e instrumentação.

Fronteira geomecânica entre solo e rocha

O interesse pelo estudo do comportamento geomecânico dos maciços rochosos é algo que remonta apenas a meados do século passado. Até aí, no que diz respeito a interesse relacionado com obras de engenharia, apenas os solos, ou rochas desagregadas eram objecto de análise. Enquanto a rocha pode, de acordo com Vallejo [2002], ser definida como sendo um agregado natural, duro e compacto de partículas minerais com fortes uniões coesivas permanentes, consideradas como um sistema contínuo, um solo, de acordo com o mesmo autor, é agregado natural de grãos minerais unidos por forças de contacto normais e tangenciais às superfícies das partículas adjacentes, separáveis por meios mecânicos de pouca energia.

A dificuldade reside na definição de fronteiras nessa zona de sombra que são os terrenos de transição, compreendendo os solos duros e as rochas brandas. Os critérios fundamentais de distinção baseiam-se nas propriedades mecânicas como o valor do módulo de deformabilidade, da resistência à compressão uniaxial e da resistência ao corte (valor da coesão e ângulo de atrito). Na TABELA I são apresentados valores que permitem uma análise comparativa.

TABELA I - Critérios de distinção entre solo e rocha.
TABLE I - Soil vs. rock distinction criteria.

Parâmetros	Solos	Rochas	Rochas de baixa resistência
Módulo de deformabilidade (MPa)	< 50	4×10^2 a 10^5	4×10^2 a 4×10^3
Resistência à compressão uniaxial (MPa)	< 2	2 a 3×10^2	2 a 20
Coesão (MPa)	< 0,25	0,4 a 3×10^2	0,4 a 50
Ângulo de atrito	< 40°	< 65°	< 45°

Fonte/*Source*: Costa, 2007.

Evolução histórica

O problema da segurança de maciços rochosos em escavações subterrâneas esteve inicialmente relacionado com a actividade mineira e com necessidade de manter a integridade do tecto dos túneis e galerias. Remonta há mais de cem anos a tentativa de geo-profissionais de quantificar a segurança, através da definição de um grau de previsibilidade de estabilidade ou instabilidade. Ritter, em 1879 (H. I. Chaminé *et al.*, 1995, 2010) é genericamente aceite como tendo sido pioneiro na tentativa de estabelecer uma aproximação empírica formal no planeamento e projecto de túneis, tendo em consideração parâmetros estabilidade do maciço.

Após esta primeira sistematização empírica por parte de Ritter, surgiram as primeiras teorias (K. Terzaghi, 1943), destacando-se Terzaghi, em 1946, com o seu *Rock Load Mass Classificaton System* (K. Terzaghi, 1946, 1965; K. Terzaghi *et al.*, 1987, 1996) Seguidamente, o aparecimento do RQD (*Rock Quality Design Index*), numa publicação editada por Deere em 1963 (D. U. Deere, 1963) e revista em 1967 (D. U. Deere *et al.*, 1967), veio fazer escola (D. U. Deere, 1989; D. U. Deere *et al.*, 1988). O RQD é obtido após a realização de uma sondagem carotada, sendo dado pela medida do comprimento total, em percentagem, de tarolos, cujo comprimento é no mínimo o dobro do seu diâmetro. Esta medida permite aferir do grau de fracturação do maciço.

Outras técnicas complementares merecem igualmente destaque, por incor-porarem, no RQD, uma análise das descontinuidades em termos de orientação, preenchimento e espaçamento, tal como o RSR (*Rock Structure Rating*), estabelecida por Wickham e outros autores em 1972 (G. E. Wickham *et al.*, 1972, 1974), a classificação Q (*Rock Quality Index*) de Barton (N. Barton *et al.*, 1977, 1980, 2008; N. Barton, 2000, 2006) e o RMR (Rock Mass Rating), inicialmente apresentada em 1989 (Z. T. Bieniawski, 1989) e finalmente estabelecida por Bieniawski em 1973 e refinada em 1979 (Z. T. Bieniawski, 1973, 1975, 1976, 1979). Seguem-se posteriores refinamentos por parte do mesmo autor (Z. T. Bieniawski, 1984, 1989, 1993; Z. T. Bieniawski *et al.*, 2006, 2007). As classificações de Barton e Bieniawski mantêm-se como as classificações geomecânicas empíricas mais correntes. Em termos de trabalhos de autores portugueses, importa fazer uma referência ao Dimensionamento Empírico de Suporte, de Manuel Rocha, em 1976 (M. Rocha, 1981).

Em 1978, a *International Society for Rock Mechanics* (ISRM, 1978), tentou fazer uma síntese de todos estes trabalhos, acabando por criar a BGD – *Basic Geotechnical Description of Rock Masses* (ISRM,1981, 2007). Esta classificação utiliza como parâmetros o estado de fracturação, a resistência à compressão uniaxial e o ângulo de atrito das descontinuidades. O estudo destes parâmetros associado ao estado de alteração do maciço, permite qualificar o maciço rochoso, em termos de capacidade suporte.

Mais recentemente, têm feito escola as classificações SRC - *Surface Rock Classification*, de Vallejo (L. I. González de Vallejo *et al.*, 1983, 2002, 2003) e GSI – Geological Strength Index, de Hoek, apresentada em 1994, com refinações posteriores (E. Hoek, 2007).

Descontinuidades

Um maciço rochoso não é mais do que uma matriz rochosa entrecortada por descontinuidades, o que lhe confere uma estrutura em blocos. A própria matriz rochosa não é um meio contínuo, homogéneo e isotrópico; antes possuindo micro-descontinuidades, fissuras e poros. Tudo factores que concorrem para a ocorrência de ruptura. Por outro lado, o facto de as propriedades mecânicas variarem segundo a orientação das descontinuidades, confere-lhe características anisotrópicas. A heterogeneidade, por seu lado, é observável na variabilidade das propriedades físicas e mecânicas ao longo do maciço.

Uma descontinuidade, segundo a definição de Manuel Rocha (M. Rocha, 1981) é *qualquer entidade geológica que interrompa a continuidade física de uma dada unidade geológica. Essa descontinuidade pode ser de origem sedimentar, diagenética ou tectónica; compreendendo entidades como falhas, diáclases, estratificação ou xistosidade.* As descontinuidades condicionam as propriedades geomecânicas do maciço rochoso em termos deformabilidade, permeabilidade e resistência ao corte. Na TABELA II são apresentados diferentes tipos de descontinuidades.

TABELA II - Tipos de descontinuidades.
TABLE II - Different types of geological failures.

Descontinuidades	Sistemáticas	Singulares
Planares	Planos de estratificação	Falhas Filões Discordâncias
Planares	Planos de laminação	Falhas Filões Discordâncias
Planares	Planos de xistosidade	Falhas Filões Discordâncias
Planares	Diaclases e fracturas	Falhas Filões Discordâncias
Lineares	Intersecção de descontinuidades planares	Eixos de dobras
Lineares	Lineações	Eixos de dobras

Sob o ponto de vista geotécnico, importa determinar a amplitude (e respectiva variação ao longo do plano de diaclasamento); bem como a eventual existência de preenchimento (caracterizar a sua natureza). Não existindo preenchimento, é necessário caracterizar as paredes, distinguindo se são lisas, estriadas ou polidas; e ainda se são planas, onduladas ou denteadas.

Caracterização e compartimentação do maciço - metodologia

A indispensabilidade de estabelecer uma análise metodológica sistemática prende-se com a necessidade de uniformizar critérios, para evitar (ou reduzir ao mínimo) o grau de subjectividade presente neste tipo de estudo, facilitando a comunicação entre os diferentes agentes (profissionais de engenharia) envolvidos (E. P. Neto, 2008).

Qualquer que seja a metodologia adoptada, deverá seguir princípios orientadores, que passa por considerar os seguintes aspectos:

a) - A examinação lógica e sistemáticas de todos os factores;

b) - Não omitir informações básicas sobre o afloramento;

c) - Elaborar descrições precisas sobre o maciço;

d) - Recolher um número de dados estatisticamente representativos.

As etapas da análise sistemática propostas pela ISRM seguem uma ordem hierárquica que pode ser esquematizada como segue:

- Descrição de características gerais, relativas a geologia estrutural, tipo de descontinuidades e composição mineralógica e textural, bem ainda como ao grau de alteração;

- Divisão em zonas geotécnicas;

- Descrição pormenorizada de cada zona geotécnica, utilizando a terminologia indicada pela ISRM;

- Descrição dos parâmetros geológicos e geométricos; isto é: definição do número de famílias de descontinuidades, e respetiva orientação e características;

- Caracterização global e classificação geomecânica, com o objectivo de definir a qualidade e resistência do maciço.

A referida caracterização e descrição do maciço, com vista à divisão em zonas geotécnicas, pressupõe, como primeiro passo, a elaboração de uma cartografia das superfícies expostas do maciço, em cima da qual será posteriormente estabelecido o zonamento geotécnico, tendo em conta aspectos como a heterogeneidade litológica, os elementos geológico-estruturais presentes, o grau de fracturação e o grau de alteração.

Em termos práticos, é necessário proceder à identificação do afloramento (localização, extensão, geometria), realizar fotografias e elaborar esquemas de campo e proceder a uma descrição geológica geral, a qual deverá incluir uma caracterização das unidades geológicas locais e regionais, uma completa descrição e caracterização de litologias, a descrição de macro estruturas e dos traços geológico-estruturais gerais do maciço, bem ainda como a identificação de zonas alteradas e meteorizadas e a identificação da presença de água. O zonamento geotécnico deverá incluir a identificação de zonas singulares; isto é: onde se detecte a presença de elementos não sistemáticos.

Parâmetros dos maciços rochosos – bloco unitário

A existência de fracturação vai fazer com que o maciço fique dividido em blocos, cujo tamanho depende genericamente do número de famílias de descontinuidades e pelo espaçamento de cada uma delas. De acordo com a ISRM, a classificação em função do número de famílias é efectuada de acordo com o esquematizado na TABELA III.

TABELA III - Classificação do maciço em função do número de famílias de descontinuidades.

TABLE III - Rock mass classification according to the number of families of discontinuities.

Tipo de maciço	Número de famílias
I	maciço compacto
II	uma família de descontinuidades
III	uma família de descontinuidades e algumas descontinuidades ocasionais
IV	duas famílias de descontinuidades
V	duas famílias de descontinuidades e algumas descontinuidades ocasionais
VI	três famílias de descontinuidades
VII	três famílias de descontinuidades e algumas descontinuidades ocasionais
VIII	quatro ou mais famílias de descontinuidades
IX	maciço de rocha esmagada, com aspecto idêntico ao de um solo

Fonte: Adaptado de ISRM, 2007. *Source: Adapted from ISRM, 2007.*

Para além da questão associada ao risco, da determinação da forma e da dimensão do bloco unitário depende a definição do tipo de desmonte. Enquanto a forma é definida através do número de famílias de descontinuidades e respectiva orientação, a dimensão do bloco determina-se com base no espaçamento e continuidade das descontinuidades, bem como do número de famílias. O processo passa pela determinação do índice de tamanho (I_b – *block size índex*), que fornece a dimensão média dos blocos-tipo:

$$I_b = \frac{\sum\limits_{i=1}^{n} e_i}{n}$$

onde: e representa o espaçamento da família i e n o número de famílias.

O número total de descontinuidades que intercetam uma unidade de volume, por seu lado, é obtido através da determinação do índice volumétrico (J_v):

$$J_v = \frac{\sum\limits_{i=1}^{n} nd}{c}$$

onde: nd representa o número de descontinuidades e c o comprimento medido.

Uma vez determinada a dimensão dos blocos, a partir do índice volumétrico, podem ser classificados de acordo com a TABELA IV.

TABELA IV - Classificação do tamanho dos blocos, em função do índice volumétrico.
TABLE IV - Block classification according to the volumetric index.

Índice volumétrico (descontinuidades / m³)	Tipologias
< 1	blocos muito grandes
1 - 3	blocos grandes
3 - 10	blocos médios
10 - 30	blocos pequenos
> 30	blocos muito pequenos

Fonte: Adaptado de ISRM, 2007. *Source: Adapted from ISRM, 2007.*

Em função do tamanho e forma dos blocos, os maciços podem ser classificados de acordo com a TABELA V.

TABELA V - Classificação dos maciços, em função do tamanho e forma dos blocos.
TABLE V - Rock mass classification according to the size and shape of blocks.

Tipo	Descrição	Classe
compacto	poucas descontinuidades ou muito espaçadas	I
cúbico	blocos aproximadamente equidistantes	II
tabular	blocos com uma dimensão muito menor que as outras	III
colunar	blocos com uma dimensão muito maior que as outras	IV
irregular	grandes variações no tamanho e forma dos blocos	V
esmagado	blocos com dimensões bastante pequenas	VI

Fonte: Adaptado de ISRM, 2007. *Source: Adapted from ISRM, 2007.*

Parâmetros dos maciços rochosos – descontinuidades

As descontinuidades condicionam as propriedades dos maciços rochosos, em termos de resistência, de deformabilidade e de coeficiente hidráulico. A descrição das diferentes famílias de descontinuidades passa por avaliar parâmetros geológico-geotécnicos (fig. 1) tais como [BGD, ISRM 1981]:

a) - Atitude geológica (orientação espacial, em termos da sua direcção e inclinação);

A direcção é o ângulo em relação ao Norte magnético e a inclinação é o ângulo formado com a horizontal, pela linha de maior declive.

b) - Espaçamento (distância perpendicular entre descontinuidades adjacentes e da mesma família);

TABELA VI - Classificação dos maciços, em função do espaçamento das descontinuidades.
TABLE VI - Rock mass classification according to the space between discontinuities.

Intervalos (cm)	Simbologia		Designações	
> 200	F1	F1-2	muito afastadas	afastadas
60 – 200	F2		afastadas	
20 – 60	F3	F4	medianamente afastadas	medianamente afastadas
6 – 20	F4	F4-5	próximas	próximas
< 6	F5		muito próximas	

Fonte: Adaptado de ISRM, 2007. *Source: Adapted from ISRM, 2007.*

c) - Continuidade (comprimento da descontinuidade);

TABELA VII - Classificação dos maciços, em função da continuidade das descontinuidades.
TABLE VII - Rock mass classification according to the continuity of the discontinuities.

Distância (m)	Continuidade
< 1	muito pouco contínuas
1 - 3	baixa continuidade
3 - 10	continuidade média
10 - 20	continuidade alta
> 20	continuidade muito alta

Fonte: Adaptado de ISRM, 2007. *Source: Adapted from ISRM, 2007.*

e) - Rugosidade (aspereza na superfície de descontinuidades);

TABELA VIII - Classificação dos maciços, em função da rugosidade das descontinuidades.
TABLE VIII - Rock mass classification according to the roughness of the discontinuities.

Forma do perfil	Classe	Descrição	Designação
denteado	I	rugosa	R1-2
	II	lisa	
	II	estriada	pouco rugosa
ondulado	IV	rugosa	R3
	V	lisa	
	VI	estriada	medianamente rugosa
plano	VII	rugosa	R4-5
	VII	lisa	
	IX	estriada	muito rugosa

Fonte: Adaptado de ISRM, 2007. *Source: Adapted from ISRM, 2007.*

e) - Resistência da superfície (resistência à compressão uniaxial);

TABELA IX - Classificação dos maciços, em função do estado da resistência das paredes.
TABLE IX - Rock mass classification according to the resistance of the walls.

Grau	Descrição	Características	Resist. comp. uniaxial (MPa)
R_0	rocha muito branda	pode ser marcada pela unha do polegar	0,25 - 10
R_1	rocha branda (I)	pode ser cortada às fatias por um canivete	1 - 5
R_2	rocha branda (II)	pode ser cortada às fatias por um canivete, com dificuldade	5 - 25
R_3	rocha razoavelmente resistente	fragmenta-se com pancada seca de martelo de geólogo	25 - 50
R_4	rocha resistente	fragmenta-se com pancadas insistentes de martelo de geólogo	50 - 100
R_5	rocha muito resistente	fragmenta-se com muitas pancadas de martelo de geólogo	100 - 250
R_6	rocha extremamente resistente	apenas se obtém lascas percutindo com o martelo de geólogo	> 250

Fonte: Adaptado de ISRM, 2007. *Source: Adapted from ISRM, 2007.*

f) - Abertura (menor distância entre blocos que formam a descontinuidade);

TABELA X - Classificação dos maciços, em função da abertura das descontinuidades.
TABLE X - Rock mass classification according to the width of discontinuities.

Abertura (mm)	Descrição	
< 0,1	muito fechadas	Fechadas
0,1 - 0,25	fechadas	Fechadas
0,25 - 0,5	parcialmente fechadas	Fechadas
0,5 - 2,5	moderadamente abertas	entre-abertas
2,5 - 10	medianamente abertas	entre-abertas
> 10	abertas	entre-abertas
10 – 100	muito abertas	Abertas
100 – 1000	extremamente abertas	Abertas
> 1000	cavernosas	Abertas

Fonte: Adaptado de ISRM, 2007. *Source: Adapted from ISRM, 2007.*

g) - enchimento (material que preenche a abertura das descontinuidades);

As propriedades físicas dessa camada de baixa resistência de material existente entre as paredes de uma descontinuidade, controlam o comportamento da descontinuidade, pelo que é necessário seguir a seguinte metodologia de caracterização de maciços em função do enchimento das descontinuidades: medição da espessura do enchimento; descrição do enchimento (identificação do material, mineralogia e tamanho do grão); medição dos índices de campo (resistência à compressão simples) e determinação do grau de humidade (estimativa, em termos qualitativos, da permeabilidade).

h) - grau de fracturação (distância média medida entre descontinuidades, independentemente da família);

TABELA XI - Classificação dos maciços, em função do grau de alteração.
TABLE XI - Rock mass classification according to the degree of alteration.

Grau de alteração	Nomenclatura		Significado	
sã ou ligeiramente alterada	W_1	W_{1-2}	sem sinais de alteração da matriz rochosa	sã e compacta, descontinuidades
ligeiramente alterada	W_2		alterações na cor original da matriz rochosa	fechadas e sem permeabilidade
moderadamente alterada	W_3	W_4	menos de metade do material decomposto em solos	sã, interceptada por descontinuidades
muito alterada	W_4	W_{4-5}	mais de metade do material decomposto em solos	alterada, muito
completamente alterada	W_5		todo o material decomposto e/ou desagregado em solo	decomposta e permeável

Fonte: Adaptado de ISRM, 2007. *Source: Adapted from ISRM, 2007.*

Por vezes é referenciada, na literatura, uma classe W_6, que corresponde a um maciço totalmente convertido em solo residual (GSE, 1995).

i) - Percolação (fluxo de água nas paredes das descontinuidades).

Fluxo de água através da rede de descontinuidades. É necessária a avaliação/previsão da posição dos níveis freáticos, bem como a realização de ensaios de permeabilidade (W. C. B. Gates, 2003).

A fig. 1 apresenta, de forma resumida, uma representação esquemática das propriedades geológico-geotécnicas das descontinuidades.

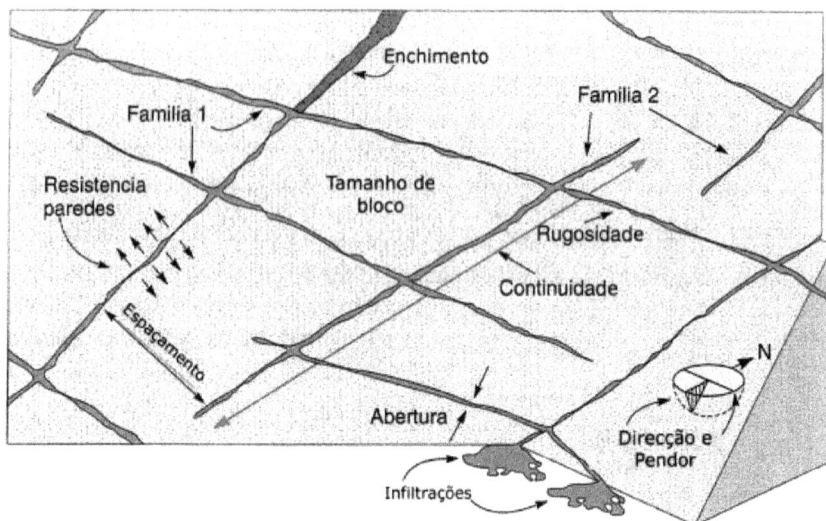

Fig. 1 - Representação esquemática das propriedades geológico-geotécnicas das descontinuidades (adaptado de Hudson, 1989, in González de Vallejo *et al.,* 2002).

Fig. 1 - Schematic representation of the geological-geotechnical properties of discontinuities (adatped from Hudson, 1989, in González de Vallejo et al., 2002).

Conclusão

Quando se fala em risco em engenharia não se pode deixar de parte a caracterização geomecânica dos maciços rochosos, vital em qualquer obra de engenharia que envolva movimento de terras, com especial ênfase nos casos de obras subterrâneas, onde os vazios criados pela escavação e consequente alívio de tensões, podem ser responsáveis pela subsidência dos maciços, com as consequências que daí advêm. Para além da questão de segurança de pessoas e bens, há a considerar a conservação funcional das estruturas.

São apresentados, de foram sumária, as principais classificações geomecânicas utilizadas na caracterização de qualidade dos maciços rochosos, com vista à execução de túneis. Tratando-se de diferentes, e em certos casos complementares, propostas de metodologias assentes em critérios resultantes de esforços notáveis de sistematização empírica, deverão ser entendidas como tal. É pois necessário alertar para a a subjectividade presente em cada uma delas. Todavia, o denominador comum assenta na exaustiva recolha, tratamento e interpretação de dados de carácter geológico e geotécnico, realização de ensaios *in situ* e laboratoriais e subsequente elaboração de documentos cartográficos definidores da qualidade do maciço enquanto estrutura de suporte.

Esta sistematização apresenta, contudo, para além de uma não desprezável componente empírica, algumas outras limitações relacionadas com o facto da não universalidade de aplicação dos parâmetros de classificação, tendo em conta as especificidades de cada maciço rochoso e de cada projecto de engenharia. Outra limitação prende-se com a anisotropia, responsável por eventuais mecanismos de deformação e ruptura não detectáveis aquando de uma análise global do maciço (L. Fonseca, 2008). Importa ainda referir um factor que não é objecto de análise, que se prende com a interacção entre as estruturas de sustimento e a rocha (B. H. G. Brady, *et al.*, 2004).

Conclui-se que um estudo geomecânico deve ser desenvolvido quer à superfície quer em profundidade, quer *in situ*, quer em laboratório (A. C. Galiza *et al.*, 2009). O objectivo primeiro será o da detecção e caracterização das principais estruturas geológicas locais, avançando-se progressivamente com um refinamento da escala de observação, culminando na elaboração de um estudo geológico-estrutural, que passa pelo esboço de um zonamento geotécnico com a representação das principais unidades geotécnicas locais, o que se traduz na definição de um índice de qualidade geotécnica do maciço (L. Ramos, 2008).

Como complemento ao estudo, e durante todas as fases de execução e de serviço, recomenda-se estudos que incidam sobre a prospecção e inspecção geológica, de superfície e subterrânea, a escalas convenientes.

Referências bibliográficas

Afonso, M. J., Chaminé, H. I., Gomes, A., Teixeira, J.;, Araújo, M. A., Fonseca, P. E., Carvalho, J. M., Marques, J. M., Marques da Silva, M. A. & Rocha, F. T., (2004). Cartografia geológica e geomorfológica estrutural da área metropolitana do Porto: implicações na gestão dos recursos hídricos subterrâneos. *Xeográfica, Revista de Xeografía, Territorio e Medio Ambiente*, Santiago de Compostela, 4: 101-115.

ASTM - AMERICAN SOCIETY FOR TESTING AND MATERIALS (2001). *Standard test method for determination of rock hardness by rebound hammer*, Designation D5873-00. ASTM Standards on disc: 04-08.

ASTM - AMERICAN SOCIETY FOR TESTING AND MATERIALS (2010). *Standard Classifications of Soils for Engineering Purposes (Unified Soil Classification System)*, Designation D2487-10. ASTM Standards.

Barton, N. (2000). *TBM tunnelling in jointed and faulted rock*. Balkema, Rotterdam. 173 pp.

Barton, N. (2006). *Rock quality, seismic velocity, attenuation and anisotropy*. Taylor & Francis, UK. 729 pp.

Barton, N. & Bieniawski, Z.T. (2008). RMR and Q - setting records straight. *Tunnels and Tunnelling International*, Feb. 2008, pp. 26-29.

Barton, N., Lien, R. & Lunde, J. (1977). Estimation of support requirements for underground excavations. In: *16th Symposium on Design Methods in Rock Mechanics Rock Mechanics*, Minnesota, ASCE, NY, pp. 163-177.

Barton, N., Loset, F., Lien, R. & Lunde, J. (1980). Application of Q-system in design decisions concerning dimensions and appropriate support for underground installations. In: *Bergman M., ed., Proccedings, Subsurface Space, ISRM International Symposium – Rockstore'80*, Stockholm. Pergamon Press Ltd., 2: 553-561.

Bieniawski, Z. T. (1989). *Engineering rock mass classifications*. Wiley, New York. 251 pp.

Bieniawski, Z. T. (1973). Engineering classification of jointed rock masses. *Trans. South Afr. Inst. Civ. Engrs*, 15: 335-344.

Bieniawski, Z. T. (1975). The point load test in geotechnical practice. *Engineering Geology*, pp. 1-11.

Bieniawski, Z. T. (1976). Rock mass classification in rock engineering. In: Bieniawski Z. T., *ed., Proceedings of the symposium Exploration for rock engineering*, Cape Town, Balkema, 1: 97-106.

Bieniawski, Z. T. (1979). The geomechanics classification in rock engineering applications. *Proceedings of the 4th Congress Int. Soc. Rock Mech.*, Montreux, 2: 41-48.

Bieniawski, Z. T. (1984). The design process in rock engineering. *Rock Mechanics and Rock Engineering*, 17:183-190.

Bieniawski, Z. T. (1989). *Engineering rock mass classifications*. Wiley, New York. 251 pp.

Bieniawski, Z. T. (1993). *Classification of rock masses for engineering: the RMR system and future trends*. Hudson J.A., (ed.), *comprehensive rock engineering: principles, practice, and projects*. Pergamon Press, 33: 553-574.

Bieniawski, Z. T., Celada, B., Galera, J. M. & Álvares, M. (2006). Rock Mass Excavability (RME) index. In: *Proceedings of the ITA World Tunnelling Congress*, Korea. June 2006, paper #06-0254.

Bieniawski, Z. T., Celada, B. & Galera, J. M. (2007). Predicting TBM excavability. *Tunnels and Tunnelling International*. pp. 25-28.

Brady, B. H. G. & Brown, E. T., (2004). *Rock mechanics for underground mining*, 3rd Edition, George Allen & Unwin, London. 527 pp.

Carvalho, J. M. & Chaminé, H.I., (2004). O papel da fracturação e da alteração profunda em estudos de prospecção hidrogeológica: os casos das regiões de Oliveira de Azeméis e de Fafe (Maciço Ibérico, NW de Portugal). *Geociências, Ver. Uni. Aveiro*, 16: 13-31.

Chaminé, H. I. & Gaspar, A. F., (1995). Estudo da compartimentação de maciços rochosos pela técnica de amostragem linear. Aplicação a uma travessa da Mina de Carvão de Germunde *Estudos, Notas & Trabalhos Inst. Geol. Min.*, Porto, 37: 97-111.

Chaminé, H. I. (2010). A técnica de amostragem linear em estudos geológico-estruturais e de geoengenharia de maciços rochosos (Sumário da Lição). *Relatório do sumário da Lição elaborado para efeitos de prestação de provas públicas para obtenção do título académico de Agregado, no ramo de Geociências (Mecânica das Rochas), pela Universidade de Aveiro*. 69 pp.

Chaminé, H. I., Afonso, M. J., Santos Silva, R., Moreira, P. F.; Teixeira, J., Trigo, J. F., Monteiro, R.; Fernandes, P. & Pizarro, S. (2010). Geotechnical factors affecting rock slope stability in Gaia riverside (NW Portugal). In: Williams A. L., Pinches G. M., Chin C. Y., McMorran T. J. & Massey C.I., eds., *Proceedings of the 11th Congress of the International Association for Engineering Geology, IAEG'2010, Geologically Active*, Auckland, New Zealand. CRC Press: Taylor & Francis Group. pp. 2729-2736.

Deere, D. U. (1963). Technical description of rock cores for engineering purposes. In: *Rock mechanics and engineering geology*, Vienna, Springer, 1(1): 1-18.

Deere, D. U. (1989). Rock quality designation (RQD) after twenty years. *U.S. Army Corps of Engineers Contract Report* GL-89-1. Waterways Experiment Station, Vicksburg, MS 67.

Deere, D. U. & Deere, D. W. (1988). The RQD index in practice. In: *Proceedings Symposium Rock Classifications Engineering Purposes, ASTM Special Technical Publications* 984: 91-101.

Deere, D. U., Hendron A. J., Patton F. D. & Cording E. J. (1967). Design of surface and near surfasse constructions in rock. In: *C. Fairhurst (ed.), Proceedings 8th U.S. Symposium Rock Mechanics*, New York, AIME, pp. 237-302.

Fonseca, L., (2008). *Interacção e avaliação entre o maciço rochoso e as tecnologias de perfuração: consequências técnico-económicas* (Tese de Mestrado) Instituto Superior de Engenharia do Porto, ISEP.

Galiza A. C., Ramos L. & Chaminé H. I., (2009). Geotecnia aplicada ao desmonte de maciços rochosos através de uma perfuração alinhada. *Tecnologia e Vida, Revista da Secção Regional do Norte da ANET, Porto, volume 4*, pp. 14-17.

Gates, W .C. B. (2003). The Hydro-Potential (HP) Value: a rock classification technique for estimating seepage into excavations. In: *Culligan P. J., Einstein H. H. & Whittle A.J., eds, Proceedings, 12th Panamerican Conference on Soil Mechanics and Geotechnical Engineering*, pp. 1283- 1290.

González de Vallejo, L. (1983). A new classification system for underground assessment using surface data. *Proceedings of the International Congress of Engineering Geology and Underground Construction*, Lisbon. 1 (II):85-94.

González de Vallejo, L. I.; Ferrer, M.; Ortuño, L. & Oteo, C., (2002). *Ingeniería geológica*, Prentice Hall, Madrid, 715 pp.

González de Vallejo, L. (2003). SRC Rock Mass Classification of tunnels under high tectonic stress excavated in weak rocks. *Engineering Geology, 69:* 273-285.

GSE - Geological Society Engineering Group Working Party Report, 1995. The description and classification of weathered rocks for engineering purposes. *Quarterly Journal of Engineering Geology, Geological Society*, 28 (3): 207-242.

Griffiths, J. S., (2002). Mapping in Engineering Geology. Key Issues in Earth Sciences. *The Geological Society of London*, 1, 287 pp.

Hoek, E., (2007). Practical rock engineering. *RockScience: Hoek's Corner*, 342 pp.

Hudson, J. A., (1989). *Rock mechanics principles in engineering pratice*. Butterworths. Ciria. London.

IAEG – INTERNATIONAL ASSOCIATION FOR ENGINEERING GEOLOGY (1976). *Guide pour la préparation des cartes géotechniques. Sciences de la Terre*. Les Presses de l'Unesco, Paris. 79 pp.

IAEG – INTERNATIONAL ASSOCIATION FOR ENGINEERING GEOLOGY AND THE ENVIRONMENT (1981a). Recommend symbols for engineering geological mapping. *Bulletin IAEG, 24*: 227-234.

IAEG – INTERNATIONAL ASSOCIATION FOR ENGINEERING GEOLOGY AND THE ENVIRONMENT (1981b). Rock and soils for engineering geological mapping. *Bulletin IAEG, 24*: 235-274.

ISRM – INTERNATIONAL SOCIETY FOR ROCK MECHANICS (1978). Suggested methods for the quantitative description of descontinuites in rock masses. *Int. Journ. Rock Mech. Min. Sci. & Geomechanics*, 15 (6):319-368.

ISRM – INTERNATIONAL SOCIETY FOR ROCK MECHANICS (1981). Basic geotechnical description of rock masses. *Int. Journ. Rock Mech. Min. Sci. & Geom. Abstr.*, 18: 85-110.

ISRM – INTERNATIONAL SOCIETY FOR ROCK MECHANICS (2007). The complete ISRM suggested methods for characterization, testing and monitoring: 1974-2006 In: *Ulusay, R. & Hudson, J.A. (eds.), suggested methods prepared by the commission on testing methods*, ISRM Ankara, Turkey, 628 pp.

Neto, E.P. (2007). *Estudo geológico e geomecânico em antigas explorações mineiras: o caso da mina das Aveleiras* (Tese de Mestrado). Universidade de Aveiro.

Ramos, L. (2008). *Avaliação geotécnica e geomecânica de maciços rochosos fracturados para o controlo da qualidade do desmonte* (Tese de Mestrado). Instituto Superior de Engenharia do Porto, ISEP.

Rocha, M., (1981). *Mecânica das Rochas*. LNEC, Laboratório Nacional de Engenharia Civil, Lisboa, 445 pp.

Terzaghi, K. (1943). *Theoretical Soil Mechanics*. John Wiley and Sons, New York. 528 pp.

Terzaghi, K. (1946). Rock defects and loads in tunnel supports. In: *Proctor R.V. & White T.L., eds., Rock tunneling with steel supports*, Ohio, p. 17-99.

Terzaghi, R. D. (1965). Sources of errors in joint surveys. *Geotéchnique, 15(3)*: p. 287-304.

Terzaghi, K. & Peck, R. (1987). *Soil mechanics in engineering practice*. John Wiley and Sons Inc., New York.

Terzaghi, K., Peck, R.B. & Mesri, G. (1996). *Soil mechanics in engineering practice. 3rd edition*, Wiley-Interscience. 592 pp.

Wickham, G.E., Tiedemann, H. R. & Skinner, E. H. (1972). Support determination based on geologic predictions. In: K.S. Lane & L.A. Garfield, (eds), *Proceedings of the 1st North American Rapid Excavation Tunneling Conference (RETC)*, Chicago. American Institute of Mining, Metallurgical and Petroleum Engineers (AIME), New York, pp. 43-64.

Wickham, G.E., Tiedemann, H. R. & Skinner, E. H. (1974). Ground support prediction model: RSR concept. In: *Proceedings 2nd North American Rapid Excavation & Tunnelling Conference (RETC)*, San Francisco. American Institute of Mining, Metallurgical and Petroleum Engineers (AIME), New York, pp. 691-707.

O TIPO DE VEGETAÇÃO COMO FATOR DIFERENCIADOR NA SUSCETIBILIDADE À OCORRÊNCIA DE DESLIZAMENTOS NA ILHA DA MADEIRA: O CASO DA BACIA DA RIBEIRA DA TABUA

THE TYPE OF VEGETATION AS A DRIVER FOR THE SUSCETIBILITY TO LANDSLIDE IN THE MADEIRA ISLAND: THE CASE OF TABUA WATERSHED

Albano Figueiredo
Departamento de Geografia e Turismo
Centro de Estudos em Geografia e Ordenamento do Território
Faculdade de Letras da Universidade de Coimbra
geofiguc@gmail.com

Aida Pupo-Correia
Centro de Competências de Ciências da Vida – Universidade da Madeira
Escola Secundária Jaime Moniz
aidapupo@sapo.pt

Miguel Menezes de Sequeira
Centro de Competências de Ciências da Vida – Universidade da Madeira
Direção Regional de Florestas-Secretaria Regional do Ambiente e Recursos Naturais
sequeira@uma.pt

Sumário: A gestão do risco de aluvião na Ilha da Madeira impõe-se, nos dias de hoje, como um dos principais desafios à gestão do território desta ilha, tendo em conta os significativos impactes negativos registados aquando de episódios de aluvião. Apesar da suscetibilidade natural à ocorrência de episódios de aluvião, resultante da combinação de uma topografia muito acidentada e um regime de precipitação com uma forte componente torrencial, o padrão de uso e ocupação do solo contribuíram decisivamente para reforçar a vulnerabilidade perante este tipo de catástrofe natural.

DOI: http://dx.doi.org/10.14195/978-989-26-1237-9_9

A profunda alteração histórica das condições da vegetação, como reflexo da implantação de atividades primárias (agricultura, pastoreio) por um lado, e a ocupação urbana do sector terminal das ribeiras por outro, vieram contribuir para tal. Como consequência, são factuais as avultadas perdas económicas, e mesmo perdas de vidas, como os registos identificam ao longo da história de ocupação da ilha. Estas perdas estão muito determinadas pelo facto de estes episódios de cheias rápidas terem associado uma elevada capacidade destrutiva, motivada pelo importante transporte de sólidos, alimentadas a montante por movimentos de vertente, como escoadas lamacentas ou deslizamentos translacionais. Neste trabalho procura-se avaliar o papel que o tipo de vegetação pode exercer em termos de condicionamento da susce-tibilidade à ocorrência de deslizamentos, utilizando como estudo de caso a bacia da Ribeira da Tabua e tendo por referência o episódio de aluvião registado no dia 20 de fevereiro de 2010.

Palavras-chave: Aluvião, comunidades vegetais, composição florística, fisionomia.

Abstract: The management of flash floods on the Madeira Island is one of the big challenges that such territory is facing on modern days concerning spatial planning. In addition to natural susceptibility, resultant from the combination of a complex topography and a strongly irregular annual precipitation pattern, land use deeply contributed to reinforce vulnerability to such natural disasters. Deep disturbance of native vegetation by human activities and the location of urban areas at the terminal section of streams deeply contributed to such situation, contributing intensely to economic losses and human fatalities, such as those registered throughout the historical occupation of the island. Such negative impacts are partly determined by the fact that such flash floods are associated to heavy transportation of solid material, fed by landslides. This work aims to evaluate the role of different types of vegetation on the control of susceptibility to the occurrence of landslides using by reference the watershed of the Tabua creek.

Keywords: Flash floods, vegetation communities, floristic composition, physiognomy.

Introdução

A combinação de fatores topográficos, climáticos, e de uso do solo ajudam a explicar a importante dinâmica erosiva que carateriza a Ilha da Madeira historicamente (Silva & Menezes, 1998) e na atualidade. Trata-se de uma ilha montanhosa que apresenta um regime pluviométrico muito irregular, claramente marcado pelo importante registo de episódios de precipitação intensa, tanto em volume de precipitação como em número de eventos (Maciel, 2005), que na ilha desencadeiam a ocorrência de aluviões, cheias rápidas caraterizadas por um caudal sólido muito importante. Vários são os registos históricos que fazem referência a estes eventos, pelo seu efeito destruidor e consequentes perdas económicas (Silva & Menezes, 1998; Quintal, 1999; Sepúlveda, 2011). Associadas a um momento em que as ribeiras aumentam de forma significativa a sua capacidade de transporte, as aluviões são conhecidas pelas importantes perdas económicas e de vidas humanas, principalmente nas áreas urbanas da ilha, uma vulnerabilidade associada à concentração das populações e infraestruturas no sector terminal das ribeiras. Além da contribuição direta da erosão laminar e em sulcos, responsável por erosão em áreas associadas ao uso agrícola ou pastoreio intensivo, o elevado caudal sólido associado a estes eventos está ainda muito determinado pela ocorrência de deslizamentos.

Ainda que os movimentos em massa tenham um papel importante na evolução do relevo das ilhas da Macaronésia (Fernández-Palacios *et al.*, 2011), a densidade de deslizamentos registados em episódios de aluvião parece estar reforçada pelos padrões de uso do solo vigentes ao longo de 600 anos, assumindo especial destaque no passado recente (Baioni, 2011). Assim, além de fatores de ordem natural (clima, topografia), a intervenção do homem reforçou a suscetibilidade territorial a este tipo de ocorrências, nomeadamente pelas opções ao nível do uso do solo, as quais se manifestaram numa alteração profunda das condições do coberto vegetal. As formações arbóreas na face sul da ilha estão hoje, sobretudo, resumidas a eucaliptais instalados entre os 600 e os 900 m de altitude, progressivamente invadidos por acácias, principalmente acácia-negra (*Acacia mearnsii* De Willd.) e acácia-austrália (*A. melanoxylon* R. Br.). As cotas altimétricas inferiores são dominadas pela paisagem agrícola e pelo uso urbano, enquanto que a altitudes superiores a paisagem, associada durante séculos ao pastoreio, está dominada por comunidades herbáceas que vão cedendo perante o avanço dos giestais, um processo também favorecido pela ocorrência de incêndios, como os que se registaram no verão de 2010. A vegetação nativa está, portanto, limitada hoje a pequenas manchas. Perante este cenário, e tendo em conta o evento de aluvião de 20 fevereiro de 2010, este trabalho procura avaliar o papel que os diferentes tipos de vegetação, considerando aspetos fisionómicos e florísticos, podem deter em termos de condicionamento da predisposição para a ocorrência de deslizamentos. Ainda que não seja possível fazer uma avaliação direta do efeito que as alterações no coberto vegetal promovem em termos de variação da suscetibilidade à ocorrência deste tipo de eventos, uma vez que não é possível avaliar a situação pré-ocupação da ilha, a confirmação da hipótese de que estas promoveram um aumento da suscetibilidade territorial pode ser feita com base na avaliação da contribuição dos diferentes tipos de vegetação presentes, contrapondo diferentes fisionomias e composições florísticas, as quais espelham diferentes graus e tipos de perturbação associados ao uso do solo.

Este objetivo tem por base a hipótese de que a vegetação tem um papel relevante para a compreensão da dinâmica erosiva de um território, figurando as formações arbóreas como o tipo de vegetação mais eficaz ao nível da proteção que oferecem ao solo (Nunes *et al.*, 2012), estando este papel reforçado em comunidades mais densas e contínuas (Roxo, 1988). Esta ideia está claramente associada ao papel da vegetação na redução dos efeitos diretos da ação mecânica e da escorrência em episódios de chuva. Mas este efeito protetor não se pode generalizar no caso da suscetibilidade à ocorrência de movimentos de vertente, uma vez que pode haver contribuições diferenciadas para comunidades com a mesma fisionomia mas composições florísticas distintas, seja no sentido protetor ou no facilitador. Segundo Figueiredo *et al.* (2013), as comunidades arbustivas ou arbóreas apresentam suscetibilidades à ocorrência de deslizamentos diferenciadas segundo a sua composição florística. O que remete para a ideia de que a composição florística das comunidades pode desempenhar um papel importante para a diferenciação da suscetibilidade territorial a este tipo de eventos. Apesar da importância que este fator pode desempenhar, nem sempre se inclui nos processos de análise de suscetibilidade (Policarpo, 2012), surgindo mais como um elemento de caraterização do território (Pedrosa & Pereira, 2011). Com frequência esta análise está suportada essencialmente na valorização da componente topográfica, e a referência ao tipo de vegetação está mais direcionada para a perspetiva do uso do solo (Piedade, 2009), no sentido de identificar as intervenções humanas que mais contribuem para a instabilização das vertentes (Zêzere *et al.*, 1999). Quando se inclui o tipo de vegetação como fator condicionante da predisposição à ocorrência destes processos, poucas vezes se tem compreendido a sua real contribuição. Esta realidade está muito associada ao facto de os intentos de avaliação do contributo desta variável devolverem resultados que indicam uma contribuição modesta. Ainda que este aspeto esteja muito determinado por condições territoriais específicas, pelo que o efeito é variável, nomeadamente pelos atributos dos tipos de vegetação presentes, estes resultados podem traduzir, mais do que ausência de relações, o efeito enviesante associado à estrutura (nível de desagregação categórica) da classificação em uso, nomeadamente pelos pressupostos em que se baseia, e a resolução espacial utilizada, que frequentemente é pouco adequado a uma real discriminação. Ou seja, esta realidade resulta frequentemente do facto de haver falta de correspondência entre a resolução destes eventos e a escala espacial da informação produzida para os atributos da vegetação. Pesa ainda a falta de atualização da informação disponível e a natureza e nível de desagregação das classificações usadas, que em função dos objetivos e escala espacial utilizada, não se adequam aos objetivos da análise pretendida. Neste trabalho procura-se explorar o possível contributo dos diferentes tipos de vegetação no condicionamento da suscetibilidade à ocorrência de deslizamentos, procurando também avaliar se o poder preditivo desta variável é importante em processos de modelação preditiva direcionados a este tipo de avaliação. Este trabalho enquadra-se assim no esforço necessário para se conhecer com rigor a contribuição dos diferentes fatores que contribuem para a suscetibilidade territorial deste tipo de eventos na Ilha da Madeira, tanto mais que os cenários climáticos apontam para um aumento da frequência e intensidade dos paroxismos climáticos, nomeadamente de episódios de precipitação intensa (Santos & Miranda, 2006), os quais são entendidos como um fator desencadeante (Ramalheira *et al.*, 2014).

Área em Estudo

A avaliação da suscetibilidade à ocorrência de deslizamento desenvolvida neste trabalho tem por base a realidade da bacia da ribeira da Tabua (fig. 1). Trata-se de uma pequena bacia hidrográfica, com uma área de aproximadamente 9 km^2, localizada no sector ocidental da face sul da Ilha da Madeira. Como é característico da Ilha da Madeira, a bacia tem pouco desenvolvimento longitudinal, sendo a distância entre as cabeceiras e a foz de aproximadamente 8 km. Tendo em conta esta reduzida distância, e dada a significativa diferença altimétrica entre os dois sectores mencionados, o perfil longitudinal da ribeira é marcado por um declive significativo, principalmente no sector de cabeceiras, instaladas no bordo oriental do Paul da Serra. Este comportamento traduz bem o comportamento topográfico da bacia, que se carateriza por apresentar áreas importantes com declives acentuados (declive médio: 36º). Esta condição topográfica promove desde logo uma elevada suscetibilidade à ocorrência de movimentos de vertente.

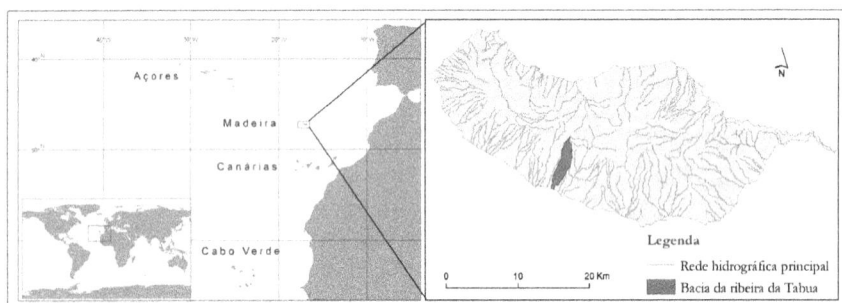

Fig. 1 - Localização da área em estudo (bacia da ribeira da Tabua).

Fig. 1 - Study area (Tabua creek's basin).

Em termos de vegetação e uso do solo, e à semelhança do que se verifica em toda a face sul da ilha, a vegetação natural apresenta um elevado grau de perturbação. As comunidades nativas estão limitadas a pequenas áreas, e correspondem a etapas subseriais, normalmente formações arbustivas dominadas por urze (*Erica arborea* e *E. maderincola*). Enquanto que as áreas de cabeceiras estiveram associadas ao pastoreio, os sectores intermédios com acentuados declives sofreram processos de reflorestação baseados na utilização de espécies exóticas, como o eucalipto. Nestes sectores intermédios, onde o declive era menos desfavorável, instalou-se a agricultura, que se desenvolve, grosso modo, até à linha de costa. A área mais densamente urbanizada encontra-se principalmente no sector terminal da bacia, numa paisagem dominada pela ocupação agrícola organizada em socalcos. Tanto a agricultura como o pastoreio registaram uma perda de importância muito significativa nas últimas três décadas, mais evidente nos sectores intermédios e de cabeceiras. Áreas significativas onde o pastoreio foi retirado mantiveram até hoje o domínio de comunidades herbáceas, coincidindo normalmente com as áreas de menor declive e maior intensidade do pastoreio. Em áreas de maior declive das cabeceiras, com prolongamentos para os sectores intermédios, a dinâmica da vegetação está hoje muito associada à instalação de comunidades arbustivas dominadas sobretudo por giestas (*Cytisus scoparius, Cytisus striatus*), espécies introduzidas na ilha devido ao seu crescimento rápido e utilização para diferentes fins (lenha, alimento e cama do gado, fertilizante). Se atendermos ao facto de os modelo de vegetação potencial preverem para estes sectores formações arbóreas (Capelo *et al.*, 2004), então a situação atual representa uma alteração importante da paisagem e das condições da vegetação por efeito da atividade humana.

Metodologia

A avaliação da importância do tipo de vegetação para a suscetibilidade territorial à ocorrência de deslizamentos é feita de forma direta e por comparação com outras variáveis consideradas como importantes fatores condicionantes, nomeadamente fatores de natureza morfo-estrutural (declive, litologia, posição topográfica, perfil de curvatura, perfil transversal).

Esta avaliação tem por base os registos de deslizamento associados ao episódio de precipitação intensa do dia 20 de fevereiro de 2010, que origina uma importante aluvião nos concelhos do Funchal e Ribeira Brava. Este evento ocorre na sequência de eventos de precipitação intensa em dias próximos, e enquadrado num inverno especialmente pluvioso. Além de os totais de precipitação acumulada entre outubro de 2009 e fevereiro de 2010 superarem os 1000mm, nalguns dias anteriores e no dia 20 de fevereiro a precipitação diária superou os 100 mm. No dia 20, além dos elevados totais registados, a intensidade revelou-se um fator determinante, pois nalgumas áreas o total de precipitação foi de 60mm em 30 minutos (EARAM, 2010). A identificação dos deslizamentos, realizada no âmbito do projeto EARAM (Estudo de Avaliação do Risco de Aluvião na Madeira), está baseada num processo de classificação de imagens multiespectrais Geoeye-1 de muito alta resolução recolhidas antes (21 e 29 de julho de 2009) e depois do evento (23 e 28 de fevereiro de 2010), em combinação com informação obtida a partir de ortofotomapas também de data anterior (2007) e posterior ao evento (EARAM, 2010). Neste trabalho não há uma desagregação entre os diferentes tipos de deslizamento quanto ao tipo (rotacionais, translacionais) ou profundidade (superficiais, profundos), e a análise não valoriza a distinção das diferentes unidades do deslizamento (cicatriz, corpo, pé). Já a classificação da vegetação baseou-se em foto-interpretação a partir de orto-fotomapas de data anterior ao evento (2007)[1]. Além de parâmetros de natureza florística, a classificação das diferentes unidades de vegetação teve ainda por referência aspetos da estrutura (comunidades abertas, comunidades fechadas) e fisionomia (comunidades herbáceas, comunidades arbustivas, comunidades arbóreas). A utilização desta classificação de caráter misto procura introduzir, de forma indireta, informação relacionada com a interferência da vegetação em termos de estabilidade do solo, como a densidade e profundidade do enraizamento, o que pressupõe algum grau de condicionamento à ocorrência de deslizamentos, principalmente dos de tipo superficial. Uma vez que o tipo de sistema radicular interfere, não só devido à densidade (Tasser *et al.*, 2003) como pela profundidade ou extensão (Sidle & Terry, 1992), a inclusão de uma classificação detalhada desta natureza contribui para incluir no processo de avaliação um tipo de informação que é difícil de avaliar de forma direta. Informação esta que pode ajudar a melhorar a capacidade explicativa/preditiva dos modelos produzidos.

---

[1] Ortofotomapas cedidos pela Direção Regional de Cartografia Cadastro da Região Autónoma da Madeira.

A avaliação da importância dos tipos de vegetação para a suscetibilidade territorial baseia-se em dois momentos. Num primeiro momento é avaliado o grau de associação (qui-quadrado e V de Cramer) entre a ocorrência de deslizamentos (variável dependente dicotómica: 0/1) e os diferentes tipos de vegetação (variável independente de natureza categórica), avaliação que se realiza para todas as variáveis consideradas (TABELA I).

Esta avaliação permite estimar a existência de uma relação espacial entre os diferentes tipos de vegetação e a ocorrência de deslizamentos. A suscetibilidade foi avaliada com base no método estatístico bivariado *Likelihood ratio* (Lee *et al.*, 2007). De base *bayesiana*, este método permite diferenciar o grau de suscetibilidade de cada categoria das variáveis em uso com base na quantificação da relação existente com a ocorrência de deslizamentos. Esta avaliação é obtida através do quociente entre o *ratio* da área dos deslizamentos (área deslizada em cada categoria em relação ao total da área deslizada na bacia, avaliado em número de píxeis) e o ratio da área de cada categoria das variáveis em uso (área de cada categoria em relação à área da bacia, avaliado em número de píxeis) (Lee *et al.*, 2007; Piedade *et al.*, 2010; Figueiredo *et al.*, 2013).

Num segundo momento, e de forma a avaliar o peso relativo que cada variável detém na previsão da suscetibilidade territorial, recorreu-se a modelos preditivos de natureza correlativa. Estes modelos baseiam-se na utilização de uma técnica de modelação de base correlativa suportada no princípio da máxima entropia (MAXENT), avaliada como tendo boa capacidade discriminatória em processos de modelação (Elith *et al.*, 2006; Figueiredo, 2008). A avaliação da importância de cada variável para o modelo suporta-se em três estratégias: i) no cálculo da taxa de omissão, ii) na técnica de *jackknifing*, iii) e no cálculo da Área Abaixo da Curva (AAC). A avaliação através do processo de *jackknifing* apoia-se no peso que o algoritmo, baseado no princípio da máxima entropia, atribui a cada uma das variáveis para a previsão do total das ocorrências conhecidas (100%), permitindo assim posicionar relativamente a variável *tipos de vegetação* em relação às restantes variáveis. Já a taxa de omissão, sendo um tipo de erro, traduz a incapacidade dos modelos para preverem corretamente as ocorrências conhecidas (cicatrizes), discriminando condições favoráveis de condições menos favoráveis à ocorrência destes movimentos em massa. Para tal, realizou-se uma partição das ocorrências conhecidas (deslizamentos) com base num processo de seleção aleatória, permitindo a criação de dois subconjuntos de dados, um direcionado à calibração dos modelos (70%) e outro para avaliação dos mesmos (30%), sendo com base neste segundo subconjunto que é calculada a taxa de omissão. No que respeita às variáveis ambientais ou preditivas, enquanto um modelo recebeu todas as variáveis, nos outros modelos o processo de calibração excluiu algumas variáveis, como a variável *tipo de vegetação e uso do solo*, de forma a comparar o desempenho destes modelos nas duas situações, com e sem a variável[2]. No caso específico do *tipo de vegetação e uso do solo*, a comparação do valor de taxa de omissão dos modelos que a incluem ou excluem, permitirá averiguar a importância que esta variável assume na capacidade preditiva dos modelos. Como o cálculo da taxa de omissão pressupõe a transformação da escala de probabilidades (valores de 0 a 1) em escala binária (favorável, desfavorável), foi utilizado como limiar o valor que em cada modelo valoriza mais a capacidade do modelo para classificar corretamente os pixéis onde se conhecem cicatrizes que a capacidade para classificar corretamente os pixéis onde não estão identificadas cicatrizes[3]. Além da taxa de omissão, cujo propósito é avaliar o contributo da variável *tipos de vegetação* para a capacidade preditiva dos modelos, foi ainda avaliado o desempenho dos modelos, também conhecido como capacidade discriminatória, com base na medida de precisão Área Abaixo da Curva (AAC), a qual não está dependente da definição de um limiar.

Variáveis

As variáveis de natureza topográfica são das mais utilizadas para a avaliação da suscetibilidade à ocorrência de movimentos em massa (Lee *et al.*, 2007; Piedade, 2009; Reis *et al.*, 2015), sendo um número significativo de variáveis deste tipo derivadas

---

[2] A variável geologia não foi incluída no processo de modelação, uma opção suportada nos resultados da análise estatística exploratória e na fraca desagregação ao nível de categorias desta variável.

[3] Não foi utilizado o valor associado à probabilidade mais baixa atribuída aos pontos utilizados no processo de calibração pelo facto de alguns pixéis serem apenas afetados marginalmente, e as suas condições potencialmente estarem afastadas das condições favoráveis à ocorrência de deslizamentos.

de modelos digitais de terreno (MDT). A sua utilidade tem sido demonstrada, dada a correlação encontrada com a ocorrência deste tipo de eventos (Lee & Min, 2001; Piedade *et al.*, 2010). No entanto, a sua utilidade está muito dependente da resolução utilizada, a qual pode mascarar as relações que existem na realidade. A resolução base das variáveis utilizadas nesta análise é de 10x10m, no entanto, e uma vez que a resolução é importante, neste trabalho foram criadas variáveis que se baseiam em diferentes resoluções, de forma a reproduzir o mais fielmente possível a complexidade das condições topográficas da área em estudo, e assim reduzir-se o enviesamento dos resultados produzidos por uma resolução pouco adequada. No caso do declive, sendo considerada uma variável determinante para a ocorrência de deslizamentos, e tendo em conta a variação de declive que pode ocorrer numa célula de 10x10m face à elevada complexidade topográfica do relevo da ilha, as variáveis *declive médio* e *variação do declive* (valor máximo – valor mínimo) foram obtidas a partir de um MDT de resolução 1x1m. No caso das variáveis em que cada pixel está classificado com base no comportamento altimétrico dos pixéis vizinhos (posição na vertente, desvio à altitude média, perfil transversal e plano de curvatura), teve-se por referência uma janela de análise de 5x5 pixéis na resolução 10x10m (Tabela I).

A variável *desvio à altitude média* procura medir a posição topográfica de um pixel central (z0) em relação aos seus vizinhos com base no índice de posição topográfica e no desvio padrão da altitude (Gallant & Wilson, 2000), e ainda que possa representar uma duplicação de informação em relação à variável *posição na vertente*, foi identificada como mais precisa em termos de resultados (De Reu *et al.*, 2013).

A variável *plano de curvatura* faz referência à morfologia de um determinado sector de vertente no plano longitudinal, o que acaba por fazer referência às condições topográficas que controlam a drenagem, nomeadamente a existência de variações no perfil longitudinal. Já a variável *perfil transversal* das vertentes permite avaliar indiretamente a importância da morfologia e dimensão dos sistemas de drenagem, nomeadamente ao nível da tensão registada em função da rugosidade do terreno no sentido perpendicular à drenagem.

No que diz respeito a condições edáficas, grande parte do território da bacia está classificado como *terreno acidentado*. Sendo uma categoria de natureza topográfica, limita a real clarificação das condições do solo como determinantes à suscetibilidade de movimentos de vertente.

TABELA I - Variáveis em uso e respetivas categorias[4].
TABLE I - Variables in use and categories.

Tipo de variável	Variável	Categorias
Topográfica	Posição na vertente[5]	Topo, Setor intermédio, Setores planos, Base da vertente, Vale / talvegue
	Exposição	N, NE, E, SE, S, SO, O, NO NO, O, SW, plano
	Declive médio (º)	0-9, 9-21, 21-29, 29-36, 36-42, 42-51, >51
	Desvio à altitude média[6]	-1.7 a -0.5; -0.5 a -0.2; -0.2 a 0; 0 a 0.2; 0.2 a 0.5; >0.5
	Variação do declive (º)	0-10, 10-20, 20-30, 30-40, 40-50, 50-60, 60-70, 70-80
	Perfil transversal da vertente	< -4.1, -4.1 a -1.1, -1.1 a 1.2, 1.2 a 4.4, > 4.4
	Plano de curvatura da vertente	< -4.9, -4.9 a -2.4, -2.4 a -0.67, -0.67 a 0.73, 0.73 a 2.6, > 2.6
Vegetação e uso do solo	Tipo de vegetação e uso do solo	acac (acacial), agr (área agrícola), eucab (eucaliptal aberto), eucfec (eucaliptal fechado), eucpin (eucaliptal com pinheiro bravo), euphorb (comunidade de figueira do inferno - Euphorbia piscatoria), gieab (giestal aberto), giefec (giestal fechado), herb_past (comunidades herbáceas associadas a áreas abandonadas pelo pastoreio – estruturadas por Agrostis castelllana), herb_agr (comunidades herbáceas associadas a áreas abandonadas pela agricultura – estruturadas por gramíneas exóticas), laurab (laurissilva aberta), pinab (pinhal aberto), pinfec (pinhal fechado), praia, ribeira, salg (salgueiral), salgab (salgueiral aberto), soutab (souto aberto), soutfec (souto fechado), tojfec (tojal fechado), urb (área urbana), urzab (urzal aberto), urzfec (urzal fechado)
Condições edáficas[7]	Tipo de solo	vertisolo, phaeozem, cambisolo, andosolo, terreno acidentado
	Textura do solo	fina / terreno acidentado, argila agregada, franco arenoso, franca, franco-siltoso
Geologia[8]	Geologia	CVP: Complexo vulcânico principal, CVS: Complexo vulcânico São Roque - Paul

[4] As variáveis quantitativas foram convertidas em variáveis categóricas. Enquanto que a definição de classes de exposição se baseou num intervalo padrão (45º) respeitando a organização dos diferentes quadrantes, a definição de classes para as restantes variáveis topográficas respeitou os intervalos naturais.

[5] O cálculo da variável posição na vertente segue a proposta de Jenness (2006), e baseia-se no índice de posição topográfica: http://www.jennessent.com

[6] O cálculo desta variável segue a proposta descrita em Reu *et al.* (2013).

[7] Fonte: Carta dos Solos da Ilha da Madeira, escala 1:100 000, Secretaria Regional de Economia da Região Autónoma da Madeira, CEP/ISA/CPUTL/DRAM, 1992.

[8] Fonte: Carta Geológica de Portugal – Ilha da Madeira (Folhas A e B), escala 1:50 000, Serviços Geológicos de Portugal, 1975.

Resultados e Discussão

A aluvião de 20 de fevereiro de 2010 ocorre na sequência de um evento de precipitação intensa, enquadrado num inverno especialmente pluvioso. Além dos totais de precipitação acumulada entre outubro de 2009 e fevereiro de 2010 superarem os 1000mm, nalguns dias anteriores, e no dia 20 de fevereiro, a precipitação diária superou os 100 mm. No dia 20, além dos elevados totais registados, a intensidade revelou-se um fator determinante, pois nalgumas áreas o total de precipitação foi de 60mm em 30 minutos (EARAM, 2010). Além dos aspetos climáticos, as condições topográficas terão tido um papel relevante. Uma das caraterísticas desta aluvião foi a importante carga sólida transportada, alimentada a montante por um número significativo de movimentos de vertente, nomeadamente escoadas lamacentas e deslizamentos translacionais de caráter lamacento.

Terá o tipo de vegetação sido um fator diferenciador na suscetibilidade à ocorrência destes movimentos de vertente?

Avaliação da suscetibilidade com base em parâmetros estatísticos

A avaliação da existência de associação com base no teste estatístico do qui-quadrado permitiu confirmar a existência de uma associação significativa entre o tipo de vegetação e a ocorrência de movimentos de vertente, a qual se revelou mais forte (V de Cramer) que nas outras variáveis (fig. 2). Os valores de significância do qui-quadrado indicam que a probabilidade de a relação identificada entre as variáveis categóricas e a ocorrência destes movimentos se dever a condições aleatórias é muito baixa, inferior a 1%.

Estes valores são confirmados pelos resultados obtidos pela avaliação da suscetibilidade, através do Likelihhod ratio, para cada uma das classes das variáveis em uso. A ideia de que o tipo de vegetação pode ter um papel importante no condicionamento da suscetibilidade ganha consistência quando se confirma que alguns tipos de vegetação apresentam os valores de suscetibilidade mais elevados comparativamente às categorias das outras variáveis.

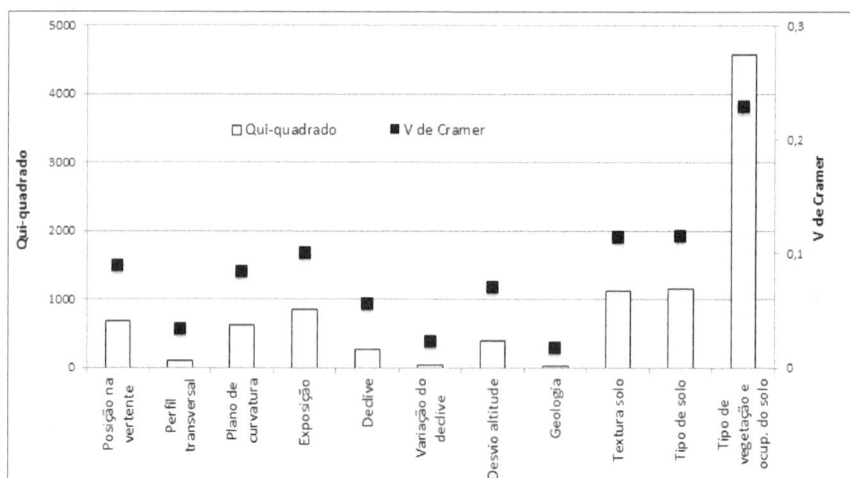

Fig. 2 - Valores de qui-quadrado e V de Cramer obtidos para cada variável.
Fig. 2 - Pearson's Chi-Square Test and Cramer's V results for each variabale.

Ao nível das variáveis de natureza topográfica, a variável plano de curvatura assume valores acima da média em diferentes categorias, estando todas associadas a diferentes graus de concavidade topográfica. Estes resultados estão em sintonia com os valores obtidos na variável posição na vertente, onde os valores de suscetibilidade superiores à média são identificados para os sectores posicionados em vales e talvegues (fig. 3).

Esta tendência verifica-se também na variável perfil transversal, pois os valores de suscetibilidade são superiores à média da bacia nas categorias que incluem as áreas classificadas como côncavas (> 1.2)[9]. Estes valores são compatíveis com as situações descritas noutros casos de estudo, onde as cicatrizes de arranque estão normalmente associadas a pequenas depressões (ver Sidle & Terry, 1992), em áreas onde os solos são normalmente mais profundos e a infiltração está favorecida.

Em termos de declive, verifica-se que não há uma correlação direta entre o declive médio e a suscetibilidade à ocorrência de deslizamentos. A classe que identifica os valores mais elevados de declive (>51°) não apresenta os valores de suscetibilidade

---

[9] O valor médio de suscetibilidade para a bacia, considerando todas as categorias de todas as variáveis, está representado graficamente através da linha a tracejado. The mean value for the basin, considering the categories of all variables, is indentified in the chart by a dashed line.

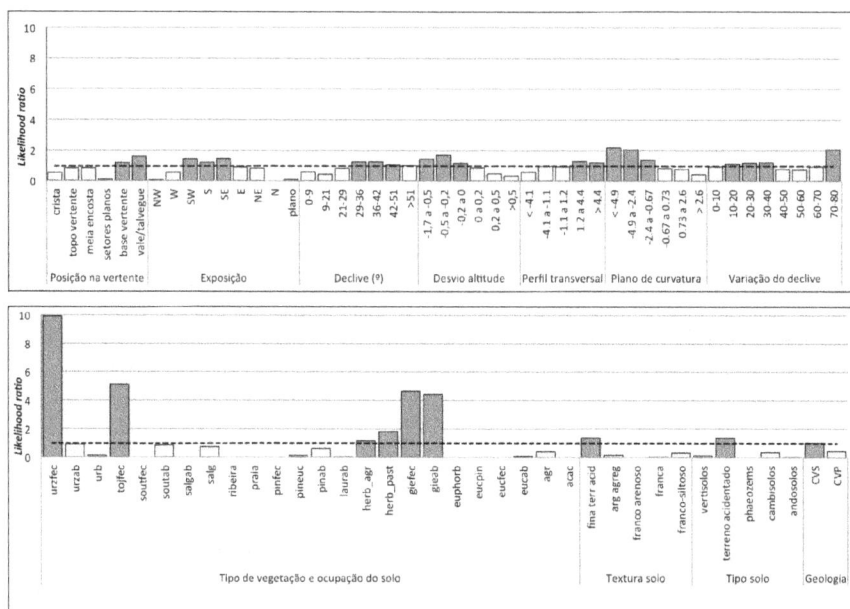

Fig. 3 - Likelihood ratio obtido para as categorias de cada variável.
Fig. 3 - Likelihood ratio for the categories of each variable.

mais elevados. Os valores mais elevados são identificados em áreas com declive entre 29º e 42º. Já considerando a *variação do declive*, essa relação é mais evidente, pois as áreas onde há maior variação são as que apresentam os valores de suscetibilidade mais elevada. Esta associação coloca em evidência a importância que a variação do declive tem no desencadeamento deste tipo de movimentos em massa. Na verdade, em campo é comum que a cicatriz de arranque se instale na base de paredes ou afloramentos rochosos, na presença de rupturas de declive.

Em termos de exposição, verifica-se que as vertentes expostas ao quadrante sul apresentam valores de suscetibilidade mais elevados. Este resultado pode estar associado ao facto de o quadro sinótico em que estes eventos ocorrem estar estruturado por um sistema depressionário com trajetória de sudoeste, uma situação comum em episódios de precipitação intensa que originam aluviões na face sul da ilha (Maciel, 2005).

Já no que diz respeito à variável *tipo de vegetação e ocupação do solo*, verifica-se que as comunidades arbustivas apresentam os valores mais elevados em termos de suscetibilidade. A suscetibilidade mais elevada foi identificada em urzais fechados, um resultado inesperado tendo por referência resultados publicados anteriormente (Figueiredo *et al.*, 2013). Mas quando se avaliam as condições em que este tipo de vegetação se encontra, verifica-se que o grau de suscetibilidade não está dado por condições inatas (fisionomia, estrutura ou composição florística), mas sim por condições externas. Trata-se de uma pequena mancha instalada num sector de base de vertente, no contacto com o leito da ribeira principal, e na imediata proximidade da confluência de vários tributários que canalizam o caudal das cabeceiras dominadas por formações herbáceas e alguns giestais. Esta posição explica os elevados valores de suscetibilidade obtidos. Tal como se pode constatar pela análise dos resultados, em termos topográficos os sectores de base de vertente e os talvegues/leitos de ribeira são os que apresentam a maior suscetibilidade. Na verdade, correspondem frequentemente a áreas que sofrem processos de arranque de material associados ao processo de transporte, tratando-se muitas vezes de áreas coincidentes com o pé do deslizamento. No caso dos leitos de ribeira, é frequente que as escoadas solifluxivas de detritos, alimentadas por material das vertentes, devido à sua grande capacidade de transporte, arranquem material das margens. No caso do urzal fechado, estas dinâmicas explicam os resultados de suscetibilidade obtidos. No contexto deste episódio de aluvião, é evidente o alargamento dos leitos das ribeiras nas áreas de cabeceira por erosão das margens, tal foi a capacidade erosiva. Mas a combinação de fatores descrita não permite explicar os valores de suscetibilidade obtidos para as outras comunidades arbustivas presentes, como o tojal (*tojfec*)[10], e os dois tipos de giestal (*giefec*, *gieab*). Os deslizamentos registados em giestais, abertos (*gieab*) ou fechados (*giefec*), ocorrem em condições de declive diversas (fig. 4), o que, à semelhança das comunidades herbáceas instaladas em áreas que estiveram sujeitas ao pastoreio, indica que as condições específicas destes tipos de vegetação são mais favoráveis à ocorrência de deslizamentos. No caso dos giestais, uma vez que os valores de suscetibilidade se posicionam acima da média em ambas as categorias, isto indica que não é a estrutura (aberta ou fechada) que é determinante, ainda que o valor

---

[10] O tojo, mais especificamente o *taxon Ulex europaeus L. subsp. latebracteatus* (Mariz) Rothm., é localmente designado por carqueija.

de suscetibilidade seja mais elevado em comunidades abertas. O que remete para particularidades associadas ao tipo de arbusto. Neste caso, as giestas apresentam uma baixa densidade radicular, sendo evidente a escassez de raízes finas, uma estrutura pouco ramificada e superficial (Chmelíková & Hejcman, 2012). Este atributo pode estar a desempenhar um papel determinante no aumento da suscetibilidade à ocorrência de movimentos de vertente, pois a escassez de raízes finas promove uma redução da resistência, pelo que um aumento da tensão tangencial, promovida, por exemplo, pelo aumento da quantidade de água no solo em contexto de episódios de precipitação sucessivos, promoverá uma redução mais rápida da resistência ao movimento. Dadas as semelhanças estruturais e fisionómicas que existem entre os giestais e os urzais, as diferenças ao nível dos sistema radicular podem ser o fator diferenciador em termos de suscetibilidade à ocorrência de deslizamentos. Os urzais abertos, que em teoria terão uma suscetibilidade superior aos urzais fechados (Figueiredo *et al.*, 2013), situação que não se confirma nesta bacia pelas razões já expostas, apresentam um valor de suscetibilidade consideravelmente inferior aos giestais. Este facto pode ser explicado pela maior densidade do sistema radicular das urzes. Além das raízes estruturais, estes arbustos apresentam uma densidade significativamente superior de raízes finas, o que contribui para aumentar a tensão normal, aumentando a resistência e reduzindo a sua suscetibilidade aos movimentos de vertente. Além das diferenças em termos de sistema radicular, acresce ainda o facto de os giestais estarem dominados por leguminosas, tal como os tojais, um grupo de organismos referenciado como muito frequente em áreas afetadas por deslizamentos (Walker & Shiels, 2012).

No que diz respeito às comunidades herbáceas, e tendo em conta especificamente as associadas a áreas que estiveram sujeitas ao pastoreio (herb_past) durante vários séculos nas cabeceiras da bacia, verifica-se que os valores de suscetibilidade são inferiores aos esperados, facto que pode estar condicionado pelo facto de este tipo de vegetação ocupar áreas significativas em setores de declive inferior à média da bacia. Estas comunidades, apesar de não apresentarem os valores de suscetibilidade mais elevados (fig. 3), registam os valores mais elevados de área afectada por deslizamentos, sendo neste tipo de vegetação onde se encontra o maior número de cicatrizes de arranque correspondentes a situações de cabeceiras dos deslizamentos. Ou seja, com grande frequência os deslizamentos tiveram início neste tipo de vegetação. É também este um dos tipos de vegetação onde as áreas afetadas por deslizamentos apresentam maior diversidade de condições de declive (fig. 4)[11].

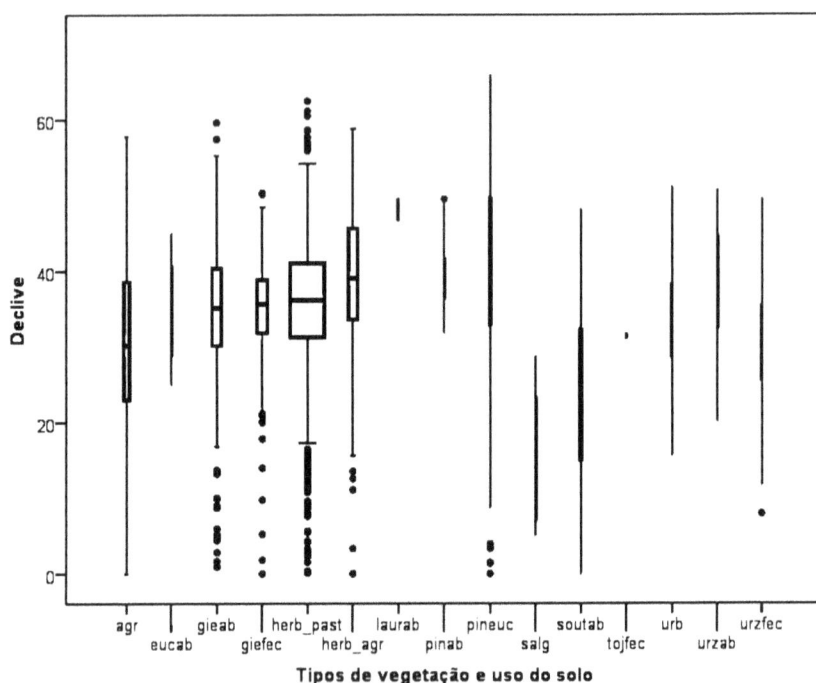

Fig. 4 - Variação das condições de declive nas áreas afetadas por deslizamentos em diferentes tipos de vegetação e uso do solo.
Fig. 4 - Slope variation on areas affected by landslide according vegetation type and land use.

Como este tipo de vegetação ocupa uma área significativa no sector de cabeceiras em áreas de fraco declive, e mesmo assim o número de deslizamentos é superior neste tipo de vegetação, pode então inferir-se que os atributos deste tipo de vegetação são importantes para explicar o padrão de deslizamentos nos sectores de cabeceiras. Na verdade, se considerarmos apenas a cabeceira dos deslizamentos, verifica-se que um

---

[11] Na fig. 4, a largura das colunas, entre o percentil 25 e o percentil 75, são proporcionais ao número de pixels associados a áreas afectadas por deslizamento em cada tipo de vegetação.

número significativo está instalado em comunidades herbáceas. Esta situação explica-se pelo facto de em comunidades herbáceas a força de coesão promovida pelo sistema radicular ser depreciável, principalmente se comparada com as comunidades arbustivas e arbóreas (Sidle & Terry, 1992). No caso da área em estudo, os valores de suscetibilidade inferiores nas comunidades herbáceas associadas ao pastoreio, comparativamente aos giestais, podem explicar-se pelo facto de grande parte das áreas ocupadas por este tipo de comunidades (60%) se encontrar em sectores com declive inferior à média da bacia (36º). Além da menor competência do sistema radicular destas comunidades para aumentar a resistência a movimentos em massa, este tipo de vegetação resulta de um processo de perturbação que se prolongou por séculos, e que cessou apenas recentemente. E os tipos de vegetação que resultam de um processo de perturbação recente estão referenciados como sendo mais suscetíveis à ocorrência deste tipo de eventos, principalmente no caso de se tratar de comunidades tendencialmente monoespecíficas (Walker & Shiels, 2012), o que remete para a importância que pode ter uma comunidade multiestratificada e floristicamente diversa, pelo facto de favorecer um sistema radicular multiestratificado. Efetivamente, na bacia em estudo, os tipos de vegetação com suscetibilidade mais elevada são comunidades tendencialmente monoespecíficas, cujos atributos estão muito determinados pela existência de processos de perturbação recente. É também o caso dos giestais e tojais instalados em áreas onde o pastoreio foi reduzido ou praticamente eliminado.

Em relação às variáveis *tipo de solo*, *textura do solo* e *geologia*, a fraca desagregação categórica das classificações ou a existência de classes ambíguas promove o enviesamento dos resultados de suscetibilidade obtidos. Em termos de tipo de solo e textura, a existência de uma classe que se refere a condições topográficas, e não edáficas, como é o caso da classe *terreno acidentado*, reduz o poder explicativo destas variáveis. Sendo esta a categoria que apresenta um valor de suscetibilidade superior à média, não é possível aferir de que forma os atributos do meio edáfico condicionam a suscetibilidade à ocorrência de deslizamentos, uma vez que o critério que suporta a definição desta classe se baseia em informação que já está considerada nas variáveis de natureza topográfica. Esta limitação sai reforçada pelo facto desta categoria ocupar uma área muito significativa na bacia (70%), e é precisamente nesta classe que ocorrem 97% dos registos de deslizamento. Sendo assim, e uma vez que não se conhecem as condições edáficas predominantes em parte significativa da bacia, não é possível avaliar de que forma o tipo de solo tem influência no desencadeamento de deslizamentos. Esta situação mantém-se no caso da geologia, onde a falta de desagregação pode também estar a promover os resultados obtidos.

O papel da vegetação segundo a modelação preditiva

A importância que a modelação preditiva atribui à variável *tipos de vegetação e uso do solo* vem confirmar os resultados obtidos com base na análise estatística exploratória. A aplicação do método de *jackknifing*, com vista a identificar as variáveis com maior poder explicativo a partir do algoritmo baseado no princípio de máxima entropia, permite confirmar que a variável *tipo de vegetação* assume uma capacidade preditiva na explicação do padrão de deslizamentos supeiror a qualquer outra variável em uso. De todas as variáveis consideradas, o *tipo de vegetação e uso do solo* é a única que permite a produção de um modelo (modelo 5), se utilizada isoladamente, com boa capacidade discriminatória (AUC = 0.77), permitindo prever corretamente um número significativo dos deslizamentos registados e obter mesmo a mais baixa taxa de omissão (Tabela II). Aliás, a adição de todas as outras variáveis ao modelo permite melhorar apenas ligeiramente a sua capacidade preditiva, enquanto que a não utilização da variável *tipo de vegetação e uso do solo* (veget) reduz significativamente a capacidade preditiva dos modelos, aumentando a taxa de omissão (Tabela II).

Em termos de espacialização dos resultados, torna-se clara a importância que os modelos atribuem à variável *tipo de vegetação e uso do solo*, uma vez que o padrão de suscetibilidade à ocorrência de deslizamentos está fortemente estruturado pela definição espacial desta variável. Esta associação está ainda confirmada pelo facto de o modelo 1 apresentar um padrão muito semelhante ao modelo 5, estando o primeiro calibrado com todas as variáveis e o segundo apenas com a variável vegetação (fig. 5).

Acresce ainda que estes são os modelos classificados como tendo o melhor desempenho em termos de capacidade para identificar as áreas mais suscetíveis à ocorrência

TABELA II - Contribuição das diferentes variáveis para cada modelo e resultados da avaliação de cada modelo.

TABLE II - Contribution of each variable for each model and evaluation results.

Modelo	Posição	Exposição	Declive	Variação	Perfil	Curvatura	Desvio	Solo_te	Solo_ti	Veget	AAC	To
	Contribuição das variáveis para os diferentes modelos (%)										Avaliação	
1	10	12.4	0.5	0.4	0.8	0.6	0.5	18.5	4.8	51.6	0.8	0.19
2	17.8	34.2	1.2	0.7	2	1	1	33	9	*	0.7	0.25
3	14	12.8	1	1	1.2	0.7	0.7	*	*	69	0.8	0.21
4	34.1	50.5	5.2	3.1	3.3	1.5	2.4	*	*	*	0.7	0.42
5	*	*	*	*	*	*	*	*	*	100	0.8	0.15

Legenda: Posição na vertente (Posição), Variação do declive (Variação), Perfil transversal da vertente (Perfil), Plano de curvatura da vertente (Curvatura), Desvio à altitude média (Desvio), Textura do solo (Solo_Te), Tipo de solo (Solo_ti), Tipo de vegetação e ocupação do solo (Veget); Área abaixo da curva (AAC), Taxa de omissão (To); * a variável não foi utilizada neste modelo. Nota: para o cálculo da taxa de omissão teve-se por referencia o valor de limiar que em cada modelo valoriza mais a capacidade do modelo para classificar corretamente os pixéis onde se conhecem cicatrizes que a capacidade para classificar corretamente os pixéis onde não estão identificadas cicatrizes.

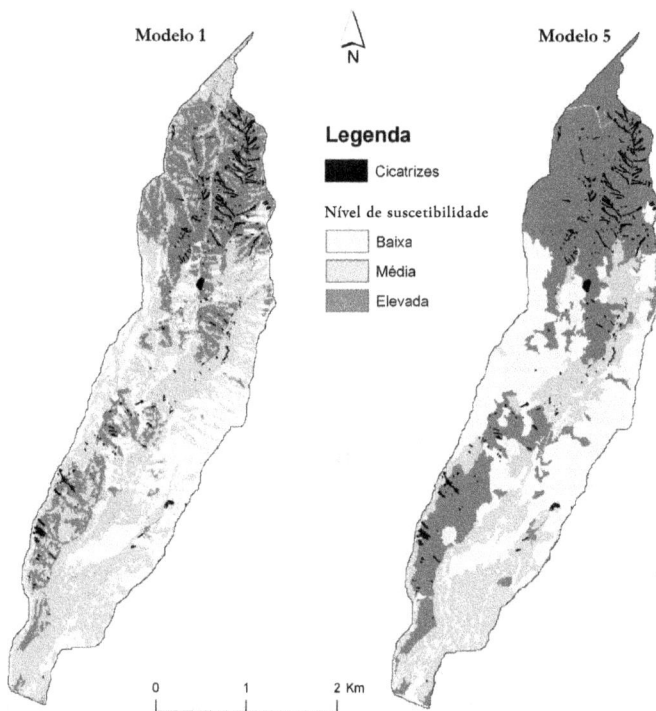

Fig. 5 - Suscetibilidade à ocorrência de deslizamentos na area em estudo.

Fig. 5 - Susceptibility to landslide in the study area.

de deslizamentos, considerando que conseguem prever de forma bastante satisfatória a maior parte dos deslizamentos registados aquando da aluvião de 20 de fevereiro. No entanto, e com base na comparação dos modelos com melhor desempenho, verifica-se que o modelo 1, que inclui informação para todas as variáveis, apresenta maior detalhe na classificação da suscetibilidade territorial, facto que se deve principalmente à inclusão das variáveis de natureza topográfica, as quais, sem dúvida, são importantes no condicionamento do grau de suscetibilidade. Na verdade, e tendo por referência o sector de cabeceiras, o sector da bacia com valores de suscetibilidade mais elevados, a inclusão de informação de natureza topográfica permite reduzir o valor de suscetibilidade para *média* nalgumas áreas, uma vez que no modelo 5, que considera apenas o tipo de vegetação, toda a área aparece como tendo suscetibilidade elevada. Trata-se efetivamente da área da bacia dominada por formações herbáceas, associadas a áreas de pastoreio, e formações arbustivas, nomeadamente giestais. Assim sendo, no que diz respeito aos tipos de vegetação, os resultados da modelação preditiva confirmam que os valores mais elevados, ou acima da média da bacia, estão identificados nas mesmas classes de vegetação identificadas ao nível da análise estatística: giestais abertos, giestais fechados, comunidades herbáceas associadas ao pastoreio, urzal aberto e urzal fechado (6, 7, 8, 22, 23 no respetivo gráfico da fig. 6).

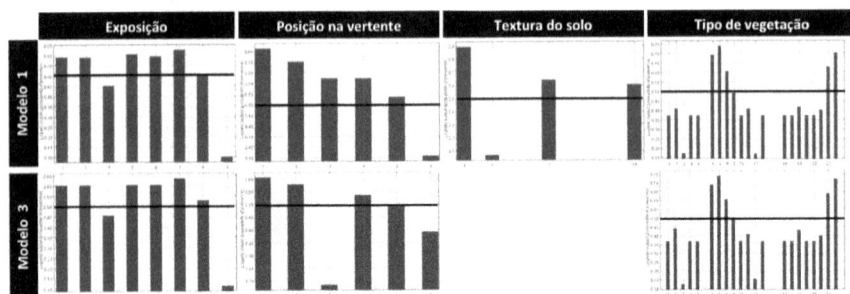

Fig. 6 - Probabilidade de ocorrência de deslizamentos em cada categoria[12].
Fig. 6 - *Probability to landslide for the categories of the different variables.*

---

[12] Nota: a linha horizontal identifica o valor 0.5, valor a partir do qual a probabilidade de ocorrência é significativa.
Solid horizontal line in the charts identifies the value 0.5, value above which the probability of occurrence is significant.

Esta situação verifica-se em todas as outras variáveis, o que permite a validação cruzada dos resultados obtidos através das duas estratégias, permitindo confirmar o papel preponderante que o tipo de vegetação tem no condicionamento da suscetibilidade à ocorrência de deslizamentos.

Conclusão

Os resultados obtidos permitem confirmar que as condições fisionómicas e a composição florística das comunidades vegetais condicionam a suscetibilidade à ocorrência de deslizamentos na bacia da ribeira da Tabua. Sem dúvida que as condições topográficas são determinantes, no entanto, os resultados obtidos confirmam a necessidade de incluir os atributos da vegetação nos processos de análise de suscetibilidade. Tal como foi registado anteriormente (Figueiredo *et al.*, 2013), as comunidades herbáceas instaladas em áreas associadas historicamente ao pastoreio e as comunidades arbustivas dominadas por espécies exóticas (giestas, tojo) apresentam valores superiores à média da bacia. Mas no caso específico da bacia da Tabua, os urzais fechados, comunidades nativas, também fazem parte do grupo de tipos de vegetação com valores de suscetibilidade superiores à média da bacia. Verifica-se, no entanto, que as cabeceiras das cicatrizes não se instalam neste tipo de vegetação, sendo que os urzais são mais afetados pelo arranque de material associado ao processo de transporte, facto que está determinado pela sua posição, mais frequentemente em talvegues ou na proximidade do leito de ribeira. Um outro factor que promove tão elevados valores de suscetibilidade está relacionado com a sua muito baixa representatividade na bacia. Este resultado remete para a necessidade de haver uma análise cuidada dos resultados no sentido de diferenciar situações em que os atributos da categoria são determinantes, ou se, pelo contrário, os valores traduzem a combinação de fatores externos que espacialmente fomentam um aumento das condições de suscetibilidade. Este resultado remete para o facto de este tipo de análise ganhar em rigor se houver uma prévia diferenciação dos sectores de cada deslizamento (cabeceiras, corpo, pé), no sentido de avaliar melhor quais os tipos de vegetação que verdadeiramente estão na origem destes movimentos.

Em relação a outras variáveis, apesar de a análise estatística indicar a existência de relações significativas para determinadas categorias, a análise criteriosa das diferentes classes permite confirmar que pode estar a verificar-se um efeito de enviesamento dos resultados decorrente dos critérios que suportam a classificação associada a cada variável. Esta situação verifica-se no caso das variáveis associadas às condições edáficas (*tipo de solo, textura do solo*) e geologia.

Além da componente topográfica e padrão climático, os resultados permitem afirmar que a vulnerabilidade perante os episódios de aluvião na Ilha da Madeira pode estar a ser reforçada pela alteração das condições da vegetação, uma vez que os tipos de vegetação com valores mais elevados de suscetibilidade à ocorrência de deslizamentos resultam de uma degradação profunda das condições da vegetação nativa. Para tal muito contribuiu o uso pastoril em parte significativa do sector de cabeceiras da bacia, à semelhanças dos sectores de maior altitude da ilha, onde o uso do fogo era utilizado para controlo das plantas arbustivas e rejuvenescimento das pastagens, configurando uma combinação deletéria de fatores para a recuperação da vegetação lenhosa nativa. Este cenário motivou historicamente a escassez de lenha, favorecendo a sementeira de espécies exóticas de crescimento rápido, como as giestas, que hoje ocupam áreas significativas. Juntamente com os impactes do uso agrícola e reflorestação com exóticas, deu-se origem a uma paisagem vegetal que se afasta profundamente das condições potenciais da vegetação natural. Além de todos os reflexos negativos associados do ponto de vista da biodiversidade, os resultados deste trabalho permitem confirmar o reforço da vulnerabilidade aos episódios de aluvião em resultado de uma aumento da suscetibilidade à ocorrência de deslizamentos associada a episódios de precipitação intensa na Ilha da Madeira.

Referências bibliográficas

Baioni, D. (2011). Human activity and damaging landslides and floods on Madeira Island. *Nat. Hazards Earth Syst. Sci.* 11 (11): 3035-3046.

Capelo, J., Sequeira, M., Jardim, R., Costa, J.C. (2004). Guia da excursão geobotânica dos V Encontros ALFA 2004 à Ilha da Madeira. *Quercetea* 6: 5-46.

Chmelíková, L., Hejcman, M. (2012). Root system variability in common legumes in Central Europe. *Biologia* 67 (1): 116-125.

De Reu, J., Bourgeois, J., Bats, M., Zwertvaegher, A., Gelorini, V., De Smedt, P., Chu, W., Antrop, M., De Maeyer, P., Finke, P., Van Meirvenne, M., Verniers, J., Crombé, P. (2013). Application of the topographic position index to heterogeneous landscapes. *Geomorphology* 186: 39-49.

EARAM - SECRETARIA REGIONAL DO EQUIPAMENTO SOCIAL (2010). *Estudo de Avaliação do Risco de Aluviões na Ilha da Madeira.* Funchal, 316 págs.

Elith, J., Graham, C.H., Anderson, R.P., Dudık, M., Ferrier, S., Guisan, A., Hijmans, R. J., Huettmann, F., Leathwick, J. R., Lehmann, A., Li, J., Lohmann, L. G., Loiselle, B. A., Manion, G., Moritz, C., Nakamura, M., Nakazawa, Y., Overton, J. McC., Peterson, A. T., Phillips, S. J., Richardson, K. S., Scachetti-Pereira, R., Schapire, R. E., Soberon, J., Williams, S., Wisz, M. S. and Zimmermann, N. E. (2006). Novel methods improve prediction of species' distributions from occurrence data. *Ecography* 29 (2): 129-151.

Fernández-Palacios, J. M., de Nascimento, L., Otto, R., Delgado, J. D., García-del-Rey, E., Arévalo, J.R., Whittaker, R.J. (2011). A reconstruction of Palaeo-Macaronesia, with particular reference to the long-term biogeography of the Atlantic island laurel forests. *Journal of Biogeography* 38 (2): 226-246.

Figueiredo, A. (2008). Desempenho de um modelo de máxima entropia na previsão da distribuição do endemismo Euphorbia piscatoria na Ilha da Madeira. *Cadernos de Geografia* 26/27: 351-359.

Figueiredo, A., Pupo-Correia, A., Sequeira, M.M. (2013). Suscetibilidade à ocorrência de deslizamentos em diferentes tipos de vegetação na Ilha da Madeira, in: Nunes, A., Cunha, L., Santos, J., Ramos, A., Ferreira, R., Paiva, I., Dimuccio, L. (Eds.), VI Congresso Nacional de Geomorfologia. Associação Portuguesa de Geomorfólogos, Universidade de Coimbra, pp. 115-118.

Gallant, J.C., Wilson, J.P. (2000). Primary topographic attributes. In: Wilson, J.P., Gallant, J.C. (eds.), *Terrain Analysis: Principles and Aplications.* Wiley, New York, pp. 51-85.

Lee, S., Min, K. (2001). Statistical analysis of landslide susceptibility at Yongin, Korea. *Environmental Geology* 40 (9): 1095-1113.

Lee, S., Ryu, J. H., Kim, I. S. (2007). Landslide susceptibility analysis and its verification using likelihood ratio, logistic regression, and artificial neural network models: case study of Youngin, Korea. *Landslides* 4 (4): 327-338.

Maciel, O. M. G. (2005). *Precipitações intensas na Ilha da Madeira : incidência, contrastes espaciais e causas sinópticas.* Tese de Mestrado, Faculdade de Letras, Universidade de Coimbra, Coimbra, 171 p.

Nunes, A., Figueiredo, A., Almeida, A. C. (2012). The effects of farmland abandonment and plant succession on soil properties and erosion processes: a study case in centre of Portugal. *Revista de Geografia e Ordenamento do Território* 2: 165-190.

Pedrosa, A. D. S., Pereira, A. (2011). A integração das formações superficiais na modelação e cartografia do risco geomorfológico: o caso da serra do Marão. *Soc. & Nat.* 23 (3): 529-544.

Piedade, A. (2009). *Modelação espacial em sistemas de informação geográfica da suscetibilidade a deslizamentos na área de Lousa-Loures* (Tese de Mestrado). Gestão do Território, área de especialização em Deteção Remota e Sistemas de Informação Geográfica, Universidade Nova de Lisboa, Lisboa, 113 p. + anexos.

Piedade, A., Zezere, J. L., Garcia, R. A. C., Oliveira, S.C ., (2010). Avaliação e validação de modelos de susceptibilidade a deslizamentos em áreas homogéneas na região a Norte de Lisboa, 16° Congresso da APDR - *Regiões de Charneira, Canais de Fronteira e Nós.*, Universidade da Madeira, Funchal, pp. 1318 - 1333.

Policarpo, N. O. D. S. G., Instituto de Geografia e Ordenamento do Território, Universidade de Lisboa (2012). *Suscetibilidade aos movimentos de vertente e vulnerabilidade no concelho do Funchal*. Relatório de Estágio, Lisboa, 112 p.

Quintal, R. (1999). Aluviões da Madeira. Séculos XIX e XX. *Territorium* 6: 31 - 48.

Ramalheira, A., Portela, M. M., Almeida, A. B. D. (2014). Classificação de precipitações associadas a aluviões na região do Funchal, Ilha da Madeira, com recurso a cadeias de Markov, in: Lourenço, L. (Ed.), *VIII Encontro Nacional de Riscos*. Imprensa da Universidade de Coimbra, Guimarães, p. 61-66.

Reis, E., Bergonse, R., Simões, E., Filipe, P. (2015). Riscos hidrogeomorfológicos. In: Gomes, A., Avelar, D., Santos, F.D., Costa, H., Garrett, P. (eds.), *Estratégia de adaptação às alterações climáticas da Região Autónoma da Madeira - Clima-Madeira*. Secretaria Regional do Ambiente e Recursos Naturais, Funchal, p. 2-31.

Roxo, M. J. (1988). *Processos atuais de evolução de vertentes*. (Tese de Mestrado). Geografia Física, Universidade de Lisboa, Lisboa, 178 p.

Santos, F.D., Miranda, P. (eds.) (2006). *Alterações climáticas em Portugal. Cenários, impactos e medidas de adaptação*. 1st ed, Gradiva, Lisboa, 505 p.

Sepúlveda, S.M.F. (2011). *Avaliação da precipitação extrema na Ilha da Madeira* (Tese de Mestrado). Engenharia do Ambiente, Universidade Técnica de Lisboa, Lisboa, 112 p.

Sidle, R. C., Terry, P. K. K. (1992). Shallow landslide analysis in terrain with managed vegetation. *Erosion, Debris Flows and Environment in Mountain Regions*. vol. 209. IAHS Publ., pp. 289 - 298.

Silva, F. A., Menezes, C.A. (1998). *Elucidário Madeirense. Edição Fac-similada*. DRAC, Funchal.

Tasser, E., Mader, M., Tappeiner, U. (2003). Effects of land use in alpine grasslands on the probability of landslides. *Basic Applied Ecology* 4: 271-280.

Walker, L. R., Shiels, A. B. (eds.) (2012). *Landslide Ecology*, Cambridge University Press, Cambridge, 314 pp.

Zêzere, J. L. S., de Brum Ferreira, A., Rodrigues, M. L.S. (1999). The role of conditioning and triggering factors in the occurrence of landslides: a case study in the area north of Lisbon (Portugal). *Geomorphology* 30 (1–2): 133-146.

MOVIMENTOS DE MASSA E OUTRAS OCORRÊNCIAS DANOSAS. O CASO DO CENTRO HISTÓRICO DE VILA NOVA DE GAIA
MASS MOVEMENTS AND OTHER HARMFUL EVENTS. THE CASE OF THE HISTORICAL CENTRE OF VILA NOVA DE GAIA

Salvador Almeida
Professor da licenciatura em Engª de Proteção Civil, na ULP
salvadorpfalmeida@gmail.com

Sumário: O Centro Histórico Antigo de Vila Nova de Gaia é um verdadeiro documento vivo das condições de vida e das técnicas de construção de gerações ancestrais representativo de valores culturais, nomeadamente históricos, arquitetónicos, urbanísticas ou simplesmente afetivos que, por constituírem uma memória coletiva, não se podem perder por incúria ou desleixo. Assim, este trabalho responde a um desejo de contribuir para a preservação do Centro Histórico, que sofre devido às manifestações geomorfológicas, atendendo à morfologia da área em causa e à intervenção que todos os dias acontece neste território quer pela renovação nos arruamentos, quer no património, tanto na recuperação do edificado, como na construção de novas habitações ou a construção de novas vias, nomeadamente a Circular do Centro Histórico, a meia encosta, impermeabilizando grandes áreas, alterando circulação subterrânea da água e alterando o escoamento natural e o escoamento artificial, danificando infraestruturas, derrubando muros de suporte, causando vítimas e afetando o bem-estar das populações.

Palavras-chave: Centro histórico, deslizamentos, desabamentos e gestão do risco.

DOI: http://dx.doi.org/10.14195/978-989-26-1237-9_10

Abstract: The Old Vila Nova de Gaia Historical Centre is a true living document of the life conditions and construction techniques of ancient generations, representative of cultural values, including historical, architectural, urban or just emotional that by constituting a collective memory, cannot be lost by negligence or carelessness. This work responds to a desire to contribute to the preservation of the Historical Centre, that suffers due to the geomorphological manifestations, given the morphology of the area concerned and the intervention that every day takes place in this territory whether in heritage – in the recovery of the built heritage - whether in building new homes or new pathways, including the Circular of the Historical Centre, the hillside, waterproofing large areas by changing underground water circulation and changing the natural flow and the artificial flow, damaging infrastructure, knocking down retaining walls, causing casualties and affecting the well-being of the population.

Keywords: Historical centre, mudslides, landslides and risk management.

Introdução

Vila Nova de Gaia atual é o resultado da junção de duas antigas povoações, Gaia e Vila Nova.

O Centro Histórico de Vila Nova de Gaia é riquíssimo e é cada vez mais um misto de cultura e turismo.

São os habitantes do Morro do Castelo, é a Lenda de Gaia, a Lenda de Santa Liberata, a Lenda do Cristo do Convento de Corpus Christi, é o Largo Miguel Bombarda, ex Largo da Praia, também conhecido por Largo Sandeman, um dos locais mais marcantes de Gaia, onde todas as desgraças e alegrias, aconteceram ao longo dos séculos.

É aqui que há mais de 300 anos se faz a maturação do famoso Vinho do Porto. São as famosas Caves (Cellars) de Vinho do Porto.

Temos o Largo de Aljubarrota, onde está o monumento de homenagem a Álvaro Anes de Cernache que foi o porta-bandeira da Ala dos Namorados na Batalha de Aljubarrota. Como reconhecimento o mestre de Avis conferiu-lhe o título de 1º Senhor de Gaia.

Ao passar pela ribeira das Azenhas, saímos da antiga Vila Nova e chegamos à antiga Gaia (antiga Cale dos Suevos).

Na rua de S. Marcos em plena Encosta do Castelo temos a Capela do Bom Jesus de Gaia, onde se encontraram vestígios romanos. Terá sido a sede episcopal dos Suevos, anterior à do Porto.

É de recordar Carlos Valle, 1971 e cito: *"[...] o que diz o erudito historiador Alexandre Herculano (História de Portugal, 1º volume, pag. 445 – [...] afirma com convicção que não pode conceder-se foros romanos a não ser a Gaia, a antiga Cale"*. Depois, no rasto de suevos, visigodos, árabes e cristãos do século V ao século X, temos sempre Portucale e acrescenta: *"foi dessa povoação que veio o nosso Portugal"*.

A área em estudo, Centro Histórico de V. N. de Gaia, com uma frente para o rio Douro de 3,3 Km, situa-se na União de freguesias de Santa Marinha/São Pedro Afurada, está inserido numa área mais vasta que é toda a orla fluvial do rio Douro e que representa, aproximadamente, 26 km. É um território com inclinações fortes e muito fortes e como consequência com arruamentos ingremes e estreitos

Ao longo dos últimos 21 anos face aos registos de ocorrências que organizámos numa base de dados, verifica-se que aconteceram, deslizamentos, derrocadas, abatimentos, que me levam a afirmar que o Centro Histórico, apresenta elevados riscos geomorfológicos.

Urge, fazer algo, trabalhar no antes da emergência. A base do trabalho para minimizar o risco ou mesmo evitar o perigo deverá ser o Planeamento de Emergência (Alexander,2005). É também verdadeiramente assumido que quanto menor for a dimensão da análise das vulnerabilidades melhor será o resultado obtido (Alexander,2005).

Refere ainda Alexander, (2005) que tendo como base o município e o seu Plano Municipal de Emergência de Proteção Civil, o microzonamento para determinar os riscos a uma escala local causada pela interação entre processos potencialmente perigosos geograficamente distribuídos e vulnerabilidades, é uma excelente base para o planeamento de emergência duma área como o Centro Histórico.

Movimentos de Vertente – Inventário e análise das manifestações de instabilidade geomorfológica

Na constituição geológica do Centro Histórico de Vila Nova de Gaia, constata-se o predomínio dos granitos e de rochas do complexo xisto-grauváquico, constituintes do Maciço Antigo (fig.1).

A Carta geológica do Concelho de Vila Nova de Gaia mostra que a área correspondente ao Centro Histórico é granítica – granito de grão médio de duas micas.

No entanto os granitos encontram-se em todo o concelho, localizando-se numa faixa central, no sentido NW-SE. O denominado "granito do Porto", aflora na margem esquerda do rio Douro entre a Praia de Quebrantões (freguesia de Oliveira do Douro) e freguesia de S. Pedro da Afurada (fig. 2).

Esta área apresenta de acordo com a "Carta de Suscetibilidade e Movimentos de Vertente" elaborada pelo Departamento de Geografia da Universidade do Porto (fig. 3), uma Suscetibilidade Muito Forte junto ao Observatório da Serra do Pilar. Ora o Centro Histórico está sujeito a vários tipos de vulnerabilidades que potenciam os riscos naturais e tecnológicos, muitos deles que não se podem evitar, mas pode e deve fazer-se tudo para prevenir e minimizar.

Remontam ao ano de 1967 as notícias acerca de desprendimento de blocos na Escarpa da Serra do Pilar, que suscitaram apreensões relativas à segurança de alguns edifícios do aquartelamento da Serra do Pilar, bem como acerca das condições de utilização dos caminhos existentes na base da escarpa, nomeadamente a rua Cabo Simão.

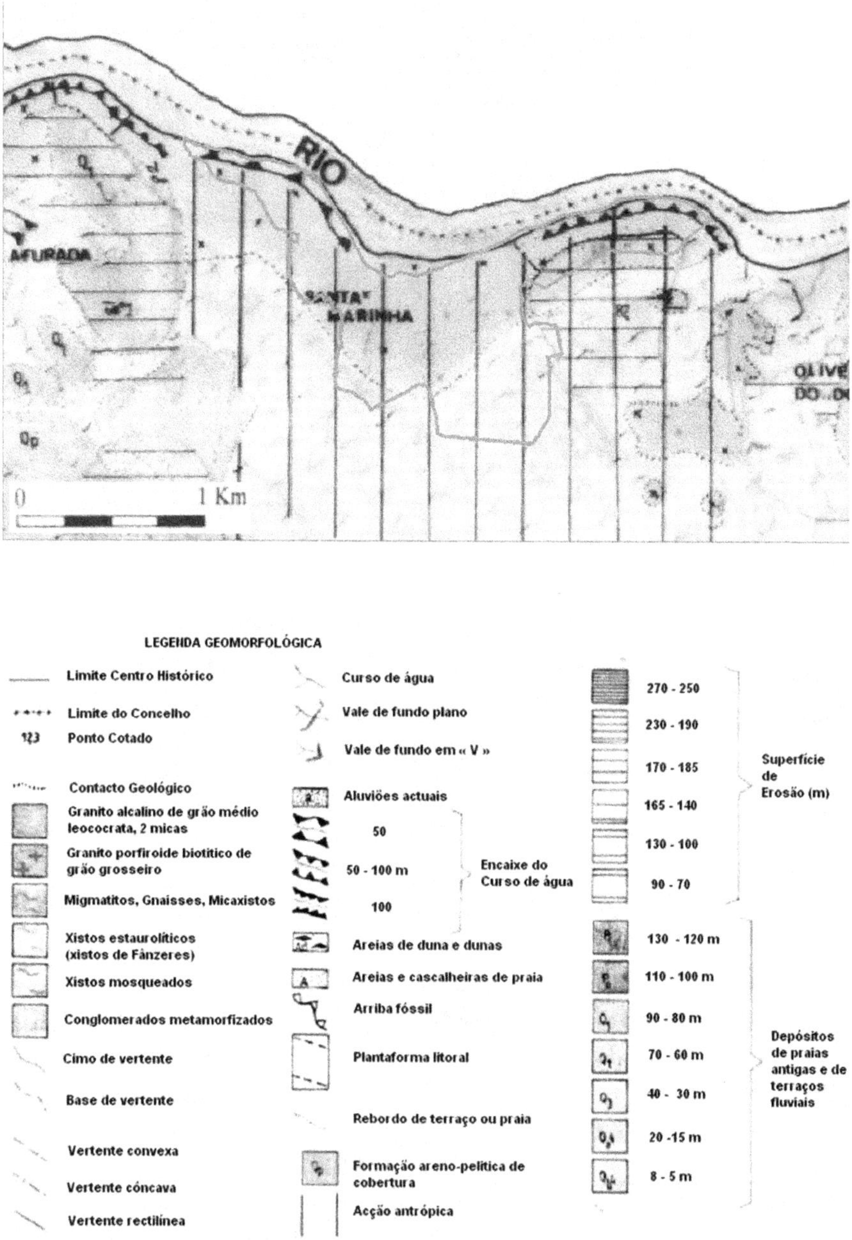

LEGENDA GEOMORFOLÓGICA

Limite Centro Histórico	Curso de água		270 - 250
Limite do Concelho	Vale de fundo plano		230 - 190
123 Ponto Cotado	Vale de fundo em « V »		170 - 185
Contacto Geológico	Aluviões actuais		165 - 140	Superfície de Erosão (m)
Granito alcalino de grão médio leococrata, 2 micas	50		130 - 100
Granito porfiroide biotitico de grão grosseiro	50 - 100 m	Encaixe do Curso de água	90 - 70
Migmatitos, Gnaisses, Micaxistos	100		
Xistos estauroliticos (xistos de Fânzeres)	Areias de duna e dunas		130 - 120 m
Xistos mosqueados	Areias e cascalheiras de praia		110 - 100 m
Conglomerados metamorfizados	Arriba fóssil		90 - 80 m
Cimo de vertente	Plantaforma litoral		70 - 60 m	Depósitos de praias antigas e de terraços fluviais
Base de vertente			40 - 30 m
	Rebordo de terraço ou praia		20 -15 m
Vertente convexa	Formação areno-pelitica de cobertura		8 - 5 m
Vertente côncava			
Vertente rectilinea	Acção antrópica		

Fig. 1 - Adaptado de Esboço Geomorfológico do Centro Histórico do Concelho de V. N. de Gaia (Fonte: A. Pedrosa, Fantina Pedrosa e Joaquim A. Tavares, 1985).

Fig. 1 - Geomorphologic outline Adapted from V. N. County Historical Centre of Gaia (Source: A.Pedrosa, Fantina Pedrosa and Joaquim A. Tavares, 1995).

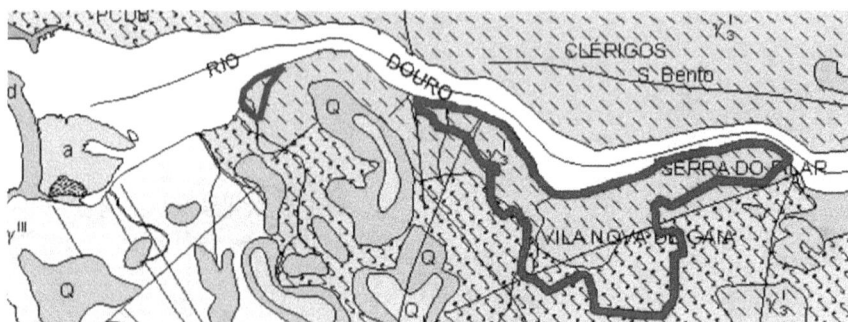

LEGENDA

| a | Depósitos fluviais e de estuário não atuais |

| d | Depósitos dunares e praias atuais ou de areia e de cascalho |

| Q | Depósitos fluviais da zona vestibuar dos rios e depósitos marinhos da faixa litoral, cobertos ou não por depóstios de solifluxão periglaciar |

| PCDB | Grupo do Douro e das Beiras Indeferenciado (PCBD): conglomerado poligénico (*), com matriz quartzo-pelítica, xistos com estaurolite (**), micaxistos, gnaisses e migmatitos (***) |

ROCHAS GRANITÓIDES

| γ^{III} | Granito porfiróide de grão grosseiro a médio |

| γ_3 | Granito de grão médio de duas micas |

──── Limite de Centro Histórico de Santa Marinha e S. Pedro da Afurada

Fig. 2 - Geologia do Centro Histórico (Sta. Marinha e Afurada)
(Fonte: Carta Geológica, Cartografia C.M. Vila Nova de Gaia, 2008).
Fig. 2 - Geology Historical Centre (Santa Marinha and Afurada)
(Source: Geological Charter, C. M. Cartography Vila Nova de Gaia, 2008).

O reconhecimento geológico então realizado, de acordo com o relatório do LNEC em 1967, evidenciou que o maciço adjacente à escarpa se encontrava fortemente diaclasado e descomprimido, originando o desprendimento de blocos.

Há 49 anos foi proposto e realizada a pregagem e atirantamento ao próprio maciço. Esta obra realizou-se na chamada zona Poente da Escarpa da Serra. Em 1981, novas notícias de instabilidade na Escarpa da Serra do Pilar e mais

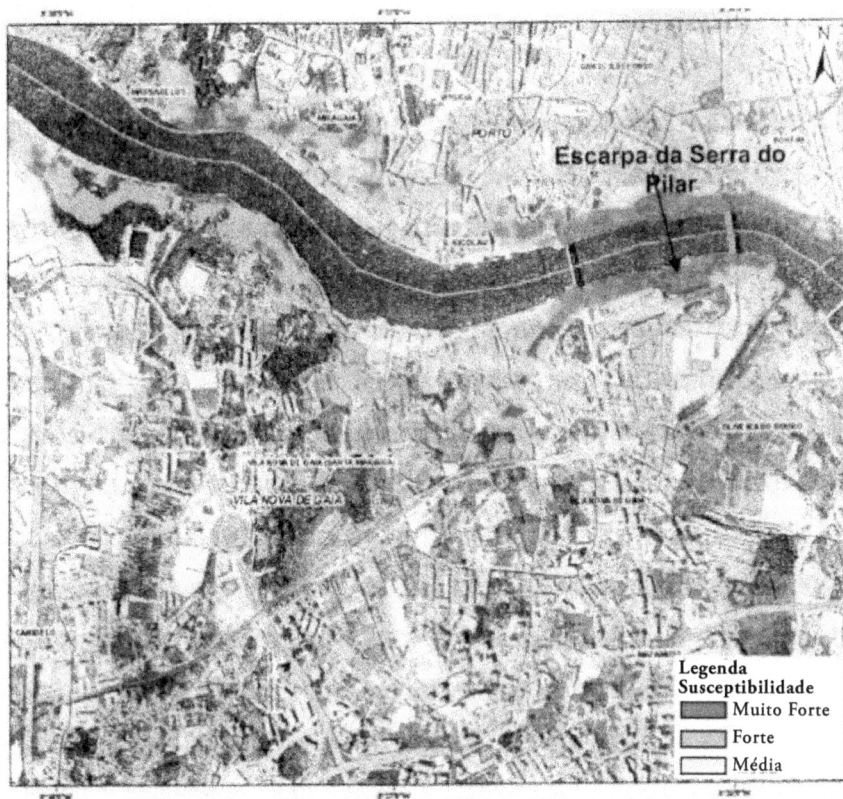

Fig. 3 - Carta de Suscetibilidade a Movimentos de Vertente - Santa Marinha
(Fonte: Carta do SNBPC-CDOS Porto 2006).

*Fig. 3 - Charter Susceptibility to slope movements - Santa Marinha
(Source: Charter from SNBPC-CDOS Port 2006).*

uma vez o LNEC elaborou um relatório intitulado "Estudo da Estabilidade de Casas Clandestinas na Escarpa da Serra do Pilar".

É possível ver o conjunto de casas construídas sem licença, na Escarpa da Serra (fot. 1).

O estudo evidenciava que as construções existentes na parte superior da escarpa, mesmo adjacente, para Poente, à atual Ponte do Infante D. Henrique, estão demasiado próximas da crista, agravando as condições de segurança dessas construções e das que estão no plano inferior (fot. 2).

Fot. 1 - Vista geral da Escarpa da Serra do Pilar (Salvador Almeida, 2005).
Photo 1 - Escarpment overview of Serra do Pilar (Salvador Almeida, 2005).

Fot. 2 - Construções Clandestinas na crista da Escarpa da Serra
(Salvador Almeida, junho 2009)
*Photo 2 - Clandestine buildings on the crest of the escarpment of the Sierra
(Salvador Almeida, June of 2009).*

Em 1987, o LNEC produziu um outro relatório designado - Um Segundo Relatório – "Estudo de Estabilidade de Casas Clandestinas na Escarpa de Serra do Pilar" onde se salientava, que entre 1981 e 1987, se construíram mais 27 edificações na zona central da escarpa e mais 28 na zona Nascente, isto é, mais 55 edificações clandestinas no total. O referido relatório do LNEC de 1981 diz e passo a citar:

> *"[...] em ter em conta os aspetos urbanísticos da ocupação de toda a área, que aliás parecem desastrosos, a construção de novas edificações contribuirá para agravar as condições de estabilidade de toda a escarpa, podendo conduzir ao colapso do terreno em certas zonas".*

O relatório ainda acrescenta e cito:

> *"[...] De facto, não só não se impediu a construção de novas edificações, como também não se concretizaram a maior parte das intervenções recomendadas no relatório de 1981, e que o relatório de 1987 manteve no essencial."*

A análise da fig. 4 e da fot. 3, a primeira datada de 1960 e a segunda de Maio de 2009, mostra como era a Escarpa da Serra do Pilar (fig. 4) e como estava em 2009 (fot. 3), cheia de construções clandestinas.

Por sua vez, na previsão do PDM, Escarpa da Serra do Pilar, está como Reserva Ecológica Nacional - (Portaria 88/09 de 28 de Novembro), (fig. 5).

Como atrás referi, ao longo dos últimos 21 anos, foram registadas muitas ocorrências em toda a área do Centro Histórico que, de acordo com o glossário da classificação de ocorrências (NOP3101 de 7 de Janeiro de 2015) do MAI/ Autoridade Nacional de Proteção Civil, têm os códigos 3301 a 3337, e pertencem à família de Riscos Misto e espécie Comprometimento total ou parcial de segurança, serviços ou estruturas: Quedas de árvores, aluimento de pavimentos com os consequentes cortes de abastecimento de água e eletricidade às populações, desabamentos, deslizamentos, inundações, quedas de estruturas, abatimentos, assentamentos, danos e quedas de cabos elétricos, escoadas, entupimentos / desentupimentos, etc... (QUADRO I).

Fig. 4 - Escarpa da Serra do Pilar - 1960
(Fonte: Postal Ilustrado – Miguel Nunes da Ponte).
*Fig. 4 - Escarpment of the Serra do Pilar - 1960
(Source: Picture Post - Miguel Nunes da Ponte).*

Fot. 3 - Foto Escarpa da Serra do Pilar – Maio 2009
(Salvador Almeida).
*Photo 3 - Photo Escarpment Serra do Pilar - May 2009
(Salvador Almeida).*

Legenda
Limite Centro Histórico
Reserva Ecológica Nacional
◼ Escarpa e sua faixa de proteção
▨ Zona ameaçada pelas cheias

Fig. 5 - Extrato do PDM- Escarpa da Serra do Pilar (Fonte: GAIURB, EEM 2009).
Fig. 5 - Extract PDM- Escarpment Serra do Pilar (Source: GAIURB, EEM 2009).

QUADRO I - Ocorrências em Infraestruturas e Vias de Comunicação 1994 a 2015.
TABLE I - Occurrences in Infrastructures and Communication Ways 1994-2015.

Nº Oc.	Tipo de Ocorrência	Data	Hora	Local	Área Afetada	Danos	Vítimas
18425/94	Queda de pedras	29-08-1994	15:50	Rua General Torres, 35	Habitação afetada pela queda de pedras	Perigo pessoas	Sem vítimas
22393/94	Movimento de Terra e pedras	22-10-1994	12:50	Calçada da Serra, 17	Toda a habitação e anexos	Perigo pessoas	Sem vítimas
31462/95	Derrocada de muro	25-12-1995	14:35	Rua de Cabo Simão	Via pública	Via obstruída	Sem vítimas
31503/95	Movimento terra	25-12-1995	15:50	Rua de Cabo Simão	Afetados 2 habitações	Perigo eminente pessoas	Famílias realojadas
10204/96	Aluimento solo	12-05-1996	10:45	Rua de Elías Garcia, 130, 1º	Obras de construção	Perigo pessoas e bens	Sem vítimas
30993/96	Derrocada de muro	24-12-1996	10:30	Travessa de Cabo Simão	Afetada a via pública	Suspeita de pessoas soterradas.	Sem vítimas
57088/97	Aluimento Estrada	17-11-1997	21:05	Rua da Fontainha	Afetada a via pública	Perigo na via pública	Sem vítimas
55849/98	Aluimento rua	01-10-1998	19:05	Largo de Miguel Bombarda, ao n.º 20	Afetada a via pública	Perigo via pública	Sem vítimas
524/99	Aluimento rua	03-01-1999	19:00	Rua Guilherme Gomes Fernandes	Afetada a via pública	Perigo via pública	Sem vítimas
23644/99	Derrocada Edifício	03-05-1999	14:03	Rua Guilherme Gomes Fernandes, 150	Desabamento do teto do 1º andar	Perigo pessoas	Sem vítimas

255

Nº Oc.	Tipo de Ocorrência	Data	Hora	Local	Área Afetada	Danos	Vítimas
3994/99	Aluimento rua	07-08-1999	18:46	Rua Cândido dos Reis	Afetada a via pública	Perigo via pública	Sem vítimas
58798/99	Aluimento rua	21-10-1999	14:07	Rua Cândido Reis, 158	Afetada a via pública	Perigo pessoas e bens	Sem vítimas
58900/99	Derrocada Edifício	21-10-1999	17:40	Rua S. Lourenço, frente ao 213	Afetada a via pública e habitação	Perigo pessoas e bens	Sem vítimas
59164/99	Derrocada Edifício	22-10-1999	18:35	Rua Cândido dos Reis, 283 3º Esq.	Cobertura e teto de habitação	Perigo pessoas	Famílias realojadas
22577/00	Aluimento Edifício	23-04-2000	20:35	R. Cabo Simão, 524	Parede da habitação	Perigo iminente	Família realojada
625/01	Derrocada muro 20 m de altura	03-01-2001	19:05	Rua Rei Ramiro	Afetado Armazém de Vinhos	Perigo pessoas e bens	Sem vítimas
1113/01	Derrocada Edifício	05-01-2001	15:30	Quinta do Castelo	Moradia devido a fortes chuvadas	Perigo iminente	Famílias realojadas
13296/01	Derrocada muro	04-03-2001	12:30	R. Rei Ramiro	Aluimento rua Rei Ramiro	Fita durante três	Sem vítimas
17344/01	Derrocada Edifício	21-03-2001	10:20	Trav. Cabo Simão	Queda de telhado e	Perigo para pessoas	Sem vítimas
17550/01	Derrocada Edifício	21-03-2001	10:45	Escadas Santo Martinho, 47	Cobertura de habitação	Perigo para pessoas	12 ou famílias realojadas
2042/02	Derrocada Edifício	23-01-2002	00:20	Rua da Fontainha	Habitação danificada	Perigo para pessoas	Sem vítimas
3292/02	Desabam Estrutura	04-02-2002	08:15	R. Calçada da Serra, 104 Casa 8	Queda de teto em habitação.	Perigo iminente	Ferido com gravidade
3674/02	Desabam Estrutura	08-02-2002	18:55	R. do Pilar nº114 Casa 1	Via pública e habitação	Perigo pessoas	Sem vítimas
20241/02	Derrocada	02-05-2002	16:35	Av. da República	Via pública	Perigo via pública	Sem vítimas
21509/02	Derrocada Edifício	10-05-2002	18:25	R. da Fervença	Telhado e parede	Perigo pessoas	Sem vítimas
56260/02	Derrocada Edifício	14-10-2002	17:00	R. General Torres, 119	Telhados de várias casas em risco de ruína	Perigo iminente 14 habitantes	Não houve vítimas
64202/02	Desabam estrutura	18-11-2002	10:15	R. S. Lourenço, 189	Habitação afetada	Perigo estrutural pessoa	Ferimentos
74410/02	Derrocada muro	24-12-2002	08:20	R. Viter. Campos, 372	Muro com 8 m	Perigo via pública	Sem vítimas
74410/A/02	Derrocada muro	24-12-2002	16:55	R. Viterbo de Campos	Apoio à ocorrência 74410/02	Perigo via pública	Sem vítimas
5170/03	Desabam Estrutura	20-01-2003	15:05	Alameda da Serra Pilar	Interior de habitação, queda de telhas	Perigo pessoas	Sem vítimas
5691/03	Desabam Estrutura	22-01-2003	12:05	R. Viterbo de Campos	Muro sobre a via pública	Perigo pessoas	Sem vítimas
33515/03	Desabam Estrutura	09-05-2003	00:40	Largo de Santa Marinha	Habitação e queda telhado	Perigo pessoas	Sem vítimas
36569/03	Desabam Estrutura	19-05-2003	16:45	Beco de São Lourenço Velho, 3	Parte de uma habitação.	Perigo pessoas	Sem vítimas
86053/03	Derrocada muro	31-10-2003	09:30	Rua do Marco	Queda de muro, com a rua interdita	Perigo via pública	Sem vítimas
55357/04	Desabam Estrutura	30-05-2004	12:15	R. Guilherme Gomes Fernandes, 121 2º Trs.	Revestimento de edifício	Perigo via pública	Sem vítimas
55790/04	Desabam Estrutura	31-05-2004	16:18	R. Cândido dos Reis, 747	Fachada de edifício a cair via pública	Perigo pessoas e via pública	Sem vítimas
56190/04	Desabam. Outra	01-06-2004	16:10	Largo Santa Marinha	Fachada de edifício revestimento a cair	Perigo para a via pública	Sem vítimas
65035/04	Deslizamento Estrutura	29-06-2004	08:15	R. Conselheiro Veloso da Cruz, 366	Queda de pedras e fábrica danificada	Perigo estrutural para a via pública	Uma vítima ao hospital
86164/04	Deslizamento terras	09-08-2004	12:35	Escarpa da Serra, Ponte do Infante	Deslizamento de terras para a via pública	Via publica interdita	Sem vítimas

Nº Oc.	Tipo de Ocorrência	Data	Hora	Local	Área Afetada	Danos	Vítimas
108432/04	Aluimento Edifício	10-10-2004	14:10	R. Cândido dos Reis, 799	Fachada de edifício e beiras ameaçando ruir	Perigo pessoas	Sem vítimas
124045/05	Derrocada	26-11-2005	10:40	R. Casino da Ponte	Via pública, queda de pedras de fábrica abandonada	Perigo na via pública	Sem vítimas
17678/06	Deslizamento	18-02-2006	20:40	R. do Casino	Via publica	Perigo saúde pública	Sem vítimas
22344/06	Queda Estrutura	04-03-2006	18:35	Largo de Santa Marinha	Queda de adorno do Campanário da Igreja	Perigo pessoas	Família com bens destruídos
31486/06	Queda Estrutura	23-03-2006	15:50	Rua do Pilar, 114	Fachada da Habitação	Perigo via pública	Sem vítimas
31661/06	Queda Estrutura	24-03-2006	02:30	R. Cândido dos Reis, 20	Fachada do Edifício	Perigo via pública	Sem vítimas
45338/06	Queda Estrutura	02-05-2006	10:10	R. Alvares Cabral - Tribunal de Gaia	Fachada do Tribunal	Perigo pessoas	Sem vítimas
90924/06	Deslizamento	24-09-2006	12:35	R. Calço Sírnão, 598 e 590	Habitações	Perigo iminente	Escudos / famílias realojadas
108794/06	Queda Estrutura	02-10-2006	15:50	R. Cândido dos Reis, 721	Fachada da Habitação	Perigo pessoas	Sem vítimas
111984/06	Queda Estrutura	11-10-2006	16:48	Rua Ramos Pinto	Fachada da Habitação	Perigo via pública	Sem vítimas
112318/06	Queda Estrutura	12-10-2006	18:30	R. Cândido dos Reis, 119 - 4º	Teto da Habitação	Perigo pessoas	Realojada 1 família
127572/06	Queda Estrutura	24-11-2006	15:50	Av. da República - Jardim do Morro	Linha do metro de superfície	Perigo pessoas e via pública	Sem vítimas
127984/06	Deslizamento	26-11-2006	20:40	R. Cândido dos Reis, 349-1º Fet.	Desabamento do telhado e teto	Perigo pessoas	Família realojada
128208/06	Queda Estrutura	25-11-2006	10:25	R. Cândido dos Reis	Fachada de Habitação	Perigo pessoas	Sem vítimas
129133/06	Queda Estrutura	27-11-2006	15:15	Quartel R.A. 5	Queda de antena na cobertura dum edifício	Perigo pessoas	Sem vítimas
132513/06	Queda de Estrutura	06-12-2006	19:45	Av. Diogo Leite	Elementos decorativos	Perigo pessoas	Sem vítimas
132629/06	Queda de Estrutura	07-12-2006	08:55	Av. Diogo Leite	Elementos decorativos	Perigo pessoas	Sem vítimas
134751/06	Queda de Estrutura	12-12-2006	15:40	Rua de França	Fachada da Habitação	Perigo pessoas	Sem vítimas
1780/07	Queda Estruturas	05-01-2007	17:10	Av. Ramos Pinto	Cobertura do mercado de Gaia	Perigo pessoas	Sem vítimas
17435/07	Desabamento	17-01-2007	15:50	R. Guilherme Gomes Fernandes, 117	Habitação, desabamento de teto	Perigo iminente fim-vida	Família realojada
18642/07	Queda de Estruturas	16-02-2007	15:45	Rua Luís de Camões, 165	Chapas de zinco devido	Perigo pessoas	Sem vítimas
19459/07	Queda Estruturas	18-02-2007	16:40	Largo Aljubarrota	Painel publicitário	Perigo via pública	Sem vítimas
21610/07	Desabamento	25-02-2007	03:35	R. Cândido dos Reis	Buraco na via pública	Perigo Via publica	Sem vítimas
30180/07	Queda Estruturas	19-03-2007	19:10	Av. Ramos Pinto	Painel publicitário	Perigo via pública	Sem vítimas
37812/08	Queda Estruturas	03-01-2008	12:20	Rua do Pilar, 100	Portadas e revestimento	Perigo via pública	Sem vítimas
120240/08	Desabamento	07-02-2008	12:35	Rua Bairro da CP	Um buraco com as seguintes medidas: 30 x 30 x 20 cm)	Perigo Via Pública	Sem vítimas
14328/08	Deslizamento	27-02-2008	15:00	R. Rei Ramiro, 264	Cratera pavimento	Perigo Via Pública	Sem vítimas
134109/08	Queda Estruturas	08-04-2008	23:00	Rua do Marco, 67	Queda material cerâmico	Perigo via pública	Sem vítimas

257

Nº Oc.	Tipo de Ocorrência	Data	Hora	Local	Área Afetada	Danos	Vítimas
90755/08	Queda estruturas	23-09-2008	15:25	R. General Torres, 10	Varias habitacoes, reboco e telhas	Perigo pessoas	Familia realojada
71528/08	Queda estruturas	28-09-2008	10:06	Rua Cândido dos Reis, 310	Remoção chapas e tapar buraco	Perigo pessoas	Família realojada
85597/08	Queda estruturas	10-10-2008	10:35	Cais Capelo Ivens	Ameaça de queda de silo com 24 toneladas de cimento	Perigo pessoas	Sem vítimas
990/08	Queda estruturas	16-10-2008	15:10	Trav. Cabo Simão, 3A	Edifício de 3 pisos, queda de telhas	Perigo via pública	Sem vítimas
108826/08	Queda estruturas	07-11-2008	22:55	Rua do Agro (junto ao nº 150).	Edifício, queda do reboco de parede	Perigo via pública	Sem vítimas
113023/08	Queda estruturas	03-12-2008	13:25	Rua General Torres, 120	Edifício de 4 pisos	Perigo pessoas	Família realojada
4129/09	Desabamento	06-01-2009	17:50	Rua Cais Capelo Ivens	Queda cornija, de edifício	Perigo interior	Houve feridos
15669/09	Desabamento	06-02-2009	01:25	Rua do Casino (a seguir Moveis Lima)	Desabamento de pedras	Perigo Via publica	Sem Vítimas
64969/09	Queda estruturas	03-06-2009	11:40	Rua das Azenhas	Queda parcial de fachada de edifício	Perigo pessoas	Sem Vítimas
66350/09	Queda estruturas	06-06-2009	12:40	Av. Ramos Pinto	Queda parcial de varanda de edifício	Perigo pessoas	Sem Vítimas
83015/09	Queda estruturas	15-07-2009	11:45	R. do Pilar	Queda cobertura do edifício	Perigo pessoas	Sem Vítimas
86519/09	Queda estruturas	22-07-2009	19:35	Rua Particular João Félix	Cobertura e parede em ruína	Perigo pessoas	Sem Vítimas
110000/09	Q. estruturas	08-09-2009	16:13	R. do Marco, 136	Ruína Habitação	Perigo pessoas	Sem Vítimas
117544/09	Queda estruturas	23-09-2009	17:35	Rua General Torres	Habitação em risco de ruína	Perigo pessoas	Sem Vítimas
125398/09	Queda estruturas	08-10-2009	18:10	Largo do Castelo	Habitação devoluta em risco de derrocada	Perigo pessoas	Sem Vítimas
128697/09	Q. estruturas	16-10-2009	15:40	Cais Lugan	Beiral, caleira e telhas e	Perigo na via pública	Sem Vítimas
132080/09	Desabamento	24-10-2009	12:25	R. Guilherme Gomes Fernandes	Parede de um edifício devoluto	Perigo pessoas	Sem Vítimas
132947/09	Deslizamento	26-10-2009	14:25	R. Calçada da Serra, 47	Bloco da escarpa	Perigo pessoas	Sem Vítimas
141763/09	Q. estruturas	16-11-2009	14:25	Rua Azenhas	Habitação ruiu	Perigo pessoas	Sem Vítimas
157104/09	Derrocada	10-12-2009	15:45	R. Cabo Simão	Queda muro	Perigo via pública	Sem Vítimas
157767/09	Queda estruturas	23-12-2009	10:00	Rua Cândido dos Reis, 4	Queda parcial de uma chaminé e edificação	Perigo pessoas	Sem feridos, 1 ilhada
157769/09	Q. estruturas	23-12-2009	10:25	Trav. Cabo Simão	Muro de suporte	Perigo via pública	Sem Vítimas
157800/09	Queda estruturas	23-12-2009	15:15	Rua General Torres, 22-3	Habitacao em ruina	Perigo pessoas	Sem Vítimas
160181/09	Queda estruturas	28-12-2009	18:35	Largo do Castelo	Cobertura danificada.	Perigo pessoas	Sem Vítimas
161433/09	Queda estruturas	31-12-2009	14:00	R. Cândido dos Reis	Cobertura e fachada danificada.	Perigo pessoas	Sem Vítimas
5939/10	Q. estruturas	14-01-2010	13:55	R.Pilar 114	quatro portadas soltas	Perigo pessoas	Sem vítimas
14895/10	Queda estruturas	04-02-2010	11:00	Rua Drº Mário Cal Brandão	Queda de muro	Perigo via pública	Sem vítimas
25304/10	Queda estruturas	27-02-2010	17:30	R. Viterbo Campos 431	Chaminé e parte do telhado ruíram,	Perigo pessoas e bens	Sem vítimas
27010/10	Queda estruturas	02-03-2010	16:49	Cais das Fontainhas	Queda de tela publicitária	Perigo pessoas	Sem vítimas
37124/10	Queda Estruturas	26-03-2010	10:15	Rua General Torres, 506	Queda de estruturas	Perigo pessoas	Sem vítimas

Nº Oc.	Tipo de Ocorrência	Data	Hora	Local	Área Afetada	Danos	Vítimas
39166/10	Queda Estruturas	31-03-2010	16:40	R. Conselheiro Veloso da Cruz, 869	Queda estrutura da fachada	Perigo pessoas	Sem vítimas
62429/10	Queda Estruturas	25-05-2010	07:00	Rua General Torres Nº 500	Telhado	Perigo pessoas	Sem vítimas
106672/10	Queda Estruturas	19-08-2010	11:10	Rua Guilherme Gomes Fernandes	Telhas no beiral a cair para a via publica	Perigo via pública	Sem vítimas
129446/10	Desabamento	07-10-2010	18:05	Rua Cabo Simão	Desabamento parcial de um muro	Perigo via pública	Sem vítimas
19350/11	Queda Árvore	16-02-2011	14:50	Rua General Torres	queda de um pinheiro de médio porte	Perigo via pública	Sem vítimas
21851/11	Queda Estruturas	22-02-2011	10:55	Avenida Diogo Leite	tarja informativa	Perigo via pública	Sem vítimas
44588/11	Queda Estruturas	19-04-2011	08:45	Avenida Ramos Pinto	telhas no mercado da beira rio	Perigo pessoas	Sem vítimas
50624/11	Queda Estrutura	05-05-2011	09:30	Calçada da Serra	Teto da habitação	Perigo pessoas	Sem vítimas
74873/11	Queda Estrutura	29-06-2011	20:00	Av. Ramos Pinto 276 1º	queda do estuque do teto da cozinha	Perigo pessoas	Sem vítimas
106701/11	Queda Estruturas	12-09-2011	14:00	Largo do Castelo	Estabilidade de edifício	Perigo pessoas	Sem vítimas
125540/11	Queda Estruturas	24-10-2011	10:50	Rua Cândido dos Reis 104	Queda de telhas e partes edifício	Perigo na via pública	Sem vítimas
126402/11	Queda Estruturas	26-10-2011	15:15	Largo do Castelo 7 e 8	pedras da empena a cair	Perigo na via pública	Sem vítimas
133963/11	Queda Estruturas	14-11-2011	22:10	Rua do Castelo 8	estavam a cair partes da fachada frontal	Perigo na via pública	Sem vítimas
134229/11	Queda Estruturas	15-11-2011	16:00	Trav. Barão Forrester	Queda parcial de muro	Perigo via pública	Sem vítimas
134187/11	Queda Estruturas	15-11-2011	22:10	Rua do Pilar	Estabilidade de taludo	Perigo m na via pública	Sem vítimas
149833/11	Queda Estruturas	28-12-2011	19:00	Rua das Azenhas 15	queda de placa teto	Perigo pessoas	Sem vítimas
23119/12	Queda Estruturas	24-02-2012	16:05	Rua Serpa Pinto	cobertura em ruina	Perigo via pública	Sem vítimas
43515/12	Queda Estruturas	16-04-2012	16:15	Rua General Torres	Fixação de uma chapa (prédio devoluto)	Perigo via pública	Sem vítimas
45606/12	Queda Estruturas	22-04-2012	18:20	Rua Cândido Reis 407	Queda de telhas	Perigo via pública.	Sem vítimas
46415/12	Queda Estruturas	25-04-2012	09:35	Rua Cândido Reis 61	Queda de telhas	Perigo via pública	Sem vítimas
50852/12	Desabamento	08-05-2012	07:35	Rua da Mesquita 172	Desabamento de muro	Perigo via pública	Sem vítimas
78884/12	Queda Estruturas	18-07-2012	15:15	Rua G.Fernandes 156	Fachada de edifício	Perigo via pública	Sem vítimas
79537/12	Desabamento	20-07-2012	01:50	Av. Diogo Leite nº 158	calões em queda	perigo via pública	Sem vítimas
111355/12	Queda Estruturas	04-10-2012	10:10	Rua Cândido Reis, 103	Teto em habitação	Perigo pessoas	Famílias realojadas
116591/12	Queda Estruturas	17-10-2012	16:30	Trav. Cândido Reis, 9	Teto em habitação	Perigo pessoas	Famílias realojadas
119699/12	Queda Estruturas	25-10-2012	15:00	Rua das Azenhas nº 4	Teto da habitação	Perigo Pessoas	Famílias realojadas
127077/12	Queda Estruturas	14-11-2012	12:05	R. Viterb Campos, 169	Chaminé e telhado	Perigo via pública	Sem vítimas
138689/12	Queda Estruturas	14-12-2012	09:00	Rua General Torres	Arruamento e muro	Perigo via pública	Sem vítimas

Nº Oc.	Tipo de Ocorrência	Data	Hora	Local	Área Afetada	Danos	Vítimas
138722/12	Queda Estruturas	14-12-2012	10:10	Rua Cândido Reis,721	Derrocada no interior do prédio	Perigo moradores	Sem vítimas
09.../12	Queda Estruturas	14-12-2012	16:20	Rua Cândido Reis, 721	Parede edifício	Perigo para moradores	Habitante realojado
7651/13	Queda de Árvore	19-01-2013	11:25	Jardim do Morro	Árvore de grande porte tombou	Perigo circulação Metro	Sem vítimas
...9/13	Q. de estrutura	19-01-2013	14:10	Rua da Mesquita 30	Telhas de telhado	Perigo para a pública	Sem vítimas
9282/13	Q. de estrutura	21-01-2013	21:45	Rua Gen. Torres 371	Infiltração no teto	Perigo para pessoas	Sem vítimas
9416/13	Q. de estrutura	22-01-2013	09:15	Rua do Pilar nº 220	Estrutura habitação d	Perigo para via pública	Sem vítimas
9734/13	Q. de estrutura	22-01-2013	20:10	Rua do Pilar	Andaime solto	Perigo para via pública	Sem vítimas
9888/13	Queda estrutura	23-01-2013	09:50	Rua 3- casa 4	Queda teto em habitação	Perigo pessoas	Sem vítimas
11305/13	Queda estrutura	26-01-2013	10:50	Rua Gen. Torres, 524	Chaminé em risco iminente de ruir	Perigo via pública	Sem vítimas
11522/13	Q. estrutura	26-01-2013	18:47	Rua Cândido Reis, 708	Telhado de uma casa	Perigo via pública	Sem vítimas
17630/13	Q. estrutura	10-02-2013	14:55	Rua 1 casa 25	Chapas fibrocimento	Perigo via pública	Sem vítimas
36857/13	Mov. massa	29-03-2013	08:50	Rua Serpa Pinto	Terras e pedras caíram	Perigo via e pessoas	Sem vítimas
39605/13	Q. estrutura	05-04-2013	11:10	Rua das Azenhas 1	Parte de uma parede	Perigo pessoas	Sem vítimas
68770/13	Q. estrutura	14-06-2013	11:35	Rua G. G. Fernandes	Tetos e paredes	perigo via pública	Sem vítimas
72043/13	Q. elemento	22-06-2013	20:10	Ponte do Infante	Materiais Ponte infante	Perigo via pública	Sem vítimas
90623/13	Infiltração	28-07-2013	08:08	R.ua da Azenha 15	Agua no interior	Perigo para pessoas	Sem vítimas
90733/13	Queda Estrutura	28-07-2013	13:05	Rua Fervença 86	Queda de muro.	Perigo via pública	Sem vítimas
121961/13	Queda elemento	27-09-2013	15:15	Tr. Când. Reis 5, 2º Dt.	Teto de habitação	Perigo para pessoas	Sem vítimas
121075/13	Infiltração	27-09-2013	19:25	Calçada da Serra,107	Infiltração em várias habitações	Perigo via pública	Sem vítimas
123215/13	Infiltração	02-10-2013	21:20	Rua da Fervença, 205 a 209	Infiltração em várias habitações	Perigo para pessoas	Sem vítimas
129073/13	Infiltração	16-10-2013	14:30	Rua Cândido dos Reis, nº. 61	estabelecimento comercial	Perigo pessoas	Sem vítimas
133567/13	Queda Estruturas	27-10-2013	14:05	R. Part. João Félix 722	Parte de telhado - Armazém devoluto	Perigo pessoas	Sem vítimas
138823/13	Queda Estruturas	09-11-2013	21:35	Rua Serpa Pinto, 206	Alçado duma fábrica	Perigo pessoas	Sem vítimas
139147/13	Queda Estruturas	10-11-2013	17:50	Rua Serpa Pinto	Telhado e da parede	Perigo via pública	Sem vítimas
142857/13	Queda Estruturas	19-11-2013	16:45	R. General Torres 36	Caleira para a via pública	Perigo via pública	Sem vítimas
143224/13	Queda Estruturas	20-11-2013	14:25	Rua Cân. Reis, 103, 1º	Chapa solta no telhado	Perigo via pública	Sem vítimas
146360/13	Queda Estrutura	27-11-2013	16:25	R. Viter. Campos, 188	Chapas de um prédio	Perigo via pública	Sem vítimas
156641/13	Queda Estrutura	19-12-2013	19:10	Calçada da Serra, 107	Desabamento teto	Perigo pessoas	Sem vítimas
159938/13	Infiltração	26-12-2013	16:30	Rua da Fervença, 209	Água pelo telhado	Perigo para pessoas	Sem vítimas
160258/13	Queda Estrutura	27-12-2013	11:00	Rua Serpa Pinto	Beiral de um telhado	Perigo via pública	Sem vítimas
352/14	Movimentos de massa	01-01-2014	17:00	Rua das Azenhas, 1	Parte fachada lateral	Perigo via pública	Sem vítimas

N° Oc.	Tipo de Ocorrência	Data	Hora	Local	Área Afetada	Danos	Vítimas
1346/14	Queda elemento	03-01-2014	15:30	Largo Aljubarrota 5 2º	Tetos em habitação	Perigo para pessoas	Sem vítimas
1384/14	Infiltração	03-01-2014	16:40	R.Val. Prefeito 322	Cadeira em escola	Perigo para pessoas	Sem vítimas
1573/14	Queda Estruturas	04-01-2014	00:00	Rua Cândid Reis, 61	Teto de habitação	Perigo para pessoas	Sem vítimas
1839/14	Infiltração	04-01-2014	14:35	Rua Fervença 209	Água habitação	Perigo para pessoas	Sem vítimas
2666/14	Infiltração	06-01-2014	11:45	R. Dr.M. Cal Brandão	Água em escola	Perigo para pessoas	Sem vítimas
12243/14	Queda elemento	28-01-2014	18:50	Rua Luis de Camões, 167	Telhas de chapa soltas	Perigo via pública	Sem vítimas
17733/14	Queda de árvore	10-02-2014	00:15	Rua António Granjo	árvores grande porte na via pública	Perigo via pública	Sem vítimas
17791/14	Queda Estrutura	10-02-2014	00:50	Rua do Casino	Queda de um muro	Perigo via pública	Sem vítimas
17899/14	Queda de árvore	10-02-2014	08:20	Rua do Choupelo	Perigo de queda de árvore	Perigo via pública	Sem vítimas
18157/14	Queda elemento	10-02-2014	15:05	Rua Gen. Torres, 371	Teto de habitação	Perigo para pessoas	Sem vítimas
18574/14	Infiltração	11-02-2014	12:57	R. Ge. Torres, 405 R/C	Infiltração de águas	Perigo para pessoas	Sem vítimas
18651/14	Queda Estrutura	11-02-2014	14:25	Rua do Portelo, 6	Chapas da varanda	Perigo via pública	Sem vítimas
20278/14	Queda Estrutura	14-02-2014	23:10	Rua Ge. Torres, 478	Estrutura telhado	Perigo pessoas	Sem vítimas
21347/14	Queda elemento	17-02-2014	15:50	Rua Cândido Reis 392	Queda do teto	Perigo pessoas	Sem vítimas
33043/14	Queda elemento	14-03-2014	12:20	Rua Vit. Campos 372	Mmuro de suporte	Perigo pessoas	Sem vítimas
70445/14	Queda Estrutura	04-06-2014	09:07	Rua Serpa Pinto	Parede fábrica	Perigo via pública	Sem vítimas
120921/14	Queda Estrutura	18-09-2014	13:25	Trav. Cândido Reis, 7	Paredes e teto	Perigo pessoas	Sem vítimas
120946/14	Inundação -	18-09-2014	14:00	Rua Val. Perfeito, 322	Entupimento no telhado	Perigo pessoas	Sem vítimas
121024/14	Inundação -	18-09-2014	16:15	Rua Luis Camões, 20	Quarto e sala	Perigo pessoas	Sem vítimas
142832/14	Inundação -	02-11-2014	14:30	Rua Cândido dos Reis	Água no teto	Perigo pessoas	Sem vítimas
143488/14	Infiltração	03-11-2014	22:10	Rua Cândido dos Reis	Roturas canalizações	Perigo Pessoas	Sem vítimas
147834/14	Inundação	13-11-2014	09:15	Calçada da Serra	Paredes e teto	Perigo pessoas	Sem vítimas
169591/14	Queda Estrutura	27-12-2014	11:55	Rua Cândido dos Reis	Parede de edifício	Perigo pessoas	Sem vítimas
8263/15	Queda Estrutura	16-01-2015	09:47	Calçada da Serra 107,	Fachada da habitação	Perigo via pública	Sem vítimas
11948/15	Queda estrutura	22-01-2015	18:05	Rua do Pilar	Edifício parcial.	Perigo via pública	Sem vítimas
18038/15	Queda estrutura	02-02-2015	14:35	R. Fervença	Cobertura	Perigo via pública	Sem vítimas
27886/15	Queda estrutura	21-02-2015	15:50	Av. Diogo Leite	retirada de um placar	Perigo via pública	Sem vítimas
34022/15	Queda estrutura	05-03-2015	16:20	Rua da Carvalhosa	Muro sobre viatura	Perigo via pública	Sem vítimas
63866/15	Queda Estrutura	04-05-2015	15:20	Rua do Pilar	chapa e vidros q	Perigo via pública	Sem vítimas
80298/15	Queda Estrutura	04-06-2015	18:10	Rua da Mesquita	Muro de pedra	Perigo via pública.	Sem vítimas

261

Nº Oc.	Tipo de Ocorrência	Data	Hora	Local	Área Afetada	Danos	Vítimas
99387/15	Queda estrutura	10.07.2015	16:20	Rua da Atediba	Estrutura de edifício	Perigo pessoas	Vítimas dos três
107436/15	Queda Estrutura	24-07-2015	18:00	Rua do Pilar	parede armazém	Danos no edifício	Sem vítimas
116202/15	Queda estrutura	09-08-2015	14:05	Cais das Fontainhas	Queda parede	Perigo via pública	Sem vítimas
120895/15	Queda estrutura	18-08-2015	15:35	Cais das Fontainhas	Queda parede	Perigo Via pública	Sem vítimas
135144/15	Queda de Estrutura	16-09-2015	14:45	R. Cândido dos Reis	Estrutura metálica	Perigo via pública	Sem vítimas
143537/15	Queda de Árvore	03-10-2015	08:45	Rua Monte Xisto, 75	Ccabo elétrico	Perigo via pública	Sem vítimas
144601/15	Queda Estrutura	05-10-2015	11:55	Rua Cândido dos Reis	Chapas	Perigo via pública	Sem vítimas
144619/15	Queda Estruturas	05-10-2015	12:15	Rua do Pilar	remover uma chapa	Perigo via pública	Sem vítimas
159735/15	Movimento-massa	04-11-2015	14:50	Rua da Barroca	Pedras de uma pedreira	Perigo via pública	Sem vítimas

Fonte: Registos dos Bombeiros Sapadores e Proteção Civil de V. N. de Gaia.
Source: Firefighters and Civil Protection of V. N.Gaia Archive.

O estudo geográfico das ocorrências mais graves impõe-se no sentido de procurar todas as causas e permitir à engenharia a busca de nova solução (Rebelo,1994).

Todas as ocorrências evidenciadas, registadas numa base de dados e cartografadas (Quadro I), tiveram quase sempre associadas chuvas intensas (Quadro II).

Uma análise dos locais das ocorrências no Centro Histórico mostra que as mesmas se verificaram essencialmente na Escarpa da Serra do Pilar (rua Cabo Simão, rua Casino da Ponte, Quartel RA5 e travessa Cabo Simão), na Encosta da Fervença (rua General Torres, Rua do Pilar, Cândido dos Reis e Calçada da Serra) e na Encosta do Lugar do Castelo de Gaia (rua da Fontainha, S. Lourenço, do Agro, Cais Capelo Ivens e do Marco) (Quadro I). Foram devidas a quedas de pedras (desabamentos), quedas de muros (balançamentos), abatimentos e assentamentos (movimentos de terreno) e que segundo a Carta de Suscetibilidade a Movimentos de Vertentes (elaborada pelo Departamento de Geografia da Universidade do Porto, Bateira, 2006) aconteceram essencialmente na área definida como Suscetibilidade Muito Forte, (fig. 3).

QUADRO II - Dados Pluviométricos Mensais (1990-2015).
TABLE II - Monthly rainfall data (1990-2015).

Ano	Jan	Fev	Mar	Abr	Mai	Jun	Jul	Ago	Set	Out	Nov	Dez	Total
1990	173,9	78,2	5,9	56,8	16,8	10,6	5	38,5	45,5	313,1	99,1	115,5	958,9
1991	164,7	149,9	213,1	39,6	6,5	23,1	36,6	31	77,2	111,1	199,9	38,7	1091,4
1992	99,5	30,6	48,6	58,7	109,6	47,8	1,1	41,8	67,9	141,2	93,6	148,6	889,0
1993	54,6	17,4	49,7	145,1	173,1	44,8	1,1	4,8	165,4	289,8	166	86,2	1198,0
1994	230,3	167,8	19,1	43	229,3	7,8	9,9	39,6	78,3	162,2	174,2	150,9	1312,4
1995	147	179,5	53,7	35,9	93,7	10,7	21,9	3,5	66,7	83,4	358,5	284,9	1339,4
1996	312,1	224	94,6	59,9	120,6	1	31,1	20	71,4	70,1	169,4	228	1402,2
1997	162,2	43,3	0,4	72,1	177,6	98,5	12,2	60,6	7,3	138,4	484,9	299,6	1557,1
1998	149,6	48,3	50,3	274,7	67	24	20,7	0	130,8	34,6	70,3	94,9	965,2
1999	96,4	32,8	79	130,4	94,5	24,6	11,6	131,5	177,3	270,1	34,1	158,7	1241,0
2000	27,0	58,4	27,2	402,6	100,4	17,5	59,0	19,4	61,7	98,6	229,1	476,7	1577,6
2001	391,2	52,1	567,4	95,7	93,0	3,4	40,2	24,7	42,5	240,0	2,3	9,0	1561,5
2002	167,4	83,5	115,1	38,1	71,4	69,7	31,2	13,3	163,2	200,8	284,6	310,5	1548,8
2003	327,7	152,8	95,7	130,7	11,5	48,3	86,6	52,6	56,6	202,5	260,2	86,6	1511,8
2004	126,7	35,9	122,4	62,2	40,4	13,7	0,8	127,8	17,5	277,6	69,1	70,6	964,7
2005	10,5	18,3	73,7	77,2	42,3	16,6	15,9	7,1	42,7	160,1	99,7	91,1	655,2
2006	67,2	85,9	192,7	106,5	12,3	23,9	8,3	40,7	85,3	186,9	308,0	175,1	1292,8
2007	43,0	171,9	70,5	50,5	122,4	94,0	38,0	20,0	15,0	10,0	58,0	40,0	733,3
2008	143,0	30,0	56,0	180,0	152,0	2,0	17,0	18,0	118,0	73,0	70,0	140,0	856,0
2009	205,0	78,0	21,0	68,0	21,0	1,0	1,0	12,0	7,0	121,0	310,0	305,0	945,0
2010	16,8	246,6	201,2	60,5	75,9	76,5	4,6	7,9	33,0	306,3	241,3	195,3	1465,8
2011	193,8	216,4	74,7	54,6	36,8	4,8	14,7	32,2	35,5	159,3	241,0	108,4	1172,3
2012	39,4	4,3	16,0	149,6	144,0	52,8	2,8	50,5	6,9	39,6	107,9	277,4	891,2
2013	315,4	112,8	338,3	104,9	68,6	44,2	7,1	0,0	7,1	0,8	87,1	223,8	1310,1
2014	372,6	484,1	134,9	123,7	84,8	30,5	67,6	32,5	223,0	245,6	319,0	38,6	2156,9
2015	162,3	102,1	28,2	89,7	138,7	45,7	9,4	26,2	149,1	165,6	100,5	148,1	1165,5

Fonte: Estações Meteorológicas Serra do Pilar, Instituto Superior de Engenharia do Aeroporto de Pedras Rubras.
Source: Weather Stations of Serra Pilar, Engineering Institute of the Pedras Rubras Airport.

As ocorrências que aconteceram neste espaço de tempo foram registadas após a intervenção dos Bombeiros Sapadores e do Serviço Municipal de Proteção Civil (SMPC), aparecem associadas à ocorrência de chuvas de grande intensidade em pouco tempo (QUADRO II) e numa área de declives muito fortes (> 30º), segundo A. Young – 1972,pag.174 e onde o material rochoso das vertentes apresenta fraturas e fendas, preenchidas com solos e espécies vegetais (Rebelo,2003). A par destas ocorrências, devido a processos geomorfológicos aconteceram derrocadas de edifícios, provocadas por intervenção nos arruamentos e rotura de condutas de água e essencialmente devido ao mau estado do edificado, evidenciando que o homem assume-se desde há muito, mas cada vez mais, como agente geomorfológico, pela sua intervenção, contribuindo decisivamente para agravar, acelerar situações de fluxos de detritos ou movimentos de massa (Pedrosa, *et al.* 2001).

Relativamente à ocorrência 3179/09 de 8 de Janeiro de 2009, anexo um conjunto de fotografias que mostram o edifício (Antiga Alfândega) que ameaçava ruir, no antes da demolição (fot. 4) e a situação atual (fot. 5).

Foi transformado num pátio, muito bem recuperado, sendo um belo espaço para usufruir a bonita paisagem do Douro e o casario na cidade do Porto.

Fot. 4 - Antiga Alfandega 1985 e 2008 – Ameaçando Queda (Fonte: Marcelino Valente Fascículo 25 da História de Gaia (à esquerda) e Salvador Almeida (à direita), 2008).
Photo 4 - Former Customs 1985 and 2008 - Threatening to Fall (Source: Marcelino Valente Volume 25 History of Gaia (on left) and Salvador Almeida (on right), 2008).

Após negociação com o IGESPAR, procedeu-se à demolição e salvaguardou-se o espaço, prevendo um terraço em granito, num espaço amplo limitado por um muro em pedra (pedras provenientes da demolição, encimado por lajes de pedra).

Importa evidenciar quatro ocorrências de entre as quase vinte dezenas que aconteceram, face aos prejuízos materiais que provocaram e o número de vítimas que poderiam ter causado, não fosse a hora a que aconteceram.

Ocorrência número 675/2001 – Encosta do Lugar do Castelo de Gaia

Na tarde do dia 3 de Janeiro de 2001, pelas 19h05 deu-se a derrocada de um talude de suporte da Rua de S. Lourenço, derrubando um muro com mais

Fot. 5 - Antiga Alfandega demolida e a memória patrimonial do espaço
(Salvador Almeida, 2009).
Photo 5 - *Former Customs demolished and patrimonial memory space*
(Salvador Almeida, 2009).

de 20 metros de altura e destruindo por completo o armazém e dezenas de pipas de Vinho do Porto das Caves Taylor.

À hora em que aconteceu a derrocada não havia trabalhadores no interior das caves. Tinham saído às 18h00. Esta área é definida como Suscetibilidade Muito Forte a Movimentos de Vertente (Encosta do Castelo de Gaia).

Para além desta evidência em Novembro de 2000 registamos uma pluviosidade de 229,10 mm, no mês de Dezembro 476,70mm, em Janeiro 391,20 mm, tendo nesse dia 3 de Janeiro um registo total diário de 42,00 mm/24h.

Outro acontecimento muito relevante a salientar é que esta derrocada tornou visível a muralha no Castelo de Gaia (fig. 6 e fot. 6 e 7). Segundo Carlos Valle, 1971, a sua origem remonta a 145 A.C.

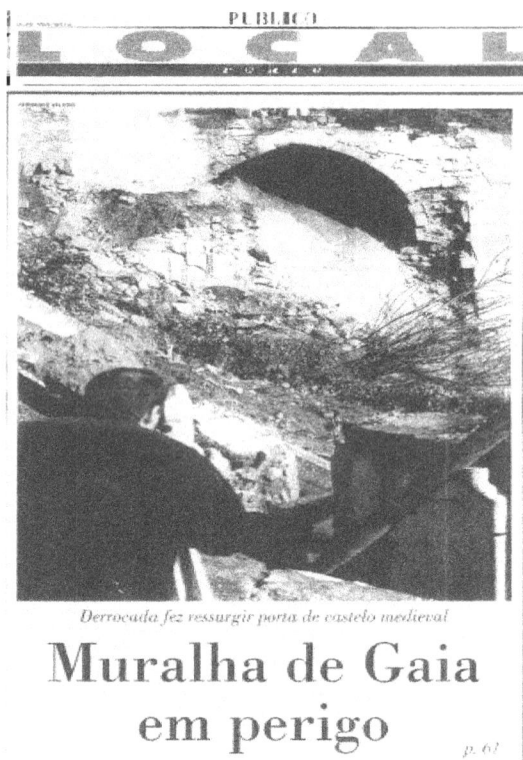

Fig. 6 - Notícia do Jornal Público de 20 Jan. 2001, pondo à vista parte da antiga muralha do Castelo de Gaia.

Fig. 6 - Public Newspaper News 20 Jan. 2001, putting the view of the ancient wall of the Gaia Castle.

Fot. 6 e 7 - Mostrando a derrocada e evidenciando as habitações em risco de ruir (J. G. Guimarães, Jan. 2001).

Photos 6 and 7 - Showing the collapse and demonstrating the houses at risk of collapse (J. G. Guimarães, Jan. 2001).

Durante várias semanas todo o casario existente na Rua de S. Lourenço esteve em risco de ruir (fot. 7).

A reconstrução do muro em betão pré-esforçado que substituiu o antigo em pedra, foi um trabalho demorado e muito difícil. Após a reconstrução do muro e consolidação do aterro para construção dum segundo muro em betão armado, permitiu construir o mesmo em pedra para suporte da Rua de S. Lourenço (fot. 8).

Infelizmente durante a reconstrução dos muros, deixaram cair a antiga muralha do Castelo de Gaia (fot. 8), perdendo-se um precioso achado arqueológico que muito valorizaria o Centro Histórico e seria uma atração turística fantástica para Vila Nova de Gaia.

Na tarde do dia 21 de Outubro de 2005 (pensamos que tenha sido após as 19h00, pois os trabalhadores abandonaram as instalações às 18h30 e nada tinha acontecido) aconteceu um desprendimento de um bloco de granito de grande dimensão (cerca de 20.000 Kg) e esta situação foi-nos relatada no dia 24 de Outubro pela manhã (fig. 7).

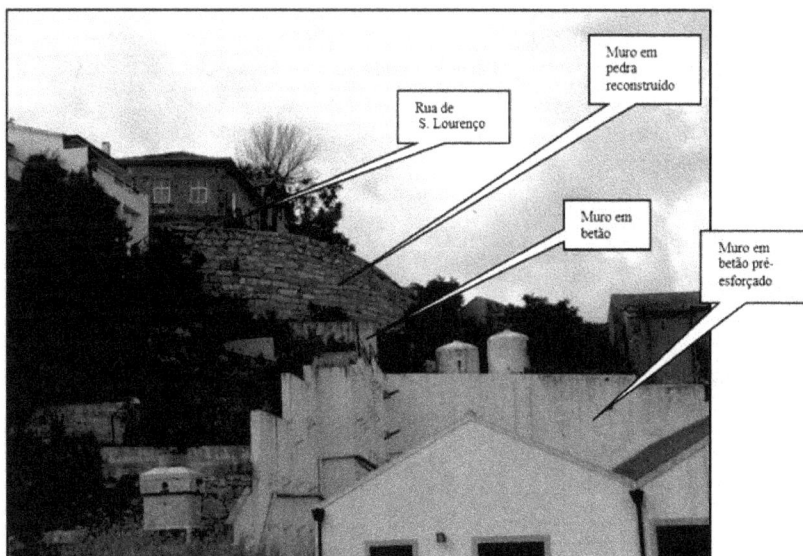

Fot. 8 - Muro em betão armado e do muro em pedra e a antiga muralha do Castelo de Gaia desapareceu... ! (Salvador Almeida, 2009).

Photo 8 - Wall reinforced concrete and stone wall and the ancient walls of Gaia Castle disappeared... ! (SalvadorAlmeida,2009).

Fig. 7 - Localização da parede em granito e suporte da Rua General Torres, local da ocorrência (Fonte: Arquivo Bombeiros Sapadores e Proteção Civil de V.N. de Gaia).

Fig. 7 - *Wall location in granite and support of General Torres Street, site of occurrence (Source: Firefighters and Civil Protection of V. N.Gaia Archive).*

No local verificamos que um bloco de granito se tinha desprendido do talude que suporta a Rua General Torres, bateu num "cunhal" do armazém da empresa A. Calém & Filhos, S. A., provocando elevados prejuízos materiais mas felizmente sem vítimas. Este edifício é o vestiário/balneário onde se concentram durante a manhã e ao fim do dia várias dezenas de trabalhadores.

O mês de Outubro de 2005 foi, em todo o ano, o mais pluvioso, com uma pluviosidade mensal de 160,10 mm.

É possível observar a queda brutal de parte duma vertente que suporta a importante e movimentada rua de General Torres (fot. 9).

Toda a vertente apresenta-se muito fissurada, sujeita a infiltrações de água ao longo das diáclases, o que provoca situações como a que aconteceu na ocorrência que descrevi tal como refere em bibliografia da especialidade (Rebelo, 2003).

Fot. 9 - Mostrando o bloco de granito, os vestiários e o local donde se desprendeu (Fonte: Arquivo Bombeiros Sapadores e Proteção Civil de V. N. de Gaia).
Photo 9 - Showing the granite block, the locker rooms and the place where it collapsed (Source: Firefighters and Civil Protection of V. N.Gaia Archive).

Um fator importante a refletir é a intervenção que tem acontecido em todas as ruas para implementação da rede de saneamento de águas residuais domésticas, pluviais, rede de gás, rede elétrica enterrada e construção de passeios. A acrescentar a esta intervenção temos com regularidade chuvas intensas, de longa duração e que contribuem para o aparecimento de desabamentos e deslizamentos.

Esta ocorrência, permitiu-nos uma observação em toda vertente da Encosta da Fervença, que suporta o Jardim do Morro, o casario que se apoia na Rua Calçada da Serra, Rua do Pilar, Rua de General Torres e Rua da Barroca é possível observar paredes quase verticais, muito fissuradas, com vegetação, bastante erodidas devido às chuvas fortes que acontecem vários meses no ano.

Na sequência da ocorrência foi elaborado um relatório e elaborou-se um Auto de Vistoria, devendo realçar-se:

Fissuração do maciço rochoso. A orientação das fissuras proporcionou a existência de superfícies de corte que originaram a queda de bloco com cerca de 20 toneladas; Existência de vegetação nas fissuras, que associadas aos diversos ciclos gelo/degelo, incrementaram a fissuração; Alteração da inclinação natural do terreno obras de escavação com retirada de partes do talude rochoso.

Foi efetuada a consolidação da escarpa, através de pregagens e ancoragens de dupla torção (fotos 10 e 11)

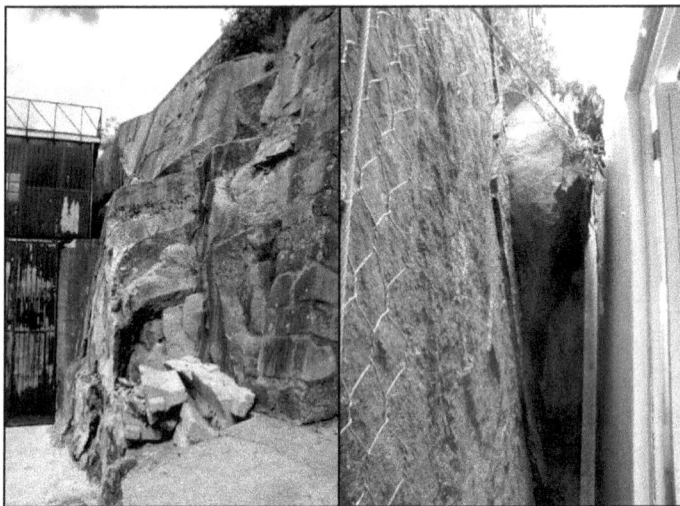

Fot. 10 - Pregagens do talude em granito na rua da Barroca (Salvador Almeida).
Photo 10 - Nailing the granite slope in the Barroca Street (Salvador Almeida).

Fot. 11 - Pregagens do talude em granito no interior da Calém (Salvador Almeida).

Photo 11 - Nailing the granite slope within the Calém (Salvador Almeida).

No dia 24 de Setembro de 2006, Domingo, pelas 12h35, recebemos alerta de que tinha havido um deslizamento de pedras, terra e toda a espécie de resíduos. O deslizamento tinha percorrido cerca de 100 m (em altitude cerca de 50 m) destruindo tudo por onde passava e havia vítimas (fot. 12). No dia anterior à ocorrência, no número 590 da rua Cabo Simão (uma das casas atingidas) tinha havido uma festa de família com dezenas de pessoas. Felizmente o deslizamento não aconteceu nesse dia. O acontecimento foi inesperado e muito rápido. Nesse dia 24 de Setembro, houve forte pluviosidade, caudais muito elevados e grande concentração de águas de escorrência.

Fot. 12 - Local de deslizamento de terras – rua Cabo Simão
(Fotografia: Relatório LNEC).
Photo 12 - Landslide location - Street Cable Simon
(Photo: LNEC Report).

Este acontecimento deu origem a várias visitas ao terreno e foram elaborados vários relatórios. Nesta área estão instalados vários equipamentos públicos – RA5 (Regimento de Artilharia n.º5), Observatório da Serra do Pilar (Instituto Geofísico da Universidade do Porto) e Ponte do Infante D. Henrique. O terreno em causa é propriedade do Estado Português, nomeadamente o designado com o nº 3 (Ministério das Finanças) e o com o nº 4 – Prédio Militar (fig. 8).

As construções são clandestinas e encontram-se em domínio público do Estado e Reserva Ecológica Nacional (D.L. 166/ 2008 de 22/8). Estava bem patente a vulnerabilidade dos habitantes da Escarpa/Centro Histórico e a sua amplificação social, face às suas características sociais (pobreza e má qualidade de habitação) e o risco em que vivem (risco de derrocada e de incêndio (Cutter *et al.*, 2000).

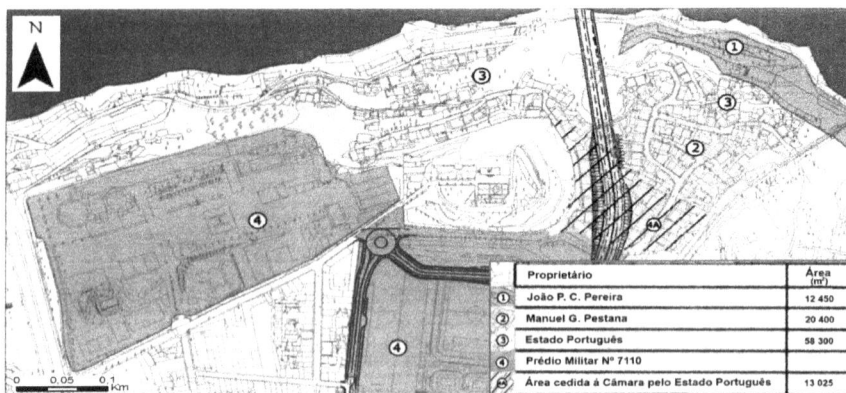

Proprietário	Área (m²)
① João P. C. Pereira	12 450
② Manuel G. Pestana	20 400
③ Estado Português	58 300
④ Prédio Militar Nº 7110	
⑤ Área cedida à Câmara pelo Estado Português	13 025

Fig. 8 - Planta Topográfica com Cadastro da Escarpa da Serra (Fonte: Gaiurb).
Fig. 8 - Topographic plant with Registration of Escarpment da Serra (Source: Gaiurb).

Na sequência dos vários relatórios e dado que a complexidade técnica de um estudo global era demorada e a segurança dos moradores estava em risco foi, com base na Lei n.º 27/2006 (Lei de Bases da Proteção Civil) declarada a Situação de Alerta Municipal em toda a área da Escarpa de Serra do Pilar, a 4 de Outubro de 2006.

Após a declaração de Situação de Alerta Municipal foram executadas várias medidas preventivas e iniciou-se um processo administrativo para desalojamento dos moradores da Escarpa da Serra para Empreendimentos Sociais (fig. 9)

Fig. 9 - Notícia do Comércio de Gaia de 24 de Janeiro de 2008 (Fonte: Comércio de Gaia, Ano 77 Nº 4878).
Fig. 9 - News Trade Gaia January 24, 2008 (Source: Gaia Trading, Year 77 No. 4878).

Entretanto, a 1(um) de Março de 2008 foi declarada pelo Governo Civil do Porto a Situação de Alerta Distrital. Entendeu a Estrutura Técnica Distrital de Coordenação e Controlo de Meios e Recursos que a solução para a Escarpa era desmatar, remover lixos e monos, instalar uma infraestrutura de drenagem de águas pluviais, demolir algumas barracas e manter as habitações clandestinas localizadas em REN (Reserva Ecológica Nacional). Durante 7 meses levaram a efeito estas obras. Desmataram a encosta, retiraram lixos e monos e demoliram barracas, consolidaram taludes e instalaram em algumas zonas da Encosta uma rede de dupla torção, pregagens e ancoragens (fot. 13).

Fot. 13 - Locais de consolidação/pregagem de taludes (Salvador Almeida, 2008).
Photo 13 - Places of consolidation / Nailer embankments (Salvador Almeida, 2008).

A 31 de Dezembro de 2008 terminou a Situação de Alerta Distrital para a Escarpa da Serra do Pilar. No entanto, o mesmo despacho do Governo Civil (despacho n.º 25/2008 de 31 de Dezembro) tinha a informação de que tinham sido detetados, ao longo dos meses em que durou a intervenção, blocos rochosos instáveis pelo que, para além de uma campanha de prospeção complementar, a referida situação exigia uma intervenção complementar. Assim foi decretada nova Situação de Alerta Distrital por um período de 4 meses (terminou a 30 de Abril de 2009) para as áreas identificadas na planta em anexo (fig.10).

Fig. 10 - Planta Topográfica da Escarpa da Serra identificando a área ainda em Situação de Estado de Alerta (Fonte: Governo Civil do Porto).

Fig. 10 - Topographic plan Escarpment Sierra identifying the area still in state of alert situation (Source: Civil Government of Porto).

Após a intervenção, foi decidido instalar Inclinómetros por forma a medir os deslocamentos horizontais dos terrenos na zona intervencionada. Foram instalados 2 tubos inclinométricos em 2 tubos de sondagens e efetuadas durante 6 meses 26 leituras inclinométricas e piezométricas em cada tubo na área 6 (fig. 11) e ainda foram instaladas 2 células de carga na área 5 (fig. 11). A análise dos resultados mostrou que houve recuperação dos movimentos dos terrenos logo após a execução das pregagens, movimentos que tendencionalmente estabilizaram à medida que decorreram os trabalhos de consolidação do talude até à última leitura. Ao longo dos anos 2012, 2013 e 2014 foram realizadas leituras nos instrumentos de medição (Inclinómetros e Células de Carga) e produzidos relatórios técnicos com a monitorização.

No período compreendido entre 1994 e 2015, de acordo com os registos da base de dados dos Bombeiros Sapadores e Proteção Civil, registaram-se 195 ocorrências, em todo o Centro Histórico, desde derrocada de muros, quedas de

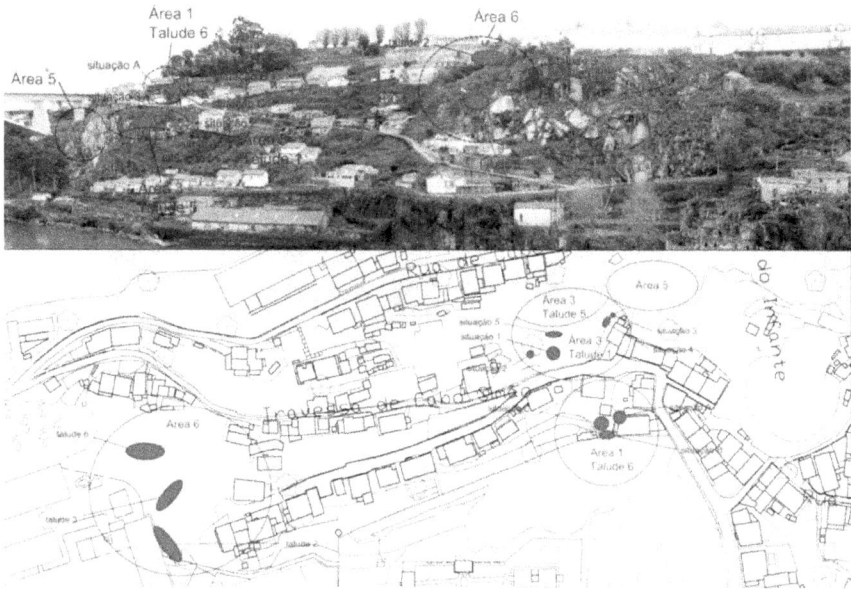

Fig. 11 - Locais de monitorização inclinométrica (Município de V. N. Gaia, 2008).
Fig. 11 - Inclinometer monitoring sites (Municipality of V. N. Gaia, 2008).

estruturas, desabamentos de pedras e deslizamentos de detritos (QUADRO I). Em várias ocorrências houve necessidade de realojar famílias. Todas estas ocorrências tiveram associadas chuvas intensas (QUADRO II). Após dez anos dos acontecimentos relatados, a Escarpa da Serra do Pilar ainda espera uma solução final. As habitações clandestinas que ainda restam na Escapa da Serra do Pilar não têm viabilidade de legalização, pelo que paulatinamente têm vindo a ser demolidas. A vegetação continua a crescer desordenadamente. As encostas que foram gutinadas, ficaram mais seguras, mas tornaram-se áreas privilegiadas para rápida drenagem de água das chuvas, pois não têm vegetação, escorrendo a água sem controlo (fot. 19).

Também em referência aos acontecimentos dos últimos 10 anos na Escarpa da Serra do Pilar, é de salientar a opinião sempre manifestada pelo Laboratório Nacional de Engenharia Civil da necessidade de retirar os moradores da Escarpa da Serra do Pilar (fig.12).

Fot. 14 - Locais de gutinagem dos taludes.
Photo 14 - Concreting of the local slopes.

LNEC mantém necessidade de desalojar moradores da escarpa da Serra do Pilar

Jorge Marmelo

Câmara de Gaia volta a insistir com a governadora civil do Porto para que Isabel Oneto promova medidas adequadas ao risco existente no local

● O Laboratório Nacional de Engenharia Civil, LNEC, confirmou na passada semana, num ofício enviado ao presidente da Câmara de Gaia, que se mantém o risco de derrocada na escarpa da Serra do Pilar e, por isso, a necessidade de "desalojar, com carácter imediato, as pessoas das habitações situadas nos locais mais desfavoráveis", conforme constava do relatório elaborado em Novembro de 2006. No documento, a que o PÚBLICO teve acesso, Carlos Pina, vogal do conselho directivo do LNEC, esclarece ainda que, face à informação do Governo Civil do distrito segundo a qual os moradores resistiam ao desalojamento, entendeu "contribuir para a aplicação de medidas para minimizar o risco (...) em colaboração com a sra. Governadora civil do distrito do Porto".

Em causa está, recorde-se, a recente declaração de situação de alerta distrital na escarpa por parte do Governo Civil, medida que impediu a concretização da operação de realojamento que a Câmara de Gaia tinha posto em marcha e levou à realização de obras de limpeza e consolidação da escarpa. A autarquia considera que a intervenção efectuada sob responsabilidade do Governo Civil "contradiz, em absoluto, as medidas preconizadas" em 2006 pelo LNEC, prejudicando a situação de instabilidade geotécnica da escarpa.

Face à situação, Luís Filipe Menezes perguntou ao LNEC se havia alguma alteração da situação que justificasse a intervenção do Governo Civil do Porto. Na resposta ao presidente da câmara, o laboratório afirma que as medidas adoptadas sob responsabilidade do Governo Civil são "concordantes e complementares às medidas preconizadas, com carácter imediato", pelo relatório de Novembro de 2006, incluindo a necessidade de desalojar os moradores das habitações localizadas em locais mais desfavoráveis, "em particular nas zonas sob o Observatório da Serra do Pilar e numa faixa de 5 m de largura ao longo da crista da escarpa a nordeste deste observatório".

Menezes escreveu a Oneto
O ofício do LNEC torna claro que as "medidas tendentes à minimização do risco imediato", sugeridas ao Governo Civil, decorreram apenas da informação do representante do governo no distrito, segundo a qual o desalojamento imediato dos moradores "não se afigura viável nas actuais condições".

Entre as medidas então sugeridas contam-se a monitorização de edificações (habitações e estruturas de suporte) e infra-estruturas viárias, o condicionamento do trânsito na zona, limitando-o ao "estritamente

PS-Gaia aponta contradições

Ao contrário da câmara municipal, o PS-Gaia congratulou-se, na passada semana, com as obras de beneficiação em curso na escarpa da Serra do Pilar, considerando que as medidas preconizadas pela autarquia "são radicais, oportunistas e anti-sociais", não visando "resolver o que quer que seja de protecção civil", mas sim retirar as pessoas do local. Os socialistas apontam ainda à autarquia algumas contradições, como o facto de não ter alterado o Plano Municipal de Emergência, que continua a não incluir a escarpa.

necessário", a melhoria do sistema de drenagem de esgotos e águas pluviais e a interdição de qualquer nova terraplanagem ou construção.

O LNEC garante ainda que, no ofício enviado à governadora civil, Isabel Oneto, se afirmava que se mantém "as medidas já preconizadas (...) em documentos produzidos anteriormente, por se entender que são as adequadas para, inicialmente, melhorar as actuais condições 'de estabilidade da escarpa da Serra do Pilar, e assim minimizar os riscos que lhe estão associados, e posteriormente permitir a sua consolidação".

Face à informação recebida do LNEC, Luís Filipe Menezes escreveu ontem mesmo a Isabel Oneto, reforçando a carta já enviada no dia 23 de Maio e apelando "ao elevado sentido de responsabilidade" da governadora civil, no sentido de que venha a determinar, "com carácter imediato, no estrito âmbito da protecção civil, a promoção de medidas conducentes ao rigoroso cumprimento da indicação técnica uma vez mais reiterada pelo LNEC de 'desalojar, com carácter imediato, as pessoas das habitações situadas nos locais mais desfavoráveis".

Recorde-se que, na carta do passado dia 23 de Maio, e face à atitude tomada por Isabel Oneto, Menezes responsabilizava publicamente a governadora civil "por qualquer acidente que ponha em risco pessoas e bens que, entretanto, venha eventualmente a verificar-se na escarpa da Serra do Pilar".

Fig. 12 - Notícia do Jornal Público de 3 de Junho de 2008.
Fig. 12 - Público newspaper news from June 3, 2008.

276

Identificação dos fatores condicionantes e desencadeantes responsáveis

Conforme foi referido, o Centro Histórico tem áreas importantes assentes em vertentes de declive bastante acentuado, maior que 32% (18 °), com fraturas visíveis e vegetação com raízes de grande dimensão, nomeadamente, Encosta da Fervença, Encosta de Quebrantões, Escarpa da Serra do Pilar e Encosta do Lugar do Castelo de Gaia.

Tem outras áreas de declives menores que 32% e maiores que 18% onde existe um edificado na generalidade razoável, muito em mau estado, algum em ruína e muito pouco em bom estado (fig.13).

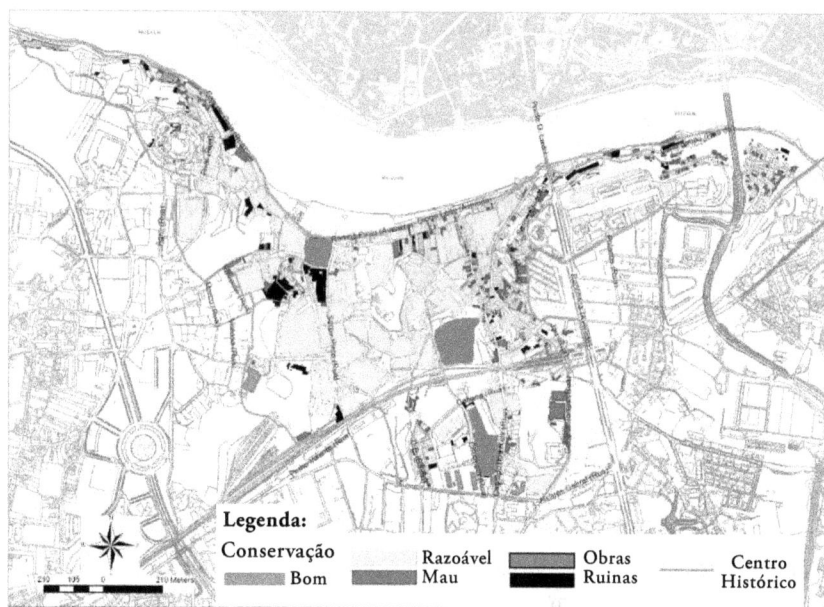

Fig. 13 - Estado do Edificado no Centro Histórico (Levantamento Salvador Almeida).
Fig. 13 - Built in the State Historical Centre (Survey Salvador Almeida).

Têm sido as últimas intervenções nos arruamentos, a continuação da implementação das infraestruturas básicas, com as obrigatórias obras de escavação, construção de novos edifícios, e consequente alteração dos níveis freáticos, que têm provocado fraturas ou diáclases por onde se verificam infiltrações e, como consequência, os desprendimentos de blocos, os deslizamentos e a queda de estruturas. Temos assim a justificação para as 195 ocorrências dos últimos 21 anos e que estão classificadas segundo a NOP 3101 de 7 de Janeiro de 2015, ANPC.

Aliás, segundo (Rebelo, 2003), o risco de desabamento está relacionado em primeiro lugar com o declive, pois tanto ocorre em materiais rochosos de grande coesão como em quaisquer outros, mesmo nos não coerentes e acrescenta, o risco de desabamento tem a ver com um declive muito forte, uma parede subvertical, rochas coerentes, mas com muitas diáclases, fraturas ou juntas de estratificação.

Também, (Pedrosa e Lourenço, 2001) salientam que, para além dos fatores de ordem material, que influenciam o aparecimento de fluxos de detritos e movimentos de massa, são cada vez mais frequentes os fatores antrópicos que alteram as condições de equilíbrio da vertente e são por isso responsáveis pelo seu surgimento, ou pelo menos pelo desencadear do processo inicial. Temos assim, a opinião de três cientistas que nos confirmam que o risco geomorfológico resulta evidentemente da dinâmica natural a que se deve acrescentar a intervenção do homem, estando assim, identificados os fatores condicionantes e desencadeantes responsáveis pelas 195 ocorrências acontecidas no Centro Histórico nos últimos 21 anos.

Interpretação e apresentação de propostas de atuação

As 195 ocorrências são muito variadas e como foi referido classificadas pela NOP3101 de 7 de Janeiro de 2015. Ora, todos estes acontecimentos resultaram de chuvas intensas, trabalhos no sopé das vertentes, ações mecânicas devido às raízes, falta de requalificação dos edifícios, transformação das vertentes, montureiras e construções em locais inadequados. Como afirma (Rebelo, 2003), a consciência do risco dá tempo suficiente para que se faça um planeamento eficaz, não só a esse nível, como também a nível de preparação para os trabalhos de socorro, se houver crise.

Apresenta-se em diagrama, adaptado de Rebelo, 2003 com uma proposta de procedimento a ter nestas circunstâncias.

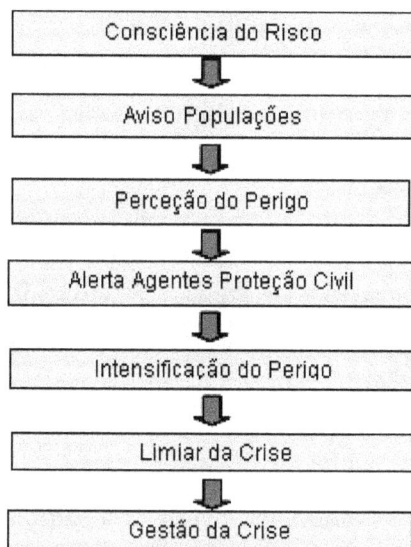

Fig. 14 - Diagrama de procedimento numa situação de risco, adaptado de Rebelo, 2003.

Fig. 14 - Diagram of procedure in a risk situation, adapted from Rebelo, 2003.

Salienta-se a grande importância que é ter "Consciência do Risco" é o estado normal, deve ser a fase da prevenção, preparação, sensibilização e trabalhos no terreno.

Face ao estado do edificado, em mau estado na generalidade e face às 195 ocorrências registadas nos últimos 21 anos, há no Centro Histórico uma perceção de perigo muito apurada, há um alerta permanente, o perigo vai crescendo e estamos permanentemente no limiar da crise. Considero, assim, muito importante a análise e identificação dos riscos, pelo que é necessário estarmos de forma permanente em gestão técnica, logística e operacional, pois se corremos perigo, significa que a manifestação do risco está iminente (Lourenço, 2014).

Como sugere (Cutter *et al.*, 2000), os riscos interagem com processos culturais, sociais e institucionais de tal modo sobre qualquer resposta pública, que nos ajuda a melhor interpretar as perceções do público e no fim de contas a ter as respostas dos políticos para o risco e perigo da sociedade.

Ora a Gestão da Crise implica conhecimentos profundos dos fenómenos e a noção que os trabalhos de socorro demoram quase sempre vários dias, pelo que cartografar as áreas de risco e calendarizar ações da requalificação como as que têm sido executadas nestes últimos 10 anos, é uma prioridade.

Face às ocorrências, por exemplo, ocorrências nºs 113241/2005, 105924/2006, 9967/09, onde para além dum alerta imediato às populações porta a porta e resposta envolvendo meios de socorro, estão e foram executadas obras de consolidação dos taludes, muros, construções afetadas, para proteger as populações e os seus bens.

No entanto a constatação destas ações não evita que se continue em alerta e executem as recuperações e requalificações adequadas e ainda em grande número, para salvaguarda de pessoas e bens patrimoniais.

Elaboração de uma Carta de Risco face a movimentos de massa e outras ocorrências com comprometimento total ou parcial de segurança, serviços ou estruturas.

A área geográfica da aplicação é o Centro Histórico. Ao longo dos últimos 21 anos, as ocorrências aconteceram em toda a área, mas muito em especial em áreas com declives fortes (> 20%). O edificado em mau estado e degradação acelerada, acompanhada com intervenção nas infraestruturas (abertura de valas, ocupação de terraços, escavações abusivas, implementação de drenagens), contribuíram para o aparecimento de muitas ocorrências (Quadro III).

Verifica-se que houve ocorrências especialmente na Encosta da Fervença, Encosta da Serra do Pilar, Encosta do Lugar do Castelo, essencialmente devido a declives fortes e muito fortes e ações antrópicas sobre eles e em áreas com o edificado em mau estado e em ruínas, que é o caso do "miolo" do Centro Histórico (rua Cândido do Reis, rua General Torres, rua da Mesquita, rua Calçada da Serra, rua Casino da Ponte, Monte Judeu, rua da Barroca, Encosta da Fervença, Encosta da Serra do Pilar e Encosta do Lugar do Castelo).

Na elaboração da cartografia de risco, essencial para a atuação pública em matéria de riscos (Julião *et al.*, 2009) e face aos dados existentes usou-se a seguinte metodologia:

QUADRO III - Nº de Ocorrências por rua (Anos 1994-2015).
TABLE III - Number of occurrences by street (Years 1994-2015).

Nº Ocorrências	Nome das Ruas	Nº Ocorrências	Nome das Ruas
3	Trav. Cândido dos Reis	3	Rua da Mesquita
30	Rua Cândido dos Reis	6	Rua da Fervença
7	Av. Ramos Pinto	7	Rua do Castelo
4	Rua Casino da Ponte	1	Rua da Barroca
13	Rua do Pilar	1	Rua da Carvalhosa
1	Rua António Granjo	1	Rua do Agro
6	Rua Serpa Pinto	3	Jardim do Morro
1	Rua 3	1	Rua 1
2	Rua Valente Perfeito	2	Largo Aljubarrota
1	Ponte do Infante	1	Rua do Portelo
3	Rua do Choupelo	3	Rua Luís de Camões
6	Rua Verbo Campos	1	Rua Monte Xisto
17	Rua General Torres	1	Trav. Barão Forester
5	Avenida Diogo Leite	9	Rua das Azenhas
5	Cais das Fontainhas	7	Largo do Castelo
3	Rua C. Veloso da Cruz	8	Rua G. Gomes Fernandes
7	Rua Cabo Simão	7	Rua Calçada da Serra
3	Rua Particular João Félix	2	Rua Dr. Mário C. Brandão
2	Cais Capelo Ivens	1	Cais do Lugan
4	Travessa Cabo Simão	2	Rua S. Lourenço
3	Rua Rei Ramiro	1	Rua Elias Garcia
1	Rua Alvares Cabral	1	Rua de França

Fonte: Registos dos Bombeiros Sapadores e Proteção Civil de V. N. de Gaia.
Source: Firefighters and Civil Protection of V. N. Gaia records.

1 - Determinação do Mapa de probabilidade de ameaças

Utilizando a ferramenta ArcMap da ESRI e tendo como base as ocorrências dos Bombeiros Sapadores e Proteção Civil nos últimos 21 anos, definiu-se a ameaça, tendo sido georreferenciadas todas as ocorrências (fig.15) e definido o Mapa de Ameaças.

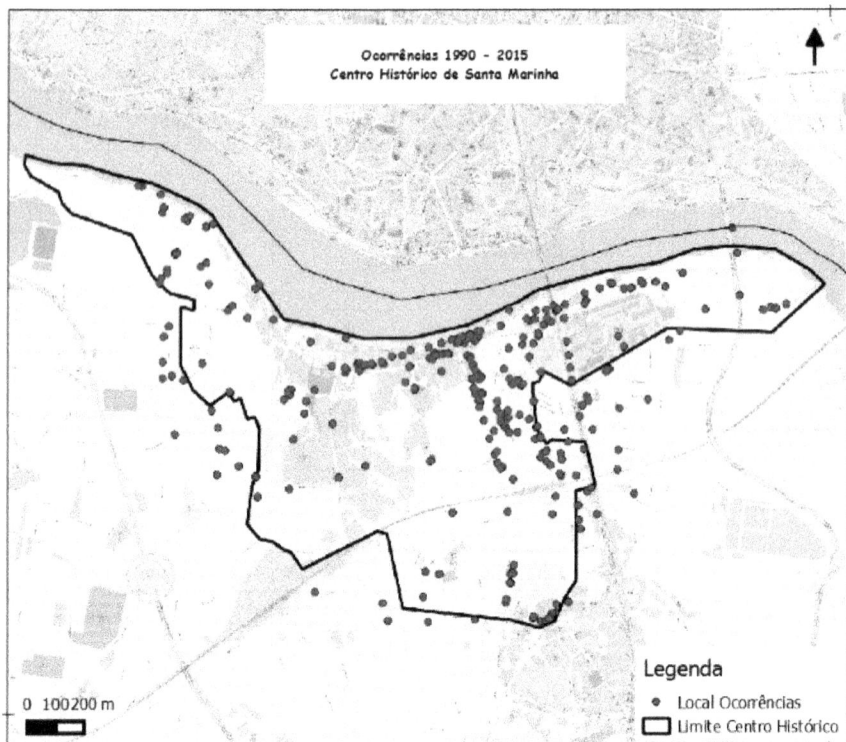

Fig. 15 - Carta com Registo de 21 anos de ocorrências
(Fonte: Bombeiros Sapadores e Proteção Civil de V. N. de Gaia).
Fig. 15 - *Registration Charter with 21 years of occurrences*
(Source: Fire Brigade and Civil Protection V. N. Gaia).

Na definição das probabilidades de ameaças, considerou-se em cada ocorrência uma área de influência, num círculo com raio de 50 metros (fig. 16), dadas as características do Centro Histórico com zonas muito declivosas, ruas muito estreitas e um edificado muito envelhecido. Com base em todas as ocorrências, cruzaram-se as áreas de influência dos referidos 50,0 metros e definiu-se os 4 níveis de probabilidade de ameaça:

Muito baixa	- Nenhuma ocorrência	- Ponderação 1
Baixa	- Uma ocorrência	- Ponderação 2
Moderada	- Duas a três ocorrências	- Ponderação 3
Alta	-Quatro ou mais ocorrências	- Ponderação 4

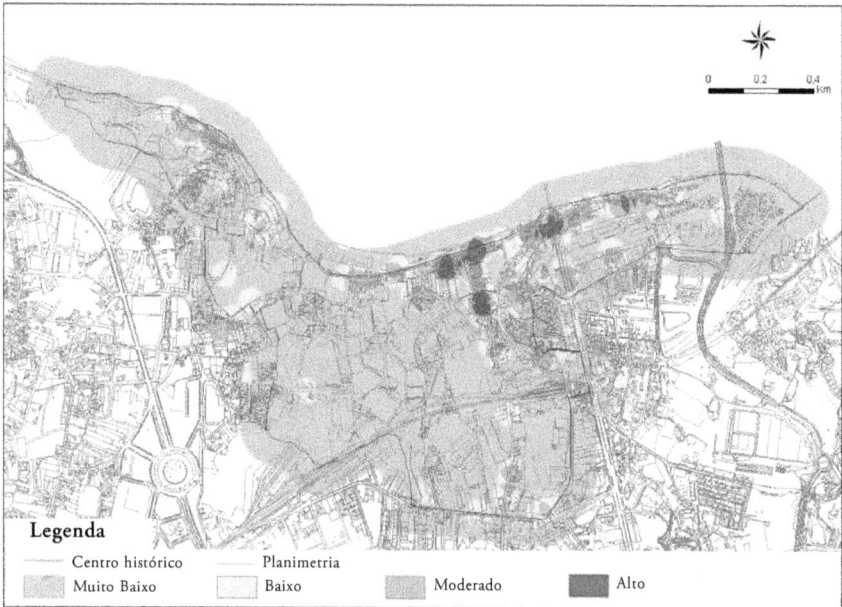

Fig. 16 - Carta de probabilidade de manifestações com base nas ocorrências
(Cálculos Salvador Almeida).

*Fig. 16 - Charter of probability of manifestations based on occurrences
(Calculations Salvador Almeida).*

**2 - Definiu-se de seguida a vulnerabilidade, no que se refere ao Estado do
Edificado e os Declives.**

Ora o conhecimento dos perigos que afetam o Centro Histórico e a sua localização, é fundamental para o planeamento de emergência (Julião *et al.*, 2009).

Assim, quanto ao estado do edificado, utilizando a ferramenta ArcMap da
ESRI, definiram-se os níveis de vulnerabilidade, atribuindo-se ponderações e
obteve-se a Carta de Vulnerabilidades do Edificado (fig.17).

Vulnerabilidade Muito Baixa	- Incultos, áreas s/utilizaçã	- Ponderação 1
Vulnerabilidade Baixa	- Edificado em bom estado	- Ponderação 2
Vulnerabilidade Moderada	- Edificado em estado razoável	- Ponderação 3
Vulnerabilidade Alta	- Edificado em mau estado e ruínas	- Ponderação 4

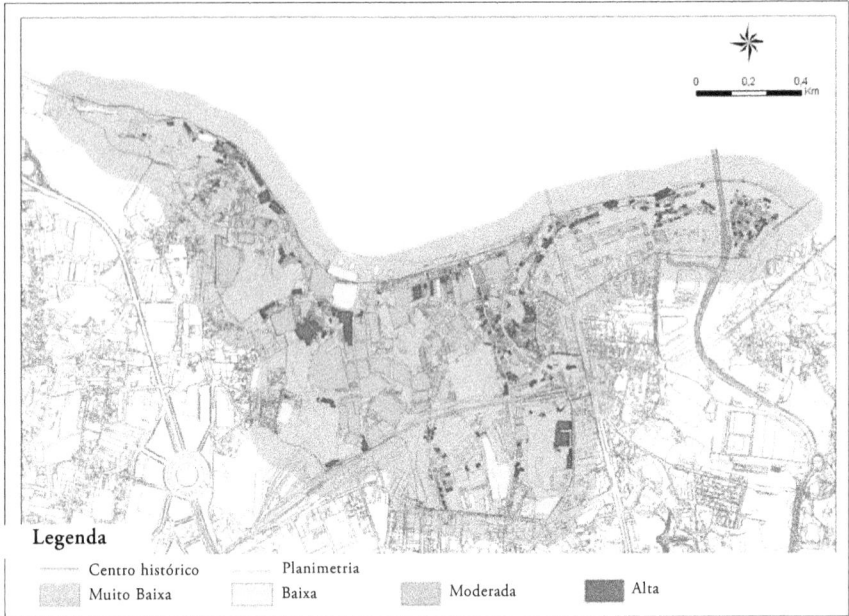

Fig. 17 - Carta de vulnerabilidades devido ao Estado do Edificado
(Cálculos Salvador Almeida).

*Fig. 17 - Charter of vulnerabilities due to the state of the built heritage
(Calculations Salvador Almeida).*

Quanto aos declives, utilizou-se também a ferramenta ArcMap da ESRI para calcular os declives através das linhas de cota. Adotaram-se cinco níveis de vulnerabilidade face à ocorrência de manifestações de instabilidade nas vertentes e nas infraestruturas, tendo-se definido 5 níveis de vulnerabilidade e atribuído as respetivas ponderações:

Vulnerabilidade Muito Baixa	- declives ≤ 10º	- Ponderação 1
Vulnerabilidade Baixa	- declives 11º - º18	- Ponderação 2
Vulnerabilidade Moderada	- declives 19º - 30º	- Ponderação 3
Vulnerabilidade Alta	- declives 31º - 45º	- Ponderação 4
Vulnerabilidade Muito Alta	- declives > 45º	- Ponderação 5

Obteve-se a Carta de Vulnerabilidade face aos declives (fig. 18).

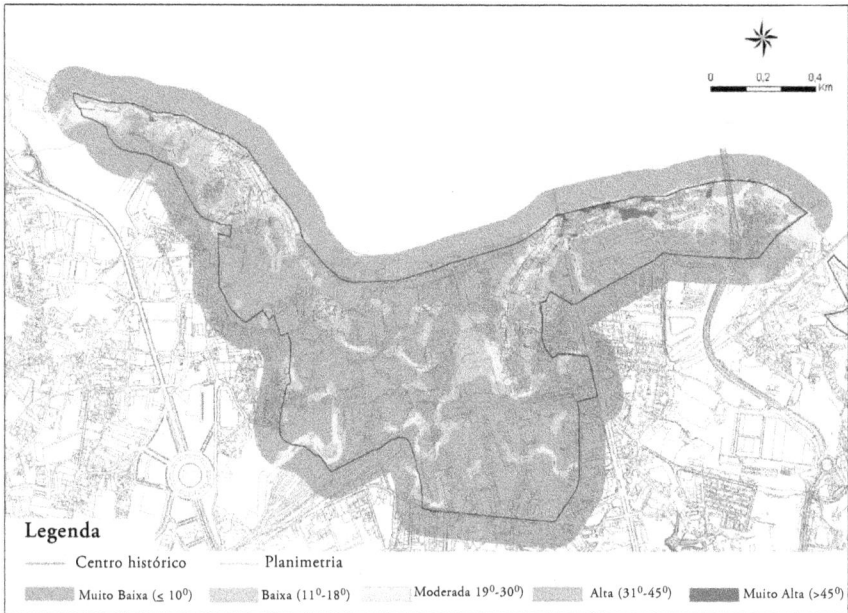

Legenda

───── Centro histórico ┈┈┈┈ Planimetria

▨ Muito Baixa (≤ 10^0) | ▨ Baixa (11^0-18^0) | Moderada 19^0-30^0) | ▨ Alta (31^0-45^0) | ▨ Muito Alta (>45^0)

Fig. 18 - Carta de vulnerabilidades face aos Declives (Cálculos Salvador Almeida).
Fig. 18 - Charter of vulnerabilities compared to Slopes (Calculations Salvador Almeida).

Na definição da vulnerabilidade para o cálculo da suscetibilidade, considerou--se o produto da vulnerabilidade do edificado pela vulnerabilidade dos declives, e obtive 4 níveis (QUADRO IV).

Os valores de ponderação para a matriz de suscetibilidade são o resultado da multiplicação dos valores da Carta de Ameaças com base nas ocorrências e dos valores de ponderação da Carta de Vulnerabilidades Total. Temos assim a matriz de suscetibilidade (QUADRO V).

Utilizando a ferramenta ArcMap da ESRI, foi possível traduzir a matriz de suscetibilidade na carta de suscetibilidade face a movimentos de massa e outras ocorrências com comprometimento total ou parcial da segurança, serviços ou estruturas (fig. 19). A carta de suscetibilidade identifica e classifica as áreas do Centro Histórico com propensão para serem afetadas por um determinado perigo, em tempo indeterminado

QUADRO IV - Matriz da Vulnerabilidade total.
TABLE IV - *Total vulnerability matrix.*

Vulnerabilidade		Vulnerabilidade do Edificado			
		Muito Baixa (Ponderação 1)	Baixa (Ponderação 2)	Moderada (Ponderação 3)	Alta (Ponderação 4)
Vulnerabilidade aos declives	Muito Baixa (Ponderação 1)	Muito baixa	Muito baixa	Muito baixa	Muito baixa
	Baixa (Ponderação 2)	Muito baixa	Muito baixa	Baixa	Baixa
	Moderada (Ponderação 3)	Muito baixa	Baixa	Baixa	Moderada
	Alta (Ponderação 4)	Muito baixa	Baixa	Moderada	Moderada
	Muito Alta (Ponderação 5)	Muito baixa	Baixa	Moderada	Alta

(Cálculos Salvador Almeida)

QUADRO V - Matriz de Suscetibilidade.
TABLE V - *Matrix of Susceptibility.*

Suscetibilidade		Probabilidade de Ameaça			
		Muito Baixa (Ponderação 1)	Baixa (Ponderação 2)	Moderada (Ponderação 3)	Alta (Ponderação 4)
Vulnerabilidade	Muito Baixa (Ponderação 1)	Muito reduzida	Muito reduzida	Muito reduzida	Reduzida
	Baixa (Ponderação 2)	Muito reduzida	Reduzida	Reduzida	Moderada
	Moderada (Ponderação 3)	Muito reduzida	Reduzida	Moderada	Elevada
	Alta (Ponderação 4)	Reduzida	Moderada	Elevada	Muito Elevada

(Cálculos Salvador Almeida)

Face à Carta de Suscetibilidade, verifica-se que a Escarpa da Serra do Pilar, Encosta da Fervença (rua de General Torres, rua Calçada da Serra, rua do Pilar, rua da Fervença e rua da Mesquita) e Lugar da Encosta do Castelo são as áreas de Suscetibilidade Muito Elevado, Elevado e Moderado respetivamente que justificam uma intervenção urgente para salvaguarda de pessoas e bens (fig. 19). Apresenta-se ainda a carta de suscetibilidade a todas as ocorrências (pontos azuis, evidenciando os cálculos efetuados, isto é, as ocorrências aconteceram nas áreas de suscetibilidade elevada e muito elevada em grande maioria (fig. 20).

Com a carta de suscetibilidade e considerando o valor dos elementos expostos (QUADRO VII - Valor dos Elementos Expostos) calculou-se a matriz de risco (QUADRO VI)) que teve em atenção a matriz de suscetibilidade que foi dividida

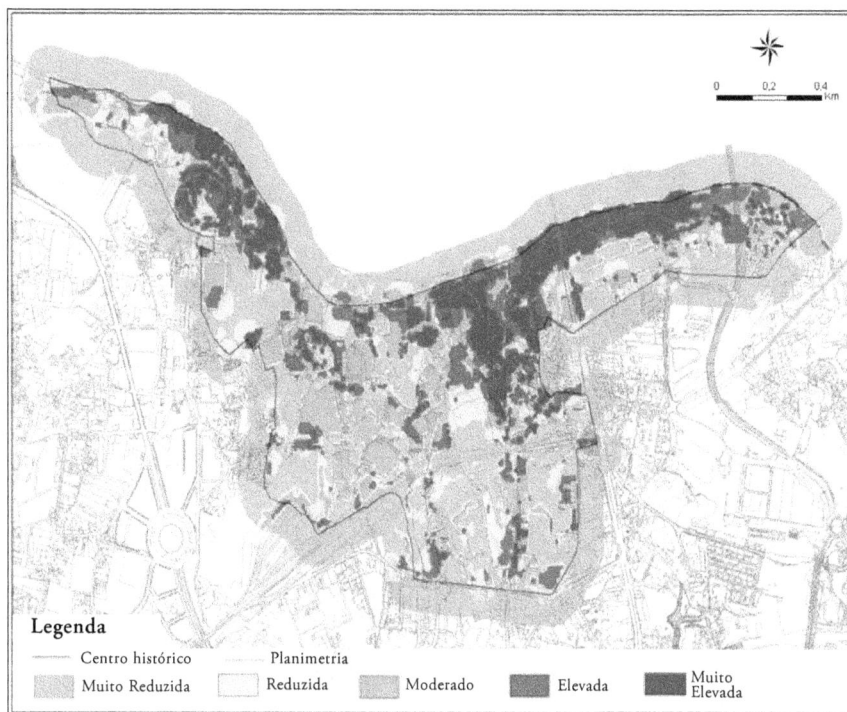

Fig. 19 - Carta de Suscetibilidade (Cálculo de Salvador Almeida).
Fig. 19 - Charter of Susceptibility (Calculation Salvador Almeida).

em cinco classes e os elementos expostos, isto é, vulnerabilidade intrínseca na noção de risco (Rebelo, 2001).

Para a intensidade considerou-se as áreas afetadas em valor percentual, elaborada sobre a carta topográfica atualizada, cumprindo-se legislação aprovada (DR n° 10/2009 de 29/5), (Julião *et al.*, 2009):

- Rede rodoviária municipal com uma afetação de 10 %;
- Indústrias com uma afetação de 10 %;
- Património com uma afetação de 10 %;
- Áreas agrícolas e lazer com uma afetação de 5 %;
- Terrenos incultos com uma afetação de 2 %.

Com os valores percentuais para a intensidade definidos e com os valores considerados no Quadro VI (Valor dos Elementos Expostos), elaborou-se o QUADRO VIII – que representa a Matriz de Risco.

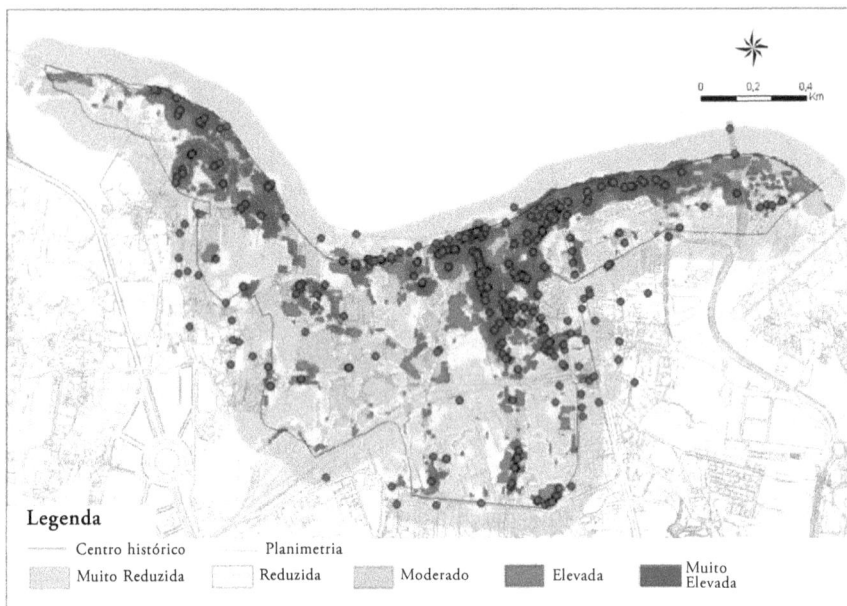

Fig. 20 - Carta de Suscetibilidade com a implantação das ocorrências dos últimos 21 anos (Cálculo de Salvador Almeida).

Fig. 20 - *Susceptibility Charter with the implementation of the events of the past 21 years (calculation Salvador Almeida).*

QUADRO VI - Matriz de Risco (calculo de Salvador Almeida).

TABLE VI - *Risk Matrix (Salvador Almeida calculation).*

Risco		Intensidade (Valor Exposto)				
		Muito Reduzida (Pond. 1)	Reduzida (Pond. 2)	Moderada (Pond. 3)	Elevada (Pond. 4)	Muito Elevada (Pond. 5)
Susceptibilidade	Muito Reduzida (Pond. 2)	Muito Reduzido (Pond. 1)	Muito Reduzido (Pond. 4)	Reduzido (Pond. 6)	Reduzido (Pond. 8)	Reduzido (Pond. 10)
	Reduzida (Pond. 1)	Muito Reduzido (Pond. 1)	Muito Reduzido (Pond. 2)	Muito Reduzido (Pond. 3)	Muito Reduzido (Pond. 4)	Muito Reduzido (Pond. 5)
	Moderada (Pond. 5)	Muito Reduzido (Pond. 1)	Reduzido (Pond. 10)	Moderado (Pond. 15)	Elevado (Pond. 20)	Muito Elevada (Pond. 25)
	Elevada (Pond. 4)	Muito Reduzido (Pond. 1)	Reduzido (Pond. 6)	Moderado (Pond. 12)	Elevado (Pond. 16)	Elevado (Pond. 20)
	Muito Elevada (Pond. 3)	Muito Reduzido (Pond. 1)	Reduzido (Pond. 6)	Reduzido (Pond. 9)	Moderado (Pond. 12)	Moderado (Pond. 15)

QUADRO VII - Valor dos Elementos Expostos.
TABLE VII - Value of exposed elements.

ELEMENTO EM RISCO		UNIDADE	VALOR (€) POR UNIDADE
Rede rodoviária	Rede rodoviária (EM)	€/km	300.000
	Rede rodoviária (outras vias)	€/km	3.250
	Túneis	€/km	15.000.000
	Pontes e viadutos	€/km	6.500.000
Rede ferroviária	Rede ferroviária (comboio e metro de superfície)	€/km	35.000
Rede de gás	Rede de gás	€/km	22.500
Rede de água	Rede de água (linha) - Tubagens	€/km	50.000
	Rede de água (linha) - Ramais	€/km	17.500
	Rede de água (pto) - Acessórios	€/km	2.000
Rede de saneamento "Sistema em baixa"	Rede de saneamento (linha) - Coletores	€/ Km	90.000
	Rede de saneamento (linha) - Ramais	€/ Km	40.000
	Rede de saneamento (pto) - CRL	€/unidade	500
Rede pluvial	Rede pluvial (linha) - Coletores de dim.>= 500mm	€/ Km	90.000
	Rede pluvial (linha) - Coletores de dim. < 500 mm	€/ Km	110.000
	Rede pluvial (linha) - Ramais	€/ Km	40.000
	Rede pluvial (pto) - CRL	€/unidade	500
Rede elétrica	Rede de transporte (REN) - LMAT	€/km	100.000
	Rede de distribuição subterrânea (EDP) - LAT, LMT	€/km	60.000
Organismo e entidades de apoio	Clínicas	€/m²	.750
	Cruz vermelha	€/m²	750
	Associação Socorros mútua	€/m²	750
Infraestruturas	Marina de Gaia	€/unidade	8.600.000
	Indústrias	€/m²	600
	Cais de embarque	€/unidade	20000
Ocupação Humana	Habitação	€/m²	750
	Área comercial	€/m²	250
	Escolas	€/m²	750
	Lares	€/m2	1.000
	Património histórico	€/m²	1.000
Terrenos	Incultos	€/m²	1
	Agrícolas	€/m²	2
Áreas	Lazer	€/m²	5
	Naturais	€/m²	5

CRL - Câmara de ramal de ligação, localizada em domínio público

A carta de risco face a movimentos de massa e outras ocorrências com comprometimento total ou parcial da segurança, serviços ou estruturas, obtém-se:

Risco = Suscetibilidade x Intensidade (valor exposto)

Com a suscetibilidade e a Intensidade (valor exposto) calculou-se a Matriz de Risco, (Quadro VIII) e utilizando a ferramenta ArcMap da ESRI, foi possível traduzir a matriz de risco na Carta de Risco (fig. 21)

QUADRO VIII - Cálculo do Risco face a Movimentos de Massa e Outras Ocorrências com Comprometimento Total ou Parcial de Segurança, Serviços ou Estruturas na Área do Centro Histórico de Vila Nova de Gaia.

TABLE VIII - *Calculation of risk in the face of mass movements and Other Events with Total or Partial Commitment of Security, Services and Structures in Vila Nova de Gaia's Historical Centre Area.*

RISCO Muito Reduzida (Pond.1)		Reduzida (Pond.2)	Moderada (Pond.3)	Elevada (Pond.4)	Muito Elevada (Pond.5)	Suscetibilidade
Intensidade (Valor Exposto)	Rede Rodoviária (€ 15.000/km)	5,845 Km € 8.768	3,321 Km € 4.982	4,457 Km € 6.686	4,131 Km € 6.197	4,906 Km € 7.359
	Indústrias (€ 600/m2)	20.905 m² € 1.254.300	9.173 m² € 550.380	165.471 m² € 9.928.260	63.048 m2 € 3782880	33.304 m² € 19.998.240
	Habitação/Comércio (€ 500/m2)	22.135 m² € 1.106.750	36.717 m² € 1.835.850	24.391 m² € 1.219.550	46.454 m² € 2.322.700	65.894 m² € 3.294.700
	Património (€ 1.000/m2)	7.375 m² € 737.500	6.708 m² € 670.800	15.583 m² € 1.558.300	6.500 m² € 650.000	4.610 m² € 461.000
	Áreas Agrícolas e Lazer (€ 2/m2)	7.241 m² € 724	5.350 m² € 535	12.617 m² € 1.262	7.552 m² € 755	11.065 m² € 1.107
	Terrenos Incultos (€ 1/m2)	362.533 m² € 7.251	178.083 m² € 3.562	122.769 m² € 2.455	100.884 m² € 2.018	72.765 m² € 1.455
Intensidade Total		€ 3.115.293	€ 3.066.109	€ 12716513	€ 6.764.550	€ 5.763.861
Ponderação		Reduzido (Pond. 2)	Muito Reduzido (Pond. 1)	Muito Elevado (Pond. 5)	Elevado (Pond. 4)	Moderado (Pond. 3)

(Cálculos Salvador Almeida)

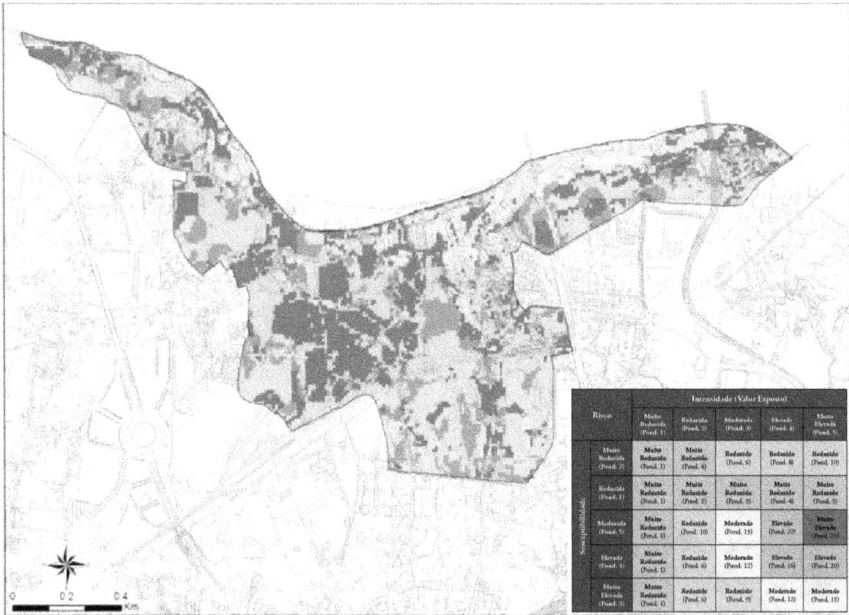

Fig. 21 - Carta de Risco (calculo Salvador Almeida).
Fig. 21 - Risk Charter (calculation Salvador Almeida).

Temos assim a avaliação de risco e a cartografia como o primeiro passo para a Prevenção (European Commission, 2010).

Conclusão

O trabalho apresentado evidencia que a orla fluvial de V. N. Gaia e principalmente no Centro Histórico a instabilidade geomorfológica é uma realidade e teve nos últimos anos impactos significativos sobre o ponto de vista económico, social e ambiental. Identificamos as vertentes com instabilidade geomorfológica, baseadas nas manifestações passadas, na existência das infraestruturas, nas atividades económicas e sociais afetadas e definiu-se a Cartografia de Risco, potenciando o perigo com consequências para a saúde humana, atividades económicas, património e ambiente.

Durante a realização deste trabalho, nos anos 2009 a 2015, áreas muito sensíveis a movimentos de massa, deram-nos sinais que nos permitiram atuar antes da crise se instalar, vedando-se a área, proibindo a circulação de pessoas e trânsito rodoviário e executando trabalhos de engenharia. Noutra área também muito sensível, Encosta da Fervença a crise instalou-se pois deu-se a queda de grandes blocos sem quaisquer sinais, mas poderia ter sido uma tragédia (queda de blocos na rua da Barrosa). A solução estudada e executada foram trabalhos de engenharia e em 2011, 2012, 2013 e 2014 realizou-se uma importante intervenção na Escarpa da Serra do Pilar, nomeadamente pela demolição de várias edificações (fotografias 15, 16, 17, 18 e 19).

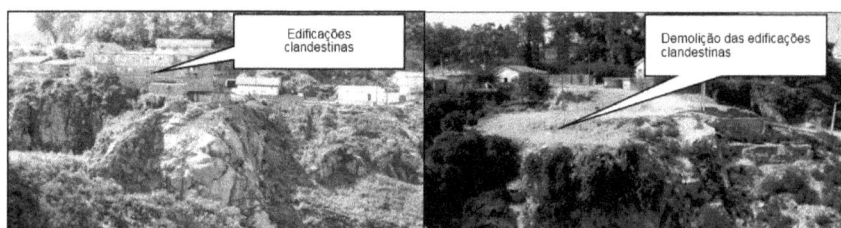

Fot.15 - Crista da escarpa da serra 2009 e 2011
(Salvador Almeida).
*Photo 15 - Escarpment of the mountain's Crest in 2009 and 2011
(Salvador Almeida).*

As fotografias 17, 18 e 19 mostram o trabalho de limpeza da Escarpa da Serra, com a demolição de mais de 4 dezenas de construções. Neste momento restam 6 habitações das 55 que existiam em 2005. Foi um trabalho de grande persuasão junto dos moradores, um grande esforço negocial, a par de um grande esforço financeiro, pois todos receberam uma habitação social

As encostas e taludes que suportam e marginam todo este edificado exigem trabalhos de estabilização que tenham em atenção as construções e as infraestruturas existentes, pois a área em questão tem risco Muito Elevado e Elevado a movimentos de vertente.

A par da estabilização dos taludes e reforço de muros de contenção de terras é uma prioridade intervir no edificado que se encontra em muito mau estado de conservação evitando o desabamento de coberturas, a derrocada de paredes com a consequente perda de vidas humanas.

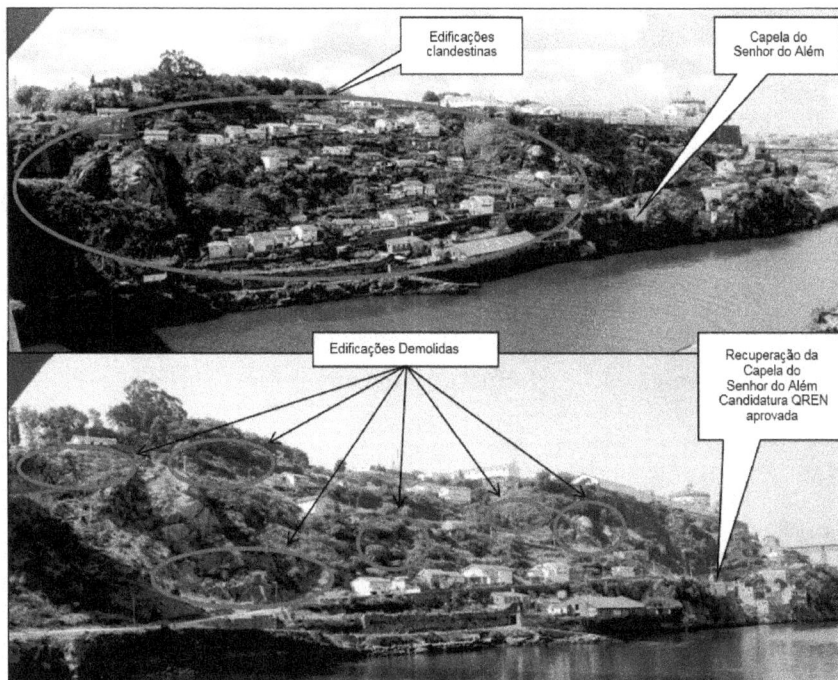

Fot. 16 - Escarpa da Serra do Pilar Maio 2009 e Agosto 2011
(Salvador Almeida).
*Photo 16 - Scarp of Serra do Pilar in May 2009 and August 2011
(Salvador Almeida).*

Fot. 17, 18 e 19 - Escarpa da Serra do Pilar Dezembro 2015
(Salvador Almeida).
*Photos 17, 18 and 19 - Escarpment of the Serra do Pilar in December 2015
(Salvador Almeida,).*

A Escarpa da Serra do Pilar é Reserva Ecológica Nacional (D.L. 166/2008 de 22 de Agosto) e Reserva Ecológica Nacional – Município de Vila Nova de Gaia (Portaria n.º 788/2009 de 28 de Julho) pelo que todas as construções deverão ser demolidas cumprindo-se o estabelecido no D.L. 309/93 de 2 de Setembro, que diz e cito *"[...] estabelece que não deve ser permitida qualquer construção em zonas de riscos naturais importantes [...]"*.

O trabalho iniciado há dez anos deve ser uma prioridade, restituindo a Escarpa da Serra do Pilar ao que era em 1960, promovendo a sua renaturalização e transformando-a num parque público para todos usufruirmos.

Foi neste momento apresentado uma candidatura ao Programa PO Norte 2020 para estabilização da Escarpa da Serra do Pilar, a construção dum passeio de ligação à Ponte Luis I e reforço e alargamento da Rua Cabo Simão (fig. 22).

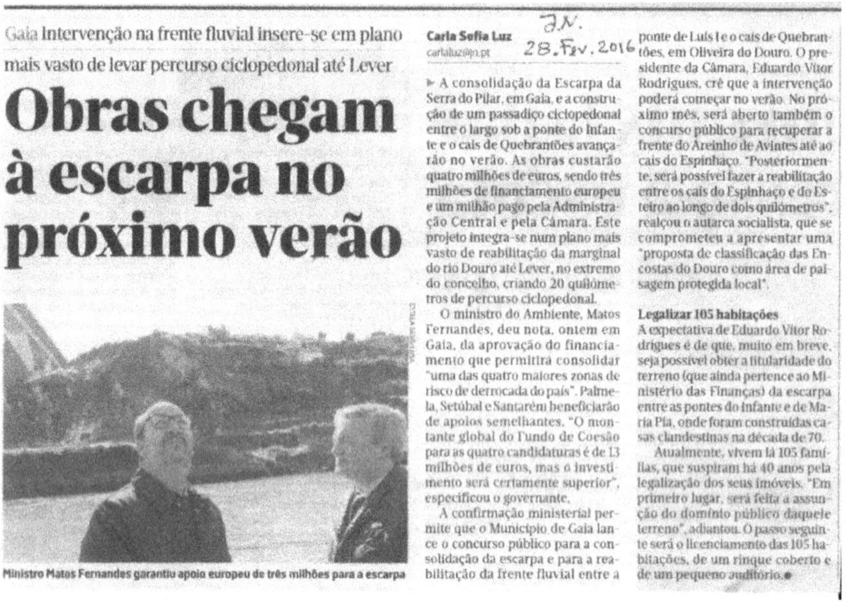

Gaia Intervenção na frente fluvial insere-se em plano mais vasto de levar percurso ciclopedonal até Lever

Obras chegam à escarpa no próximo verão

Ministro Matos Fernandes garantiu apoio europeu de três milhões para a escarpa

Carla Sofia Luz
carlaluz@jn.pt

J.N. 28.Fev.2016

► A consolidação da Escarpa da Serra do Pilar, em Gaia, e a construção de um passadiço ciclopedonal entre o largo sob a ponte do Infante e o cais de Quebrantões avançarão no verão. As obras custarão quatro milhões de euros, sendo três milhões de financiamento europeu e um milhão pago pela Administração Central e pela Câmara. Este projeto integra-se num plano mais vasto de reabilitação da marginal do rio Douro até Lever, no extremo do concelho, criando 20 quilómetros de percurso ciclopedonal.

O ministro do Ambiente, Matos Fernandes, deu nota, ontem em Gaia, da aprovação do financiamento que permitirá consolidar "uma das quatro maiores zonas de risco de derrocada do país". Palmela, Setúbal e Santarém beneficiarão de apoios semelhantes. "O montante global do Fundo de Coesão para as quatro candidaturas é de 13 milhões de euros, mas o investimento será certamente superior", especificou o governante.

A confirmação ministerial permite que o Município de Gaia lance o concurso público para a consolidação da escarpa e para a reabilitação da frente fluvial entre a ponte de Luís I e o cais de Quebrantões, em Oliveira do Douro. O presidente da Câmara, Eduardo Vítor Rodrigues, crê que a intervenção poderá começar no verão. No próximo mês, será aberto também o concurso público para recuperar a frente do Areinho de Avintes até ao cais do Espinhaço. "Posteriormente, será possível fazer a reabilitação entre os cais do Espinhaço e do Esteiro ao longo de dois quilómetros", realçou o autarca socialista, que se comprometeu a apresentar uma "proposta de classificação das Encostas do Douro como área de paisagem protegida local".

Legalizar 105 habitações

A expectativa de Eduardo Vítor Rodrigues é de que, muito em breve, seja possível obter a titularidade do terreno (que ainda pertence ao Ministério das Finanças) da escarpa entre as pontes do Infante e de Maria Pia, onde foram construídas casas clandestinas na década de 70.

Atualmente, vivem lá 105 famílias, que suspiram há 40 anos pela legalização dos seus imóveis. "Em primeiro lugar, será feita a assunção do domínio público daquele terreno", adiantou. O passo seguinte será o licenciamento das 105 habitações, de um rinque coberto e de um pequeno auditório.●

Fig. 22 - Notícia do Jornal Notícias de 28 de Fevereiro de 2016.
***Fig. 22** - Journal News news from February 28, 2016.*

O Centro Histórico de Vila Nova de Gaia merece o esforço de todos os Agentes de Proteção Civil, pois o objetivo da gestão dos riscos e das crises é, sem dúvida, a redução das vulnerabilidades (Lourenço, 2007). Não podemos, contudo, esquecer que a proteção civil é uma tarefa de todos e para todos e não devemos esperar que os outros façam o que compete a cada um de nós.

Referências bibliográficas

Alexander, David (2005). Towards the development of a standard in emergency planning. Disaster, Prevention and management. *International Journal*, Volume,14, pag. 158-175, Publisher Emerald Group Publishing Limited.

Cutter, Susan L., MitchelL, Jerry T., Scott, Michael S. (2000). Revealing the vulnerability of people and places. A case study of Georgetown Country, South Carolina. *Annals of the Association of American Geographers*, 90(4), pp. 713-737;

EUROPEAN COMMISSION, COMMISSION STAFF WORK IN PAPER (2010). *Risk assessement and mapping guidelines for disaster management*, Brussels.

Julião, R. P., Nery, F., Ribeiro, J. L., Branco, M. e Zêzere, J. L. (2009). *Guia Metodológico para a produção de cartografia municipal de risco e para a criação de sistemas de informação geográfica (SIG) de base municipal.* ANPC, DGOTDU/IGP, Lisboa, 91 p..

Lourenço, Luciano (2007). Riscos Naturais, antrópicos e mistos. *Territorium*, n° 14, pp. 107-111. Disponível em: http://www.uc.pt/fluc/nicif/riscos/Documentacao/Territorium/T14_artg/T14NNR01.pdf.

Lourenço, Luciano, Tedim, Fantina (2014). *Realidades e Desafios na Gestão dos Riscos*, NICIF, FLUC. Disponível em: http://www.uc.pt/fluc/nicif/Publicacoes/livros/dialogos.

Lourenço, Luciano (2014). Risco, Perigo e Crise. Trilogia de Base na Definição de um Modelo Conceptual-Operacional. *Realidades e Desafios na Gestão dos Riscos,* NICIF, FLUC. Disponível em: http://www.uc.pt/fluc/nicif/Publicacoes/livros/dialogos/Artg06.pdf.

MASTER PLAN CIDADE DE GAIA (2006). *Estudo de Enquadramento Estratégico para a revitalização do Centro Histórico de Vila Nova de Gaia.* Parque Expo.

Monteiro, Ana, Pedrosa, António, Pedrosa, Fantina (2003). A vulnerabilidade da Sociedade às catástrofes naturais: uma visão integrada dos riscos naturais uma carta aberta aos estudantes do curso. *Curso Integrado de Gestão de Riscos Naturais*, FLUP, 2002/2003.

Pedrosa, António Sousa; Pedrosa, Fantina Maria S. Tedim; Tavares, Joaquim António Dias (1985). Caracterização Geográfica do Concelho de Vila Nova de Gaia. *História Gaya*.

Pedrosa, António Sousa; Marques, Bernardo de Serpa (1990). *Aspetos Geomorfológicos da Bacia Hidrográfica do Douro.* Observatório, Câmara Municipal de V. N. de Gaia, 1, pp. 163-178.

Pedrosa, António Sousa, Marques, Bernardo Serpa (1994). Man's action and slope erosion. A case study in Tâmega basin. *Territorium*, 1, pp. 35-41. Disponível em: http://www.uc.pt/fluc/nicif/riscos/Documentacao/Territorium/T01_artg/T01_artg04.pdf.

Pedrosa, António Sousa (2001). Movimentos de Massa e Ordenamento do Território. *Atas do II Seminário Recursos Geológicos, Ambiente e Ordenamento do Território*, Vila Real, (CF7-1 1).

Ponte, Miguel Nunes da, Ponte, Luís Nunes (2002). *Memórias de Gaia através do Bilhete Portal Ilustrado.*

Rebelo, Fernando (1994). Do ordenamento do território à gestão dos riscos naturais. A importância da Geografia Física salientada através de casos de estudo selecionados em Portugal. *Territorium*, 1 pp. 7-15. Disponível em: http://www.uc.pt/fluc/nicif/riscos/Documentacao/Territorium/T01_artg/T01_artg01.pdf.

Rebelo, Fernando (2003). *Riscos Naturais e Ação Antrópica Estudos e Reflexões* (2ª edição revista). Coimbra, Imprensa da Universidade de Coimbra, 286 p..

Rebelo, Fernando (2010). *Geografia Física e Riscos Naturais.* Coimbra, Imprensa da Universidade de Coimbra, pp. 1-215.

Valle, Carlos (1971). *O Castelo de Gaia e a Lenda do Rei Ramiro.* Câmara Municipal de Vila Nova de Gaia.

Yong, A. (1972). *Slopes.* Oliver and Boyd, Edinburgh, pp. 288.

AS INUNDAÇÕES FLUVIAIS NO BRASIL: IMPORTÂNCIA DO DESENVOLVIMENTO DE UNIDADES DINÂMICAS DE AVALIAÇÃO DE RISCOS (UDAR) PARA A SUA GESTÃO

THE RIVER FLOODING IN BRAZIL: THE IMPORTANCE OF THE DEVELOPMENT OF DYNAMIC RISK ASSESSMENT UNITS (UDAR) FOR ITS MANAGEMENT

[†]António de Sousa Pedrosa
Universidade Federal de Uberlândia - UFU, CEGOT

Sumário: As inundações fluviais têm um impacto acrescido sobre as populações que habitam as planícies de inundação dos rios, que com períodos de retorno variáveis, são alagadas por caudais de cheia de dimensões diversas. O avanço da urbanização nas áreas de inundação natural dos rios induz um incremento significativo da frequência e magnitude das inundações. No Brasil este risco é dos mais significativos, possuindo consequências dramáticas sobre as populações, principalmente as de menores recursos. Neste trabalho tratamos da importância de criar Unidades Dinâmicas de Avaliação de Riscos (UDAR), tendo como unidade territorial as bacias hidrográficas, de modo que permita fazer uma gestão integrada dos riscos de inundação. Esta tem como objetivo possibilitar uma prevenção eficaz deste tipo de risco, ao mesmo tempo em que irá permitir tomada de decisão no sentido de minimizar as consequências das inundações fluviais.

Palavras-chave: Inundações, avaliação de riscos, ordenamento territorial, bacias hidrográficas.

DOI: http://dx.doi.org/10.14195/978-989-26-1237-9_11

Abstract: River floods have an added impact on populations that inhabit the flood plains of rivers which, having variable return periods, are flooded by high water levels of various dimensions. The advance of urbanization in the areas of natural flooding of rivers induces a significant increase in the frequency and magnitude of floods. In Brazil, this risk is the most significant, having dramatic consequences on populations, especially those with fewer resources. This paper will deal with the importance of creating Units of Dynamic Risk Assessment (UDAR), with the territorial unit watersheds in order to allow an integrated management of flood risks. This aims to enable the effective prevention of such risk, while it will allow decision making to minimize the consequences of river flooding.

Keywords: River floods, risk assessment, land use planning, watersheds.

As inundações como um dos processos mais comuns de riscos naturais no Brasil

As inundações são o mais comum de todos os riscos naturais. Todos os anos as inundações são responsáveis pela perda de 20.000 vidas humanas e causam danos a cerca de 75 milhões de pessoas em todo o mundo. De referir que no Brasil durante o período de 1900 a 2011 as cheias corresponderam a 52% dos desastres naturais evidenciando-se, deste modo, como os predominantes. A TABELA I que mostra a totalidade dos desastres naturais que afetaram o Brasil no século XX, acaba por reforçar a ideia que apresentamos. É igualmente o risco natural que maior número de mortes provocou (7634) correspondendo a mais de 60% dos óbitos ocorridos reportados a desastres naturais. É ainda um dos desastres que mais afeta diretamente um número elevado de pessoas. Para este período foram estimadas mais de 21 milhões de pessoas afetadas o que corresponde a cerca de 28% do número de pessoas atingidas pelos principais desastres naturais ocorridos no Brasil. O elevado grau de perdas (vidas humanas e bens materiais) causadas pelas inundações deve-se à grande difusão geográfica dos leitos de cheia, bem como, à forte atratividade destas áreas para a fixação humana.

TABELA I - Os desastres naturais no Brasil entre 1900 e 2010 e suas consequências em número de mortos e pessoas afetadas.

TABLE I - Natural disasters in Brazil between 1900 and 2010 and its consequences in deaths and affected people.

Desastre Natural		N.º de Ocorrências	Mortos	Pessoas afetadas
Tipo	Sub-tipo			
Seca	Seca	16	20	47812000
Terramoto	Terramoto	2	2	23286
Epidemia	Não especificada	2	303	235
	Doenças baterianas infecciosas	5	1696	45893
	Doenças infecciosas virais	9	218	1936248
Temperaturas extremas	Vaga de frio	5	154	600
	Onda de calor	3	201	
Cheias / Inundações	Não especificada	51	4016	8155931
	Cheias rápidas	7	591	245331
	Inundações fluviais	58	3027	12926494
Infestação por insectos	Não especificada	1		2000
Movimentos em massa	Deslizamento	23	1656	4237484
Tempestade	Não especificada	7	277	50076
	Ciclone extratropical (tempestade de Inverno)	1	3	1600
	Tempestade local	8	66	11356
	Ciclone Tropical	1	4	150060
Incêndios / Fogos florestais	Incêndio florestal	1		
	Incêndio do cerrado/pastagens	2	1	12000
Total		**202**	**12235**	**75610594**

Fonte: EM-DAT: The OFDA/CRED International Disaster Database. www.em-dat.net - Université Catholique de Louvain - Brussels – Belgium. *Source: EM-DAT: The OFDA/CRED International Disaster Database. www.em-dat.net - University Catholique de Louvain - Brussels – Belgium.*

A disseminação do risco de inundação: causas, impactos e estratégias de gestão do risco.

Nos dois últimos séculos, desenvolveram-se nas planícies de inundação dos cursos de água importantes aglomerados urbanos, em relação com os quais proliferaram a indústria e o comércio. O forte poder de atração destas áreas sobre as mais diversas atividades humanas decorre dos benefícios locativos que lhes são intrínsecos, como por exemplo, a fertilidade dos solos e a facilidade de edificação oferecida pelo relevo pouco acidentado, ou ainda as boas acessibilidades que geralmente lhes estão associadas.

Em muitos países, na ausência de alternativas, as classes sociais menos favorecidas, são forçadas a viver em situações de risco: não têm outra opção senão tentar sobreviver em locais onde à probabilidade de ocorrência de inundações é muito elevada. De facto, a vulnerabilidade às inundações é influenciada pelo próprio estrato social (Parker, 2000; Tucci *et al.*, 2003; Pereira, 2005).

O incremento das perdas originadas pelas inundações, apesar, do cada vez maior investimento em sistemas de proteção, só pode ser explicado por dois tipos de razões:

i) O aumento da frequência e magnitude das inundações devido a causas físicas--naturais, como por exemplo, alterações nos fatores hidro–meteorológicos;

ii) O aumento da vulnerabilidade do Homem face à ocorrência de inundações como consequência de uma ocupação crescente das planícies de inundação. É consensual que a contínua invasão das planícies de inundação está na base da tendência de agravamento das perdas devidas às inundações. A ocupação generalizada das planícies de inundação é o resultado da crença que os benefícios locativos superam os riscos.

As perdas mais frequentes motivadas pelas inundações fluviais são os danos físicos da propriedade, especialmente quando afetam áreas urbanas. Verificam-se também consequências secundárias associadas ao declínio do valor do património imobiliário após a ocorrência das cheias. Os danos causados nas culturas agrícolas, nas produções pecuárias e nas infraestruturas agrícolas podem de igual modo, ser importantes nas áreas rurais.

Para além dos óbitos por afogamento, as inundações provocam indiretamente um aumento da mortalidade, pelo facto de criarem condições propícias à propagação de doenças epidémicas, tais como a cólera, a malária, a febre-amarela ou as doenças respiratórias. As dificuldades de alojamento e alimentação, a degradação das condições higiénico – sanitárias e a multiplicação de insetos nas águas estagnadas são fatores que potenciam a disseminação de doenças.

Ao longo da segunda metade do século passado, verificaram-se significativas mudanças na forma de encarar o fenômeno das inundações (Gardiner, 1995; Tucci, *et al.*, 2001). Desde os anos trinta até à década de sessenta a atitude prevalecente foi o controle físico das cheias por meio da construção de estruturas de engenharia. A partir dos anos sessenta as medidas estruturais começaram a perder importância. A nova estratégia de mitigação do risco de inundação orientou-se para a redução da vulnerabilidade, através do planeamento do uso da terra e ordenamento do território, da concepção de sistemas de alerta às populações e, ainda, do recurso às seguradoras.

Há uma consciência crescente, por parte de académicos e políticos que o risco de inundação é originado não apenas pela dinâmica fluvial, mas, sobretudo, pela "errónea" localização das pessoas e suas atividades, que se foram fixando em áreas onde se verifica uma forte susceptibilidade à ocorrência de inundações fluviais.

Nasce assim uma abordagem diferente do fenômeno das inundações designado pelo Wisner *et al.* (2004) de modo sintético e expressivo: "*living with floods*"; principiando por procurar compreender a dinâmica fluvial e o regime dos rios em relação com o ambiente envolvente mais vasto (Wisner *et al.*, 2004; Kidson & Richards, 2005).

Esta abordagem tem subjacente o reconhecimento que, dos rios, das suas margens e das suas planícies de inundação provêm valiosos "*serviços ecológicos*", que foram gradualmente perdidos com a construção de estruturas de controle das inundações. Está igualmente implícita a aceitação de que as planícies de inundação podem ser inadequadas para a implementação de determinadas atividades humanas, nomeadamente a edificação.

A constituição de Unidades Dinâmicas de Avaliação de Riscos de Inundação

Porém, em muitos locais do globo e especificamente no Brasil as planícies de inundação continuam sujeitas a uma forte pressão para ocupação pelas mais diversas atividades humanas.

Por esta razão, tem sido atribuída grande ênfase ao desenvolvimento de técnicas de previsão da ocorrência das inundações, de modo a permitir o bom funcionamento dos sistemas de alerta. Uma importante inovação neste domínio são os *Sistemas Integrados de Previsão de Cheias em Tempo Real*. Estes sistemas consistem num conjunto componentes que, incrementam a capacidade de quantificação, das precipitações e de previsão de cheias em tempo real e com maior rigor científico. Integram ferramentas tecnológicas que permitem realizar a aquisição e o processamento de dados; modelos e previsões meteorológicas e hidrológicas; análise das previsões e a dinamização de sistemas de alerta. O seu bom funcionamento depende ainda da ajuda de *Sistemas de Apoio à Decisão* e de *Sistemas de Informação Geográfica (SIG'S)*. Os *Sistemas Integrados de Previsão de Cheias em Tempo Real* são vistos como uma resposta auspiciosa à crescente vulnerabilidade face ao risco de inundação (Wagener, *et al.*, 2001; Overton, 2005; Pedrosa & Faria, 2005).

A maioria das inundações fluviais apresenta um padrão repetitivo. São por isso, um *"risco conhecido"* (White, 1942, apud Wisner *et al.*, 2004) e, de certo modo, esperado.

O estudo de uma bacia deve fazer-se uma forma integrada. *"A bacia fluvial foi considerada uma unidade geomorfológica fundamental [...] que se pode caracterizar por parâmetros morfométricos - a extensão e a forma da bacia (determinando a quantidade de precipitação e a insolação recebidas), o declive (determinando a rapidez do escoamento), e a densidade de drenagem (responsável pela eficiência do escoamento*" e por isso o geomorfólogo fluvial *"passou de um estudo dedutivo qualitativo, a um trabalho quantitativo, rigoroso"*(Coelho, 1984).

A bacia hidrográfica tem de ser entendida como um sistema aberto, cujo input se dá pela ação climática através dos seus elementos fundamentais como a temperatura e precipitação resultando, após a dinâmica dos componentes e trocas de energia, em sedimentos e solutos funcionando estes como output do sistema (Marques & Pedrosa, 1990; Silveira, 2007). Este tipo de análise permite compreender as implicações das diversas alterações que se podem processar na área da bacia hidrográfica já que é entendida como um sistema dinâmico e inter--relacionado cujas trocas de energia levam a sistemáticas reorganizações do sistema.

Deste modo propomos a criação de Unidades Dinâmicas de Avaliação de Riscos de Inundação, de modo a que se faça a sua gestão integrada tendo como base as bacias hidrográficas.

A constituição deste tipo de sistema de informação pretende promover o desenvolvimento e a criação de uma estratégia articulada de prevenção de riscos de inundação a diferentes escalas, temporais e espaciais pretendendo-se uma articulação entre os diversos níveis institucionais (defesa civil, politico), e os responsáveis pela avaliação técnica e científica dos riscos. O objetivo é conseguir um planeamento preventivo que só pode ser alcançado por sistemas eficazes de prevenção dos desastres naturais, neste caso as inundações fluviais, através do desenvolvimento de ferramentas de planeamento e gestão de crises para a defesa civil, apoiadas num sistema dinâmico de informação geográfica.

Deste modo associam-se duas dimensões fundamentais integradas num processo de gestão dos riscos naturais: a pesquisa científica combinada com a aplicação de novas metodologias e técnicas de gestão de risco (Pedrosa, 2012).

A dimensão pesquisa tem como objetivo contribuir para a compreensão dos fenómenos hidro-metereológicos e hidrogeomorfológicos, aperfeiçoando o conhecimento científico sobre o comportamento dos fatores que estão na sua origem tendo como objetivo melhorar a eficácia na gestão do risco de inundação fluvial.

Pode ainda contribuir para a compreensão das diferentes dimensões do conceito de risco de inundação permitindo, igualmente o desenvolvimento de novas metodologias de análise e aplicações dinâmicas que permitam a realização de uma avaliação sistemática dos riscos. Uma das finalidades será a emissão de alertas em tempo real de modo a prevenir as populações ribeirinhas dos picos de cheia, ao mesmo tempo, que poderá fornecer às instituições públicas meios (ferramentas/elementos/dados) efetivos para que a gestão e ordenamento do território se faça no sentido de minimizar os efeitos catastróficos que os riscos de inundação acarretam.

Deste modo, a criação de unidades deste tipo, só faz sentido dentro de uma estratégia de cooperação entre as instituições de pesquisa e as entidades responsáveis pela gestão territorial em várias escalas.

A constituição em ambiente SIG de uma *Unidade Dinâmica de Avaliação de Riscos de Inundação* (fig.1) para a gestão das bacias hidrográficas deverá compreender:

i) Uma base de dados histórica que será importante como memória já que regista as principais inundações históricas sobre a bacia hidrográfica;

ii) Diversos tipos de cartografia básica (topografia, geologia, solos) e temática (geomorfologia, declives, exposição de vertentes, uso de terra) sobre a bacia hidrográfica;

ii) Sistema de drenagem e análise morfométrica da bacia;

iv) Localização das diversas atividades humanas desenvolvidas na bacia (agricultura, exploração mineira, cidades...povoamento, infraestruturas nomeadamente as relacionados com o sistema de transporte);

v) Base de dados georeferenciada sobre diversas caraterísticas demográficas, assim como elementos socioeconômicos relevantes associados á população;

vi) Dados hidro-climáticos - precipitação, temperatura, vazão.

São todos estes elementos que vão contribuir para uma análise que permitirá a definição das áreas de risco de ocorrência de inundação à escala temporal e espacial, ajudando a definir quais os fatores de susceptibilidade e de vulnerabilidade mais relevantes da bacia hidrográfica para o qual, o sistema, foi constituído.

É também uma forma de registar e acumular dados sobre eventos meteorológicos extremos, nomeadamente fenómenos de precipitação intensa (de longa duração ou com uma alta concentração no tempo e no espaço), que podem induzir inundações fluviais e/ou urbanas ou desencadear outro tipo de processos que lhes estão associados como diversos tipos de movimentos de vertentes.

Fig. 1 - Fluxograma Avaliação de Riscos.
Fig. 1 - Flowchart of Risk Assessment.

É, assim, um instrumento fundamental para determinar a probabilidade de ocorrência de inundações, já que se vai mostrar essencial para melhorar o conhecimento científico entre a relação dos fenômenos climáticos e os processos hidrogeomorfológicos potencialmente perigosos, tendo em conta os impactos dos eventos climáticos extremos.

Conclusão

O campo da pesquisa sobre os fenômenos climáticos e meteorológicos, principalmente relacionados com fenómenos extremos, é fundamental para o entendimento dos processos e mecanismos das inundações de modo a permitir uma prevenção atempada do fenômeno e, permitindo uma previsão mais precisa e precoce de eventos atípicos e perigosos. Neste âmbito, é importante o conhecimento da circulação atmosférica local e regional, de forma a determinar rapidamente quais as alterações que permitem predizer da ocorrência de tempestades, potencialmente perigosas, em dimensão e tempo e sua relação com os principais elementos climáticos mais representativos. A pesquisa científica sobre este assunto deve ser realizada através da análise combinada de dados históricos de eventos climáticos extremos e, os registros de eventos de inundação e, por um monitoramento constante e atualizado das condições meteorológicas.

Em síntese o desenvolvimento de uma *Unidade Dinâmica de Avaliação de Riscos de Inundação*, pode contribuir para:

i) Desenvolvimento de um SIG que permita a avaliação dinâmica dos riscos de inundação, numa bacia hidrográfica, através da atualização contínua de informações, sobre condições meteorológicas e de monitoramento em tempo real da evolução dos fenômenos naturais extremos;

ii) Melhor compreensão dos sistemas de circulação atmosférica e da recorrência de situações sinóticas que, explicam a ocorrência dos fenómenos meteorológicos, que podem explicar as inundações fluviais. Este facto é possível já que o sistema integra informação alfanumérica e georeferenciada sobre as condições meteorológicas, fatores de susceptibilidade territoriais e socioeconômico de vulnerabilidade aos riscos. Contribui, assim, para a melhoria da capacidade de prisão dos fenômenos climáticos extremos;

iii) Analisar a vulnerabilidade humana e ambiental perante os processos de inundação, com objetivo de compreender os fatores condicionantes, sua quantificação, monitoramento e definição de estratégias que visem a sua redução;

iv) Emissão de alertas pela Defesa Civil de uma forma eficaz que permita que as populações que poderão ser afetadas possam proteger-se a tempo.

Referências bibliográficas

Coelho, Celeste Alves (1984). Morfometria das bacias fluviais do Maciço Antigo: Norte de Portugal; *Livro de Homenagem a Orlando Ribeiro*, C.E.G., Lisboa, 1º volume, p. 297-304.

Gardiner, John, Ödön Starosolszky, Vujica Yevjevich (1995). *Defense from floods and floodplain management*, Dordrecht: Kluwer Academic Publishers.

Kidson, R., Richards, K.S. (2005). Flood frequency analysis: assumptions and alternatives, *Progress in Physical Geography* 29, 3, Edward Arnold (Publishers) Ltd, p. 392–410.

Marques, B. S., Pedrosa, A. S. (1990). Aspectos Geomorfológicos da Bacia do Douro. *Observatório*. Vila Nova de Gaia: Câmara municipal de V. N. de Gaia, v.1. p.163 - 177

Overton, I. C. (2005). Modelling Floodplain Inundation On A Regulated River:Integrating Gis, Remote Sensing And Hydrological Models, *River Res. Applic. 21* Published online in Wiley InterScience. Disponível em: http://dx.doi.org/10.1002/rra.867, p. 991–1001.

Parker, Dennis J. (2000). *Floods*. 2.º volume, London, Routledge, 317p.

Pedrosa, A. S. (2012). O geógrafo como técnico fundamental no processo de gestão dos riscos naturais. *Boletim Goiano de Geografia*, v.32, p. 11-30.

Pedrosa, A. S., Faria, R. (2005). Aplicação SIG na elaboração de cartografia temática de base para a Bacia Hidrográfica do Rio Uíma – Santa Maria da Feira. XI Simpósio Brasileiro de Geografia Física Aplicada, 2005, são Paulo. *Anais do XI Simpósio Brasileiro de Geografia Física Aplicada* (2005). São Paulo: Universidade de São Paulo, v.9. p.1 – 13.

Pedrosa, A. S. (2012). A dinâmica geomorfológica das vertentes e suas implicações nas infraestruturas rodoviárias: alguns exemplos no Norte de Portugal. *Geografia Ensino & Pesquisa*, v. 16, p. 71-81.

Pereira, A. (2005). *O Risco de Inundação Urbana no concelho de Matosinhos: Contributo para a avaliação da susceptibilidade e para o diagnóstico dos factores condicionantes*. Trabalho de estágio apresentado á câmara Municipal de Matosinhos, FLUP, Porto, 218p.

Silveira, C. Taborda. (2007). Análise da dinâmica da bacia hidrográfica do rio Iraí (PR): Processos de erosão, deslizamentos e enchentes. *Geografar*, Curitiba, v. 2, Resumos do VI Seminário Interno de Pós-Graduação em Geografia, p. 13-13.

Tucci, C. E. M. (2001). *Hidrologia: ciência e aplicação*. Porto Alegre, Editora ABRH, 943p.

Tucci, C. E. M., Berton, J. C. (2003). Urbanización. In: Tucci, C.E. M., Berton, J.C. (Org). *Inundações Urbanas na América do Sul*. Porto Alegre: Associação Brasileira de Recursos Hídricos.

Wagener, Thorsten, Douglas P. Boyle, Matthew J. Lees, Howard S. Wheater, Hoshin V. Gupta, Soroosh Sorooshian (2001). A framework for development and application of hydrological models, *Hydrology and Earth System Sciences*, 5(1), p.13–26.

Wisner, B., Blaikie, P., Cannon, T., Davis, I. (2004). *At risk: natural hazards, people's vulnerability and disasters*, 2.ª edição, Londres: Routledge.

OS RISCOS DE INUNDAÇÃO URBANA:
UMA PROPOSTA DE GESTÃO DAS ÁGUAS PLUVIAIS
NOS AGLOMERADOS URBANOS
THE RISKS OF URBAN FLOODING:
A PROPOSAL FOR RAINWATER MANAGEMENT
IN URBAN CONGLOMERATES

[†]**António de Sousa Pedrosa**
Universidade Federal de Uberlândia - UFU, CEGOT
Carlos Felipe Nardin Rezende de Abreu
Universidade Federal de Uberlândia - UFU
carlosfelipe.nardin@gmail.com
Jean Roger Bombonatto Danelon
Universidade Federal de Uberlândia - UFU
jean.geoufu@yahoo.com.br

Sumário: O fato de ter ocorrido um elevado número de inundações urbanas em dezembro de 2011 a Janeiro de 2012 no estado de Minas Gerais e, o fato de serem recorrentes, não apenas neste estado, mas em muitas cidades brasileiras, tendo como consequências elevados prejuízos materiais nos edifícios e infraestruturas rodoviárias, redes de saneamento e abastecimento de água e, ainda, podendo ocorrer mortes de pessoas, tentamos analisar quais os fatores que contribuem para este risco, que para além da concentração da precipitação se relaciona com questões de ordenamento do território. A proposta de um Plano Diretor de Drenagem Urbana, para as cidades mais afetadas por este fenômeno, tem como objetivo, não apenas a gestão da rede de drenagem pluvial,

DOI: http://dx.doi.org/10.14195/978-989-26-1237-9_12

mas fazer com que se tomem medidas, estruturais e não estruturais, de modo a susceptibilidade ao fenômeno seja diminuída e, como tal se consiga baixar o grau de vulnerabilidade a que a população está sujeita, contribuindo assim, para diminuir as consequências do risco de ocorrência de inundações urbanas, na cidade e sua população.

Palavras-chave: Riscos, Plano Diretor de Drenagem, Minas Gerais.

Abstract: The fact that there was a high number of urban flooding in December 2011 and January 2012 in the state of Minas Gerais and the fact that this is recurring, not only in this state but in many Brazilian cities, with the extensive material damage, consequences in buildings and road infrastructure, sewage and water supply networks and, possibly fatalities, we try to analyse which factors contribute to this risk, which besides the concentration of rainfall is related to territorial planning issues. The proposed Master Plan for Urban Drainage, for the cities more affected by this phenomenon, aims not only the management of the rainwater drainage network, but to take measures, structural and non-structural, so that the susceptibility to the phenomenon is reduced, and as such it can decrease the degree of vulnerability to which the population is subjected, thus contributing to decrease the consequences of the risk of urban flooding in the city and its population.

Keywords: Risk, Director of Urban Drainage Plan, Minas Gerais.

Introdução

Este trabalho tem como objetivo compreender, discutir e sistematizar os fatores permanentes que influenciam a probabilidade de ocorrência de inundações urbanas, assim como apresentar algumas sugestões que contribuam para a resolução deste problema que vem agravando-se sistematicamente motivado pelo forte crescimento urbano.

A análise e a proposta que se pretende fazer têm como base no elevado número de inundações urbanas que ocorreram no estado de Minas Gerais nos meses de Dezembro (2011) e Janeiro de (2012) causando elevados prejuízos materiais nos edifícios e infraestruturas rodoviárias, redes de saneamento e abastecimento de água, acarretando prejuízos diretos que ultrapassaram a casa 1,6 bilhões de reais (Defesa Civil De Minas Gerais). Para além destes provocam outros tipos de prejuízos, normalmente não contabilizados, a destacar: acidentes rodoviários urbanos, epidemias, mortes de pessoas, etc.

Somente no período que abarca os anos de 2011 e 2012, cerca de 70 municípios de Minas Gerais requereram recursos financeiros junto ao Ministério da Integração Nacional, para construção e reparos de infraestruturas, que tinham sido afetadas pelas chuvas neste estado. Podemos ressaltar que o valor de recursos solicitados chegavam a 200 milhões de reais, e até o dia 6 de julho de 2012, tinham sido liberados pela União 73 milhões de reais distribuídos por 23 municípios (Defesa Civil De Minas Gerais).

A susceptibilidade de um território ou sociedade, relativamente ao fenômeno das inundações urbanas é condicionada pela conjugação de um conjunto de fatores permanentes, que geram condições propícias à sua ocorrência num determinado local, com fatores desencadeantes, que influenciam o suscitar do fenômeno num dado momento.

O estudo dos fatores permanentes que contribuem para a ocorrência, cada vez mais frequente deste fenômeno, é fundamental, pois só a sua determinação, compreensão e gestão, pode evitar as consequências cada vez mais desastrosas a nível urbano. Entre os fatores permanentes que entendemos necessário analisar salientam-se as características geográficas (morfologia, declive, litologia, tipo de cobertura vegetal, usos da terra, taxa de impermeabilização, processos e condicionantes da drenagem natural, características da rede hidrográfica e modificações topográficas de origem antrópica) e as características da Rede de Drenagem de Águas Pluviais (manutenção da rede – limpeza e conservação, dimensionamento dos bueiros e condutores, existência de afunilamentos na rede).

A compreensão do comportamento de todos estes elementos e das suas inter-relações e interconexões são fundamentais para explicar as áreas sujeitas a inundações urbanas e quais as ações a desenvolver com o intuito da sua minimização, que atualmente passa de uma forma indiscutível por questões de politica de Ordenamento do Território (Pedrosa & Costa 1999; Parker, 2000; Tucci & Berton, 2003; Pereira, 2005; Pedrosa & Faria, 2005; Pedrosa & Pereira, 2006; Santos 2012; Pegado *et al.*, 2012).

No que concerne aos fatores desencadeantes, assumem preponderância o comportamento da precipitação (quantidade, duração, intensidade da precipitação, concentração temporal, distribuição espacial na bacia hidrográfica), mas também, eventuais intervenções antrópicas, bem como, possíveis falhas técnicas (ruptura de condutores).

Procura-se também compreender o comportamento da precipitação já que a mesma é um dos fatores desencadeantes, mais importante para a compreensão das inundações urbanas, nomeadamente no que se refere á duração do episódio chuvoso (total da precipitação ocorrida durante o episódio, intensidade da precipitação) (Velhas 1991; Pedrosa & Pereira, 2006; Tucci, 1999; Costa, 2009).

Uma das características mais importantes da precipitação no estado de Minas Gerais é a forte concentração da chuva em períodos curtos, porém de forte intensidade, de modo que a precipitação se apresenta concentrada num curto período de tempo. Existem diversas notícias em jornais que nos possibilitam apercebermo-nos desta situação.

Em Outubro de 2011 foram registrados segundo a defesa civil "*67,2 milímetros de chuva na tarde deste sábado (29) em Uberlândia*" (Jornal Correio de Uberlândia, 30/10/2011) tendo sido registados nos primeiros 30 minutos um registo de 50 milímetros. O Laboratório de Climatologia da Universidade Federal de Uberlândia (UFU) em Março de 2011 registou 45 milímetros de precipitação em apenas uma hora tendo sido referido por um dos seus membros, "*que corresponde ao dobro de uma chuva considerada normal*" (Jornal Correio de Uberlândia, 19/03/2011).

Quando se trabalha com riscos de inundações urbanas é importante tentar definir quais os limiares mínimos de precipitação a partir dos quais o fenômeno pode acontecer. Segundo Paulo Cesar Mendes para a cidade de

Uberlândia *"30 milímetros, durante uma hora, são suficientes para causar impactos"* (Prefeitura Municipal De Uberlândia), concordando com os valores citados anteriormente.

Entendemos também que é de suma importância a análise da vulnerabilidade da sociedade, relativamente ás inundações urbanas de forma a definir o grau de risco que as cidades possuem relativamente a este fenômeno. No entanto, em virtude da sua complexidade, não se consistiu como objeto deste trabalho. Defendemos, porém, a importância de uma reflexão cuidadosa sobre o grau de preparação das instituições e comunidades para minimizar os impactos negativos dos riscos naturais, nomeadamente os riscos de inundação, assim como, a sua gestão em situações de crise (Wisner, b. *et al.*, 2004; Pedrosa, 2012, Pedrosa & Pereira, 2012).

Princípios e estratégias de gestão do risco de inundação urbana

Antes de mais, importa definir o fenômeno que nos propomos a estudar: o risco de inundação urbana. Principiamos então por fazer a distinção conceitual entre inundação fluvial e inundação urbana, ainda que estes dois fenômenos se possam encontrar intimamente relacionados, sendo difícil distingui-los em alguns casos. De fato, pode acontecer uma interação entre os dois processos quando as cidades se localizam nas margens dos grandes cursos de água. Assim, por cheia fluvial, pode entender-se como a ocorrência de uma vazão elevada num curso de água que provoque o transbordo das margens do rio quer sejam estas naturais ou artificializadas, ou seja, a saída do rio do seu leito normal (Telles, 2002; Smith & Keith, 2000; Tucci, 1995).

As inundações em áreas urbanas tanto podem decorrer das cheias fluviais, quando as cidades ocupam a planície de inundação dos cursos de água, como de problemas da drenagem urbana (superficial e subterrânea) decorrente do processo de urbanização (Tucci, 1995). Como já o afirmamos a inter-relação entre estes dois tipos de inundação pode ser muito forte, podendo mesmo reforçarem-se mutuamente.

Ainda assim, julgamos importante explicitar as características que diferenciam estes dois fenômenos: *i)* as inundações fluviais têm um impacto acrescido sobre as populações que habitam as planícies de inundação dos rios, que com períodos de retorno variáveis são ocupadas por vazões de cheia de dimensão diversa; *ii)* as inundações urbanas resultam do avanço da urbanização que induz um incremento significativo da frequência e magnitude das inundações, em resultado da ocupação do território e da sua consequente impermeabilização e, ainda, da canalização da drenagem em condutores artificiais. A expansão da área urbana pode também alterar a morfologia natural do território produzindo barreiras ao escoamento, como aterros e pontes entre outras obras de construção civil.

Em síntese, podemos afirmar que as inundações urbanas decorrem principalmente da forma como a drenagem pluvial, quer seja superficial ou subsuperficial é projetada nas cidades e, ainda, da forte impermeabilização das superfícies que conduz a um aumento significativo do escoamento superficial em detrimento do escoamento subterrâneo.

As cheias urbanas na maior parte das situações originam-se em alguns minutos apenas. Estas são consideradas as cheias de maior intensidade instantânea de precipitação (Rebelo 1997, 2003; Gomes & Costa, 2004). Contudo, apesar do efeito rápido, os volumes globais de água que levam ao seu aparecimento, são muito inferiores em comparação aos que são necessários para que aconteçam as cheias nos grandes rios.

Mesmo em cidades que possuam uma rede de drenagem pluvial bem desenvolvida podem ocorrer inundações, o que acontece quando os caudais excedem a capacidade dos coletores. Aliás, em áreas urbanas grande parte dos autores consideram uma cheia como inundação, mesmo que, muitas vezes, se considere apenas por *"alagamentos de arruamentos"* (Rebelo, 1997; Tucci, 1995; Velhas, 1996)

Nenhum aglomerado urbano está excluído da possibilidade de ocorrência de precipitações excepcionais, mesmo que em média, os intervalos sejam de várias gerações pelo que o risco de inundação urbana é real. Como tal, é desejável que a população em geral, os responsáveis do ordenamento do território e da defesa civil, em particular estejam preparados primeiro para desenvolver ações de minimização deste tipo de ocorrência e segundo para atuar numa situação de crise (Pedrosa, 2012).

O processo de urbanização que caracteriza o século XX e início do século XXI é marcado pelo surgimento e crescimento de grandes aglomerações urbanas, sem um planejamento bem definido e, muitas vezes sem qualquer tipo de planejamento urbano, crescendo de uma forma que podemos denominar de desordenada, em função de interesses imobiliários e da exclusão social. Nesse contexto resultam diversos tipos de problemas ambientais e diferentes tipos de riscos, nos quais se inserem as inundações urbanas, que demostram as formas predatórias das relações do homem com a natureza (Pedrosa (Coord), 2007; Pereira & Pedrosa, 2009; Pedrosa & Pereira, 2012).

Mesmo em cidades cujo planeamento urbano realmente existe, as várias intervenções antrópicas, sobre as formas de relevo no processo de urbanização, alteraram a morfologia original, destruindo algumas de suas características básicas dando assim origem a novos processos morfodinâmicos (Pereira, 2005).

Podemos considerar desta forma que no processo de construção de cidades, a ação antrópica sobre ao território (a natureza) faz-se fundamentalmente a três níveis: i) modificações topográficas das formas de relevo; ii) alteração da dinâmica geomorfológica; iii) criação de depósitos correlativos.

As modificações ao nível do relevo proporcionam o surgimento de novas formas decorrentes de processos criados ou induzidos pela atividade humana. A modificação do relevo promove a criação, indução, intensificação ou modificação do comportamento nos processos hidrogeomorfológicos. De acordo com a tipologia e o estado de alteração, podem-se descrever algumas atividades antrópicas que geram novos padrões de comportamento morfodinâmico de que salientamos:

- A eliminação da cobertura vegetal e as modificações através de cortes e/ou aterros para a construção de arruamentos e moradias acabam por modificar a geometria das vertentes, alterando o declive e expondo o material anteriormente protegido da ação direta dos agentes climáticos;
- Os arruamentos, mesmo os que respeitam a topografia – e alguns não respeitam-acabam por "cortar" e redirecionar os fluxos hídricos, gerando

novos padrões de drenagem (Pereira *et al.*, 2012; Nardin & Pedrosa, 2013). As ruas transformam-se em verdadeiros leitos pluviais durante os eventos chuvosos que canalizam e direcionam os fluxos para setores que anteriormente possuíam um sistema de drenagem diferente. Desta forma é importante evitar soluções de continuidade para o escoamento superficial. Por exemplo, situações de aclive que sucedem a declive, dão origem a depressões onde a acumulação de água atinge por vezes alturas extremas;

- A impermeabilização modifica os fluxos da água, quer seja o superficial quer o sub-superficial. As superfícies impermeabilizadas não permitem a infiltração da água no solo, assim como dificultam a circulação de ar e da água, em profundidade. Segundo Tucci (1995), as cheias/inundações em áreas urbanas são uma das principais consequências diretamente relacionadas com a elevada impermeabilização (Berne, a. *et al.*, 2004; Tucci, 2004; Pedrosa & Faria, 2005). Existem predominantemente dois processos que podem ocorrer isoladamente ou de forma integrada, como já referimos: o primeiro referente às cheias em áreas adjacentes a grandes rios; e o segundo processo diretamente relacionado com o crescimento urbano. No entanto é preciso assinalar que podem surgir outros tipos de cheias/inundações urbanas em função de diversas situações tais como: estrangulamento da secção do rio devido a aterros, pontes, estradas, assoreamento e lixo; diminuição da velocidade das águas quando próximas ao rio principal, a um lago ou a um reservatório e também devido a erros de execução dos projetos dos sistemas de drenagem pluvial. As cheias em áreas adjacentes a grandes rios ocorrem pelo processo natural em que o rio ocupa o leito de inundação, de acordo com os eventos chuvosos extremos. Os impactos sobre a população são causados, principalmente, pela ocupação inadequada do território pelo espaço urbano;

- Os aterros recobrem a vegetação original bem como os materiais de cobertura superficial de formação natural, criando áreas de descontinuidade entre materiais heterogêneos, além de alterarem altimetricamente à superfície original, modificando os declives existentes. (Machado,

2012). A criação de depósitos correlativos é outra das consequências da ação humana sobre o meio natural. Estes depósitos *"representam um ciclo de erosividades sobre massa erodível, e cujos sedimentos são depositados ao longo das linhas de água bem como nas linhas artificias de escoamento das águas pluviais"*. (Machado, 2012), favorecendo muitas vezes o processo de inundação urbana já que dificulta o escoamento superficial.

As cheias urbanas em Minas Gerais no período de Dezembro de 2011 e Janeiro 2012

Para se apresentara as características fundamentais da precipitação no Estado de Minas Gerais escolheram-se algumas estações meteorológicas cuja localização permitisse ter uma ideia do comportamento deste elemento climático em todo o estado.

Os gráficos pluviométricos determinados para o período de 1980 - 2011 (fig. 1) mostram que a caraterística fundamental é a existência de um período pluvioso de novembro a março com uma estação seca maior e bem marcada no norte do estado. As médias anuais para o período em analise variam entre 921,7mm para Aymores e 1621,4mm para Belo Horizonte, mostrando-se claro a importância latitudinal, mas também a influência das áreas de montanha correspondentes á Serra do Curral que compõe o maciço da Serra do Espinhaço.

No sentido de compreender as graves inundações de Dezembro de 2011, prolongados pelos primeiros dias de janeiro de 2012 inserimos nos gráficos pluviométricos os valores de precipitação total desses meses, com o intuito de compararmos com as médias mensais que foram determinadas.

É importante salientar que em quase todas as estações analisadas os meses de Dezembro (2011) e Janeiro (2012) apresentaram valores de precipitação superiores á média, o que explica o elevado número de situações de inundação no estado de Minas Gerais. Este fato levou que fosse declarado o estado de emergência em 99 municípios deste estado (QUADRO I).

Nos meses em questão para além do número de dias contínuos de chuvas (QUADRO II) que tiveram como consequência o aumento da vazão dos grandes rios, podemos salientar as sequências de dias contínuos de precipitação que ocorreram em diversas estações: de Belo Horizonte com 15 dias (dezembro (2011) e janeiro (2012)): com 10 dias em Juiz de Fora, Unaí (3 sequências, interrompidas apenas por um dia sem chuva); e 9 dias em Uberaba e Montes Claros.

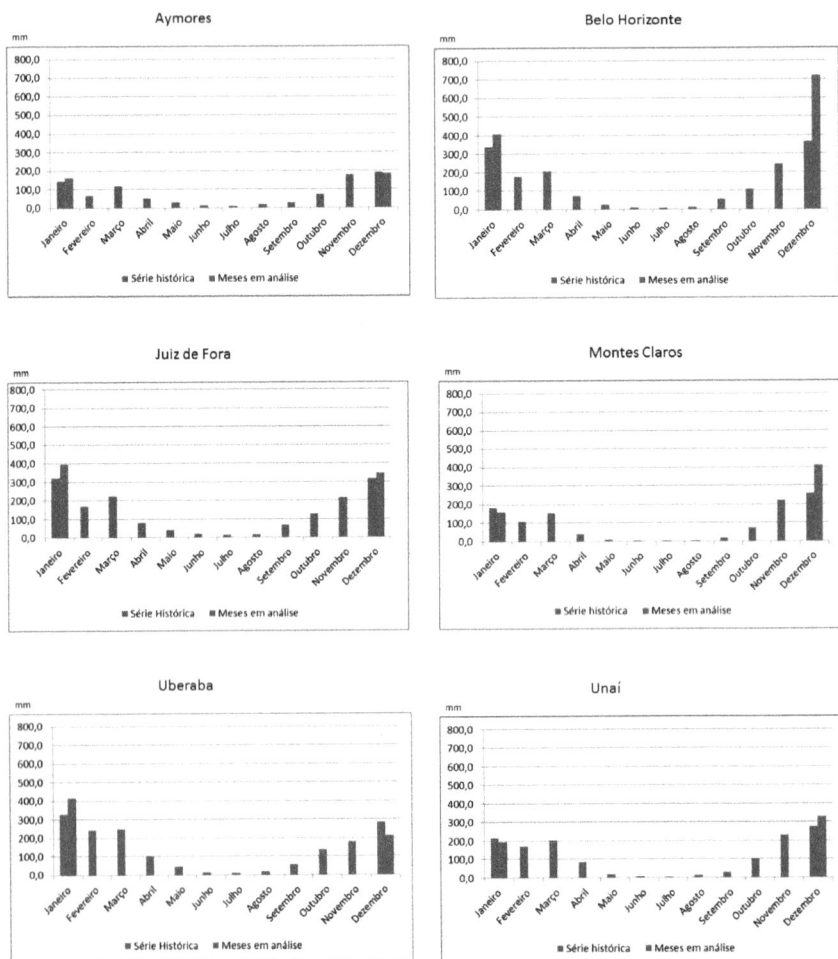

Fig. 1 - Gráficos termopluviométricos das estações selecionadas no Estado de Minas Gerais (Fonte: CPTEC/INPE, 2013).

Fig. 1 - Graphics of rainfall stations selected in the state of Minas Gerais (Source: CPTEC/INPE, 2013).

QUADRO I - Cidades atingidas pelas inundações em MG em Dez.de 2011 e Jan. de 2012.
TABLE I - *Cities affected by floods in Minas Gerais in December 2011 and January 2012.*

Lista das cidades atingidas		
Abre Campo	Florestal	Paulo Cândido
Acaiaca	Formiga	Paulistas
Alagoa	Guaraciaba	Poço Fundo
Alpercata	Guidoval	Ponte Nova
Alvinópolis	Guiricema	Raposos
Araponga	Ibireté	Raul Soares
Astolfo Dutra	Itabirito	Rio Casca
Barra Longa	Itamarandiba	Rio Doce
Belo Horizonte	Itanhomi	Rio Espera
Belo Vale	Itumiri	Santa Fé de Minas
Braúnas	Jacinto	Santa Rita da Jacutinga
Brasília de Minas	Jeceaba	Santo Antôno do Rio Abaixo
Brumadinho	Joanésia	São Domingos do Prata
Buritizeiro	João Molevade	São Geraldo
Campo Belo	João Pinheiro	São João Evangelista
Caputira	Juatuaba	São João da Mata
Carmópolis de Minas	Lamim	São João do Orinete
Cataguases	Leopoldina	São Pedro dos Ferros
Cipotânea	Lima Duarte	São Sebastião da Vargem Alegre
Contagem	Mariana	São Sebastião do Rio Preto
Claro dos Poções	Mario Campos	Sardoá
Conceição do Pará	Matipó	Senador Firmino
Congonhas	Mathias Lobato	Senador Modestino Gonçalves
Conselheiro Lafaite	Mesquita	Setubinha
Conselheiro Pena	Miraí	Tarumim
Divinópolis	Moeda	Timóteo
Dom Joaquim	Montes Claros	Turumitinga
Dona Euzébia	Muriaé	Ubá
Entre Rios de Minas	Oliveira	Varzea Da Palma
Ervália	Ouro Preto	Vespertino
Esmeraldas	Pará de Minas	Viçosa
Espera Feliz	Passabém	Vierias
Faria Lemos	Patrocinio Muriaé	Visconde do Rio Branco

Fonte/*Source*: G1.com, 2013.

Estas sequências contínuas de precipitação são responsáveis pela manutenção e aumento da vazão dos rios que acabam por inundar as áreas de planície aluvial e as cidades ou povoações e infraestruturas que nelas se instalaram. Muitos foram os exemplos como se pode verificar no QUADRO II.

QUADRO II - Precipitação ocorrida nos meses de dezembro (2011) e janeiro (2012) e as sequências da precipitação com mais de 5 dias.

TABEL II - Precipitation occurred in the months of December (2011) and January (2012) and the sequences of rainfall with more than 5 days.

Dia	Uberaba dez-11	Uberaba jan-12	Belo Horizonte dez-11	Belo Horizonte jan-12	Juiz de Fora dez-11	Juiz de Fora jan-12	Unaí dez-11	Unaí jan-12	Montes Claros dez-11	Montes Claros jan-12	Aymores dez-11	Aymores jan-12
1	39,8	32,5	7,0	58,4	6,0	20,0	56,4	25,2	14,6	11,9	0,0	0,0
2	14,9	86,4	31,3	74,4	9,6	54,8	21,0	1,4	33,1	32,2	2,8	20,0
3	0,0	1,7	27,5	28,3	0,0	14,8	5,1	21,7	89,0	7,4	26,8	60,0
4	0,0	0,0	0,0	0,2	0,0	0,0	1,9	2,0	69,7	11,0	9,4	9,4
5	0,0	0,0	0,0	40,9	0,0	17,0	2,4	0,0	2,4	10,2	2,0	22,0
6	0,0	0,0	32,0	0,7	0,0	0,0	0,0	0,8	0,0	21,2	0,0	17,8
7	17,2	29,1	0,2	25,8	0,0	8,6	1,9	11,3	0,7	38,0	1,6	0,0
8	14,8	53,5	12,2	15,3	4,4	4,4	0,0	0,1	0,0	0,0	8,2	0,0
9	4,6	0,0	4,6	21,9	41,2	82,8	0,0	24,0	0,0	2,9	0,0	6,4
10	11,3	38,1	12,5	5,2	30,4	8,8	0,0	19,9	0,0	7,3	1,6	3,8
11	15,9	35,6	18,6	0,0	8,7	13,8	22,6	7,6	13,0	0,4	5,0	28,4
12	0,0	11,3	0,0	0,0	0,0	0,2	3,6	0,5	20,5	0,3	1,4	3,4
13	0,0	9,3	85,1	0,0	4,6	0,0	0,0	1,1	0,0	0,0	0,2	1,2
14	0,0	3,0	0,0	0,0	0,0	0,0	0,4	0,2	26,7	0,0	1,6	0,0
15	14,0	0,0	91,4	0,5	33,0	0,0	6,2	2,6	0,0	0,0	3,8	0,0
16	0,0	5,7	83,3	0,0	33,4	0,0	10,4	0,0	26,1	0,0	0,2	0,0
17	0,0	1,3	29,1	0,0	17,6	0,0	8,0	0,7	32,7	0,0	5,6	0,0
18	17,2	4,0	86,3	0,0	5,8	0,0	39,6	19,0	17,9	0,0	1,8	0,0
19	0,0	4,5	37,5	0,0	15,8	0,0	48,0	0,0	0,4	0,0	0,0	0,0
20	0,0	18,2	52,4	0,0	7,0	0,0	7,8	9,8	0,6	0,0	0,0	1,8
21	0,0	0,0	0,0	0,0	8,4	0,0	37,3	0,0	1,2	0,0	6,6	0,0
22	0,0	6,8	0,8	0,0	2,0	0,0	14,0	0,0	15,1	0,0	0,0	0,0
23	0,0	0,0	3,6	0,0	1,6	0,0	2,5	0,0	0,0	0,0	0,0	0,0
24	0,0	4,8	0,0	0,0	4,2	0,0	3,1	0,0	0,0	0,0	0,0	0,6
25	0,0	0,0	0,0	0,0	0,0	0,0	0,0	0,0	0,0	0,0	0,0	7,2
26	24,4	0,0	0,0	0,0	30,2	0,0	5,3	0,0	0,0	0,0	0,0	0,0
27	18,2	2,7	48,6	7,8	13,6	2,0	15,2	0,0	0,0	0,0	0,0	0,0
28	0,5	17,2	39,4	30,6	59,2	39,5	7,9	32,4	12,0	0,0	0,0	0,0
29	2,8	44,8	9,9	3,5	5,9	61,8	2,4	0,0	0,0	0,0	53,2	0,0
30	7,5	5,0	10,0	56,6	2,8	57,0	0,2	0,1	23,8	5,6	21,8	0,0
31	10,6	0,0	1,3	37,4	0,0	11,8	5,6	13,6	11,2	9,8	7,2	0,0
Total	213,7	415,5	724,6	407,5	345,4	397,3	328,8	194,0	410,7	158,2	160,8	182,0

Para além destas sequências de dias de chuva, saliente-se a importância da concentração das chuvas em dias com 30 mm ou mais de precipitação (fig. 2 e QUADRO III).

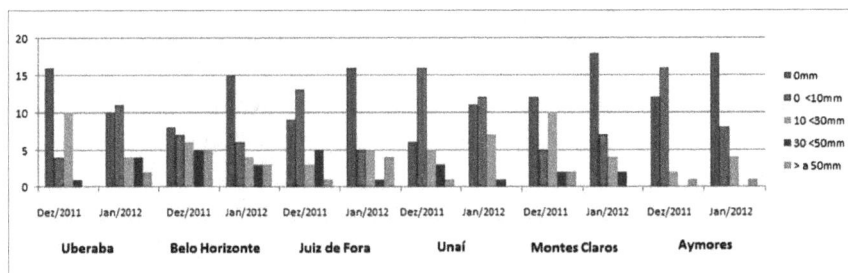

Fig. 2 - Distribuição da precipitação em função da precipitação diária.
Fig. 2 - Distribution of rainfall on function of daily rainfall.

Este tipo de precipitações intensas que normalmente ocorrem em curtos períodos de tempo (1 ou 2 horas) provocaram inundações rápidas e cheias urbanas em muitas cidades de Minas Gerais. Como se pode observar no QUADRO III, as precipitações acima de 30 mm correspondem em muitos casos a mais de 50% da precipitação ocorrida no mês em alguns casos a mais de 70% (Belo Horizonte, Uberaba e Juiz de Fora).

QUADRO III - Percentagem de concentração da precipitação em dias com mais de 30 mm.
TABEL III - Percent concentration of rainfall days over 30 mm.

	Uberaba		Belo Horizonte		Juiz de Fora		Unaí		Montes Claros		Aymores	
	dez 2011	jan 2012	dez 201	jan 2012	dez 2011	jan 2012	dez 2011	jan 2012	dez 2011	ja 2012	dez 2011	jan 2012
Total >30mm	39,8	290,9	587,3	298,3	227,4	295,9	181,3	32,4	224,5	70,2	53,2	60,0
%	18,62	70,01	81,05	73,20	65,84	74,48	55,14	16,70	54,66	44,37	33,08	32,97

Deste modo, temos de concluir que as características da precipitação que aqui se apresentam, são propícias á ocorrência de cheias urbanas, quando associadas á forte impermeabilização que um centro urbano origina.

Mas os problemas das inundações urbanas não são exclusivamente derivados da quantidade e intensidade da precipitação, nem do grau de impermeabilização, mas também da forma como se faz o planeamento da cidade, ou seja, dos processos de urbanização.

Quando averiguamos as noticias sobre as inundações ocorridas no Estado de Minas Gerais no período em análise, podemos distinguir diversos fatores que contribuem para a explicação da sua ocorrência.

Assim, podemos salientar um primeiro fator relacionado com os cursos de água que atravessam as cidades e com a ocupação das suas planícies aluviais que geram graves problemas, nomeadamente: i) pela dificuldade de controle dos elevados caudais que podem ocorrer; ii) pela extensão do percurso do rio no interior da cidade; iii) pela elevada velocidade que as águas podem atingir.

Deste fato podemos salientar as noticias do dia 1 de Janeiro (g1.comª) que refere que,

> "[...] em Divinópolis, no centro-oeste de Minas, o Rio Itapecerica, que tem 12 km dentro da área urbana, subiu 8 metros", [tendo água invadido] "uma das pistas da ponte que faz ligação com o centro da cidade e o maior hospital da região" Acrescenta que na "cidade, foram registradas 200 ocorrências de inundações, deslizamentos de terra e alagamentos. Centenas de famílias estão desabrigadas ou desalojadas. A principal estação de tratamento de água da cidade foi invadida pela enchente, e o fornecimento de água está suspenso para 90 mil pessoas por tempo indeterminado [...]".

Muriaé também é noticia pela mesma razão já que "o rio que corta a cidade registrou correnteza de 100 km/h. Pelo menos oito bairros foram atingidos, e a rodoviária ficou interditada" (g1.comª).

Outras situações descritas nas noticias exemplificam bem a questão das inundações especificamente urbanas, ou seja, aquelas que derivam exclusivamente do processo de urbanização e do crescimento das cidades. Assim em 15/12/2011 pode ler-se "temporal em Belo Horizonte causa inundações e interdita duas avenidas". Salienta-se o temporal que atingiu a Região Metropolitana de Belo Horizonte tendo sido as avenidas Cristiano Machado e Antônio Carlos "as vias mais afetadas pelo temporal na capital mineira" encontrando-se "com-

pletamente interditadas em alguns pontos" (g1.com[b]). Para além da interrupção das vias de circulação automóvel a noticia chama a atenção para outros processos que ocorrem nas cidades durante o episódio chuvoso. Assim o corpo de bombeiros registou *"três desabamentos [...] cinco deslizamentos [...] e 17 perigos de desabamentos".* Salienta ainda que *"no bairro Gutierrez, região Oeste de Belo Horizonte, uma cratera se formou na Avenida Américo Macedo. De acordo com a Comdec, o problema foi causado pelo rompimento de rede da Companhia de Saneamento de Minas Gerais (Copasa)"*

A ocorrência sistemática deste tipo de problemas (Cajazeiro, 2012; Santis & Mendonça, 2000) leva muitas vezes a que os técnicos e políticos pensem em intervenções, quase sempre de ordem estrutural, que procuram mitigar as consequências deste tipo de risco. A exemplo, da reportagem apresentada pelo site G1.com,

> *"[...] de acordo com a Prefeitura de Belo Horizonte (PBH), algumas obras foram realizadas ou estão em andamento com o objetivo de conter as enchentes. Na região Oeste, o Ribeirão Arrudas foi revestido e teve o fundo rebaixado. No Barreiro, uma barragem de contenção foi instalada no Córrego Bom Sucesso. Uma obra semelhante foi realizada no córrego da Avenida Várzea da Palma, em Venda Nova".*

Acrescenta ainda que *"a cidade tem 82 áreas consideradas críticas. As principais estão localizadas nas regiões Oeste, Norte, Venda Nova e Barreiro. Ainda segundo a PBH, das 23 obras de prevenção, 12 estão prontas e 11 estão em andamento"* (G1.com[b]).

Em Uberlândia ocorrem situações idênticas (Nardin, Pedrosa, 2013), onde algumas representam claramente de erros urbanísticos. Damos o exemplo da Avenida Rondon Pacheco localizada toda ela na planície aluvial do Córrego São Pedro que se encontra totalmente canalizado e que sofre inundações sistemáticas com consequências graves. Acresce o fato de duas ruas importantes da cidade, canalizarem as águas pluviais no mesmo ponto da referida avenida agravando a situação (fig. 3).

É notório que o modelo de sistema preventivo tem por base a construção de infraestruturas, ou seja, é quase que exclusivamente estrutural. As medidas não estruturais, relacionadas ou com o ordenamento e planejamento das cidades, ou com ações de caráter social e informativo, (Ide, 1984; Foster , 1990; Filho, *et al.*, 2000) são praticamente inexistentes, ou mesmo, nulas apesar de

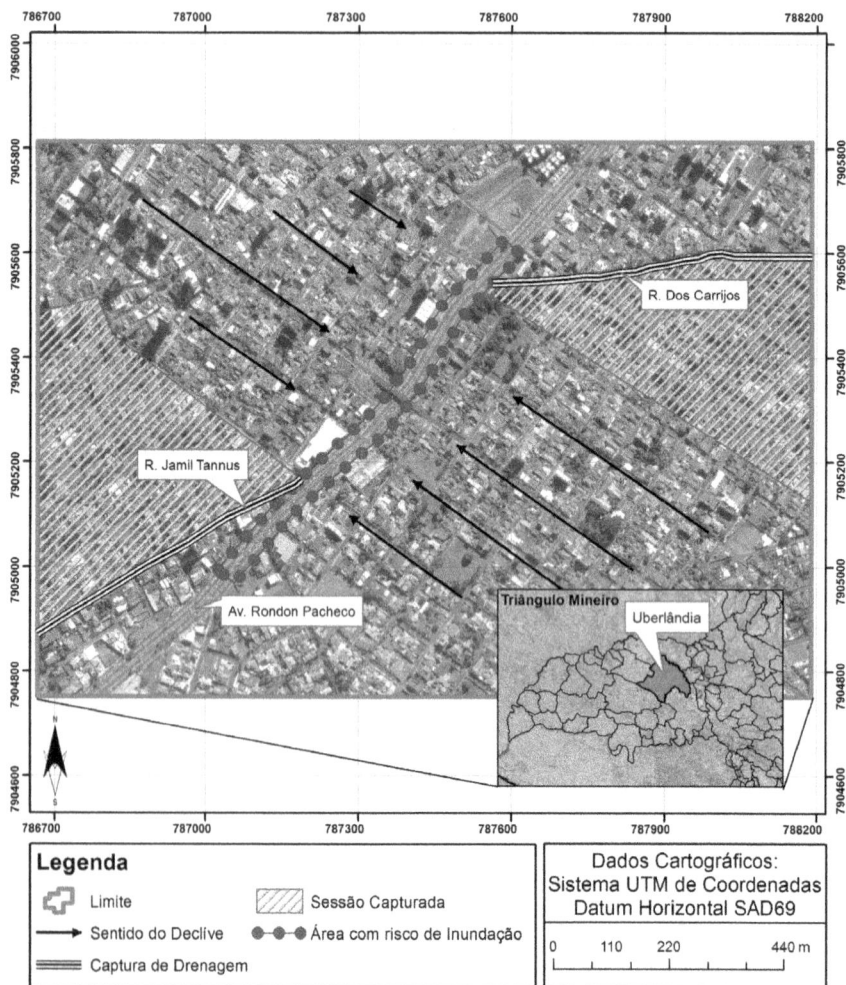

Fig. 3 - Concentração das águas pluviais na Avenida Rondon Pacheco, resultante de diversos erros de planejamento (Fonte: Danelon, 2014).

Fig. 3 - *Concentration of rainwater in Rondon Pacheco Avenue resulting from various planning mistakes (Source: Danelon, 2014).*

revelarem-se muito mais eficazes e muito menos dispendiosas que as medidas pelas quais normalmente o poder politico opta.

A dimensão que este tipo de fenômeno assume, em determinadas situações, como o que aconteceu em dezembro de 2011 e janeiro de 2012, no estado de Minas Gerais, fazem com que estes fenômenos passem a ter uma dimensão politica exacerbada. Várias são as notícias que nos dão conhecimento de deslocações de políticos ao terreno, ou então, de medidas politico-financeiras tendo em vista a ajuda humanitária ou para corrigir rapidamente os danos que o fenômeno causou. A título de exemplo, cite-se o Governador de Minas Gerais ao discutir a situação dos 108 municípios afetados pelas chuvas.

Antônio Anastasia (governador de MG) lembrou que,

> "[...] a assistência aos municípios prejudicados pelas chuvas será completa. 'Não existe restrição financeira, nem orçamentária para dar assistência às pessoas que são vítimas de calamidade, de situações de gravidade e de risco. Os recursos financeiros existem e são necessários nesses momentos', afirmou" (AGÊNCIA MINAS GERAIS, 2012).

A pergunta que deixamos é se realmente esta disponibilidade financeira falada em situação de crise é realmente concretizada? Nem sempre acontece. Por exemplo, pode ler-se no site do G1 – Portal Globo de Notícias, que,

> "[...] não há, ainda, previsão de liberação de recursos para os estados atingidos pelas chuvas" [e acrescenta que] "nenhum dos governos estaduais pediu verbas para retirada e acomodação de pessoas. Já os recursos para reconstrução - o governo federal tem, no momento, R$ 450 milhões a disposição - só são liberados depois que o estado apresenta uma avaliação dos danos". (G1.com, 2012c).

Estes fatos podem levar-nos a concluir que em situação de crise, muitos fundos financeiros surgem, mas a sua divulgação tem intenções muito mais psicológicas de que efetivas, tendo como objetivo acalmar as populações, muitas vezes, em desespero, já que perderam muitos dos seus bens.

Mais importantes do que estas medidas politico-financeiras anunciadas depois da crise desencadeada, serão necessárias medidas efetivas de prevenção que passa pelo seu enquadramento num processo amplo de gestão de riscos (Pedrosa, 2012) onde se torna importante a permanente informação da sociedade civil, pela formação de técnicos especializados na área da Defesa Civil e, ainda, uma relação com as instituições universitárias de modo a desenvolver-se conhecimento científico nestas áreas que ajude a resolver os problemas que são colocados em situações de crise.

Importância de um Plano Diretor de Drenagem Urbana

A importância de um bom sistema de drenagem pluvial

Como demonstrado, a precipitação quando ocorre sobre os aglomerados urbanos produz volumes de águas pluviais que escoam superficialmente através dos solos, telhados, arruamentos e quaisquer outras superfícies não totalmente permeáveis. A colocação de dispositivos de drenagem pluvial (como valetas, valas, sarjetas, coletores) é uma tentativa de encaminhar as águas para locais de descarga considerados aceitáveis para o efeito.

Os dispositivos de drenagem pluvial procuram impedir que o escoamento superficial urbano e os eventuais transbordos de coletores causem prejuízos e inconvenientes apreciáveis à população ou ao edificado da cidade, tais como: i) danos causados pelo arrastamento superficial de sedimentos; ii) levantamento e deslocação dos pisos das ruas ou dos passeios; iii) interrupções de trânsito e consequências que daí advém como atrasos ao trabalho, acidentes rodoviários, arrastamento de carros, prejuízos nos próprios carros; iv) inundações de pisos térreos e estabelecimentos comerciais, parques de estacionamento, entre outros; v) em última estância a perda de vidas humanas, apesar de não ser das consequências mais comuns.

Assim quando se instala a rede de drenagem pluvial, seja qual for o aglomerado urbano, é necessário atender a uma boa instalação dos dispositivos superficiais (valetas, valas, canais) tendo em atenção os declives, quantidade de precipitação e, ainda, efetuar uma boa distribuição dos dispositivos de ligação à rede subterrânea (sarjetas e coletores), nomeadamente em dimensão e projeto técnico para além de ser necessário ter em conta, o seu enquadramento nas bacias hidrográficas naturais abrangentes, ou que sobre ele, podem influir.

É importante que a projeção de todas as infraestruturas relacionadas com a rede de drenagem pluvial atente ao tipo de precipitação, à intensidade da mesma, ao total de área impermeabilizada das bacias hidrográficas urbanas, de forma que escoem eficazmente, mesmo quando se possa atingir os máximos caudais previstos. O ideal seria mesmo atender aos caudais verdadeiramente excepcionais mesmo não previstos. A questão é que, na maior parte dos casos, a drenagem pluvial urbana está apenas preparada para as vazões consideradas normais, de modo que, quando a quantidade e intensidade da precipitação são excepcionais, ela não responde eficazmente às necessidades do escoamento pluvial urbano. Este é um dos fatores que mais contribui para as inundações urbanas.

As cidades que se desenvolvem nas margens de grandes cursos de água deveriam dispor de espaços livres de edificações, no leito maior, ou leito de inundação. Como raramente acontece esta medida de prevenção, ter-se-ão necessariamente de empreender obras de defesa contra as cheias que podem passar pelo bombeamento de caudais ou, como é mais comum, pela retenção de caudais pluviais produzidos nas áreas urbanas de cotas mais elevadas, durante períodos em que o curso de água não permita o escoamento gravítico dos coletores. As áreas urbanas situadas a cotas pouco acima dos níveis de cheia de um curso de água devem ser providas de coletores previstos para o funcionamento em carga, quando as chuvas locais se produzem em períodos coincidentes com a formação daqueles níveis.

Em aglomerados cujas bacias hidrográficas urbanas incluem a montante, grandes áreas não urbanizadas, é preciso ter em conta o comportamento dos solos em termos de capacidade de infiltração, nomeadamente em face de precipitações intensas de curta duração ou, então, menos intensas, mas muito prolongadas. Também em cidades situadas na base de uma vertente ou na própria encosta montanhosa deve atender-se ao previsível comportamento dos solos relativamente às caraterísticas da precipitação da área. Em ambos os casos existe a necessidade de se considerarem dispositivos para desvio das águas pluviais de forma a evitar que invadam a cidade e causem inundações e ainda que evitem, por exemplo, riscos de ocorrência de movimentos em massa.

Na concepção da rede de drenagem urbana há que se ter em conta as previsíveis consequências das descargas finais nos locais escolhidos para este efeito. As descargas em grandes cursos de água raramente originam inconvenientes de maiores proporções, mas podem originar áreas de deposição de sedimentos e outros materiais sólidos. As descargas em pequenos cursos de água podem ocasionar prejuízos e inconvenientes aos proprietários ou a outro tipo de utilizadores a jusante, devido ao aumento substancial das vazões críticas. Deve-se salientar ainda a importância da escolha do local de vazão de forma a que, durante uma cheia, a rede de drenagem urbana continue a fazer escoar a água e não o contrário: entrada da água do rio principal pela rede de drenagem ocasionando inundações nas áreas urbanas acontece com frequência (Pedrosa (coord.), 2007; Pedrosa & Pereira, 2006; Costa, 2009).

As redes de drenagem urbana são infraestruturas, cuja construção tem como objetivo servir às estruturas principais (casas e arruamentos) de um aglomerado urbano, devendo adequar-se aos modelos urbanos que pretendem servir. Desta forma, ao projetista da drenagem urbana, compete fazer a adequação necessária, bem como contribuir/colaborar em estudos e recomendações para o sucesso e eficiência do projeto urbanístico (Tucci & Berton, 2003; Pereira, 2005; Moura, 2005). Nesse sentido, a técnica de estabelecimento de dispositivos de drenagem pluvial urbana deve ter em consideração a ciência e as técnicas da Hidrologia, por um lado, e a ciência e as técnicas do Urbanismo, por outro.

Processos de drenagem superficial e profunda em aglomerados urbanos

Um dos principais objetivos da construção das redes de drenagem de águas pluviais em áreas urbanas é a resolução do escoamento superficial resultante da impermeabilização dos solos que deriva diretamente do processo de urbanização. O sistema da rede de águas pluviais deve englobar uma rede de dispositivos superficiais que conduzam de uma forma eficaz o escoamento superficial urbano para uma rede de condutos subterrâneos que devem facilitar a condução das águas até o exutório.

Os sistemas de drenagem de águas pluviais são caracterizados por um conjunto de subsistemas inter-relacionados, quantitativa e qualitativamente, transportando a água da chuva desde o local de queda até ao meio receptor. Conceitualmente, podemos considerar os seguintes subsistemas: escoamento superficial; transporte através dos coletores e dos órgãos principais; armazenamento/tratamento; meio receptor.

A rede pluvial urbana terá de consistir em:

- dispositivos de entrada de vazão que permitam a entrada das águas no sistema que pode ser feita por ligação direta ao coletor dos tubos de queda dos prédios abastecidos pelas calhas dos telhados cuja vantagem é a redução dos dispositivos que ligam os tubos de queda às valetas das ruas, reduzindo os caudais captados pelas valetas; sarjetas de recolha das águas que correm nas valetas ou acostamentos dos pavimentos das ruas; bocas de entrada de águas provenientes de terrenos livres;

- coletores (ou valas) de transporte cujo dimensionamento deverá ter em conta o comportamento hidráulico, ou seja, o comportamento das características do escoamento à entrada e à saída, bem como o valor do caudal de dimensionamento. As dimensões de uma conduta, seja qual for a sua seção transversal, devem ter em linha de conta que uma deficiente capacidade de vazão conduz à sobre-elevação do nível de água a montante e, consequentemente, à inundações nas vias ou nos solos que se pretendem drenar;

- dispositivos de saída que conduzem as águas da drenagem pluvial para a rede hidrográfica natural. Se a saída da rede pluvial urbana ocorrer em cursos de água de grandes dimensões dificilmente ocorrerá problemas graves no que se refere à capacidade de transporte do curso de água, tanto no que se refere aos caudais sólidos como líquidos, no entanto, se o receptor for um rio de pequena vazão podem surgir problemas a jusante devido ao substancial aumento dos caudais de ponta em áreas urbanizadas. Os efeitos imediatos serão transbordamento e erosão das linhas de vale originais. Na generalidade este é um dos aspectos mais negligenciados, devendo ser acautelado com a introdução de dispositivos de eliminação ou redução dos inconvenientes referidos. Assim na efetivação do desaguar de caudais pluviais urbanos em cursos de água, deve ter-se em conta os níveis de água do meio receptor, nomeadamente em ocasiões de cheias ou de temporal.

Em síntese, o objetivo da drenagem pluvial é a condução de águas locais não desejadas, para áreas concebidas para o efeito. O escoamento superficial sobre os solos e arruamentos é, em grande medida, um problema subjetivo, no sentido de que há que interpretar a sensibilidade das populações e inconvenientes ou prejuízos daí resultantes.

Os pequenos aglomerados urbanos, com até cem mil habitantes (IBGE, 2000), não apresentam tantos problemas já que a área impermeabilizada é de dimensão reduzida e estão geralmente providos de meios, de modo que o escoamento de águas pluviais se faz sem grandes problemas, não resultando, portanto, em graves consequências de inundações. Os escoamentos são feitos ao longo de valetas e as faixas de acostamento das vias, intercepções em aquedutos, canalizações enterradas ou superficiais, desvios de cursos de água próximos, infiltração nos terrenos, entre outros aspectos. Não significa, no entanto, que não seja necessário, por vezes, proceder a melhoramentos resultantes da excessiva concentração e frequência de caudais superficiais em certas áreas mais baixas ou a jusante do aglomerado.

Os grandes aglomerados intensamente edificados e impermeabilizados, em situações de precipitação intensa, dão origem a caudais pluviais, que podem atingir velocidades e volumes susceptíveis de causar prejuízos consideráveis. Para estes casos, os dispositivos da rede de drenagem deverão ser calculados para eventos chuvosos com grande intervalo de ocorrência, ou seja, para valores extremos de precipitação.

O planeamento de novos aglomerados deveria facilitar a construção de uma rede de drenagem mais coesa, segura e eficaz, e deveria ser pensado em função de medidas estruturais e não estruturais de modo a evitar problemas futuros concernentes às inundações urbanas. As primeiras dizem respeito aos dispositivos que já tratamos, em que se deve ter em conta: 1) o cálculo hidráulico dos dispositivos de recolha de águas superficiais e a sua condução para coletores subterrâneos; 2) a adequação das linhas de drenagem superficial, principalmente no que diz respeito às velocidades praticadas e ao tipo de revestimento. As medidas não estruturais visam uma melhor convivência da população com as enchentes e terão de ser de caráter preventivo. Estas últimas passam entre outros aspectos por: i) regulamento do uso da terra; ii) construção à prova de enchentes; iii) impedimento da total impermeabilização dos solos, ou seja, o planeamento deve exigir uma porcentagem adequada de espaços livres, sendo a solução mais adequada, porém nem sempre é a praticada, por razões que se prendem à pressão e à especulação urbanística dos terrenos. Esta medida é fundamental para que existam áreas que permitam a infiltração e se faça um controle mais natural da escorrência, evitando a sua condução total para a rede drenagem pluvial.

O processo de gestão das águas pluviais nos aglomerados urbanos

O sistema de drenagem de águas pluviais procura dar resposta a situações em que a água da chuva possa condicionar o normal funcionamento da cidade, na sua vertente física e humana. Um bom sistema de gestão de águas pluviais exige que haja uma planificação e forte coordenação e cooperação a diferentes escalas (nacional, regional e municipal) (Abreu, 1983; Gladwell, 1993; Villanueva & Tucci, 2001; Tucci, 2004).

A política de gestão, no que concerne aos grandes investimentos (obras de regularização fluvial), tendo em conta as orientações globais, deve fazer-se à escala nacional.

No plano regional devem-se desenvolver estudos no âmbito das bacias hidrográficas no intuito de controlar as águas, coordenadas com um plano mais vasto de gestão dos recursos hídricos.

O plano municipal compreende a atividade municipal no sentido de resolver os problemas do seu âmbito, sendo que, deve sempre ter em conta: i) o desenvolvimento de estudos e projetos dentro da área da sua jurisdição, que permitam resolver problemas atuais numa perspectiva preventiva; ii) o levantamento e análise dos problemas do município com especial ênfase nas questões urbanas; iii) a tomada de medidas para a defesa das águas de superfície, fundamentalmente em termos de controle da sua drenagem e sua poluição.

É essencial que se tenha consciência que alguns dos problemas ultrapassam a escala do município, pelo que se torna necessário estabelecer uma forte cooperação à escala intermunicipal no sentido de integrar todas as áreas que constituem uma mesma rede hidrográfica.

A análise correta das áreas inundadas é fundamental, na medida em que estas não se relacionam exclusivamente com causas meteorológicas, podendo ficar a dever-se ao assoreamento dos leitos, falta de mecanismos de controle de cheias e regularização de caudais, deterioração da cobertura vegetal em zonas acidentadas, obstrução de linhas de água, execução e manutenção de infraestruturas no sentido de dar resposta aos aumentos bruscos de caudal.

Os estudos relacionados com as inundações devem equacionar, tanto, os fatores técnicos como os aspectos socioeconômicos. Estes estudos devem contemplar não só o custo do investimento, como todos os custos relacionados com a exploração, ações de manutenção e riscos que advenham da ocorrência de inundações.

A cooperação entre as diferentes entidades interessadas na resolução dos problemas relacionados com inundações urbanas é fundamental para que se dinamizem estratégias de ação em cada nível de intervenção. Assim o trabalho desenvolvido pelos técnicos no sentido de encontrar soluções alternativas permite aos políticos, de acordo com as soluções apresentadas, tomar as decisões corretas, tendo em conta a análise dos custos e consequentes benefícios sociais e econômicos. A atuação técnica deve ser um processo integrado, dinâmico e em permanente revisão e atualização que deve conceber e executar um plano geral de rede de drenagem urbana tendo como objetivo criar as condições para o correto escoamento hidráulico.

Para além desses aspectos é fundamental que a nível municipal se crie uma regulamentação no sentido de se evitar a total impermeabilização dos solos e de controlar e criar meios para evitar o lançamento indiscriminado de efluentes domésticos e industriais nos coletores pluviais, para que estes não transportem resíduos poluentes, os quais virão a ser lançados no meio sem tratamento prévio.

Para além desses aspectos que nos referimos e que são fundamentais para um bom funcionamento de um sistema de drenagem pluvial urbana é necessário ter em consideração outros aspectos, nomeadamente no que se refere à sua manutenção. Assim, para que o sistema de águas pluviais funcione corretamente, deve evitar-se a obstrução do sistema, para que as águas pluviais possam fluir. É fundamental que o sistema de escoamento de águas pluviais seja independente de outros tipos de águas, bem como que seja evitada a acumulação de sedimentos, entulhos e outros resíduos, na medida em que esses podem provocar a diminuição da capacidade de escoamento da rede.

As zonas baixas representam uma área de especial atenção na medida em que funcionam como bacias coletoras das águas provenientes das zonas altas urbanas, ficando, assim, sujeitas a inundações frequentes. A situação é agravada, ainda, pelo fato de nestas zonas acumularem-se materiais sólidos relacionados com a redução da velocidade da água, que passa a ter menor capacidade de transporte e que acaba por reduzir a seção de escoamento e, consequentemente, a fluidez das águas pluviais. A deficiente limpeza das ruas permite a acumulação de materiais nas sarjetas e sumidouros, o que reduz a capacidade de escoamento para o interior dos coletores, passando a fazer-se o escoamento à superfície.

A progressão da área urbanizada e consequente impermeabilização do solo leva à sobrecarga dos coletores existentes a jusante na medida em que as seções existentes não estão preparadas para receber o acréscimo da vazão. Assim, torna--se necessário refazer a rede de drenagem subterrânea de forma que ela traduza eficácia no escoamento e não funcione como emissora das águas pluviais vindas de montante e não contribua para o agravamento das inundações urbanas.

Em alguns casos, a localização das sarjetas e sumidouros ao longo dos arruamentos, nem sempre é a ideal, o que traz deficiências, em especial, nas zonas de cruzamentos dos arruamentos ou em determinadas curvas das ruas. A má implantação dos coletores, por razões técnicas, diminui a quantidade de água coletada por estes e, como tal, a eficiência para a qual foram construídos.

O escoamento das águas pluviais à superfície através de valetas nem sempre apresenta as condições ideais para efetuar o escoamento, nomeadamente em termos de inclinação, forma e capacidade de vazão satisfatória.

Finalmente, cabe destacar um aspecto mais particular do escoamento de águas pluviais em zonas urbanas relacionados com os diversos tipos de contaminação que afetam as águas receptoras, tais como: resíduos sólidos das ruas; produtos de combustão dos veículos motorizados; vegetação em decomposição; resíduos de origem industrial; resíduos de inseticidas e fertilizantes aplicados nos jardins públicos e privados e poeiras de várias origens. Estes produtos são arrastados pelas primeiras chuvas, atingindo valores de cargas poluentes semelhantes ou superiores ao dos esgotos, contribuindo para a poluição dos cursos de água receptores, já que as águas pluviais não estão ligadas a sistemas de tratamento de efluentes.

Conclusão

A superfície hoje ocupada pelas grandes cidades obriga a que se considerem no seu desenvolvimento os processos ecológicos naturais. O desenho urbano não pode ser exclusivamente dominado pela construção de edifícios, implantação de vias e até de espaços públicos, a maior parte das vezes ocupando áreas residuais permitidas pelas composições arquitetônicas. A cidade futura não deve resultar do preenchimento dos espaços vazios pelo edificado. Há que considerar que esses espaços deverão ter um desenho coerente com a necessidade da presença da natureza num meio onde domina o artificial e que corresponda à indispensabilidade de funcionamento dos processos ecológicos (Cheng, Wang, 2002).

Uma estratégia essencial para a obtenção de soluções eficientes é a elaboração de planos diretores. É altamente recomendável que um plano diretor de drenagem urbana evite medidas locais de carácter restritivo (que frequentemente deslocam o problema para outros locais, chegando mesmo a agravar as inundações a jusante), através de um estudo da bacia hidrográfica como um todo; no que diz respeito às normas e aos critérios de projeto adotados, deve-se considerar a bacia homogênea, através do estabelecimento de período de retorno uniforme. O plano diretor deve possibilitar a identificação das áreas a serem preservadas, bem como a identificação daquelas que em tempo útil possam vir a ser compradas ou alienadas pelo poder publico como áreas preservação antes de virem a ser ocupadas, loteadas ou que a especulação fundiária torne a aquisição proibitiva.

É também fundamental o conhecimento da área de inundação e quais os fatores que a condicionam de modo a que seja possível, a nível espacial, implantar as medidas necessárias de forma a mitigar o problema e que sejam tecnicamente corretas e de acordo com os recursos disponíveis. O plano de drenagem deve ser articulado com as outras atividades urbanas (abastecimento de água e de esgoto, transporte público, planos viários, instalações eléctricas, etc.) de forma a possibilitar o desenvolvimento da cidade de um modo o mais harmonizado possível.

Do plano deve também constar à elaboração de campanhas educativas que visem informar a população sobre a natureza e a origem dos problemas das cheias, a sua magnitude e consequências. É de extrema importância o esclarecimento da comunidade sobre as formas de solução existentes e os motivos da escolha das soluções propostas. A solicitação de recursos deve ser respaldada técnica e politicamente, dando sempre preferência à adoção de medidas preventivas de maior alcance social e menor custo.

Assim, o processo de planeamento de uma bacia urbana, condicionante importante na implementação da rede de drenagem pluvial, engloba seis etapas: *i)* determinação das características da bacia hidrográfica; *ii)* simulação do comportamento hidrológico da bacia para condições atuais e futuras; *iii)* identificação das possíveis medidas estruturais e não estruturais; *iv)* elaboração de cenários que quantifiquem os resultados de diferentes políticas de atuação; *v)* delineação da área susceptíveis a inundações; *vi)* quantificação dos efeitos da aplicação do plano em termos de custos, benefícios e eficiência da consecução dos seus objetivos.

Um plano diretor de drenagem urbana deve ser elaborado por equipas técnicas competentes, que dominem as ferramentas tecnológicas adequadas a cada caso.

Do mesmo modo, é essencial a interação com os políticos tomadores decisão, comunidade científica e da população em geral, uma vez que é um documento político importante, para a comunidade local e/ou regional.

Entre as estratégias que podem ser utilizadas para lhe conferir importância política, poder-se-á atribuir força de lei ao plano diretor de drenagem urbana, constituir fundos financeiros para garantir a estabilidade do fluxo de recursos e obter apoio da sociedade por meio de campanhas de comunicação sociais bem conduzidas. Não se deve esquecer que o subsistema de drenagem não é isolado dos diversos subsistemas que constituem a organização das atividades urbanas, fazendo parte de uma rede complexa, devendo, portanto, ser articulado com os outros subsistemas, possibilitando a melhoria do ambiente urbano de forma ampla e harmoniosa. A ocupação das áreas de inundação, de armazenamento e escoamento cuja forma foi delineada naturalmente pelo curso de água, apenas deve ocorrer após a adoção de medidas compensatórias, que são, geralmente, onerosas. A solução mais racional é a preservação das áreas, não apenas visando problemas de inundação, como também no que diz respeito à preservação do ecossistema e à criação de oportunidades de recreação.

Quando as águas pluviais atingem o solo, ocorrerá escoamento, infiltração ou armazenamento na superfície, independentemente da existência, ou não, de um sistema de drenagem adequado. Se o armazenamento natural for eliminado pela implantação de uma rede de drenagem sem a adoção de medidas compensatórias eficientes, o volume eliminado acabará por ser conduzido para outro local. Por outras palavras, os canais, as galerias, os desvios e as reversões deslocam a necessidade de espaço para outros locais, ou seja, transportam o problema para jusante.

Estas observações são princípios essenciais à elaboração do plano diretor de drenagem urbana, e constituem a base fundamental sobre a qual devem ser orientadas todas as fases do processo desde o seu planeamento, execução, funcionamento e manutenção.

Tentamos com este trabalho contribuir para o conhecimento das inundações urbanas no Estado de Minas Gerais no Brasil ao mesmo tempo que, apontamos algumas soluções que tem como objetivo a sua prevenção já que, como Tucci

(1995) afirma as *"enchentes urbanas são um problema crônico no Brasil, devido principalmente à gerência inadequada do planejamento de drenagem e à filosofia errônea dos projetos de engenharia"*.

Torna-se evidente que a gestão deficiente das inundações urbanas no brasil resulta da falta de mecanismos legais e administrativos que possibilitem um planejamento adequado das cidades de modo a minimizar (controlar) as enchentes urbanas que se relacionam em grande medida com a urbanização extremamente rápida e, quantas vezes, descontrolada. Existe a ideia errada e preconcebida de que a boa drenagem é aquela que permite um escoamento rápido da água da chuva (Tucci, 1997). Contrariamente a esta ideia entendemos que aquela que melhor funciona é a que drena o escoamento do fluxo hídrico urbano sem produzir impactos nem no interior da cidade nem a jusante, para onde é canalizado. As implicações desses erros têm tido consequências extremamente onerosas para a sociedade como um todo que urge resolver urgentemente por razões diversas, das quais salientamos: ambientais, económicas, sociais.

Referências bibliográficas

Abreu, M. R. P. (coord.) (1983). *Contribuição para o estudo da drenagem de águas pluviais em zonas urbanas*. Laboratório Nacional de Engenharia Civil; Vol. I; Lisboa.

AGÊNCIA MINAS GERAIS (2012)Anastasia discute com equipe situação dos 108 municípios afetados pelas chuvas em Minas. Disponível em: http://www.agenciaminas.noticiasantigas. mg.gov.br/governador/galerias/anastasia-discute-com-equipe-situacao-dos-108-municipios-afetados-pelas-chuvas-em-minas-3/. Acesso: Julho 2013.

Berne, A; Delrieu, G; Creutin, J; Obled, C. (2004). Temporal and spatial resolution of rainfall measurements required for urban hydrology. *Journal of Hydrology* 299 p.166–179. Disponível em: http://ww.elsevier.com/locate/jhydrol.

Cajazeiro, J. M. D. (2012). *Análise da susceptibilidade à formação de inundações nas bacias e áreas de contribuição do ribeirão Arrudas e córrego da Onça em termos de índices morfométricos e impermeabilização* (Dissertação de mestrado em Geografia). UFMG, Belo Horizonte. 101 p.

Cheng, S. Wang; (2002). An approach for evaluating the hydrological effects of urbanization and its application. *Journal of Hydrology, n.º 18,* pp.597–602. Disponível em: http://ww.elsevier. com/locate/jhydrol.

Costa, F. S. (2009). Flood risk in the town of Amarante (Northern Portugal): a methodological contribution to its study. *Territorium n.º 16,* Magazine of Associação Portuguesa de Riscos, Prevenção e Segurança, Coimbra, p. 99-111.

DEFESA CIVIL DE MINAS GERAIS (2013). Defesa Civil Estadual participa de debate contra enchente na ALMG. Disponível em: http://www.defesacivil.mg.gov.br/index.php/banco-noticias/225-almg. Acesso: Julho de 2013.

Filho, A. G. A, Szélia, M. R., Enomoto, C. F. (2000). Estudo de medidas não-estruturais para controle de inundações urbanas. *Ciências Exatas e da Terra, Ciências Agrárias e Engenharias,* 6 (1). p. 69-90.

Foster, S. S. D. (1990). Impacts of Urbanization on Groundwater. in: Duisberg Symposium, 1988. *Hydrological Processes and Water Management in Urban Areas.* IAHS. p. 187-207 International Association of Hydrological Sciences Publication 1988).

G1.com[a]. Minas Gerais tem 10 mil desabrigados e cinco mortos por causa das chuvas. Disponível em: http://g1.globo.com/bom-dia-brasil/noticia/2012/01/minas-gerais-tem-10-mil-desabrigados-e-cinco-mortos-por-causa-das-chuvas.html. Acesso: Julho 2013.

G1.com[b]. Disponível em: Prefeitura realiza obras para prevenção de enchentes em BH. http://g1.globo.com/minas-gerais/noticia/2011/12/prefeitura-realiza-obras-para-prevencao-de-enchentes-em-bh.html. Acesso: Julho 2013.

G1.com[c]. Cidade afetadas por inundações recebem especialistas. Disponível em: http://g1.globo.com/brasil/noticia/2012/01/cidades-afetadas-por-inundacoes-recebem-especialistas.html. Acesso: Julho 2013.

Gladwell, J. S., Sim, L. K. (1993). Tropical Cities: managing their water. *IHP Humid tropics Programme Series no. 4,* IHP-UNESCO.

Gomes, S. A. L., Costa. F. S. (2004). As cheias urbanas em Amarante-o caso da cheia do rio Tâmega em 2001. *Actas do 7º Congresso da Água.*

Ide, C., (1984). *Qualidade da drenagem pluvial urbana* (Tese de Mestrado). Porto Alegre:UFRGS-Curso de Pós-Graduação em recursos Hídricos e Saneamento , p-13

Machado, C. A. (2012). *Gênese e morfologia de depósitos tecnogênicos na área urbana de Araguaína* (Tese de Doutorado em Geografia). Universidade Federal de Uberlândia.

Moura, T. A. M. (2005). *Estudo Experimental de Superfícies Permeáveis para o Controle do Escoamento Superficial em Ambientes Urbanos* (Dissertação de Mestrado em Tecnologia Ambiental e Recursos Hídricos). Departamento de Engenharia Civil e Ambiental, Universidade de Brasília, Brasília, DF. 117p.

Nardin, C. F., Pedrosa, A. S. (2013). As cheias urbanas em Uberlândia: uma relação entre o planeamento urbano e as caraterísticas da precipitação. *Anais XV Simpósio de Geografia Física Aplicada.* Uso e Ocupação da Terra e as Mudanças das Paisagens. Vitória: CCHN. UFES. v.1. p. 497 – 507.

Parker, D. J. (2000). *Floods.* 2.º volume, London, Routledge.

Pedrosa, A. S (coord) (2007). *Littorisk, Heritage and Prevention of Natural Hazards: Coastal Diffuse Habitats.* Porto, v.1. 220.p.

Pedrosa, A. S. (2012). O geógrafo como técnico fundamental no processo de gestão dos riscos naturais. *Boletim Goiano de Geografia,* v.32, p11-30.

Pedrosa, A. S., Costa, F. S. (1999). As cheias do rio Tâmega. O caso da área urbana de Amarante. *Territorium,* v.6, p.49 - 60.

Pedrosa, A. S., Faria, R. (2005). Aplicação SIG na elaboração de cartografia temática de base para a Bacia Hidrográfica do Rio Uíma – Santa Maria da Feira. *XI Simpósio Brasileiro de Geografia Física Aplicada, 2005, são Paulo. Anais do XI Simpósio Brasileiro de Geografia Física Aplicada* (2005). São Paulo: Universidade de São Paulo, v.9. p.1 – 13.

Pedrosa, A. S., Pereira, A. (2006). Diagnóstico dos factores condicionantes da susceptibilidade face ao risco de inundação no concelho de Matosinhos. *Territorium* , v.13, p.35 – 51. Disponível em: http://www.uc.pt/fluc/nicif/riscos/Documentacao/Territorium/T13_artg/T13art04.pdf.

Pedrosa, A. S., Pereira, A. (2012). Povoamento disperso e centralidades médias da bacia terminal do Lima: Um desafio para o ordenamento do território e para a gestão dos riscos I*n: VIII Jornadas de Geografia e Planeamento: Cidades, criatividade(s) e sustentabilidade(s)*, 2012, Guimarães. Cidades, criatividade(s) e sustentabilidade(s), actas das VIII Jornadas de Geografia e Planeamento. Guimarães: Universidade do Minho. v.1. p.211 - 223

Pegado, R. S., Blanco, C. J. C., Roehrig, J., Caroça, C., Costa, F.S., Tostes, W.S. (2012). The importance of physical indicators in áreas of urban floos: the case of the metropolitan region of Belém. *International Journal of Civil & Environmental Engineering* IJCEE-IJENS, Vol: 12, nº 02, p.42-48.

Pereira, A. (2005). *O Risco de Inundação Urbana no concelho de Matosinhos: Contributo para a avaliação da susceptibilidade e para o diagnóstico dos factores condicionantes* (Trabalho de estágio). Apresentado á câmara Municipal de Matosinhos, FLUP, Porto, 218p.

Pereira, A., Pedrosa, A. S. (2009). The diffuse urban growth in the valley of river Sousa: assessing the risks placed by the recent landscape changes In: European landscapes in Transformation: Challenges for Landscape Ecology and Management, 2009, Salzburg. *European landscapes in Transformation: Challenges for Landscape Ecology and Management*. Salzburg: Eds: J. Breusre, M. Kozová, M. Finka, v.1. p.85 - 98.

Pereira, K. K. G., Pedrosa, A. S., Zuza, M. L. (2012). Evolução da ocupação do solo e suas implicações na bacia hidrográfica de Lagoinha (Uberlândia-MG). *IX SINAGEO - 9º Simpósio Nacional de Geomorfologia [CD-Rom]*. Rio de janeiro: UFRJ.

PREFEITURA MUNICIPAL DE UBERLÂNDIA. Regiões afetadas pela chuva receberão atenção especial nesta quinta-feira. Disponível em: http://www.uberlandia.mg.gov.br/?pagina=agenciaNoticia s&id=3272. Acesso: Julho 2013.

Rebelo, F. (1997). Risco e crise nas inundações rápidas em espaço urbano. Alguns exemplos portugueses analisados a diferentes escalas. *Territorium*, Revista de Geografia Física Aplicada no Ordenamento do Território e Gestão de Riscos Naturais; Minerva; Coimbra.

Rebelo, F. (2003). *Riscos Naturais e Acção Antrópica. Estudos e Reflexões*. Coimbra, Imprensa da Universidade, 2ª edição, 286 p.

Santis, D. G. D., Mendonça, F. A. (2000). Impactos de inundações em áreas urbanas: o caso de Francisco Beltrão/PR. *RA'E GA - O espaço geográfico em análise*, vol. 4, 2000. Disponível em: http://ojs.c3sl.ufpr.br/ojs2/index.php/raega/issue/view/355. Extraído em abril de.2013.

Santos, K. R. (2012). Inundações urbanas: um passeio pela literatura. *Élisée-Revista de Geografia da UEG*. p. 177-190.

Smith, K. (2000). *Environmental hazards: assessing risk and reducing disaster,* 3.ª edição, London: Routledge, 392 p.

Telles, V. (2002). Quando os rios galgam as margens. Um breve retrato das cheias de 5 de Janeiro de 2001 nos concelhos de Braga e Guimarães. *Territorium*, n.º 9, p 75-88. Disponível em: http://www.uc.pt/fluc/nicif/riscos/Documentacao/Territorium/T09_artg/T09_artg05.pdf.

Tucci, C. E. M. (1995). Inundações urbanas. In: Tucci, C. E. M., Porto, R. L. L., Barros, M. T. (Org.) *Drenagem urbana. 1.ed. Porto Alegre*. ABRH/Editora da Universidade/UFRS, cap.1, p.15-36. (Coleção ABRH de Recursos Hídricos, v.5)

Tucci, C. E. M. (1997). Controle de enchentes. In: Tucci, C. E. M. (Org.) *Hidrologia: Ciência e Aplicação. 2.ed. Porto Alegre*. Editora da Universidade: ABRH, 1997. cap.16, p.621-658. (Coleção ABRH de Recursos Hídricos, v.4).

Tucci, C. E. M. (1999). Drenagem Urbana e Controle de Inundações. In: Campos, Heraldo & Chassot, Attico (Org.) Ciências da Terra e meio ambiente. São Leopoldo: Ed. Unisinos.

Tucci, C. (2004). Gerenciamento integrado das inundações urbanas no Brasil. *REGA*. Vol 1, no. 1, p. 59-73, jan. / Jun. 2004.

Tucci, C. E. M e Berton, J. C. Urbanización. In: Tucci, C.E.M e Berton, J.C. (Org). (2003). *Inundações Urbanas na América do Sul. Porto Alegre.* Associação Brasileira de Recursos Hídricos.

Velhas, E. (1999). A bacia hidrográfica do rio Leça - estudo hidroclimatológico, *Revista da Faculdade de Letras - Geografi*a, I série, Vol. VII, Porto, pp. 139-251.

Velhas, E. M; Santos, F. (1997). As cheias na área urbana do Porto, percepção e ajustamentos, *Territorium*, n.º 4. p. 49-62. Disponível em:

http://www.uc.pt/fluc/nicif/riscos/Documentacao/Territorium/T04_artg/T04_Artg05.pdf.

Villanueva, A. O. N., Tucci, C. E. M., (2001). *Simulação de alternativas de controlo para Planos Directores de drenagem urbana.* Porto Alegre, Editora ABRH.

Wisner, B., Blaikie, P., Cannon, T. and Davis, I (2004). *At risk: natural hazards, people's vulnerability and disasters*, 2.ª edição, Londres: Routledge, 2004.

Epílogo
Depoimento: um ano sem António Pedrosa

Neste dia em que se completa um ano sem António tenho necessidade de manifestar minhas saudades. Lembrar que a única coisa que fiz, no tempo que tive oportunidade, foi ser feliz ao lado do homem mais carinhoso que conheci.

Não fiz esforço. Só desfrutei do que ele me ofereceu.

Amei com todas as forças que tinha porque assim era bom.

Sei que para ele deve ter sido prazeroso estar conosco. Aqui ele fez amigos, "filhos", afilhados, companheiros e uma esposa. Por esforço dele porque assim ele determinou que seria. António não era homem para ser comandado, ele comandava: sempre dava o tom de todas as coisas. E assim organizava tudo e todos numa alegria e numa satisfação sem limites.

Era intenso, bonito, vibrante...

Inteligente, sensível. Sua marca era o "belo".

Vivia com a intensidade das crianças, mas era de uma inteligência superior: Distinguia o joio do trigo com rapidez e com sagacidade. Não errava: conhecia de pronto o bom e o mau caminho.

Assim encantava a todos e, talvez, essa sua maior qualidade gerava também o seu maior problema: os ciúmes dos medíocres.

Sentia-me pequena ao seu lado. Ao mesmo tempo, sentia-me a maior das mulheres. Ele sabia valorizar cada pequena coisa que eu fazia.

Fui feliz por completo. Ficou um vazio que jamais será preenchido a não ser pelas lembranças e as marcas de um tempo maravilhoso que pude desfrutar ao lado dele.

Sou grata ao universo, ao Cosmos inteiro por tido a oportunidade de estar ao lado de António Pedrosa por um curto período, mas sem dúvida o mais pleno que tive em minha vida, em todos os sentidos justamente porque ele soube me fazer ver quanto vale cada segundo vivido.

Ele se foi sem admitir que isso poderia acontecer com ele naquele momento: dizia "tenho muito a fazer". E tinha mesmo.

Foi professor amado por seus alunos, procurado por eles ansiosamente, mesmo no hospital. Foi pesquisador de primeira linha, seja pela contribuição genuína, seja pelo seu espírito altamente crítico e que não se rendia às evidências superficiais que a maioria prefere seguir cegamente. Escrevia e publicava com a facilidade dos gênios ou dos homens que têm muito a dizer e a contribuir. Lia e acompanhava as debates científicos sem nunca descolá-los de sua realidade política e dos interesses que subjaziam aos discursos. Acompanhava as "coisas" de seu país com a atenção de quem ama verdadeiramente suas raízes. Amava o Brasil, suas cores, o Sol, a diversidade de nossa natureza. Preocupava-se com os rumos de nossa política. Via o mundo como um todo conectado e não se conformava ao ver as condições políticas e econômicas da Europa degringolando e sinalizando o caos para o mundo.

Neste dia, que completa um ano de sua partida deste plano, tenho certeza que ele está trabalhando em outras dimensões. Levando sua alegria para outros que também precisam.

Não estou triste. Sei que para ele seria uma decepção. Sua alegria era me ver bem em meio às dificuldades que me viu enfrentar. Assim seria um des-respeito com ele estar agora acabrunhada. Não! hoje é dia de beber um bom vinho e desfrutar uma boa mesa. Se a ele for concedido o direito de nos ver que seja em festa.

SÉRIE
RISCOS E CATÁSTROFES

www.ingramcontent.com/pod-product-compliance
Lightning Source LLC
Chambersburg PA
CBHW071637270326
41928CB00010B/1951